Die Deals von Warren Buffett - Vol. 4
Glen Arnold

Die Deals von Warren Buffett

Vol. 4 DAS GROSSARTIGSTE UNTERNEHMEN DER WELT

GLEN ARNOLD

Börsenbuchverlag

Die Originalausgabe erschien unter dem Titel
The Deals of Warren Buffett, Volume 4: Making the world's most respected company
ISBN 978-0-85719-655-2

Übersetzung: Börsenmedien AG, Egbert Neumüller
Gestaltung, Satz und Herstellung: Sabrina Slopek
Lektorat: Sebastian Politz
Druck: GGP Media GmbH, Pößneck

ISBN 978-3-68932-037-9

Bibliografische Information der Deutschen Nationalbibliothek:
Die Deutsche Nationalbibliothek verzeichnet diese Publikation in der
Deutschen Nationalbibliografie; detaillierte bibliografische Daten
sind im Internet über <http://dnb.d-nb.de> abrufbar.

BÖRSEN MEDIEN
AKTIENGESELLSCHAFT

Postfach 1449 • 95305 Kulmbach
Tel: +49 9221 9051-0 • Fax: +49 9221 9051-4444
E-Mail: info@plassen-buchverlage.de
www.boersenbuchverlag.de
www.facebook.com/plassenverlag
www.instagram.com/plassen_buchverlage

Meinen prachtvollen, lebhaften,
unerschrockenen und
bewundernswerten Enkeln

INHALT

ÜBER DEN AUTOR

WAS BRINGT BEIM INVESTIEREN ERFOLG?

Das war die Frage, die Glen Arnold in seiner Zeit als Professor für Geldanlage zu beantworten versuchte. Er stützte sich auf akademische Erkenntnisse, die Ideen großer Investoren und seine eigenen Erfahrungen, um Studenten sowie neuen und alten Fondsmanagern in der City of London Techniken des Value-Investings zu vermitteln. Auf seinem Weg dorthin hat Glen das meistverkaufte Buch Großbritanniens über Geldanlage, viele andere Bücher über Value-Investing und das führende Lehrbuch über Corporate Finance geschrieben.

2013 schlug Glen ein neues Kapitel auf. Er tauschte seine Professur gegen die Härten der realen Welt des aktiven Fondsmanagements ein und testete seine Fähigkeit, den Aktienmarkt zu übertreffen, indem er sein eigenes Geld investierte und dabei die Lektionen nutzte, die er während seiner akademischen Karriere gelernt hatte. Dabei legte Glen seine Kauf- und Verkaufsentscheidungen online in einem Newsletter für seine Follower vollständig offen und teilte mit ihnen jeden Erfolg und jede Schwierigkeit auf seiner Investitionsreise.

Glens neues Abenteuer im Fondsmanagement führte dazu, dass er Aktionär von Berkshire Hathaway wurde und an vielen Jahreshauptversammlungen in Omaha teilnahm. Irgendwo im Publikum – und ohne dass Glen es wusste – saß Tom Spain, ein weiterer britischer Buffett-Enthusiast, der sich durch die Übernahme der Anlagephilosophien von Buffett und Munger für seine Firma Henry Spain einen eigenen Ruf als Fondsmanager erwarb. Als sich mehrere ihrer Investitionsentscheidungen überschnitten, nahmen Glen und Tom an denselben Jahreshauptversammlungen teil, bei denen sie die Direktoren mit höflichen, aber eindringlichen Fragen löcherten.

Nach acht Jahren, in denen er nur sein eigenes Geld investiert hatte, war Glen davon überzeugt, er habe bewiesen, in der Lage zu sein, den Aktienmarkt zu übertreffen, indem er die getesteten Value-Investment-Techniken anwandte, die er viele Jahre lang gelehrt hatte. Im Jahr 2022 begann Glen, Henry Spains UK Managed Portfolio Service zu verwalten, das sich auf vernachlässigte, ungeliebte und unterbewertete britische Aktien konzentrierte.

Außerdem sitzt Glen im Vorstand der Firma Zytronic.

DANKSAGUNG

Diese Buchreihe wäre ohne die umfangreiche Unterstützung vieler anderer nicht zustande gekommen. Zunächst möchte ich Warren Buffett für seine Bereitschaft danken, sich Zeit zu nehmen, um anderen Anlegern zu helfen, indem er über seine Philosophie und seine Erfahrungen beim Abenteuer der Geldanlage schreibt und darüber öffentlich diskutiert. Ich danke ihm auch für die Erlaubnis, sein Material in diesem Buch zu verwenden, und dafür, dass er einen Teil meiner Ersparnisse in Berkshire-Hathaway-Aktien verwaltet hat.

Viele Autoren haben über Berkshire Hathaway, Warren Buffett und Charlie Munger geschrieben, nicht zuletzt Robert P. Miles, Carol J. Loomis, Adam J. Mead, Alice Schroeder, Roger Lowenstein, Robert G. Hagstrom, Lawrence A. Cunningham und Andrew Kilpatrick. Ich bin ihnen dankbar für ihre Arbeit, denn sie schafft eine solide Grundlage aus gut recherchierten und zuverlässigen Informationsquellen.

Craig Pearce von Harriman House bot mir als Lektor mehr Unterstützung und Geduld, als ich es verdient hätte. Er leistete großartige Arbeit bei der Bearbeitung des Buches und begeisterte den Rest des Teams. Tracy Bundey, Charlotte Staley, Lucy Scott und Carolyn Boyle bei Harriman House haben fleißig, kreativ und tatkräftig mitgearbeitet, um den Erfolg des Buches zu gewährleisten – ihnen allen danke ich vielmals.

DIE URSPRÜNGE DIESER BUCHREIHE

Alles begann 2013, als ich den Entschluss fasste, andere Aktivitäten einzustellen, um mich voll und ganz auf das Investieren an der Börse zu konzentrieren. Das bedeutete, dass ich eine Professur aufgab, meine Lehrtätigkeit in der Londoner City beendete und ironischerweise auch das Schreiben von Büchern stark einschränkte.

Um den logischen Prozess bei der Entscheidung für eine Aktie zu dokumentieren, schrieb ich Blogs, in denen ich meine Analyse auf einer einfachen Website darlegte, und stellte sie kostenlos zur Verfügung. Ich empfand es als äußerst motivierend, gezwungen zu sein, die Gründe für eine bestimmte Kapitalallokation klar und öffentlich darzulegen. Außerdem brauchte ich eine Möglichkeit, die Beweggründe für die getätigten Investitionen nach einigen Monaten zu überprüfen.

Der Blog wurde populär, und dann fragte mich die Investment-Website ADVFN, ob ich ihn auf ihre Newsletter-Seite übertragen würde. Ich stimmte zu, und ein Teil meiner dortigen Schreibtätigkeit wurde eine Reihe von Artikeln über die Gründe für die Investitionsgeschäfte von Warren Buffett.

DIE FRAGE NACH DEM WARUM

Man könnte meinen, dass über Warren Buffett ja bereits in Dutzenden von Veröffentlichungen geschrieben worden sei und es nichts Neues mehr zu sagen gebe. Aber nachdem ich selbst einen Großteil dieser Literatur gelesen hatte, blieb ich unzufrieden. Andere Autoren gehen zwar darauf ein, in was er investiert hat und wie viel er damit verdient hat. Aber ich wollte wissen, warum.

Welches waren die besonderen Merkmale der von Buffett ausgewählten Unternehmen, die sie herausragen ließen? Lag es an den Bilanzzahlen, der Gewinnhistorie, der strategischen Positionierung und/oder den Qualitäten des Managements? Ich wollte die Details wissen. Wie ist Buffett beim rationalen Investieren von einem Schritt zum nächsten vorgegangen und von einem praktisch mittellosen zu einem sehr reichen Mann geworden?

Für jede in diesem Buch behandelte Investition war eine neue Untersuchung erforderlich, bei der ich viele Quellen anzapfte. Der Schwerpunkt lag auf der Analyse der von Buffett ausgewählten Unternehmen, was bedeutete, dass ich nur sehr wenig Zeit auf sein Privatleben verwendete, über das an anderer Stelle ausführlich berichtet wurde.

Ich wünsche Ihnen viel Spaß beim Lesen, wie Warren Buffett Berkshire Hathaway zu einem der größten Unternehmen aller Zeiten gemacht hat.[1]

Glen Arnold
2025

VORWORT

WAS TUN, WENN EINE BLASE PLATZT?

Dieses Buch untersucht zwölf faszinierende Geschäfte, die nach dem Platzen der Dotcom-Blase im Jahr 2000 abgeschlossen wurden. Warren Buffett hatte während des „irrationalen Überschwangs" von 1997 bis 1999 reichlich Kapital zurückbehalten, sodass er bereit war, Schnäppchen zu kaufen, als sie auftauchten, während andere aus Angst flohen. Als die meisten zum Ausstieg drängten, wurde Buffett mutiger und zunehmend „gierig, wenn andere ängstlich waren".

Ende der 1990er-Jahre hatte er sein Gelübde erneuert, sich an solide Grundsätze des Value-Investings zu halten, die Fundamentaldaten von Unternehmen zu prüfen und der Mentalität eines Spekulanten zu widerstehen. Daher fand er wenig, was es wert war, gekauft zu werden. Der Preis einer typischen amerikanischen Aktie war so stark gestiegen, dass die Menschen dafür das 30-Fache des Gewinns bezahlten.

Das heißt, Investoren – oder häufiger Spekulanten – waren bereit, bei einem durchschnittlichen Unternehmen eine Gewinnrendite von nur 3,3 Prozent und eine Dividendenrendite von lediglich 1,3 Prozent zu akzeptieren. Warum? Weil sie absolut davon überzeugt waren, dass das Gewinnwachstum noch einen Raketenantrieb in petto hatte: Die boomende Digitalwirtschaft – überall hieß es nur noch „Dotcom hier" und „Telekom dort“ – schien dafür zu sorgen, dass sich die Gewinne schnell verdoppelten und dann vervierfachten.

Für einige dieser Unternehmen, die erst seit ein paar Jahren existierten, waren begeisterte Spekulanten bereit, das 10-Fache des Umsatzes zu zahlen. Ja, Sie haben richtig gelesen: des jährlichen *Umsatzes*, kein Vielfaches des Gewinns – denn Gewinne gab es nicht. Sie glaubten, diese Unternehmen seien dazu bestimmt, die dominierenden Akteure in ihren Branchen zu werden. Webvan werde den Lebensmittelmarkt dominieren – Walmart habe keine Chance gegen Webvan! Natürlich war Webvan Ende 2001 bankrott.

Das erst zwei Jahre alte Unternehmen Pets.com würde natürlich den Markt für Tierbedarf dominieren, insbesondere nach seiner aufwendigen Super-Bowl-Werbung. Und die altmodischen Tierbedarfsgeschäfte vor Ort? Für sie schien das Ende nahe, denn angeblich verlagerte sich alles ins Internet. Aber es stellte sich heraus, dass nicht jeder auf einer Website einkaufen wollte, und Pets.com machte im Jahr 2000 dicht.

Buffett lag völlig quer zum damaligen Zeitgeist. Tatsächlich sehen wir, dass Unternehmen mit kaum mehr als zwei Minuten Handelsgeschichte steigende Aktienkurse verzeichneten, während die Aktionäre Berkshire Hathaway abstraften. Der Aktienkurs fiel: von über 80.000 Dollar im März 1999 auf 40.800 Dollar ein knappes Jahr später. Das war wohlgemerkt noch vor dem Dotcom-Crash – der Nasdaq Composite überschritt seinen Höhepunkt am 10. März 2000.

Buffett und sein Ansatz seien altmodisch, hieß es. Schließlich hatte er lange Zeit offen zugegeben, dass er nicht in der Lage wäre, diese neuen Unternehmen mit ihrer hochmodernen Technologie zu analysieren. Er sei realitätsfern und intellektuell nicht für die neue Ära gerüstet, hieß es.

Abbildung A: Der Kurs der A-Aktie von Berkshire Hathaway 1998 bis 2000 in USD

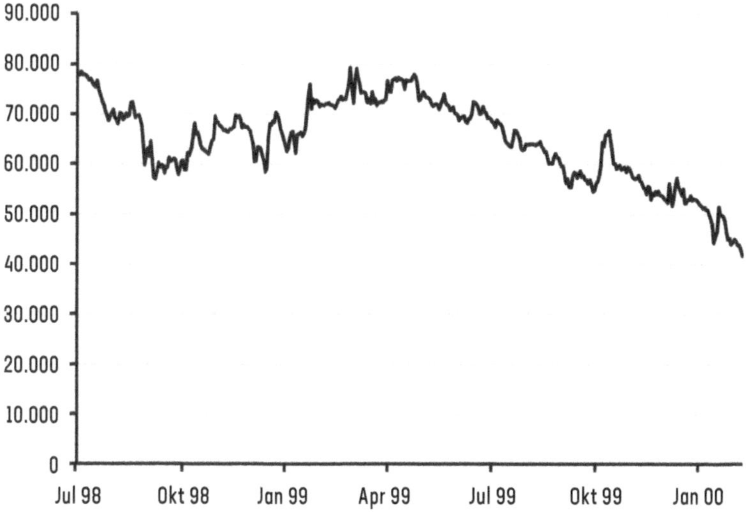

Quelle: www.ADVFN.com

Aber stimmte das? Es gibt Investitionsprinzipien, die sich über viele Höhen und Tiefen, Begeisterungsphasen und Momente der Verzweiflung hinweg bewährt haben. Buffett und Munger sahen sich diese tief verwurzelten Ideen noch einmal an, als sie die nächste Wachstumsphase von Berkshire planten. Und es funktionierte. Während Tausende von Dotcom-Firmen untergingen, stieg der Kurs der Berkshire-Hathaway-Aktie in den nächsten zweieinhalb Jahrzehnten von 40.800 Dollar auf 699.000 Dollar (siehe Abbildung B). So viel zum Bild von zwei realitätsfernen alten Männern, die ein veraltetes Spiel spielten.

Abbildung B: Der Kurs der A-Aktie von Berkshire Hathaway 2000 bis 2025 in USD

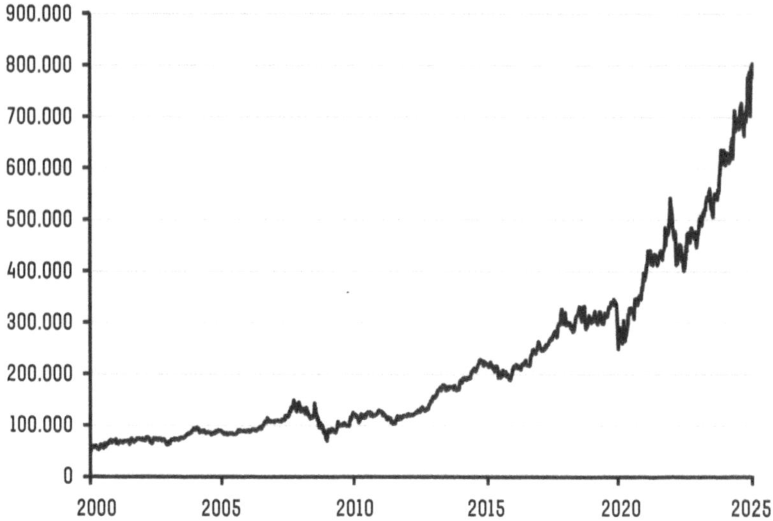

Quelle: www.ADVFN.com

IRRATIONALITÄT ERKENNEN

Bevor wir uns mit den wichtigsten Elementen des Investierens befassen, wollen wir zunächst Buffetts Argument untersuchen, dass die Aktienkäufer hinsichtlich der zukünftigen Renditen zu optimistisch seien, wie in einem Artikel des Magazins *Fortune* vom November 1999 berichtet wurde.[2] Sein grundlegender Standpunkt war, dass Menschen, die 1999 Aktien kauften, „viel zu hohe Erwartungen" hätten.[3] Dies kam von einem Mann, der sich selten öffentlich zum allgemeinen Niveau der Aktienkurse äußert; es war eben so, dass die extremen Bewertungen seinen Instinkt weckten, die Menschen vor den Gefahren zu warnen.

Buffett sagt zwar immer, er habe keine Ahnung, wie sich der Markt in der nächsten Woche, im nächsten Monat oder im nächsten Jahr entwickeln wird, aber er betont, dass sich die Märkte auf eine Weise verhalten können, die „nicht mit dem Wert zusammenhängt".[4] Er verwies auf eine Umfrage unter Anlegern vom Juli 1999: Diejenigen mit der geringsten Erfahrung (weniger als fünf Jahre) erwarteten über einen Zeitraum von zehn Jahren eine durchschnittliche Kapitalrendite von mehr als 22,6 Prozent pro Jahr auf Aktien. Diejenigen, die bereits seit mehr als zwei Jahrzehnten investierten, rechneten mit einem deutlich niedrigeren Wert von 12,9 Prozent.

Buffett schrieb, dass selbst die erfahrenen Anleger enttäuscht würden: „Wir können nicht einmal annähernd an diese 12,9 Prozent herankommen."[5] Der Gewinn nach Steuern eines durchschnittlichen US-Unternehmens als Prozentsatz des Bruttoinlandsprodukts (BIP) lag seit 1951 ziemlich konstant im Bereich von 4,0 bis 6,5 Prozent. Ende der 1990er-Jahre lagen die jährlichen Zahlen knapp unter 6,0 Prozent. „Investoren" mochten also ein jährliches Gewinnwachstum von 12,9 Prozent erwarten, aber die Unternehmen erzielten nur 6,0 Prozent des BIPs:

> „Wenn man davon ausgeht, dass das Wachstum eines einzelnen Faktors das des Gesamtwerts auf Dauer übertreffen wird, stößt man auf gewisse mathematische Probleme. Meiner Meinung nach muss man schon sehr optimistisch sein, um zu glauben, dass der Unternehmensgewinn als Prozentsatz des BIPs über einen längeren Zeitraum deutlich über 6,0 Prozent liegen kann."[6]

Dagegen sprächen zwei Faktoren:

- Der Wettbewerb zwischen Unternehmen: Wenn aktuelle Wettbewerber oder potenzielle Neueinsteiger in der Branche beobachten, dass etablierte Unternehmen außergewöhnlich hohe Renditen erzielen, werden sie einsteigen, um sich Marktanteile zu sichern. Letztendlich werden die Preise und die Renditen sinken.

- Politischer Widerstand – und Korrekturmaßnahmen – gegen Unternehmensinvestoren, die einen immer größeren Anteil am amerikanischen Wohlstand für sich beanspruchen: Wenn sie sich mehr nehmen, bekommen Arbeitnehmer und/oder Verbraucher weniger.

Realistischere Arbeitsannahmen seien ein reales BIP-Wachstum von 3,0 Prozent und eine Inflation von 2,0 Prozent, sodass das nominale BIP um etwa 5,0 Prozent wachsen würde:

> „Wenn das BIP um 5,0 Prozent wächst, wird der Gesamtwert der Aktien nicht wesentlich stärker steigen. Man kann durchaus noch etwas für Dividenden hinzurechnen [aber] ... Man kann nicht erwarten, dass die Bewertung amerikanischer Unternehmen auf Dauer um 12,0 Prozent pro Jahr steigt – geschweige denn um 22 Prozent –, wenn ihre Rentabilität nur um 5,0 Prozent wächst. Es ist eine unausweichliche Tatsache, dass der Wert eines Vermögensgegenstand, unabhängig von seiner Art, langfristig nicht schneller wachsen kann als seine Erträge."[7]

Buffett wies auch darauf hin, dass zukünftige Renditen immer von den aktuellen Bewertungen beeinflusst werden. Im Jahr 1998 beliefen sich die Gewinne der S&P-500-Unternehmen auf insgesamt 334 Milliarden Dollar, und der Marktwert derselben Unternehmen betrug insgesamt 10,0 Billionen Dollar. Darüber hinaus zahlten US-Aktienanleger jährlich rund 100 Milliarden Dollar an Broker und Investmentmanager sowie für Beratung:

> „Mit anderen Worten: Investoren geben fast ein Drittel aller Gewinne, die die Fortune-500-Unternehmen für sie erwirtschaften, an ‚Helfer' ab ... Investoren erzielen auf ihre 10,0 Billionen Dollar schweren Investitionen weniger als 250 Mil-

liarden Dollar Ertrag. Meiner Meinung nach ist das eine sehr magere Ausbeute."[8]

Was konnten die Anleger des Jahres 1999 also von Aktien erwarten? Die wahrscheinlichste Rendite, so Buffett, lag bei 6,0 Prozent vor Abzug einer angenommenen Inflationsrate von 2,0 Prozent – also eine jährliche Realrendite von 4,0 Prozent. „Und wenn die 4,0 Prozent nicht stimmen, dann glaube ich, dass der Prozentsatz mit gleicher Wahrscheinlichkeit niedriger statt höher ausfallen wird."[9]

Und es ist keineswegs so, dass man sich Buffetts Logik entziehen könnte, indem man einfach die vermeintlichen Gewinnerbranchen auswählt. Das wurde in der Vergangenheit schon oft versucht – meist dann, wenn revolutionäre Technologien aufkamen, die die Gesellschaft veränderten, den Aktionären aber oft nur magere Renditen bescherten. Nehmen wir das Beispiel des Automobils: Zu Beginn des 20. Jahrhunderts gab es über 2.000 amerikanische Hersteller. In den 1990er-Jahren waren es nur noch drei – „und auch die waren für Investoren keine Freudenfeste"[10], so Buffett.

Ähnlich verhält es sich mit den Fluggesellschaften. Zwar brachten sie einen hohen gesellschaftlichen Nutzen, aber „von all dem Geld, das seit den Anfängen der Luftfahrt von allen Fluggesellschaften dieses Landes verdient wurde, blieb unterm Strich nichts übrig".[11] Dann gab es noch die Begeisterung für das Radio, danach für das Fernsehen und so weiter ... Ein Sektor nach dem anderen wird zur Massenware, es sei denn, die Akteure verfügen über einen Schutzwall, der Konkurrenten daran hindert, in die Branche einzusteigen und Druck auf die Preise auszuüben, die von den Kunden verlangt werden:

„Der Schlüssel zur Geldanlage liegt nicht darin, zu beurteilen, wie stark eine Branche die Gesellschaft beeinflussen oder wie stark sie wachsen wird, sondern darin, den Wettbewerbsvorteil eines bestimmten Unternehmens und vor allem die Dauerhaftigkeit dieses Vorteils zu bestimmen. Die Produkte oder Dienstleistungen, die von breiten, nachhaltigen Burggräben umgeben sind, sind diejenigen, die den Anlegern Gewinne einbringen.“[12]

AUF WELCHE FUNDAMENTALDATEN SOLLTE MAN SICH ALSO KONZENTRIEREN?

In seinem Brief an die Aktionäre aus dem Jahr 2000 legte Buffett das Einmaleins des Investierens dar, indem er eine einfache Geschichte erzählte – eine Fabel, die vor 2.600 Jahren von Aesop geschrieben wurde und die uns lehrt, dass „der Spatz in der Hand besser ist als die Taube auf dem Dach“. Buffett sagte, man müsse drei Fragen beantworten:

1. Wie sicher sind Sie sich, dass auf dem Dach tatsächlich eine Taube sitzt?
2. Wann wird sie kommen, und wie groß wird sie sein?
3. Wie hoch ist der risikofreie Zinssatz (als solchen sehen wir die Rendite langfristiger US-Staatsanleihen an)?[13]

Konnte man überhaupt irgendwie sicher sein, was 1999 auf den Dächern von Webvan oder Pets.com saß? Indem wir versuchen, diese drei Fragen nur bezogen auf Unternehmen zu beantworten, bei denen die Informationen innerhalb eines angemessenen Bereichs der Gewissheit liegen, können wir eine Bandbreite möglicher Werte und damit „die maximale Anzahl der Tauben, die man derzeit besitzt und die man dafür bieten sollte“ abschätzen.[14]

Dieses Prinzip lässt sich auf eine ganze Reihe von Vermögenswerten anwenden, von landwirtschaftlichen Betrieben und Ölförderrechten bis hin zu Anleihen, Aktien und Fabriken. Das Aufkommen des Internets hat an dieser eisernen Regel nichts geändert, genauso wenig wie die Erfindung der Dampfmaschine, der Elektrizität oder des Automobils. „Setzen Sie einfach die richtigen Zahlen ein, und Sie können die Attraktivität aller möglichen Verwendungszwecke von Kapital im gesamten Universum bewerten."[15]

Häufig verwendete Kennzahlen – wie die Dividendenrendite, das Kurs-Gewinn-Verhältnis (KGV) und der Buchwert – „haben nichts mit der Bewertung zu tun, außer dass sie Hinweise auf die Höhe und den Zeitpunkt der Kapitalflüsse in das Unternehmen und aus ihm heraus geben."[16]

Rasantes Umsatzwachstum – wie wir es bei unzähligen Technologieunternehmen und anderen Börsenlieblingen gesehen haben – kann sogar Wert vernichten, wenn in den ersten Jahren eines Unternehmens so viel Geld aufgewendet wird, dass alle zukünftigen Cashflows (nach Abzinsung) im Vergleich zu den investierten Beträgen verschwindend gering sind.

> „Marktkommentatoren und Investmentmanager, die leichtfertig von ‚Wachstum' und ‚Wert' als gegensätzlichen Anlageansätzen sprechen, zeigen damit ihre Unwissenheit und nicht ihre Raffinesse. Wachstum ist lediglich eine Komponente der Wertgleichung – in der Regel ein Pluspunkt, manchmal ein Minuspunkt."[17]

Natürlich ist es harte Arbeit – und erfordert gute betriebswirtschaftliche Kenntnisse –, eine vernünftige Schätzung der aktuellen „Tauben auf dem Dach" zu erstellen und zu ermitteln, wann diese Schar (sprich Kapital) auftauchen könnte. Buffett rät uns, hier gar nicht erst zu versuchen, präzise zu sein:

> „Die Verwendung präziser Zahlen ist in der Tat töricht; besser ist es, mit einer Bandbreite von Möglichkeiten zu arbeiten. In der Regel muss diese Bandbreite so groß sein, dass keine brauchbaren Schlussfolgerungen gezogen werden können. Gelegentlich zeigen jedoch selbst sehr konservative Schätzungen über das zukünftige

> Auftauchen der Tauben, dass der angegebene Preis im Verhältnis zum Wert erstaunlich niedrig ist (nennen wir dieses Phänomen TIT – Theorie der ineffizienten Tauben)." [18]

AUFSCHWUNG UND ABSCHWUNG

In vielen Fällen müssen wir akzeptieren, dass wir uns keine Meinung darüber bilden können, wann die Tauben auftauchen werden. Diese Unmöglichkeit, zu einer Schlussfolgerung zu gelangen, tritt eher bei jungen Unternehmen oder in sich schnell verändernden Branchen auf:

> „In solchen Fällen muss jede Kapitalbindung als spekulativ bezeichnet werden. Nun ist Spekulation – bei der der Fokus nicht darauf liegt, was ein Vermögenswert einbringen wird, sondern darauf, was der Nächste dafür bezahlen wird – weder illegal noch unmoralisch oder unamerikanisch. Aber sie ist kein Spiel, an dem Charlie und ich teilnehmen möchten. Wir bringen zu der Party nichts mit, warum also sollten wir erwarten, etwas mit nach Hause zu nehmen?" [19]

Das Problem für Aktienkäufer war in den Jahren 1999 und 2000, dass sie eine lange Hausse erlebt hatten:

> „Nichts vernebelt den Verstand so sehr wie große Mengen mühelos verdientes Geld. Nach einer solchen berauschenden Erfahrung verfallen normalerweise vernünftige Menschen in ein Verhalten, das dem von Cinderella auf dem Ball ähnelt. Sie wissen, dass ein zu langes Verweilen auf dem Fest – also das weitere Spekulieren auf Unternehmen, deren Bewertungen im Verhältnis zu den Cashflows, die sie in Zukunft wahrscheinlich generieren werden, gigantisch sind – letztendlich Kürbisse und Mäuse hervorbringen wird. Dennoch wollen sie keine einzige Minute dieser grandiosen

> Party verpassen. Deshalb planen alle beschwingten Teilnehmer, erst kurz vor Mitternacht zu gehen. Es gibt jedoch ein Problem: Sie tanzen in einem Raum, in dem die Uhren keine Zeiger haben."[20]

Es gab eine Menge Spekulanten, die Unternehmen, die mit ziemlicher Sicherheit nur einen geringen oder gar keinen Wert bieten würden, mit enormen Bewertungen versahen. „Es war, als hätte ein Virus, das sowohl unter Investmentprofis als auch unter Amateuren grassierte, Halluzinationen ausgelöst, in denen die Werte von Aktien bestimmter Sektoren von den Werten der ihnen zugrunde liegenden Unternehmen abgekoppelt wurden."[21] Werber verkauften Häuser ohne Tauben auf dem Dach und steckten das Geld in ihre eigenen Taschen. „Die Nadel wartet nur darauf, zustechen zu können", schrieb Buffett über diese Blase.[22]

WAS SOLLTE MAN ALSO UNTER SOLCHEN UMSTÄNDEN TUN?

Zunächst einmal sollte man sich nicht an diesem Wahnsinn beteiligen und nicht versuchen, aus einer Vielzahl noch nicht bewährter Unternehmen die Gewinner herauszusuchen. Buffett und Munger betonen, dass sie nicht klug genug seien, um herauszufinden, welche jungen Unternehmen erfolgreich sein werden. Sie beschränken sich nur auf Fälle, in denen sie ein angemessenes Zutrauen haben, wie viele Tauben sich bald auf dem Dach zeigen werden.

Das bedeutet nicht, dass sie zukünftige Cashflows genau vorhersagen können – daher bestehen sie darauf, eine Sicherheitsmarge einzubauen, indem sie ihre Schätzungen konservativ halten.

Darüber hinaus betrachten sie nur Branchen, in denen es wenige Überraschungen gibt – und sicherlich solche, in denen denkbare Überraschungen das Geschäft nicht ruinieren würden. „Trotzdem machen wir viele Fehler: Erinnern Sie sich, ich bin derjenige, der dachte, er würde die zukünftige Wirtschaftlichkeit von Rabattmarken, Textilien, Schuhen und zweitklassigen Kaufhäusern verstehen."[23]

Als der Aktienmarkt eine wilde Phase mit übertriebener Begeisterung durchlief, suchten Buffett und Munger daher nach anderen Möglichkeiten – nach Orten, an denen ganze Unternehmen zum Kauf standen. Angesichts der allgemein hohen Preise für Unternehmen in dieser Zeit erwarteten sie von solchen Käufen jedoch nicht mehr als „angemessene Renditen".[24] Es wäre für sie weitaus besser gewesen, zu kaufen, als die Kapitalmärkte eingeschränkt und die Unternehmer pessimistisch waren. Mit einem solchen Umfeld waren sie zu Beginn des 21. Jahrhunderts allerdings nicht konfrontiert, daher mussten sie sich an die Zeiten anpassen.

Wie konnten Buffett und Munger angesichts der Erwartung, dass der US-Aktienmarkt aufgrund seiner von Anfang an hohen Bewertungen nur geringe Renditen bieten würde, außergewöhnliche Renditen erzielen? Die Beantwortung dieser Frage steht im Mittelpunkt dieses Buches.

Zum einen hielten sie an großartigen Unternehmen fest, die sie im vorangegangenen Vierteljahrhundert gekauft hatten, die von exzellenten Managern geführt wurden und sich in einer guten strategischen Position befanden. Zum anderen fanden sie einige brillante Unternehmen, die nach dem Platzen der Blase zu vernünftigen Preisen verkauft wurden. Es sind diese Entdeckungen, die Gründe für die Investitionen und die Ergebnisse, die wir in diesem Buch betrachten werden.

WAS DIESES BUCH BEHANDELT

Wir beginnen mit **MidAmerican Energy**, das später in **Berkshire Hathaway Energy** umbenannt wurde. Damals waren Buffett-Beobachter verwirrt, als sie sahen, dass er ausgerechnet ein Versorgungsunternehmen kaufte, das weder über eine außergewöhnliche Bilanzstärke noch über hohe Eigenkapitalrenditen verfügte. Schließlich war das

Unternehmen durch die Aufsichtsbehörden eingeschränkt, die für einen Großteil seiner Geschäfte nur zehn bis zwölf Prozent Jahresrendite auf das investierte Kapital zuließen. Aber Buffett sah eine Möglichkeit, wie sich die Investition auszahlen konnte. Und tatsächlich hat sich das Unternehmen mehr als bezahlt gemacht und seinen Wert um mindestens das 18-Fache der gezahlten fünf Milliarden Dollar gesteigert. Heute liegt der jährliche Gewinn bei etwa zwei bis vier Milliarden Dollar.

Dies ist auch die Geschichte von drei bemerkenswerten Menschen, von denen jeder einen tiefgreifenden Einfluss auf Berkshire Hathaway hatte. Der Kanadier Greg Abel kam 1992 als 29-jähriger Buchhalter zu MidAmerican, um die Systeme des Unternehmens zu optimieren. Er erwies sich schnell als geschickter Manager mit einem ausgeprägten strategischen Verstand und stieg entsprechend in der Hierarchie auf. Heute ist er CEO von Berkshire Hathaway und wurde zum Nachfolger von Buffett im Bereich der operativen Aktivitäten außerhalb des Versicherungsgeschäfts ernannt.

Walter Scott Jr., ein Jugendfreund von Buffett, wurde später CEO des legendären Bauunternehmens Peter Kiewit Sons' Inc. in Omaha. Später stand er Berkshire als Vorstandsmitglied mit klugen Ratschlägen zur Seite. Scott hatte das Potenzial von MidAmerican bereits neun Jahre vor der Übernahme durch Berkshire erkannt und war maßgeblich an der Gestaltung der Zukunft des Unternehmens beteiligt.

David Sokol übernahm 1991 als junger Mann die Leitung eines kleinen Energieproduzenten in Schwierigkeiten – des Vorläufers von MidAmerican – und führte ihn zwei Jahrzehnte lang auf seine spezielle Art und Weise: eine Mischung aus klugem Management, geschickten Übernahmen und noch geschickteren Post-Merger-Integrationen. Nach dem Kauf von MidAmerican schätzte Buffett Sokol so sehr, dass er ihn bat, auch zwei andere Berkshire-Unternehmen, Johns Manville und NetJets, wieder auf Kurs zu bringen. Er wurde zu Buffetts „Mr. Fixit".

CORT, der größte Möbelverleiher in Amerika, ist eine der Investitionen, die für Buffett nicht so gut gelaufen sind. Obwohl es der größte

Anbieter des Landes war und von einem exzellenten Managementteam geleitet wurde, litt es darunter, dass es in einer Branche tätig war, die wenig bis gar keine Preissetzungsmacht bot. In diesem Sektor herrscht ein hoher Wettbewerbsdruck, die Eintrittsbarrieren sind niedrig und es gibt zahlreiche Alternativen zum Mieten von Möbeln. Das Geschäft, das die Manager lenkten, war nicht gerade das beste.

Moody's war eine brillante Investition von Buffett: Bis heute haben sich die von ihm gekauften Aktien verzwanzigfacht. Das Unternehmen ist eine der drei weltweit führenden Ratingagenturen. Diese Oligopolisten erzielen sehr gute Margen und Kapitalrenditen, da beispielsweise ein Emittent einer Unternehmensanleihe in der Regel gezwungen ist, die Dienste mindestens einer dieser Agenturen in Anspruch zu nehmen, um die eigene Fähigkeit zur Rückzahlung der Schulden einschätzen zu lassen. Moody's ist ein Beispiel für ein Geschäft mit Burggraben, was bedeutet, dass es über einen hohen Grad an Schutz für seine wirtschaftliche „Burg" verfügte. Für einen potenziellen neuen Marktteilnehmer ist es außerordentlich schwierig, die erforderlichen Fähigkeiten, den Ruf und den Bekanntheitsgrad aufzubauen, um denselben Markt zu bedienen. Zudem ist dies ein Beispiel für etwas sehr Seltenes: ein „unumgängliches" Unternehmen – ein Unternehmen, das seinen Bereich während der gesamten Investitionsdauer dominiert. Solche Unternehmen verfügen über so enorme Wettbewerbsvorteile, dass sie auch in 25 oder 30 Jahren noch großartige Unternehmen sein werden.

H&R Block verfügt über ein starkes wirtschaftliches Franchise als dominierendes Unternehmen für die Berechnung und Abgabe der jährlichen Steuererklärungen der Amerikaner. Das Hauptmerkmal von H&R Block, auf das Buffett sich konzentrierte, war die Macht der Kundenbekanntheit: Das Unternehmen hatte als größter Akteur in der Branche eine sehr starke Präsenz im Bewusstsein der Kunden, war in fast jeder Stadt vertreten und hatte 16 Millionen Stammkunden. Wenn Amerikaner an die lästige Pflicht der Steuererklärung dachten, dachten sie höchstwahrscheinlich auch an H&R Block. Buffett hat das Geld, das Berkshire bisher in diese Investition gesteckt hat, fast verdreifacht.

Shaw Industries ist der weltweit größte Hersteller von Bodenbelägen. In den ersten Jahren unter der Eigentümerschaft von Berkshire erzielte das Unternehmen hohe Gewinne und Kapitalrenditen, da es seinen Status als kostengünstigster Hersteller ausnutzte. Als jedoch 2008 die Große Rezession einsetzte, traf dies die Gewinne hart. Das Unternehmen erholte sich schließlich wieder, aber es bestehen weiterhin Zweifel, ob sich der 2001 dafür gezahlte Preis von 2,42 Milliarden Dollar in einem angemessenen Bereich bewegte. Bot eine solche Summe eine gute Sicherheitsmarge?

Star Furniture war das dritte Unternehmen, das Buffett nannte, als er Irv Blumkin von Nebraska Furniture Mart fragte: „Gibt es bei Ihnen daheim noch weitere Firmen wie Ihre?" Damit meinte er hervorragend geführte Möbelhäuser, die ihre jeweiligen Regionen dominierten. Berkshire hatte das zweite Unternehmen auf der Liste, R. C. Willey, 1995 gekauft; und nachdem er Star übernommen hatte, wollte er das Trio vervollständigen, indem er den herausragenden Einzelhändler **Jordan's Furniture** übernahm – eine Kette aus New England mit dem höchsten Umsatz pro Quadratmeter aller US-Möbelhäuser und einem legendären Ruf für brillante Werbung und Unterhaltungsangebote in den Geschäften. Dies gelang ihm im Jahr 2000.

Buffett holt auch gern die besten Juweliergeschäfte des Landes unter sein Dach. Er hatte bereits Borsheims und Helzberg Diamond Shops gekauft, und es war Bob Helzberg, der Buffett davon überzeugte, dass **Ben Bridge Jeweler** in seinem Bereich großartig war und perfekt zu Berkshire Hathaway passen würde. Die Kultur des umsichtigen Wachstums, der Ruf der Integrität und die besonders kompetenten Manager entsprachen genau Buffetts Vorstellungen. Auf der anderen Seite sagte Helzberg der Familie Bridge, dass Buffett ein hervorragender Geschäftspartner sei und dass sich Berkshire als wunderbares Zuhause für Dutzende anderer Familienunternehmen erwiesen habe, die mit ähnlichen Dilemmata konfrontiert waren wie die Familie Bridge.

Justin Boot, der weltweit größte Hersteller von Cowboystiefeln, und **Acme Brick**, die bekannteste (und umsatzstärkste) Ziegelsteinmarke in den USA, kamen als Teil eines Pakets nach Berkshire, da beide zu einem renommierten Unternehmen aus dem texanischen Fort Worth gehörten. Buffett war hocherfreut, beide Unternehmen an Bord holen zu können. Justin Boot brachte das Erbe des Wilden Westens mit (das Unternehmen geht auf das Jahr 1879 zurück), genau das, was Stiefelkäufer schätzen, sowie einen guten Ruf für Qualität. Außerdem gab es einen zunehmenden Trend, dass auch Menschen, die nicht ritten, Stiefel eines bestimmten Stils trugen. Acme Brick verfügt über starke wirtschaftliche Franchise-Burgen, die seine Werke mit 250 Meilen breiten Schutzgräben umgeben – der Transport von Ziegelsteinen über größere Entfernungen ist zu kostspielig.

Die Studie zu **Benjamin Moore** beschreibt einen seltenen Fall, in dem Warren Buffett so verärgert über die Ausrichtung eines Unternehmens war, dass er den Geschäftsführer entließ. Er befürchtete, dass sowohl der Ruf des Unternehmens als auch sein eigener ruiniert werden könnten. Diese Geschichte ist zwar interessant, sollte uns aber nicht vom Gesamterfolg dieser eine Milliarde Dollar schweren Investition ablenken. Benjamin Moore stellt hochwertige Farben her und kann dafür Premiumpreise verlangen, wodurch Berkshire Hathaway große Geldsummen einnimmt.

CTB International stellt unspektakuläre, zweckmäßige Produkte für preisbewusste Farmer her (für die Aufzucht von Hühnern und Schweinen sowie für den Transport und die Lagerung von Getreide – dabei setzt es stark auf verzinkten Stahl). Es handelt sich nicht gerade um eine Branche, die das Herz höherschlagen lässt; der technologische Wandel vollzieht sich hier sehr langsam, und es kommt keine echte Begeisterung auf. Aber CTB ist ein kostengünstiger Hersteller, der ordentliche Gewinne erzielt, und Buffett konnte das Unternehmen zu einem KGV von nur 10 kaufen. Es dauerte weniger als acht Jahre, bis CTB alles wieder eingebracht hatte, was Berkshire dafür bezahlt hatte, und seitdem hat es Geld für Buffett generiert, das er anderweitig investieren konnte. Das zeigt einmal mehr, dass man mit kompromissloser Konzentration auf ein einzelnes Marktsegment außerordentlich erfolgreich sein kann.

WIE DIESES BUCH AUFGEBAUT IST

Das Buch ist in zwölf Fallstudien gegliedert. Sie können sich nach Belieben mit bestimmten Geschäften befassen, die Ihr Interesse wecken, aber ich würde Ihnen empfehlen, es chronologisch zu lesen, um zu verstehen, wie sich Buffett als Investor entwickelt hat.

Investition 1

MIDAMERICAN (2014 IN BERKSHIRE HATHAWAY ENERGY UMBENANNT)

Eckpunkte des Geschäfts

Geschäft	**MidAmerican/Berkshire Hathaway Energy**
Zeitpunkt	2000-2006 + 2024
Gezahlter Preis	5 Mrd. USD + 1 Mrd. USD
Menge	Anfangs: 76 % des Eigenkapitals Heute: 100 %
Verkaufspreis	Noch gehalten
Gewinn	Gewinne nach Steuern, die in den ersten 25 Jahren erzielt und reinvestiert wurden: 42 Mrd. USD Der Gewinn nach Steuern beträgt derzeit 2 bis 4 Mrd. USD pro Jahr.
Berkshire Hathaway 2000	Aktienkurs: 40.800-80.000 USD Buchwert: 61,724 Mrd. USD Buchwert je Aktie: 40.442 USD

Das kleine Unternehmen, aus dem MidAmerican Energy hervorging, stand kurz vor dem vollständigen Ruin, als 1991 ein brillantes Managementteam die Leitung übernahm. Das Team baute es zu einem 5,8 Milliarden Dollar schweren attraktiven Unternehmen auf, an dem sich Warren Buffett gern beteiligte.[25] Heute liegt die Bewertung bei rund 90 Milliarden Dollar, und Jahr für Jahr kommen weitere Milliarden Dollar aus der Stromerzeugung, dem Vertrieb von Erdgas sowie aus Windkraftanlagen und Kernkraftwerken hinzu.

Damals, im Jahr 1999, kam die Ankündigung des Deals für viele von uns überraschend. Wir hatten uns daran gewöhnt, dass Buffett in das Nettoumlaufvermögen (NCAV) investierte – also in Anlagen im Stil von Benjamin Graham mit soliden Bilanzen (obwohl es davon in der zweiten Hälfte des 20. Jahrhunderts aufgrund der hohen Preise und der schieren Größe von Berkshire weit weniger gab, was bedeutete, dass größere Deals nötig waren, um etwas zu bewegen). Und wir waren es gewohnt, dass Buffett – stark beeinflusst von Charlie Munger – größere Unternehmen mit robusten wirtschaftlichen Franchises kaufte, die dauerhaft hohe Kapitalrenditen erzielten. Zu unserer Überraschung gab er 1999 bekannt, dass er ausgerechnet ein Versorgungsunternehmen kaufen wolle, das weder über eine außergewöhnlich starke Bilanz noch über eine hohe Eigenkapitalrendite verfügte. Darüber hinaus war MidAmerican in den meisten Bereichen seines Geschäfts durch Regulierungsbehörden eingeschränkt, die nur zehn bis zwölf Prozent pro Jahr auf das investierte Kapital zuließen.

Wir standen erst etwas ratlos da, als wir Buffetts Worte zu diesem Thema analysierten, um seine Logik zu verstehen. Langsam dämmerte uns, dass er nicht den Verstand verloren hatte: Der Deal ergab durchaus Sinn. Wenn man Milliarden zu investieren hat, findet man unmöglich NCAV-Unternehmen in der benötigten Größenordnung, und wenn sich sowohl der Aktienmarkt als auch der private Markt für Unternehmen in einer außergewöhnlichen Blase befinden – mit Käufern, die oft das 30-, 40- oder sogar 50-Fache des Jahresgewinns für gute wirtschaftliche Franchise-Unternehmen bezahlen –, kann man nicht mehr so investieren wie bisher.

Natürlich hätte Buffett die Milliarden auch in Staatsanleihen investieren und darauf warten können, dass sich der Aktienmarkt beruhigen würde – aber das hätte ihm keinen Spaß gemacht.

Also suchte Buffett nach Unternehmen, die der Markt links liegen ließ, weil sie als langweilig oder träge galten. Zeitgleich jagten Millionen von Spekulanten den „Branchen von morgen" hinterher und investierten – von Telekommunikationsunternehmen und Internet-Infrastruktur-Firmen bis hin zu Dotcom-Firmen, die bereit waren, einem online alles zu verkaufen. Dort müsse man investieren, so die Begeisterten, nicht in die stabilen Versorgungsunternehmen, die Jahr für Jahr das Gleiche taten. Und warum sollte man Anteile an einem Unternehmen kaufen, dessen Renditen auf zehn bis zwölf Prozent begrenzt waren – von einem solchen Level aus würde es doch ohnehin nicht mehr viel wachsen, oder?

Buffett sah das anders. Im Vergleich zu den andernorts überhöhten Bewertungen, die das Risiko einer hohen negativen Rendite beim Platzen der Blase erhöhten, war ein praktisch sicherer Ertrag von zehn bis zwölf Prozent völlig in Ordnung. Vor allem, wenn man diesen Trick wiederholen konnte, indem man seine Gewinne reinvestierte – oder sogar frisches Kapital von Berkshire zuführte, das aus dem Versicherungsgeschäft und anderen Bereichen hereinfloss.

Interessant ist jedoch, dass MidAmerican in den ersten 25 Jahren unter der Kontrolle von Berkshire keinen Cent an Dividenden auf Stammaktien zahlte und keine Aktienrückkäufe tätigte. Das war ungewöhnlich, da die meisten Tochtergesellschaften von Berkshire große Summen nach Omaha transferierten, um sie anderswo zu investieren. Buffett war der Meinung, dass die Möglichkeiten zur Reinvestition in MidAmerican so groß waren, dass es sinnvoller war, den Managern zu sagen, sie sollten weitermachen: investieren, um noch mehr langfristigen Wert zu schaffen. Zweifellos würde dies eines Tages Cashflow für Berkshire generieren, aber nur dann, wenn die Rendite pro zusätzlichem Dollar im Vergleich zu anderen Unternehmen, in die Berkshire investieren könnte, schlecht war.

EINE GESCHICHTE VON VIER BERKSHIRE-MITARBEITERN

Der MidAmerican-Deal brachte vier Personen zusammen, die jeweils einen enormen Beitrag zur Entwicklung von Berkshire Hathaway leisten sollten. Bemerkenswerterweise stammten drei von ihnen aus Omaha und gingen dort zur Schule. Der vierte – der Kanadier Greg Abel – ist heute CEO von Berkshire Hathaway. Er ist zudem sehr wohlhabend – nicht schlecht für jemanden, der 1992 als 29-jähriger Buchhalter zu MidAmerican Energy (damals CalEnergy) kam, um die interne Buchhaltung in Ordnung zu bringen.

Walter Scott Jr. wurde 1931, ein Jahr nach Buffett, in eine Arbeiterfamilie in Omaha hineingeboren, und die beiden schlossen in ihrer Jugend Freundschaft. Ich bin mir nicht sicher, ob das vor oder nach ihrer gemeinsamen Liebe zu demselben Mädchen war, das Carolyn Falk hieß. Scott gewann ihr Herz und heiratete sie schließlich; „Leider hat der Bessere gewonnen", scherzte Buffett Jahre später.[26] Das hinderte die beiden Männer jedoch nicht daran, sich ein Leben lang Zuneigung, Respekt und Bewunderung entgegenzubringen.

Scott verbrachte den Großteil seiner Karriere bei dem legendären Bauunternehmen Peter Kiewit Sons' Inc. in Omaha. Mit Mitte 40 stieg er zum CEO und Vorsitzenden auf und hatte sein Büro eine Etage unter Buffetts Büro im Kiewit Plaza. Sie sahen sich häufig – eine Beziehung, die durch andere Verbindungen zwischen den beiden Familien gepflegt wurde. Scott steuerte ab 1988 auch als Vorstandsmitglied von Berkshire seinen klugen Rat bei.

Das Potenzial von MidAmerican hatte Scott bereits neun Jahre vor dem Kauf durch Berkshire erkannt (er war von unserer vierten Person, David Sokol, darauf aufmerksam gemacht worden) und war anschließend maßgeblich daran beteiligt, die Geschicke des Unternehmens zu lenken. „Es gibt keinen besseren Bürger als Walter Scott", sagte Buffett 2021 gegenüber der Zeitung *Omaha World-Herald* in einer Reaktion auf die

Nachricht von Scotts Tod in der Rubrik. „Er war im Grunde genommen ein Baumeister, egal ob er Kiewit oder etwas anderes aufbaute oder seine Vision von Omaha oder Nebraska darlegte. Er war unermüdlich.“ Im Laufe seines Lebens baute er ein Familienvermögen von rund vier Milliarden Dollar auf, das er für viele gute Zwecke einsetzte.

Sokol übernahm 1991 als junger Mann einen in Schwierigkeiten geratenen kleinen Energieproduzenten und leitete ihn zwei Jahrzehnte lang. Mit seinem klugen, rationalen Managements koordinierte er das Tagesgeschäft und vollzog clevere Übernahmen und noch clevere Rationalisierungen nach der Fusion. Als er zu dem Unternehmen kam, lag die Marktkapitalisierung unter 250 Millionen Dollar; zum Zeitpunkt seines Rückzugs erzielte das Unternehmen Jahr für Jahr das 6- bis 7-Fache davon an Nachsteuergewinn. Buffett schätzte Sokol so sehr, dass er ihn bat, sich um die Sanierung einiger anderer Berkshire-Unternehmen zu kümmern – Johns Manville und NetJets (siehe Band 3) –, als diese in Schwierigkeiten gerieten. Er wurde zu Buffetts „Mr. Fixit“. Es gab sogar Gerüchte, dass er Buffett selbst nachfolgen könnte – zumindest im Hinblick auf das Nicht-Versicherungsgeschäft.

Der Vierte im Bunde ist natürlich Warren selbst.

DIE URSPRÜNGE VON MIDAMERICAN ENERGY

Zunächst einmal ist anzumerken, dass das ursprüngliche Unternehmen MidAmerican Energy ein wirklich unspektakuläres Unternehmen war, das kaum mehr tat, als in Iowa Strom zu erzeugen. Jahr für Jahr erzielte dieses stark regulierte Unternehmen Gewinne, aber es war nicht gerade dynamisch.

Das wirklich interessante Unternehmen mit tatkräftigen Managern war dasjenige, das 1998 MidAmerican kaufte, dessen Namen umgehend für sich selbst übernahm und dann seinen Hauptsitz nach Iowa verlegte. Dieses Unternehmen war CalEnergy, geleitet von Sokol und Abel. Wir können viel aus den Schritten lernen, die Sokol und sein Team unternahmen, um zunächst CalEnergy und dann die erweiterte Organisation nach der Übernahme von MidAmerican zum Wachstum zu führen.

Die Geschichte beginnt im Jahr 1971, als Charles T. Condy die California Energy Co. als kleines Beratungsunternehmen gründete, das geothermische Energieerzeugungsunternehmen beriet. Dann kam die Energiekrise. Als die Ölpreise in die Höhe schossen, konzentrierten sich die Vereinigten Staaten mehr auf die Entwicklung von Alternativen. Dies führte Ende der 1970er-Jahre zur Verabschiedung eines Gesetzes, das Versorgungsunternehmen Anreize bot, einen Teil ihres Stroms von kleinen unabhängigen Produzenten zu kaufen.[27]

Condy nutzte diese Gelegenheit und stieg in die Stromerzeugung aus geothermisch erzeugtem Dampf ein. So begann ein Jahrzehnt, in dem 625 Millionen Dollar an Geldern von Aktionären[28] und Gläubigern investiert wurden, um 98 Bohrlöcher zu bohren und neun Turbinengeneratoren in der Mojave-Wüste zu installieren. Die Verluste häuften sich, bis schließlich 1989 die neun Standorte 240 Megawatt (MW) produzieren konnten – genug für rund 240.000 Haushalte –, die im Rahmen eines 30-Jahres-Vertrags an Southern California Edison verkauft wurden.[29] So verwandelte sich das spekulative Verlustgeschäft 1989 in ein 10,3 Millionen Dollar schweres Profitgeschäft.

Condy wollte diesen Trick, nämlich die profitable Stromerzeugung aus natürlichem Dampf, an anderen Orten in Kalifornien und im pazifischen Nordwesten und dann auch darüber hinaus wiederholen. Aber es gab da ein Problem: Die Barmittel waren knapp, die Schulden hoch. Während das Nettovermögen nur 42 Millionen Dollar betrug, beliefen sich die Verbindlichkeiten auf 260 Millionen Dollar.

Außerdem kam der Verdacht auf, dass das Unternehmen nicht straff geführt wurde – *Bloomberg* berichtete beispielsweise, dass Condy jährlich 2,5 Millionen Dollar für einen Falcon-20-Jet, einen Bentley und 15 weitere Luxusautos für Führungskräfte ausgab[30] und dass das Unternehmen in zahlreiche „rechtliche Auseinandersetzungen" verwickelt war. Leerverkäufer meldeten sich zu Wort, und die Aktien fielen. An dieser Stelle kommen Scott und Sokol ins Spiel.

SCOTT UND SOKOL ÜBERNEHMEN DIE KONTROLLE

Ende der 1980er-Jahre sah Walter Scott – der zweitbekannteste Unternehmenslenker in Omaha – nur noch begrenzte Möglichkeiten für das Wachstum der Bau- und Bergbauaktivitäten von Kiewit: Die Zinsen waren hoch. und potenzielle Kunden verschoben ihre Projekte. Darüber hinaus sorgten die zyklischen Einbrüche in diesen Sektoren für eine Achterbahnfahrt.

Daher begann er, das Portfolio um die Bereiche Energie und Telekommunikation zu erweitern. „Das Problem war, dass wir mehr Geld verdienten, als wir im Baugeschäft einsetzen konnten. Ich hatte die Aufgabe, gute Projekte zu finden und das Kapital des Unternehmens rational einzusetzen", erinnert sich Scott.[31]

Die Diversifizierung im Energiesektor sollte durch CalEnergy erreicht werden. Scott erklärte:

> „Ich beschloss, in das Energiegeschäft einzusteigen, ohne vorgefasste Vorstellungen davon zu haben, was damit verbunden sein würde oder wie kompliziert es sein könnte. Das Einzige, was ich über das Energiegeschäft wusste, war, dass es potenziell lukrativ erschien und es sich daher lohnte, sich damit zu befassen."[32]

Es war der 36-jährige Sokol, der Scott 1991 die Idee vorschlug, sich an CalEnergy zu beteiligen.

Bereits 1984 war Sokol – ein Absolvent des Studiengangs Bauingenieurwesen an der University of Nebraska in Omaha – im Alter von 27 Jahren gebeten worden, das Biomasse-Start-up-Unternehmen Ogden Projects zu leiten:

„Ich war überglücklich, die Möglichkeit zu haben, ein Unternehmen von Grund auf aufzubauen ... Ogden Products, Inc. und die Muttergesellschaft Ogden Corporation stellten das Risikokapital zur Verfügung ... Bald wuchs die Zahl der Mitarbeiter von einem Dutzend auf über tausend ... und sie schufen einen beträchtlichen Mehrwert für die Ogden Corporation."[33]

Das von Sokol gegründete Unternehmen für die energetische Verwertung von Abfällen wurde in weniger als sechs Jahren zu einer an der NYSE notierten Aktiengesellschaft mit einem Wert von über einer Milliarde Dollar – eine sehr beeindruckende Entwicklung.

Gleich zu Beginn der Gründung von Ogden Projects lernte Sokol Scott kennen. Das erste Kraftwerk in Tulsa hatte ein sehr begrenztes Budget, und die Bank war nur dann zur Finanzierung bereit, wenn der Bauunternehmer kreditwürdig war. Der gute Ruf von Kiewit wirkte natürlich anziehend, also rief Sokol die Zentrale von Kiewit in Omaha an und bat um ein Gespräch mit dem CEO: „Glücklicherweise wurde ich durchgestellt."[34]

Sokol und Scott trafen sich am nächsten Tag, und zehn Tage später war der Vertrag unterzeichnet. Sokol dazu:

„Ich sagte Walter ganz ehrlich, dass ich nur über begrenztes Kapital für das Projekt verfügte und dass ich nicht arrogant sein wollte, aber einen festen Preis und einen festen Fertigstellungstermin brauchte. Walter sagte, er sei sich nicht sicher, ob er das Projekt mit dem von mir angebotenen Betrag realisieren könne, aber er sei bereit, es zu versuchen."[35]

Sie schlossen ein „Gentleman's Agreement", wonach Kiewit die Hälfte der Differenz an Ogden zurückzahlen würde, wenn das Projekt unter dem Budget lag; sollte es jedoch das Budget überschreiten, würde Scott „sich darum kümmern". Mit diesem Handschlag besiegelten sie auch eine weitere Vereinbarung: Wenn Ogden beschließen sollte, weitere Anlagen zu bauen, würde Kiewit der bevorzugte Auftragnehmer sein.

Als das Projekt unterhalb des Budgets und zudem vorzeitig abgeschlossen wurde, freute sich Sokol sehr über einen Umschlag mit einem Scheck von Scott, der ihm bestätigte, dass er es mit einem integren Mann zu tun hatte. Sie bauten gemeinsam elf weitere Kraftwerke. Sokol sagte, dass Scott alle geschäftlichen Tugenden verkörpere, an die er glaubte: „Harte Arbeit zu schätzen und zu wissen, dass man mit der Zeit Anerkennung findet; ein Mann zu sein, der sein Wort hält; und das Richtige zu tun, nicht nur das, was profitabel ist ... sein Wort ist stärker als jeder Vertrag."[36]

Einige Monate nach dem Börsengang 1989 fand sich Sokol nach seinem Ausscheiden aus dem Ogden-Konzern im Oktober 1990 in einer schwierigen Lage wieder. Seine Kündigung war zum Teil auf Spannungen mit älteren und vielleicht weniger erfolgreichen Managern zurückzuführen, denen dieser brillante junge Neuling offenbar gegen den Strich ging (er wurde oft als „aggressiv" oder „anspruchsvoll" beschrieben) – einerseits, weil Sokol sich als Vorstandsmitglied der Ogden Corporation weigerte, für „mehrere unüberlegte Übernahmen" zu stimmen;[37] und andererseits, weil Sokol klar geworden war, dass Vetternwirtschaft Vorrang vor Geschäftslogik und Kompetenz hatte, was insbesondere dadurch zutage trat, dass der Sohn des Vorsitzenden als Nachfolger für die Geschäftsführung vorgesehen war.

Scott erfuhr von Sokols plötzlichem Ausscheiden und rief ihn in New York an, um ihn zu fragen, ob er noch immer daran interessiert sei, im Energiebereich zu arbeiten. Sokol antwortete prompt, sein Interesse sei „groß". Ein begeisterter Scott rief: „Dann kommen Sie zurück nach Omaha, und lassen Sie uns etwas auf die Beine stellen!"[38] Im Februar 1991 erkannte Sokol die Chance bei CalEnergy, nachdem dessen Aktienkurs auf 7,25 Dollar gefallen war, was einer Marktkapitalisierung von etwa 240 Millionen Dollar entsprach.

Sie handelten schnell: Kiewit investierte 29 Millionen Dollar in CalEnergy, indem es im Februar 1991 vier Millionen neu geschaffene Stammaktien zu einem Preis von 7,25 Dollar kaufte, und weitere 50 Millionen Dollar in Form von wandelbaren Vorzugsaktien (mit einer Verzinsung von 8,125 Prozent). Kiewit nahm auch Optionen zum Kauf von weiteren sechs Millionen Stammaktien zu 10,50 Dollar wahr. Im folgenden Jahr kaufte es zusätzliche Stammaktien für 23 Millionen Dollar. Insgesamt pumpte es 80 Millionen Dollar in Form von Stammaktien und 50 Millionen Dollar in Form von Vorzugsaktien in das Unternehmen. Bis 1993 würde Kiewit, wenn die Optionen ausgeübt und die Vorzugsaktien umgewandelt würden, etwa 37 Prozent von CalEnergy besitzen.

Scott sah diese Investition als Schnäppchen an:

> „Die Muttergesellschaft [CalEnergy] war pleite, hatte jedoch ein großartiges Projekt, und aufgrund der Anforderungen der Banken musste sie dieses trotz eines sehr profitablen Produkts aufgeben. Unter diesen Umständen konnten wir es übernehmen, und dieser erste Vorstoß in den Energiesektor hat zu vielen weiteren geschäftlichen Beteiligungen geführt."[39]

Da Scott am längeren Hebel saß, konnte er darauf bestehen, dass drei Vertreter von Kiewit in den Vorstand von CalEnergy berufen wurden, darunter auch er selbst. Außerdem gelang es ihm, Sokol zum Präsidenten und CEO zu machen, während der 53-jährige Condy weiterhin Vorsitzender blieb.

DER SOKOL-EFFEKT

Der „Farmjunge" aus Omaha, wie Sokol von Maria Shao von *Bloomberg* bezeichnet wurde, machte sich schnell an die Arbeit. Selbst Shao war beeindruckt:

> „Der größte unabhängige Anbieter des Landes von Geothermie bringt sein Unternehmen auf Vordermann. Der 34-jährige David L. Sokol, ein bodenständiger Senkrechtstarter und Bauernjunge aus Nebraska, hat 25 Prozent der Mitarbeiter entlassen, Vergünstigungen gestrichen und den Streit mit den Partnern beigelegt."[40]

Die Märkte reagierten positiv: Bis Juni stieg der Kurs der Stammaktie auf mehr als zwölf Dollar.

Das Unternehmen produzierte und verkaufte 1991 zwar immer noch nur 297 MW Strom, hatte aber andere Möglichkeiten der Stromerzeugung ausgelotet – nicht zuletzt durch den Kauf von Pachtverträgen für 450.000 Gebiete zur geothermischen Erschließung im Westen der USA. Eine der ersten Maßnahmen Sokols zur Kostenkontrolle war die Verlegung des Firmensitzes aus der teuren San Francisco Bay Area in die günstigen Vororte von Omaha – heuerte er dort vielleicht Jungs vom Land an?

Der Wiederaufstieg von CalEnergy war bald ein landesweites Gesprächsthema in den Vorstandsetagen, und andere Unternehmen begannen den „Wunderknaben" Sokol für ihre eigenen Sanierungsprogramme in Betracht zu ziehen. Es dauerte nicht lange, bis ihm ein Angebot unterbreitet wurde, das er nicht ablehnen konnte. Im Januar 1992 wurde Sokol zu JWP Inc. in New York gelockt. Doch dieser Schritt war ein schrecklicher Fehler: Er stellte schnell fest, dass der Finanzvorstand (CFO) zusammen mit drei leitenden Buchhaltern seit Jahren absichtlich falsche Zahlen gemeldet hatte. Es herrschte Chaos, und Sokol fühlte sich getäuscht. Im Oktober übergab er alle Informationen, die er über den Betrug hatte, an den Vorstand und trat umgehend zurück.

Scott hatte als Vorsitzender und CEO bei CalEnergy die Stellung gehalten, war aber sehr daran interessiert, Sokol zurückzuholen. Schließlich wurde Sokol im April 1993 erneut zum Präsidenten und CEO ernannt.

GREG ABEL RETTET DIE LAGE

Glücklicherweise konnte Scott während Sokols Abwesenheit auf die Talente eines kürzlich in die Buchhaltungsabteilung aufgenommenen Mitarbeiters zurückgreifen: die des 29-jährigen Greg Abel. Nach seinem Abschluss an der University of Alberta mit einem Bachelor of Commerce mit Auszeichnung im Jahr 1984 arbeitete dieser bescheidene, fleißige und Eishockey liebende Kanadier sieben Jahre lang als Buchhalter bei PricewaterhouseCoopers – zunächst in Edmonton, dann in San Francisco. Einer seiner Kunden war CalEnergy.

„Greg war sehr locker und ließ sich nie aus der Ruhe bringen", sagte John Sylvia, der ehemalige Finanzvorstand, der ihn eingestellt hatte. „Er hatte ein Gespür dafür, wo etwas derzeit stand, wo es in Zukunft stehen sollte und was getan werden musste, um dorthin zu gelangen."[41]

Freunde aus dieser – und auch der heutigen – Zeit beschreiben ihn als äußerst intelligent und außerordentlich effizient, aber auch als bescheiden und unaufdringlich – ein Mann, der es möglichst vermied, im Rampenlicht zu stehen.

Als Sokol zu CalEnergy zurückkehrte, war die Reaktion in der Zentrale nicht gerade von uneingeschränkter Freude geprägt. Einige empfanden ihn als zu intensiv und zu ehrgeizig, und viele Mitarbeiter konnten damit einfach nicht umgehen. „Er ist einfach so anspruchsvoll ... die Leute sind erschöpft"[42], sagte Thomas Mason, der später Präsident von CalEnergy wurde. Aber Abel war anders: Nichts schien sein Gleichgewicht zu stören. Sokol gibt offen zu, dass sein Erfolg bei CalEnergy vor allem eine Teamleistung war, und er war besonders dankbar, Abel als seinen „Geschäftspartner" an seiner Seite zu haben.[43]

Sokol sagte über Abel:

> „Die Beziehung zwischen Geschäftspartnern und Freunden führt normalerweise zu Konflikten. Ich glaube, der Grund, warum Greg und ich damit zurechtkommen, ist, dass wir unsere jeweiligen Rollen klar voneinander trennen ... wir achten darauf, dass wir

nicht nachlässig werden und weniger voneinander erwarten, nur weil wir Freunde sind. Stattdessen legen wir viel höhere Maßstäbe an uns an ... Wir denken als Team und fordern oft Meinungsverschiedenheiten ein, da wir erkennen, dass dies sehr vorteilhaft sein kann, um bessere Entscheidungen zu treffen."[44]

DER WANDEL IN DER ENERGIEBRANCHE

Die nächsten Jahre verbrachten sie damit, durch organisches Wachstum und Übernahmen einen Energie-Riesen aufzubauen. Bis 1998 hatten Sokol, Abel und Scott CalEnergy von einem 297-MW-Unternehmen im Jahr 1991 zu einem 10.000-MW-Giganten (ausreichend, um acht bis zehn Millionen Haushalte zu versorgen) mit über 4.000 Mitarbeitern und einem Nettogewinn von 127 Millionen Dollar ausgebaut (siehe Abbildung 1.1).

Abbildung 1.1: CalEnergy - phänomenales Wachstum

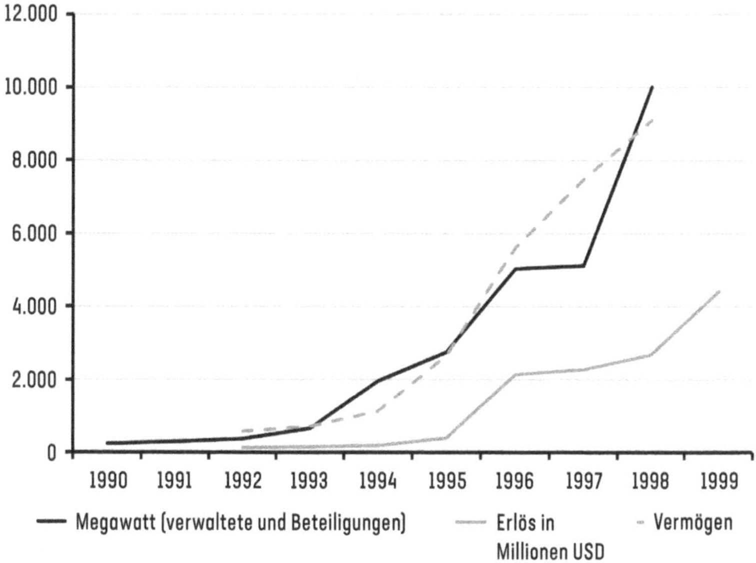

Quelle: Jahresberichte von CalEnergy 1996 bis 1998

In der Anfangszeit war ein Faktor für das schnelle Wachstum von CalEnergy die Fähigkeit, Ideen für neue Projekte zu entwickeln, die zu einem großen Teil durch Joint Ventures mit Kiewit finanziert wurden. So starteten sie beispielsweise 1993 Energieprojekte auf den Philippinen und in Indonesien (zwei Geothermiefelder), zu denen jede Partei 50 Prozent des Kapitals beisteuerte. CalEnergy übernahm das Management, während Kiewit als „bevorzugter Bauunternehmer" fungierte.[45] 1993 diversifizierten sie auch außerhalb des Geothermiebereichs, mit dem Bau einer Erdgasanlage in Yuma im Bundesstaat Arizona. Neben diesen selbst initiierten Projekten suchte das Team nach guten zum Kauf stehenden Unternehmen (siehe Tabelle 1.1).

Von entscheidender Bedeutung war die Übernahme von Northern Electric. Das Unternehmen war nicht nur groß (1,6 Milliarden Dollar Umsatz gegenüber 0,54 Milliarden Dollar bei CalEnergy; ein Vermögen von 2,0 Milliarden Dollar gegenüber 3,7 Milliarden Dollar bei CalEnergy), sondern es ermöglichte auch einen gezielten Einstieg in einen deregulierten Markt, in dem die Monopolstellung sechs Jahre zuvor mit der Aufspaltung der allumfassenden Energieunternehmen beendet worden war, die nicht nur Strom erzeugt, sondern ihn auch über Kabel verteilt (Verteilung/Übertragung) und mit den Verbrauchern interagiert hatten (Versorgung). Die in Großbritannien gewonnenen Erkenntnisse, so die Überlegung, konnten früher oder später auf den US-amerikanischen Strommarkt übertragen werden, wenn dieser in weiten Teilen des Landes dereguliert und entmonopolisiert würde.

Die Übernahme des in Iowa ansässigen Unternehmens MidAmerican im März 1999 war weitgehend durch die Chancen motiviert, die Sokol und sein Team durch die „Verwirklichung der Deregulierung in Amerika" erwarteten.[46] Sie waren zuversichtlich, dass ihr Team dank der Erkenntnisse aus den Systemen, dem Management, den Betriebsabläufen und dem Marktpreisverhalten von Northern Electric einen Vorsprung haben würde.

Tabelle 1.1: Übernahmen von CalEnergy 1995 bis 1996

Datum	Unternehmen	Kosten	Art	Kapazität des übernommenen Unternehmens
Jan 95	Magma	958 Mio. USD	Stromerzeuger: Geothermie. Der Konzern wurde zum größten Geothermie-Erzeuger der Welt.	Als Betreiber: 228 MW Als Eigentümer: 154 MW
Aug 96	Falcon Seaboard Resources	226 Mio. USD	Stromerzeuger mit Erdgas (New York, Texas, Pennsylvania) + Gaspipelines	Als Eigentümer: 520 MW
Dez 96	Northern Electric, UK	70 % für 840 Mio. USD Die restlichen 30 %, damals im Besitz von Peter Kiewit Sons' Inc, wurden 1998 von CalEnergy aufgekauft.	Britischer Strom- und Gasvertreiber (Stromleitungsnetz, Erdkabel, Umspannwerke etc., erhält einen kleinen Teil der Stromkosten von den Lieferanten) sowie Stromanbieter (Haushalte und Unternehmen bezahlen die Lieferanten, die Strom in das Netz einspeisen, den sie häufig bei Erzeugern/Produzenten kaufen). Das Unternehmen besaß auch ein kleines Kraftwerk und vier aktive Ölfelder in der Nordsee.	5 MW + 15,4 % Beteiligung an einem Gaskraftwerk mit 1.875 MW

Die Übernahme von Northern Electric ermöglichte CalEnergy außerdem den Einstieg in das gesamte Spektrum der Energiedienstleistungen und diente als Sprungbrett für das Wachstum in vier Bereichen: Erzeugung, Verteilung, Versorgung und Gaspipelines. Im Jahresbericht 1998 von MidAmerican heißt es:

> „Seit der schrittweisen Deregulierung des Strom- und Gasversorgungssektors im Vereinigten Königreich ist das Unternehmen davon überzeugt, dass sein Managementteam in Nordengland über das erforderliche Wissen und die Fähigkeiten verfügt, um sich auf einem wettbewerbsintensiven Versorgungsmarkt zu behaupten. Durch den Besitz von Northern verfügt das Unternehmen auch über die hoch entwickelten Abrechnungs- und proprietären Informationssysteme, die nach Ansicht des Unternehmens entscheidende Komponenten der Kompetenzen und Technologien sind, die für einen effektiven Wettbewerb in einem umstrukturierten Umfeld erforderlich sind ... Das Unternehmen ist der Ansicht, dass sich die Strombranche auch in den USA in den nächsten drei bis fünf Jahren schrittweise umstrukturieren und weitgehend dem in Großbritannien etablierten Regulierungsmodell (mit anreizbasierten Tarifen oder Preisobergrenzen) folgen wird."

Die Übernahme von Northern Electric war so bedeutend, dass Sokol seine rechte Hand Abel bat, sowohl bei der Übernahme zu helfen als auch danach das Unternehmen zu leiten. Daher zogen Abel und seine Frau mit ihren drei nicht einmal sieben Jahre alten Kindern nach England. Sie sollten erst 1999 wieder in die Vereinigten Staaten zurückkehren, diesmal mit Abel als Präsident von MidAmerican Energy. Sokol beschrieb Abel wie folgt:

„Sein umfassendes Geschäftstalent und sein unübertroffenes Verständnis für Betriebsabläufe ermöglichten ihm einen raschen Aufstieg zum Präsidenten unseres Unternehmens. Er ist ein großartiger, sehr einfühlsamer Kommunikator und ein angenehmer Partner. Seine Freundschaft war in meinen Krisenzeiten während der letzten 15 Jahre einzigartig. Wir denken in vielerlei Hinsicht ähnlich und erlauben es uns, uns gegenseitig herausfordern, bis wir uns auf eine Vorgehensweise einigen. Ich lerne jeden Tag von Greg.“[47]

DIE ALTE UND DIE DEREGULIERTE ART DER STROMERZEUGUNG UND DES STROMVERKAUFS IN DEN USA

Die Chancen, die sich durch die Deregulierung ergeben haben – und die kluge Positionierung des Unternehmens, um diese Chancen sowohl vor als auch nach der Übernahme durch Berkshire zu nutzen – sind für den Erfolg dieser Investition so wichtig, dass ich kurz auf den Unterschied zwischen der alten und der neuen Art der Stromerzeugung und des Stromverkaufs eingehen möchte.

Mit den Erfahrungen in Großbritannien als Anhaltspunkt erkannten viele US-amerikanische Stromproduzenten, Netzbetreiber und Stromanbieter Mitte der 1990er-Jahre, dass sie früher oder später zum ersten Mal mit Wettbewerbern konfrontiert sein würden. Sie würden auch mit sinkenden Strompreisen für Verbraucher zu kämpfen haben, und ihr geschäftlicher Alltag würde komplexer werden. Dieses neue Umfeld erforderte Fähigkeiten, die den etablierten Unternehmen oft fehlten. Die US-Versorgungsunternehmen würden keine vertikal integrierten lokalen Monopole mehr sein, die Erzeugung, Netz und Vertrieb bündelten. Diese Dienstleistungen würden in vielen Teilen des Landes von separaten Unternehmen erbracht werden, die gezwungen wären, auf der Grundlage von Wert und Preis um Aufträge zu konkurrieren.

Die Verbraucher würden die Wahl zwischen verschiedenen Anbietern haben: Sie könnten bei ihrem lokalen Versorgungsunternehmen bleiben oder sich für einen Konkurrenten entscheiden. An einigen Orten wurde anstelle eines Monopol-Stromerzeugers eine Strombörse eingerichtet, die als Großhandelsplattform fungierte, über die sowohl unabhängige Stromproduzenten als auch die alten Versorgungsunternehmen den erzeugten Strom verkauften. Die Börse legte den Clearing-Preis auf der Grundlage von Angebot und Nachfrage fest. Wie erwartet erwiesen sich viele der alten Kraftwerke als ineffizient und wurden stillgelegt, was anderen Produzenten neue Möglichkeiten eröffnete.

Die Deregulierung unterlag jedoch einigen Einschränkungen. Da beispielsweise große Teile des Verteilungs-/Übertragungsgeschäfts natürliche Monopole darstellten, war es sinnlos, zwei oder drei Netzwerke von Strommasten nebeneinander zu betreiben. Daher musste ein Großteil der Branche weiterhin regulatorischen Beschränkungen unterworfen werden. Anstatt jedoch Strom aus einer einzigen Quelle zu beziehen und über ihre Kabel zu leiten, mussten die Netzbetreiber sich öffnen und Strom von vielen Erzeugern akzeptieren.

Die Versorgungsunternehmen – also die Firmen mit direktem Kontakt zu den Endverbrauchern – waren eigentlich dazu bestimmt, Strom in ihren Konzessionsgebieten zu liefern, hatten aber auch die Freiheit, Kunden in anderen Märkten zu beliefern. Dies schuf Möglichkeiten für Neueinsteiger, von Öl- und Gasunternehmen bis hin zu Supermarktketten, als Lieferanten und Vermarkter in den Strommarkt einzusteigen. Diese Firmen mussten keinen eigenen Strom erzeugen, da sie ihn aus dem Pool beziehen konnten.

CalEnergy/MidAmerican sah darin folgende Vorteile:

- **Kostenvorteil:** „Da der Mangel an Wettbewerb keine Anreize für Modernisierungen geschaffen hat, betreiben viele Versorgungsunternehmen ältere, technologisch veraltete Kraftwerke zu relativ hohen Kosten. CalEnergy hat kontinuierlich in neue, fortschrittliche Anlagen und technologische Verbesserungen bestehender Anlagen investiert, sodass wir Strom zu einem niedrigeren, wettbewerbsfähigeren Preis erzeugen können."[48]

- **Wissensvorsprung:** „Unsere Erfahrung in Ländern, die die Privatisierung bereits hinter sich haben, bereitet uns darauf vor, in anderen Märkten tätig zu werden, in denen die private Stromversorgung gerade erst beginnt ... Northern Electric bezieht fast seinen gesamten Strom von anderen Stromerzeugern."[49]
- **Diversifizierungsvorteil:** „Mit dem Erwerb von drei Erdgas-Kraft-Wärme-Kopplungs-Anlagen in New York, Texas und Pennsylvania sowie dem Bau unserer gasbefeuerten Viking-Anlage in Großbritannien und unseres Wasserkraftwerks auf den Philippinen ... setzt CalEnergy seine geografische und brennstoffbezogene Diversifizierung fort.[50] Die Diversifizierung in benachbarte Branchen wie Gasleitungen hat das Risiko noch weiter reduziert.
- **Finanzielle Schlagkraft:** Dieses Element kam erst richtig zum Tragen, nachdem Berkshire Hathaway Milliarden an Eigenkapital und 1,7 Milliarden Dollar an Fremdkapital investiert hatte. Darüber hinaus ermöglichte die Zugehörigkeit zum AAA-bewerteten Unternehmen Berkshire mit seinem diversifizierten Cashflow die Aufnahme von Fremdkapital zu sehr guten Konditionen. Neben massiven organischen Investitionen wie beispielsweise Milliardeninvestitionen in Windkraftanlagen kaufte MidAmerican weitere große Unternehmen.
- **Integration von Akquisitionen:** Da das Team darauf ausgerichtet war, Energieunternehmen zu erwerben, und es so gut geführt und erfahren in der Integration nach Akquisitionen war, konnte es viele der üblichen Fallstricke von Fusionen – zum Beispiel Kulturkonflikte oder ein unzureichendes Verständnis der erworbenen Unternehmen – vermeiden oder abmildern.

KIEWIT MACHT SEINE CHIPS ZU GELD, ABER SCOTT WILL MEHR

Im Januar 1998 kaufte CalEnergy 20,23 Millionen seiner Aktien zurück, die sich im Besitz von Kiewit befanden – etwa 30 Prozent der CalEnergy-Aktien. Um den Ausstieg von Kiewit abzuschließen, kaufte CalEnergy auch den 30-prozentigen Anteil von Kiewit an Northern Electric sowie dessen Beteiligungen auf den Philippinen und in Indonesien. Insgesamt bezahlte CalEnergy dafür 1,16 Milliarden Dollar.

Die Vereinbarung zur Durchführung dieser Transaktion wurde am 11. September 1997 unterzeichnet. Interessanterweise kaufte Scott[51] wenige Tage später, am 17. Oktober, zwei Millionen Aktien von CalEnergy zu einem Preis von 37,875 Dollar. Zu diesem Zeitpunkt war er Vorsitzender und CEO von Peter Kiewit Sons' Inc, sollte jedoch Anfang 1998 seine Führungsaufgaben abgeben. So wurde Scott mit 67 Jahren im „Ruhestand" zum größten Einzelaktionär von CalEnergy.

Um die Zahlung eines so hohen Betrags an Kiewit zu ermöglichen, platzierte CalEnergy im Oktober 15,1 Millionen Stammaktien zu einem Preis von 37,875 Dollar zur Beschaffung von insgesamt 550 Millionen Dollar. Nach diesen Transaktionen belief sich die Marktkapitalisierung von CalEnergy auf 2,35 Milliarden Dollar.

DAS URSPRÜNGLICHE UNTERNEHMEN MIDAMERICAN

MidAmerican Energy war ein Stromerzeuger (4.378 MW) für Kunden in Iowa mit kleinen Niederlassungen in den benachbarten Bundesstaaten Nebraska, Illinois und South Dakota. Das Unternehmen erzeugte nicht nur Strom, sondern verteilte ihn auch direkt an die Kunden – ein klassisches vertikal integriertes, reguliertes Versorgungsunternehmen. Es verfügte auch über eine umfangreiche Erdgassparte und versorgte damit 618.600 Kunden. Seltsamerweise besaß es auch ein kleines Eisenbahnwaggon-Unternehmen, Beteiligungen an Telekommunikationsunternehmen und „ein Portfolio passiver Investitionen".[52]

Das prägende Ereignis fand 1995 statt, als der Gas- und Stromversorger für den Südosten Iowas mit dem Hauptversorger für Zentral- und West-Iowa fusionierte und der Name „MidAmerican" für das fusionierte Unternehmen gefunden wurde. Sein Versorgungsgebiet umfasste zwei Drittel des Bundesstaats. Bis 1997 war der Umsatz auf 1,9 Milliarden Dollar gestiegen, und der Nettogewinn betrug 135 Millionen Dollar, sodass es von der Größe her mit CalEnergy vergleichbar war.

Der Vorstand von MidAmerican begrüßte die Vorstöße von Sokol und Abel im Sommer 1998, und im August schloss er eine Fusionsvereinbarung, die im März 1999 in Kraft trat. Für alle Aktien des ursprünglichen Unternehmens MidAmerican, das damit zu einer hundertprozentigen Tochtergesellschaft wurde, wurden insgesamt 2,42 Milliarden Dollar (ein Aufschlag von 36 Prozent gegenüber dem Kurs Anfang August) gezahlt. Bald nahm die Muttergesellschaft den Namen ihres neuesten Familienmitglieds an und ließ sich Ende 1999 im Bundesstaat Iowa neu registrieren, sodass Des Moines bis heute ihr Hauptsitz ist.

Das Unternehmen war zu einem Giganten mit einem Jahresumsatz von rund 4,6 Milliarden Dollar und einem Vermögen von 11,0 Milliarden Dollar geworden, der 3,3 Millionen Privatkunden bediente.

ZEIT FÜR DIE PRIVATISIERUNG

Sokol war zunehmend desillusioniert von der Führung eines börsennotierten Unternehmens, während überall so viel irrationales Verhalten von Investoren zu beobachten war. Hinzu kam, dass CalEnergy/MidAmerican etwas Pech hatte – was die Aktionäre enttäuschte. Erstens kündigte die indonesische Regierung 1998 wichtige Verträge für zwei große Geothermieprojekte, die kurz vor der Fertigstellung standen, was zu einer Abschreibung von 87 Millionen Dollar führte.

Zweitens beschloss die britische Energieregulierungsbehörde 1999, die Einnahmen von Northern Electric zu kürzen. Die Aktie fiel in den ersten zehn Monaten des Jahres 1999 um weitere 21 Prozent, zusätzlich zu dem Rückgang von 15 Prozent seit ihrem Höchststand von 40 Dollar im Jahr 1997 – und das mitten in einem tobenden Bullenmarkt. Der niedrige Aktienkurs bedeutete, dass das Unternehmen eine Reihe von Akquisitionsmöglichkeiten ablehnen musste, da es nur eine zu schwache Währung zu bieten hatte.

Unterdessen hatte die Hausse-Stimmung andere Versorgungsunternehmen auf den Plan gerufen: schnelle Dealmaker und Storyteller wie Enron. Monat für Monat konnten sie neue Übernahmen und Quartal für Quartal steigende Gewinne verkünden; sie wurden mit hohen Kurs-Gewinn-Verhältnissen (KGV) belohnt, da die Begeisterung für ihr Wachstum groß war. Später stellten wir jedoch fest, dass sie viele ihre Bücher frisiert hatten.

Sokol wurde von Brokern geraten, „mehr Deals anzukündigen", wenn er wolle, dass das Unternehmen an der Wall Street positiv wahrgenommen werde. Als rationaler, pragmatischer Manager mit viel Erfahrung mit den Schwierigkeiten der Fusionsintegration antwortete er, dass das Unternehmen bereits alle Geschäfte tätigte, die es bewältigen konnte. „Ach was!", riefen die Broker aus, die bei den Deals halfen, „Sie brauchen ja keine *guten* Deals zu machen. Was Sie brauchen, ist *Schnelligkeit*."[53] Ihm wurde sogar mitgeteilt, dass „Konkurrenten, unter anderem Enron, zwei oder drei Deals pro Monat abschließen".[54] Aber Sokol sagte dazu: „Wir schlossen nur einen oder zwei pro Jahr."[55]

Die Verärgerung wurde noch größer, als klar wurde, dass der Markt die Realität nicht akzeptieren wollte. Die Maßnahmen der indonesischen Regierung beschränkten sich nicht auf CalEnergy – eine Reihe von Unternehmen hatte die gleiche Behandlung erfahren. Da Sokol Ehrlichkeit und Offenheit als Grundpfeiler der Kommunikation mit der Wall Street betrachtete, war er schockiert, als Berater ihn drängten, die schlechten Nachrichten zu verheimlichen, weil weder Analysten noch Investoren sie hören wollten. „Vertuschen Sie es mit positiven Ankündigungen über neue Deals"[56], wurde ihm gesagt.

Sokol entschied sich für Offenheit. Schließlich, so argumentierte er, würde die Reaktion des Marktes auf ein einzelnes Unternehmen gering ausfallen, wenn mehrere Versorgungsunternehmen an diesem Tag ähnliche Ankündigungen machten. Doch das Gegenteil war der Fall. Die anderen Unternehmen folgten dem Rat, die Lage zu verschleiern, und wurden mit recht stabilen Aktienkursen belohnt, während der Kurs von CalEnergy einbrach.

Sokol verstand, dass die Glaubwürdigkeit eines Versorgungsunternehmens gegenüber den Regulierungsbehörden steigt, wenn es eine langfristige Vision bieten kann, anstatt ständig unter dem Druck zu stehen, steigende Quartalsgewinne erzielen zu müssen: „Ich begann mich daran zu stören, dass die Aktienmärkte einen übermäßigen Fokus auf Quartalsgewinne legen ... Die unrealistische Fokussierung der Analysten auf kurzfristige Ergebnisse kann dazu führen, dass das Management schlechte langfristige Entscheidungen trifft. Im Herbst 1999 kam ich zu dem Schluss, dass die Börse das schlechte Verhalten vieler unserer Konkurrenten belohnt hatte, wobei Enron ein offensichtliches Beispiel war. Ich hoffte, dass wir einen Weg finden würden, das Unternehmen zu privatisieren."[57]

Hinzu kam die schreckliche Belastung und Trauer, die durch den tragischen Tod von Sokols Sohn David Jr. hervorgerufen wurde, der am 11. Juni 1999, 13 Tage nach seinem 18. Geburtstag, nach dreieinhalbjährigem Kampf gegen den Krebs verstorben war. Sokol sagte, sein Sohn sei „in allem, was er tat, ein Vorbild an Mut, Freundlichkeit, Hartnäckigkeit und Mitgefühl gewesen. Er hat mir beigebracht, ... das Gute in jedem Menschen zu sehen ... und lehrte mich Willensstärke und Mut."[58]

Sokol war sich nicht mehr sicher, ob er ein börsennotiertes Unternehmen leiten wollte, und teilte dem Vorstand im Sommer 1999 mit, dass er entweder zurücktreten und Abel den Weg frei machen oder das Unternehmen privatisieren würde.

Der Vorstand stimmte zu, dass das Unternehmen durch eine fremdfinanzierte Übernahme privatisiert werden sollte, bei der die Manager zu bedeutenden Eigentümern würden und das Unternehmen mit Schulden belastet würde. Die Pläne wurden in die Wege geleitet, aber Sokol wurde schnell klar, dass die Investmentbanker, mit denen sie sprachen, das Unternehmen zerschlagen wollten, was „unseren Mitarbeitern schaden würde".[59]

In dieser Zwickmühle rief er Scott an und fragte ihn um Rat. Scott schlug vor, dass Berkshire Hathaway eine gute Heimat für MidAmerican sein könnte. Berkshire schien Sokol und Abel eine ausgezeichnete Option zu sein – nicht nur wegen des Rufs von Buffett und Munger, Managern zu erlauben, das Unternehmen mit ihren eigenen Teams weiterzuführen, sondern auch wegen der Möglichkeit großer Eigenkapitalzuführungen, die es MidAmerican ermöglichen würden, seine Akquisitionsstrategie zur Konsolidierung der Energiebranche fortzusetzen.

Darüber hinaus konnte Berkshire direkt Fremdkapital bereitstellen, und dank seines AAA-Ratings konnte MidAmerican zu niedrigen Zinsen Kredite aufnehmen. Das Tüpfelchen auf dem i war, dass Sokol und Abel mit Buffett und Munger zusammenarbeiten konnten – zwei der bestinformierten, engagiertesten und rationalsten Geschäftsleute der Welt – und sich nie wieder vor einem unerfahrenen 20-jährigen Wall-Street-Analysten rechtfertigen mussten, der nur eine vage Vorstellung vom Geschäftsmodell hatte.

ABER WARUM SOLLTE BERKSHIRE HATHAWAY AUSGERECHNET IN EIN VERSORGUNGSUNTERNEHMEN INVESTIEREN?

Zu diesem Zeitpunkt erzielte Berkshire Hathaway bereits Jahresgewinne in Milliardenhöhe (siehe Tabelle 1.2). (Lassen Sie sich nicht von den versicherungstechnischen Verlusten im Jahr 1999 täuschen – dies war eine Ausnahme aufgrund der Krise bei General Re. In den meisten Jahren wurden hohe versicherungstechnische Gewinne erzielt.)

Buffett und Munger mussten dieses Geld investieren. Im Idealfall würden sie Unternehmen finden, die See's Candies, Scott Fetzer oder Nebraska Furniture Mart ähnelten – also Unternehmen, die sehr hohe Kapitalrenditen erzielen konnten. Aber solche Unternehmen waren selten. Und selbst wenn sie gefunden werden konnten, kosteten sie wahrscheinlich nur etwa 100 Millionen Dollar – weniger als der monatliche Cashflow von Berkshire. Wenn sie gefunden wurden, wurden sie natürlich sofort aufgekauft. Aber es war klar, dass Berkshire, um wirklich etwas zu bewegen, Unternehmen im Wert von Milliarden Dollar finden musste, die Gewinne in Höhe von Hunderten von Millionen erzielten.

Wenn Unternehmen mit hoher Eigenkapitalrendite, die möglicherweise vollständig übernommen werden konnten, nicht zu haben waren, bestand eine Möglichkeit, das Geld zu investieren, darin, Aktien der bereits gehaltenen Unternehmen wie Coca-Cola oder American Express nachzukaufen. Aber wie in der Einleitung erläutert, war der Markt von irrationalem Überschwang geprägt, was zu schlechten Renditeaussichten führte:

> „Derzeit sind die Preise der guten Unternehmen, die wir bereits besitzen, einfach nicht attraktiv genug. Mit anderen Worten: Wir schätzen die Unternehmen viel höher ein als ihre Aktien. Deshalb haben wir unsere derzeitigen Bestände nicht aufgestockt. Dennoch haben wir unser Portfolio noch nicht wesentlich reduziert: Wenn wir die Wahl haben zwischen einem fragwürdigen Unternehmen zu einem günstigen Preis und einem soliden Unternehmen zu einem fragwürdigen Preis, ziehen wir Letzteres eindeutig vor. Was unsere Aufmerksamkeit jedoch wirklich auf sich zieht, ist ein solides Unternehmen zu einem soliden Preis."[60]

Tabelle 1.2: Berkshire Hathaway – Herkunft der ausgewiesenen Gewinne in Millionen USD

Millionen USD	**Vorsteuergewinn**		**Berkshires Anteil am Reingewinn (nach Steuern und Minderheitsbeteiligungen)**	
Operativer Gewinn:	1.999	1.998	1.999	1.998
Versicherungssparte:				
Versicherungen – Rückversicherungen	-1.440	-21	-927	-14
Versicherungen – GEICO	24	269	16	175
Versicherungen – sonstige Erstversicherer	22	17	14	10
Nettoüberschuss aus Kapitalanlagen	2.482	974	1.764	731
Buffalo News	55	53	34	32
Finanzwesen und Finanzprodukte	125	205	86	133
Flugdienstleister	225	181 [1]	132	110 [4]
Inneneinrichtung für Privatkunden	79 [2]	72	46 [2]	14
International Dairy Queen	56	58	35	35
Schmuck	51	39	31	23
Scott Fetzer (ohne Finanzsparte)	147	137	92	85

Millionen USD	Vorsteuergewinn		Berkshires Anteil am Reingewinn (nach Steuern und Minderheitsbeteiligungen)	
See's Candies	74	62	46	40
Shoe Group	17	33	11	23
Buchhalterische Anpassungen aufgrund von Kauftätigkeit	-739	-123	-648	-118
Zinsaufwendungen [3]	-109	-100	-70	-63
Für Aktionäre bestimmte Beiträge	-17	-17	-11	-11
Sonstige	33	60	20	45
Operativer Gewinn	1.085	1.899	671	1.277
Kapitalerträge aus Anlagen	1.365	2.415	886	1.553
Gewinn aus allen Konzernteilen	**2.450**	**4.314**	**1.557**	**2.830**

(1) Einschließlich Executive Jet ab 7. August 1998, (2) Einschließlich Jordan's Furniture ab 13. November 1999, (3) Ohne Zinseinnahmen von Finance Businesses, (4) Einschließlich Betriebseinnahmen von General Re für zehn Tage im Jahr 1998.

Quelle: Jahresberichte von Berkshire Hathaway

Buffett hatte schon seit einiger Zeit darüber nachgedacht, seine wachsenden Barreserven in der Versorgungsbranche einzusetzen. Bereits 1998 hielt er einen Vortrag vor MBA-Studenten der University of Florida, in dem er sagte, er habe „viel darüber nachgedacht, in diesen Bereich zu investieren, weil man dort viel Geld investieren kann. Ich habe sogar darüber nachgedacht, ganze Unternehmen zu kaufen ... derjenige, der über sehr kostengünstige Energie verfügt, hat einen enormen Vorteil."[61]

Nach dem Kauf des Eisenbahnbetreibers BNSF – eines weiteren Unternehmens, dessen Betrieb enorme Geldsummen erforderte – erläuterte Buffett seine Logik in seinem Brief an die Aktionäre von 2009 etwas ausführlicher:

> Früher haben Charlie und ich kapitalintensive Unternehmen wie zum Beispiel öffentliche Versorgungsbetriebe gemieden. Tatsächlich sind die für Eigentümer mit Abstand besten Unternehmen nach wie vor diejenigen, die hohe Kapitalrenditen erzielen und für ihr Wachstum nur geringe zusätzliche Investitionen benötigen. Wir haben das Glück, eine Reihe solcher Unternehmen zu besitzen, und würden gern weitere kaufen. Da wir jedoch davon ausgehen, dass Berkshire immer mehr Cash generieren wird, sind wir heute durchaus bereit, in Unternehmen zu investieren, die regelmäßig hohe Kapitalinvestitionen erfordern. Wir erwarten lediglich, dass diese Unternehmen angemessene Renditen auf die von ihnen investierten zusätzlichen Summen erzielen können. Wenn unsere Erwartungen erfüllt werden – und wir glauben, dass dies der Fall sein wird –, dürfte Berkshires ständig wachsende Sammlung guter bis großartiger Unternehmen in den kommenden Jahrzehnten überdurchschnittliche, wenn auch sicherlich keine spektakulären Renditen erzielen."[62]

Im Jahr 1999 unterlagen die meisten Tochtergesellschaften von MidAmerican noch einer strengen Regulierung. Im Allgemeinen durften sie Eigenkapitalrenditen im niedrigen einstelligen Bereich (in der Größenordnung von zehn bis zwölf Prozent pro Jahr) erzielen. Wenn sie mit Milliardenbeträgen operierten, konnten die Cashflows aus diesen Renditen für die Aktionäre beträchtlich sein. In Iowa beispielsweise waren die Tarife bis 2005 festgeschrieben, was eine Eigenkapitalrendite von zwölf Prozent ermöglichte. Danach wurde jede zusätzliche Rendite mit den Kunden geteilt.

MidAmerican war für Buffett aus mehreren Gründen besonders attraktiv. Erstens war das Unternehmen weithin als kostengünstiger Betreiber bekannt und konnte daher die Tarife für seine Kunden niedrig halten, was die Regulierungsbehörden beeindruckte – selbst in Teilen des Landes, in denen MidAmerican noch nicht vertreten war. Das Wohlwollen der Regulierungsbehörden war und ist in vielen Bundesstaaten entscheidend für die Sicherung einer wettbewerbsfähigen Position. Natürlich würde sich der Kostenvorteil durch die Möglichkeit, als Teil von Berkshire Hathaway niedrige Zinsen für Fremdkapital zu zahlen, noch weiter erhöhen.

Außerdem bestand das Potenzial, MidAmerican in den kommenden Jahren um weitere Milliarden zu vergrößern, da es im Zuge der Umstrukturierung der Branche so viele organische Wachstums- und Akquisitionsmöglichkeiten gab. Das war auch für Berkshire vorteilhaft – nicht nur weil MidAmerican eine sinnvolle Verwendung für Finanzmittel bot, sondern auch weil nur wenige Wettbewerber im Energiebereich über eine solche Fähigkeit verfügten, Geld für Investitionen zu beschaffen. Das verschaffte MidAmerican einen entscheidenden Vorteil.

Und Buffett war überzeugt, dass das Geld, das den Managern von MidAmerican anvertraut wurde, gut eingesetzt würde. Bei der Bekanntgabe des Deals sagte er über sie: „Wenn ich mir nur zwei Leute aus der amerikanischen Wirtschaft aussuchen dürfte, würde ich für diese Branche Walter Scott und David Sokol auswählen."[63]

Es gab auch zwei Steuervorteile. Erstens erzielte Berkshire Hathaway reichlich steuerpflichtige Gewinne, während MidAmerican oft über steuerliche Vergünstigungen verfügte, von denen es bei geringen Gewinnen intern nicht sofort profitieren konnte. Zweitens durfte MidAmerican die Abschreibungen auf Sachanlagen beschleunigen (hohe Abschreibungsbeträge), wodurch sich der Mittelabfluss für die Zahlung von Steuern kurzfristig verringerte. Die Steuern wurden zwar irgendwann fällig, aber in der Zwischenzeit hatte man aufgrund latenter Steuern Kapital, das zur Erzielung von Renditen verwendet werden konnte.

DER DEAL

Im September 1999 war Scott zu einer Konferenz in Kalifornien – an der auch Buffett teilnahm –, als er einen Anruf von Sokol erhielt, der ihn um Rat fragte, was mit dem Unternehmen zu tun sei. Warrens Schwester Bertie hatte ein Haus in Carmel in der Nähe von San Francisco, und sie gab eine Party – ein zwangloses Treffen für ihren Bruder und ein paar enge Freunde, darunter natürlich auch Scott.

Auf der Party „nahm mich Walter beiseite und fragte, ob er mich kurz in einem anderen Raum sprechen könne“,[64] erinnerte sich Buffett:

> „Er sprach über dieses Versorgungsunternehmen namens MidAmerican, an dem er beteiligt war und das nicht vorankam. Sie hatten versucht, der Wall Street das Geschäft zu erklären, aber die Analysten mochten es nicht, weil sie nach Unternehmen wie AES oder Calpine suchten, die das hatten, was sie als ‚Deal Velocity‘ (die Fähigkeit zu rasanten Geschäftsabschlüssen, Anm. d. Übers.) bezeichneten. Walter sagte, sie würden darüber nachdenken, MidAmerican zu privatisieren, und fragte mich, ob ich daran interessiert wäre. Ich sagte Ja.“[65]

Als Buffett nach Omaha zurückkehrte, las er einige der öffentlichen Berichte von MidAmerican. Nach wenigen Tagen trafen sich Sokol, Scott und Buffett zum Frühstück und ein weiteres kurzes Treffen schloss sich an, das mit folgenden Worten von Buffett endete: „Zu einem angemessenen Preis würden wir tatsächlich gern einen Deal machen."[66] (Während der Unterredung überreichte Sokol ihm das, was er als „Einmaleins der Energie" bezeichnete – eine 3,8 cm dicke Präsentation, in der die Grundlagen der Energiebranche erklärt wurden und die Buffett nie aufgeschlagen hat.)

Am 25. Oktober wurde eine Pressemitteilung veröffentlicht, in der bekannt gegeben wurde, dass eine Einigung über einen Deal erzielt worden war. Darin erklärte Buffett: „Wir kaufen gute Unternehmen mit hervorragendem Management und gutem Wachstumspotenzial zu einem fairen Preis, und wir sind bereit, länger als manche Investoren zu warten, bis sich dieses Potenzial verwirklicht. Diese Investition bietet uns die perfekte Mischung."[67] In der Ankündigung hieß es auch, dass der Firmensitz zwar in Des Moines bleiben würde (mit Abel als Leiter des operativen Geschäfts), das Büro des Präsidenten und CEO (Sokol) jedoch in Omaha verbleiben und sich auf strategische Planung, Fusionen und Übernahmen sowie globale Entwicklung konzentrieren würde.

In der Pressemitteilung heißt es weiter:

> „Es sind keine Veränderungen im Management geplant, es wird keine Entlassungen aufgrund der Transaktion geben und der Name des Unternehmens bleibt ‚MidAmerican'. Der Geschäftsbetrieb wird wie gewohnt weiterlaufen, mit Vorteilen, die es zuvor nicht gab. Wir werden uns noch stärker darauf konzentrieren, unseren Kunden mit modernster Technologie einen hochwertigen Service und den bestmöglichen Mehrwert zu bieten. Wenn wir Erfolg haben, sollten auch unsere Gemeinden davon profitieren. Dies ist für alle Beteiligten ein großartiges Geschäft."[68]

Die MidAmerican-Aktie stieg sofort von rund 27,25 Dollar auf einen Kurs näher am Transaktionspreis von 35,05 Dollar. „Warum dieser seltsame Wert von 35,05 Dollar?", fragte Buffett rhetorisch in seinem Brief an die Aktionäre aus dem Jahr 2007:

> „Ursprünglich hatte ich beschlossen, dass das Unternehmen für Berkshire einen Wert von 35,00 Dollar pro Aktie hat. Nun bin ich ein Verfechter des ‚Einheitspreises' (erinnern Sie sich an See's?) und mehrere Tage lang hatten die Investmentbanker, die MidAmerican vertraten, kein Glück damit, mich zu einer Erhöhung des Angebots von Berkshire zu bewegen. Aber schließlich erwischten sie mich in einem Moment der Schwäche, und ich gab nach und sagte ihnen, ich würde auf 35,05 Dollar gehen. Damit, erklärte ich, könnten sie ihrem Kunden sagen, sie hätten mir den letzten Cent abgeknöpft. Zum damaligen Zeitpunkt tat das weh."[69]

Natürlich beklagt sich Buffett zu sehr: Der Gewinn pro Aktie betrug 2,59 Dollar, was einem niedrigen KGV von nur 13,5 entsprach, während viele andere Unternehmen zu dieser Zeit auf das Doppelte oder 3-Fache davon kamen.

Der Deal sah nicht vor, dass Berkshire 100 Prozent des Eigenkapitals erwerben würde. Dies war aus zwei Gründen nicht möglich. Erstens sah der Public Utility Holding Company Act von 1935 (PUHCA) vor, dass ein nicht reguliertes Unternehmen wie Berkshire keine Stimmrechtskontrolle über ein reguliertes Versorgungsunternehmen haben durfte. Daher würde Berkshire nur 9,7 Prozent der Stammaktien halten, was seine Stimmrechte einschränkte: 900.942 Aktien wurden zu 35,05 Dollar gekauft, was 31,6 Millionen Dollar kostete.

Zweitens wollten Scott, Sokol und Abel jeweils Anteile halten. Zusammen kontrollierten sie 90,3 Prozent der Stimmrechte. Scott hielt etwa 86 Prozent im Wert von rund 280 Millionen Dollar, Sokol etwa drei Prozent (rund zehn Millionen Dollar) und Abel etwa ein Prozent (rund drei Millionen Dollar).

Natürlich wollte Berkshire mehr als einen wirtschaftlichen Anteil von 9,7 Prozent an dem Unternehmen. Darüber hinaus mussten die Altaktionäre weit mehr als die rund 325 Millionen Dollar erhalten, die für die Stammaktien gezahlt wurden. Daher kaufte Berkshire auch noch 34.563.395 wandelbare Vorzugsaktien zu einem Preis von 35,05 Dollar pro Stück, was 1,21 Milliarden Dollar kostete. Mit diesen beiden Aktienarten hielt Berkshire einen wirtschaftlichen Anteil von 76 Prozent an MidAmerican.

Die wandelbaren Vorzugsaktien waren grundsätzlich nicht mit Stimmrechten bei der Wahl der Direktoren verbunden, aber sie gaben Berkshire das Recht, 20 Prozent des Vorstands von MidAmerican zu wählen – das heißt, Berkshire hatte keine Kontrolle über die Geschäftsführung, sondern lediglich „erheblichen Einfluss".[70] Entscheidend war, dass die wandelbaren Vorzugsaktien weitgehend die gleichen wirtschaftlichen Rechte hatten wie die Stammaktien – zum Beispiel:

- Die Inhaber der Vorzugsaktien waren an Dividenden und anderen Ausschüttungen an Stammaktionäre so beteiligt, als handelte es sich um Stammaktien.
- Die Vorzugsaktien waren im Verhältnis 1:1 in Stammaktien wandelbar, bereinigt um Aktiensplits, Zusammenlegungen, Umgliederungen und andere Kapitalveränderungen.
- Bei einer Liquidation waren die Vorzugsaktionäre den Stammaktionären gleichgestellt.

So heißt es im Jahresbericht 2002 von Berkshire Hathaway: „Die wandelbaren Vorzugsaktien sind im Wesentlichen eine mit Stammaktien im Wesentlichen identische nachrangige Beteiligung und wirtschaftlich mit Stammaktien gleichwertig."

Von großer Bedeutung war, dass die Vorzugsaktien in Stammaktien umgewandelt werden konnten, wenn die Regierung das PUHCA änderte oder aufhob (was sie 2005 tat). Sollte sich dieses Gesetz ändern, konnte Berkshire somit sowohl eine wirtschaftliche als auch eine Stimmrechtsbeteiligung von 76 Prozent erhalten.

Eine dritte Finanzspritze kam ebenfalls von Berkshire: Das Unternehmen kaufte von MidAmerican festverzinsliche Wertpapiere im Wert von 455 Millionen Dollar mit einer jährlichen Rendite von elf Prozent.

Der Deal wurde am 14. März 2000 abgeschlossen. Aber das war noch nicht das Ende der Geldzuflüsse von Berkshire an MidAmerican. Im Jahr 2002 kaufte Berkshire weitere Vorzugsaktien im Wert von 402 Millionen Dollar (zusätzliche 6,7 Millionen wandelbare Vorzugsaktien – oder „Common-Equivalent", wie Buffett sie nannte – zu einem Preis von 60 Dollar), wodurch sich sein wirtschaftlicher Anteil auf mehr als 80 Prozent erhöhte. Außerdem wurden weitere 1.273 Milliarden Dollar an 11-prozentigen Anleihen gekauft (siehe Tabelle 1.3).

Das größte Ereignis war die Aufhebung des PUHCA im Jahr 2005. Am 9. Februar 2006 wandelte Berkshire seine MidAmerican-Vorzugsaktien im Verhältnis 1:1 in Stammaktien mit Stimmrecht um und erlangte damit eine wirtschaftliche Beteiligung und Stimmrechte von 80,5 Prozent (nach Berücksichtigung der ausstehenden Bezugsrechte für Führungskräfte – bis zu deren Ausübung betrug die Stimmrechtsbeteiligung von Berkshire 83,4 Prozent).

PacifiCorp wurde 2006 übernommen und war als sehr großes reguliertes Elektrizitätsversorgungsunternehmen (mit Kunden in sechs westlichen Bundesstaaten) mit einem hohen Preis verbunden: rund 5,1 Milliarden Dollar in bar. Um dies zu finanzieren, wurden langfristige Schuldtitel und andere Wertpapiere im Wert von 1,7 Milliarden Dollar ausgegeben, und MidAmerican wandte sich an Berkshire, um durch den Verkauf weiterer Stammaktien weitere 3,37 Milliarden Dollar aufzubringen, wodurch sich der Anteil von Berkshire bei vollständiger Verwässerung (unter Berücksichtigung der Aktienoptionen für Führungskräfte) auf 86,6 Prozent erhöhte.

Tabelle 1.3: Käufe von Aktien von MidAmerican durch Berkshire Hathaway

Datum	Kauf von Stammaktien	Kauf von Wandel-Vorzugsaktien	Festverzinsliche Wertpapiere (nicht handelbar, hybrid)	Berkshires Stimmenanteil (vollständig verwässert)	Berkshires Beteiligungsanteil (vollständig verwässert)	Sonstige Investoren
Mrz 00	900.942 Aktien zu 35,05 USD = 31,6 Mio. USD	34.563.395 Aktien zu 35,05 USD = 1,211 Mrd. USD	455 Mio. USD	9,7 %	76,0 %	Walter Scott: 280 Mio. USD, 86 % Stimmrechtsanteil; David Sokol : ca. 10 Mio. USD, 3 % Stimmrechtsanteil; Greg Abel: ca. 3 Mio. USD, 1 % Stimmrechtsanteil
Mrz 02		6,7 Mio. Aktien zu 60 USD = 402 Mio. USD	1,273 Mrd. USD	9,7%	80,2%	
2003			150 Mio. USD getilgt	9,7%	80,5%	19,5 % der Aktien im Besitz von Sokol, Abel und Scott (die zusammen ca. 88 % der Stimmrechte kontrollieren)
2004			100 Mio. USD getilgt	9,7%	80,5%	

Datum	Kauf von Stammaktien	Kauf von Wandel-Vorzugsaktien	Festverzinsliche Wertpapiere (nicht handelbar, hybrid)	Berkshires Stimmenanteil (vollständig verwässert)	Berkshires Beteiligungsanteil (vollständig verwässert)	Sonstige Investoren
2005				9,7%	80,5%	Scott kontrolliert ca. 86 % der Stimmrechte
2006	23.268.793 Aktien zu 145 USD = 3,37 Mrd. USD	Alle Wandel-Vorzugsaktien in stimmberechtigte Stammaktien gewandelt			86,6%	Scott kontrolliert 11% der Stimmrechte
Für Stammaktien gezahlter Gesamtpreis	3,4 Mrd. USD	1,6 Mrd. USD				
2007					87,4%	
2008					87,4%	
2009					89,5%	
2010					89,8%	
2011					89,8%	
2012					89,8%	

Datum	Kauf von Stammaktien	Kauf von Wandel-Vorzugsaktien	Festverzinsliche Wertpapiere (nicht handelbar, hybrid)	Berkshires Stimmenanteil (vollständig verwässert)	Berkshires Beteiligungsanteil (vollständig verwässert)	Sonstige Investoren
2013					89,8%	
2014					89,9%	
2015					89,9%	
2016					90,0%	
2017					90,2%	
2018					90,9%	
2019					91,0%	
2020					91,1%	
2021					91,1%	
2022					92,0%	
2023					92,0%	
2024					100,0%	

Quelle: Jahresberichte von Berkshire Hathaway

Beachten Sie die Bewertung jeder Aktie: 145 Dollar – ein recht großer Anstieg gegenüber 35,05 Dollar in nur sechs Jahren; allerdings hatte das Unternehmen seinen Gewinn pro Aktie bis 2007 von 2,59 Dollar auf 15,78 Dollar gesteigert. Buffett schrieb 2007: „Und ja, ich bin froh, dass ich nachgegeben und die zusätzlichen fünf Cent geboten habe."[71]

WAS NACH DEM DEAL GESCHAH

Zunächst gab es keine Veränderungen im Managementpersonal oder in der Unternehmenskultur. Buffett und Munger sehen keinen Sinn darin, ein Unternehmen zu kaufen, wenn ein Managementwechsel notwendig ist; es muss von vornherein ein gutes Management vorhanden sein. Kurz nach dem Kauf von MidAmerican erklärte Buffett – zweifellos mit Blick auf Sokol, Scott und Abel –, ein Merkmal guter Manager sei, dass sie sich darum kümmern, an wen sie das Unternehmen verkaufen:

> „Wenn diese emotionale Bindung besteht, ist es ein Zeichen dafür, dass das Unternehmen wahrscheinlich über wichtige Qualitäten verfügt: ehrliche Buchführung, Stolz auf das Produkt, Respekt vor den Kunden und eine loyale Gruppe von Mitarbeitern mit einem starken Sinn für Führung. Das Gegenteil trifft wahrscheinlich ebenfalls zu. Wenn ein Eigentümer sein Unternehmen versteigert und dabei keinerlei Interesse an dessen Zukunft zeigt, wird es häufig für den Verkauf herausgeputzt, insbesondere wenn der Verkäufer ein ‚Finanzinvestor' ist. Und wenn Eigentümer wenig Rücksicht auf ihr Unternehmen und seine Mitarbeiter nehmen, wirkt sich ihr Verhalten oft negativ auf die Einstellungen und Praktiken im gesamten Unternehmen aus. Wenn ein Meisterwerk der Unternehmensführung durch lebenslange – oder sogar mehrere Lebenszeiten dauernde – unermüdliche Sorgfalt und außergewöhnliche Begabung geschaffen wurde, sollte es für

> den Eigentümer wichtig sein, welchem Unternehmen die Fortführung seiner Geschichte anvertraut wird. Charlie und ich glauben, dass Berkshire ein nahezu einzigartiges Zuhause bietet. Wir nehmen unsere Verpflichtungen gegenüber den Menschen, die ein Unternehmen geschaffen haben, sehr ernst, und die Eigentümerstruktur von Berkshire stellt sicher, dass wir unsere Versprechen erfüllen können.“ [72]

Was die Berichterstattung betraf, erklärte Buffett Sokol und Abel, seine Regel besage, dass Manager so viel oder so wenig über die Geschehnisse sprechen könnten, wie sie wollten. Er sagte, dass die Manager in jedem der Unternehmen von Berkshire ihre Arbeit erstklassig machten, indem sie ihre Geschäfte in ihrem eigenen Stil führten, und dass sie keine Hilfe von ihm benötigten. In einem Interview mit *Vanity Fair* fügte er hinzu, dass sein zurückhaltender Ansatz Berkshire zu einem beneidenswerten Ruf unter Managern/Eigentümern verhalf, die den Verkauf ihres Unternehmens in Erwägung zogen, wodurch Buffett zum „Käufer erster Wahl“ wurde. Er fügte hinzu: „Es gibt Dinge, bei denen ich mich einmischen musste, aber normalerweise habe ich das mithilfe anderer Leute gemacht.“ [73]

Zudem wurde die Arbeitsmoral von Sokol und Abel gestärkt. Buffett gefiel, was sie taten. Es war ein Ansatz, der dem von Berkshire Hathaway ähnelte: die Suche nach hochwertigen Vermögenswerten, die unterbewertet waren. Sokol und Abel hielten ständig Ausschau nach potenziellen Zielen – und davon gab es viele. Lange bevor sich die Chance zum Kauf eines Unternehmens ergab, analysierten sie es und arbeiteten einen Plan aus, wobei sie sich darauf konzentrierten, wie sie das Unternehmen in die Gruppe integrieren könnten, sollte es jemals zum Verkauf stehen. Dank dieser detaillierten Vorbereitung konnten sie sehr schnell handeln, wenn sich die Gelegenheit bot.

Sokol sagte, dass es großartig war, Abel an seiner Seite zu haben, wenn es darum ging, wichtige Geschäftsentscheidungen dieser Art zu treffen, da er potenzielle Ziele identifizieren und sich intensiv mit den Details der Analyse befassen konnte – so sehr, dass er oft über fundiertere Kenntnisse des Geschäfts verfügte als viele Direktoren. Außerdem war er hervorragend darin, Teams zusammenzustellen, zu leiten und zu motivieren.

Darüber hinaus konnten sie nun mit zwei der weltweit besten Wirtschaftsexperten zusammenarbeiten. Zehn Jahre nach dem Deal sagte Sokol:

> „Der Verkauf von MidAmerican an Berkshire Hathaway ist die beste Entscheidung, die ich je in meiner Karriere getroffen habe. Buffett ... verfügt sowohl über Breite als auch Tiefe seines Wissens. Er versteht alle Geschäftsbereiche und die Logik, die hinter jedem einzelnen steckt. Manchmal klingt es so, als wüsste er nicht viel über die technischen Aspekte eines Bereichs, weil er nicht aktiv darin tätig ist. Aber tatsächlich weiß er sehr viel, weil er viel liest und die Fähigkeit besitzt, all seine Recherchen und Informationen zusammenzuführen, um zu rationalen Entscheidungen zu gelangen ... Von Warren habe ich gelernt, dass man niemals Emotionen in eine Entscheidung einfließen lassen sollte. Geschäftsentscheidungen sollten immer auf Fakten, Daten und den Umständen der Transaktion basieren ... man muss diszipliniert genug sein, um nicht bei jeder sich bietenden Gelegenheit zuzuschlagen!“[74]

Sokol schrieb in seiner Biografie, dass Buffett einen perfekten Zufluchtsort für Unternehmen bietet, die vernünftig wachsen wollen, und ein Klima für Unternehmensleiter schafft, das dem Spielen im Pro Bowl ähnelt, bei dem jedoch die individuelle Leistung hinter der Teamleistung zurücktritt:

> „Es gibt keine Auszeichnungen für den wertvollsten Spieler, nur die Befriedigung, zu den Besten der Welt zu gehören. Warren ist

ein freundlicher und rücksichtsvoller Mensch, der sich wirklich um andere kümmert. Er ist so fest in den Grundlagen des Geschäftslebens verwurzelt wie kaum jemand sonst. Wir alle bei MidAmerican fühlen uns geehrt, Teil von Berkshire Hathaway zu sein."[75]

Drittens gab es eine erstaunliche Expansion des Unternehmens. MidAmerican begann das Jahr 2000 mit vier „Plattformen":

- **MidAmerican Energy**: So ziemlich das ursprüngliche Unternehmen MidAmerican (ohne CalEnergy), mit 89 Prozent seines Umsatzes in Iowa und fast 700.000 Stromkunden.
- **Northern Electric**: Ein britisches Elektrizitätsunternehmen mit über 1,6 Millionen Kunden.
- **CalEnergy Generative**: Ein Stromerzeuger in den USA und anderen Ländern.
- **HomeServices**: Zu dieser Zeit das zweitgrößte Wohnimmobilienmakler-Unternehmen in den USA. Es scheint so gar nicht zu einem Energieversorgungsunternehmen zu passen, aber es ist bis heute dort geblieben (immer noch auf dem zweiten Platz). MidAmerican kaufte es 1998, um einen Zugang zu Käufern von Neubauten zu erhalten, die Versorgungsleistungen benötigten – eine „Cross-Selling"-Maßnahme. Neben Maklerdienstleistungen bot es in zwölf Bundesstaaten Hypothekenvermittlung, Dienstleistungen im Bereich Eigentumsrechte, Versicherungen, Garantien und Wartung an. Im Jahr 2000 konzentrierte es sich hauptsächlich auf den Mittleren Westen und beschäftigte 1.670 Mitarbeiter sowie 6.600 Partner (unabhängige Auftragnehmer). In den 2020er-Jahren beschäftigt das Unternehmen über 40.000 Immobilienmakler und mehr als 50.000 Franchisenehmer in zwei Dritteln der US-Bundesstaaten. In einem guten Jahr erzielt es einen

> Gewinn nach Steuern von über 380 Millionen Dollar – es handelt sich also um ein bedeutendes Unternehmen. Ron Peltier, der das Unternehmen durch Übernahmen und organisches Wachstum aufgebaut hat, schickte Buffett am Sechsten jedes Monats Finanzberichte. Was er über Buffett sagte, ist aufschlussreich, insbesondere wenn man bedenkt, wie viele Unternehmen zur Berkshire-Familie gehören: „Wenn man mit ihm spricht, könnte er wahrscheinlich jedes Detail unseres vergangenen Jahres zitieren."[76]

Bis Anfang 2025 hatte sich MidAmerican – heute bekannt als Berkshire Hathaway Energy (BHE), nach einer Umfirmierung im Jahr 2014 – durch organisches Wachstum und Übernahmen zu einem Unternehmen mit einem Vermögen von 128 Milliarden Dollar entwickelt, das mehr als 24.000 Mitarbeiter beschäftigt und durch Investitionen in Höhe von sieben bis neun Milliarden Dollar pro Jahr sein Vermögen erweitert.

Der kumulierte Gewinn nach Steuern, der Berkshire zuzurechnen war, belief sich in diesen 25 Jahren auf 42 Milliarden Dollar (siehe Abbildung 1.2). Dennoch hat Berkshire nichts davon entnommen, da Buffett möchte, dass das Unternehmen seine Vermögensbasis erweitert, um in Zukunft noch höhere Gewinne zu erzielen, da „die Branche den Eigentümern die Möglichkeit bietet, große Summen zu fairen Renditen anzulegen".[77] Zumindest war dies seine Meinung bis 2023. Damals äußerte er seinen Unmut über die voraussichtlich hohen Kosten durch Entschädigungszahlungen aufgrund von Waldbränden – insbesondere in Kalifornien –, die durch oberirdische Stromleitungen verursacht wurden; die Reaktion der Regulierungsbehörden auf diese Beschwerden steht noch aus.

Abbildung 1.3 zeigt das durchweg sehr hohe Investitionsniveau, und Abbildung 1.4 veranschaulicht das Wachstum der Gesamtvermögenswerte, das sich aus diesen Investitionen ergibt.

Abbildung 1.2: Berkshires Gewinn aus MidAmerican/BHE nach Steuern und Minderheitsbeteiligungen in Millionen USD. Insgesamt 42 Milliarden USD.

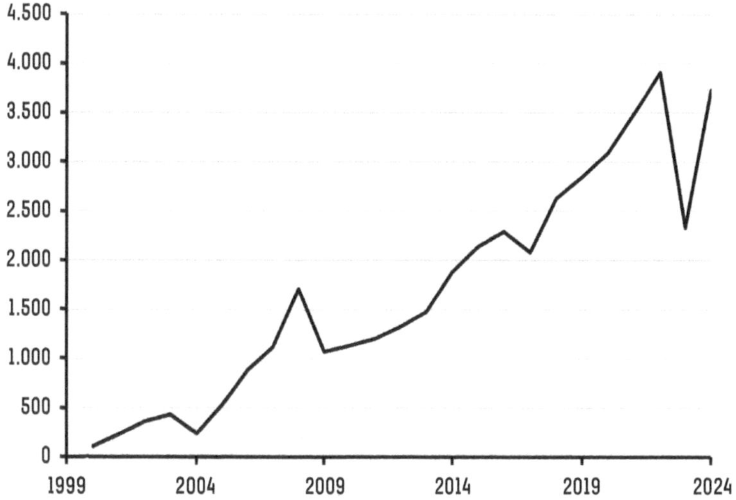

Quelle: Jahresberichte von Berkshire Hathaway

Abbildung 1.3: Die Kapitalaufwendungen von MidAmerican/BHE waren viel höher als der Gewinn (in Millionen USD).

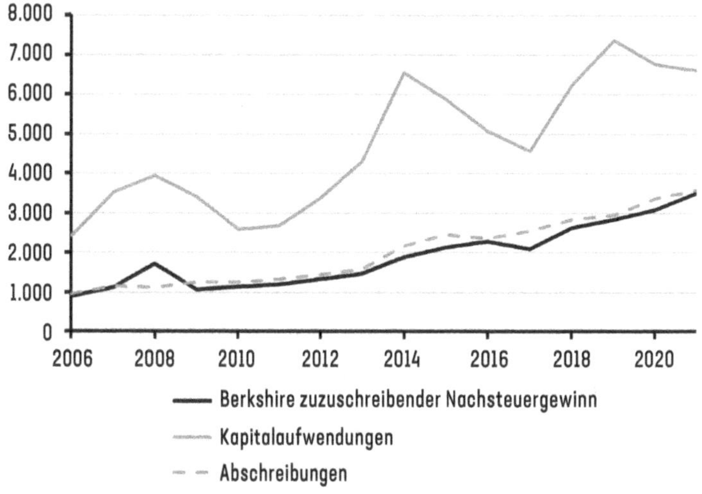

Quelle: Jahresberichte von Berkshire Hathaway

Abbildung 1.4 Vermögen von MidAmerican/BHE in Millionen USD

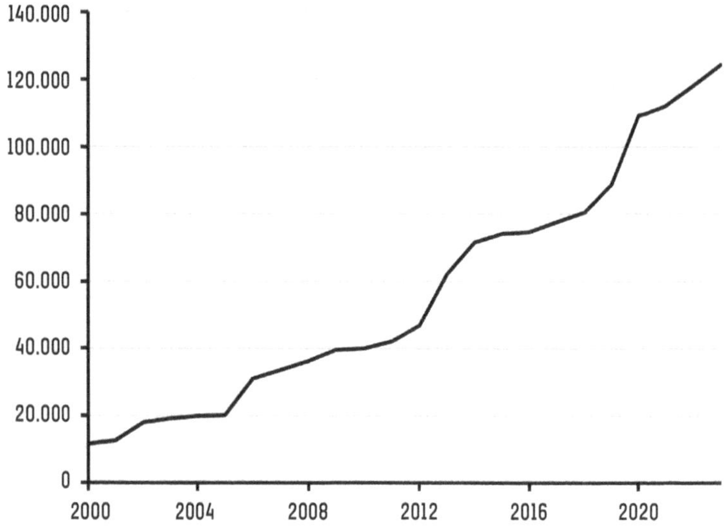

Quelle: Jahresberichte von Berkshire Hathaway

SPRUNGHAFTES WACHSTUM

Im Jahr 2001 wurde das britische Unternehmen Yorkshire Electricity mit seinen 2,1 Millionen Kunden zu Northern Electric hinzugefügt, dessen eigener Kundenstamm 1,6 Millionen betrug. Ein weiterer großer Sprung erfolgte im folgenden Jahr, als MidAmerican zwei Erdgas-Pipelines kaufte. Die Kern River Pipeline, die von Wyoming nach Südkalifornien verläuft, kostete 450 Millionen Dollar. Sie wurde damals für 1,2 Milliarden Dollar erweitert, um die Durchsatzkapazität zu verdoppeln und so genug Gas für die Stromerzeugung für zehn Millionen Haushalte zu transportieren. Die Northern Natural Gas Pipeline verlief von Texas bis in den oberen Mittleren Westen (16.600 Meilen) und kostete MidAmerican 928 Millionen Dollar. Zusammen transportierten die beiden Pipelines etwa acht Prozent des gesamten in den USA verbrauchten Gases.

Eine weitere wichtige Entwicklung war die bereits erwähnte Übernahme von PacifiCorp im März 2006 für 5,1 Milliarden Dollar in bar. Dadurch kamen 1,6 Millionen Stromkunden in sechs westlichen Bundesstaaten hinzu (Umsatz 3,3 Milliarden Dollar), wobei Oregon und Utah den größten Anteil ausmachten. PacifiCorp benötigte erhebliche Kapitalinvestitionen, und Berkshire verfügte über Kapitalzuflüsse, für die es eine Anlageform suchte.

Sokol und Abel begannen 2004 mit Investitionen in Windenergie, und nur vier Jahre später stammten fast 20 Prozent der Gesamtkapazität von Iowa aus Windenergie. Bis 2016 machte Windenergie 55 Prozent aller an Privatkunden in Iowa verkauften Megawattstunden aus. Zu dieser Zeit waren so viele Projekte gestartet worden, dass davon ausgegangen wurde, dass Windenergie bis 2021 den Jahresbedarf aller Kunden in Iowa (24,6 GW) decken würde. Diese Konzentration auf erneuerbare Energien hatte in Iowa einen zweiten Effekt, da sie große Hightech-Anlagen anzog – sowohl wegen der niedrigen Strompreise (die Rechenzentren in großen Mengen verbrauchen) als auch weil die meisten CEOs von Technologieunternehmen begeistert davon sind, erneuerbare Energien zu nutzen.

MidAmerican startete bei PacifiCorp ein ähnliches Programm zum Ausbau der Windenergie, sobald das Unternehmen übernommen worden war. Aber in dem neuen Unternehmen war nicht alles positiv. „Als wir zu PacifiCorp kamen, fanden wir eine andere Art von ‚Wind' vor: Das Unternehmen hatte 98 Ausschüsse, die häufig zusammentraten. Jetzt sind es 28", schrieb Buffett im Jahr 2008.[78]

Bis 2022 hatte MidAmerican – jetzt BHE – in Iowa über 3.400 Windturbinen in Betrieb und dort 13,6 Milliarden Dollar in die Windenergieproduktion investiert. Darüber hinaus investierte BHE 16,5 Milliarden Dollar in andere Wind-, Solar- und Geothermieprojekte, die es selbst betreibt, und es finanzierte weitere 6,9 Milliarden Dollar für andere Betreiber. Es hat 18 Kohlekraftwerke stillgelegt und damit die Treibhausgasemissionen seit 2005 um 35 Prozent gesenkt.[79] In seinem Jahresbericht 2023 heißt es:

> „BHE plant, auch in Zukunft in erneuerbare und andere kohlendioxidarme Energieerzeugung und -speicherung zu investieren und zwischen 2025 und 2030 weitere 15 Kohlekraftwerke auf zuverlässige und kosteneffiziente Weise stillzulegen, um so bis 2030 eine Reduzierung der Treibhausgasemissionen um 50 Prozent gegenüber dem Niveau von 2005 zu erreichen."

BHE plant außerdem, bis 2049 alle verbleibenden Kohlekraftwerke und bis 2050 alle Erdgaskraftwerke stillzulegen. Damit will das Unternehmen Klimaneutralität erreichen. Der Anteil der Energie aus verschiedenen Erzeugungsmethoden ist in Abbildung 1.5 dargestellt.

Abbildung 1.5: Im Jahr 2023 im Besitz von BHE befindliche Stromerzeugungskapazität in GW. Insgesamt: 34,8 GW

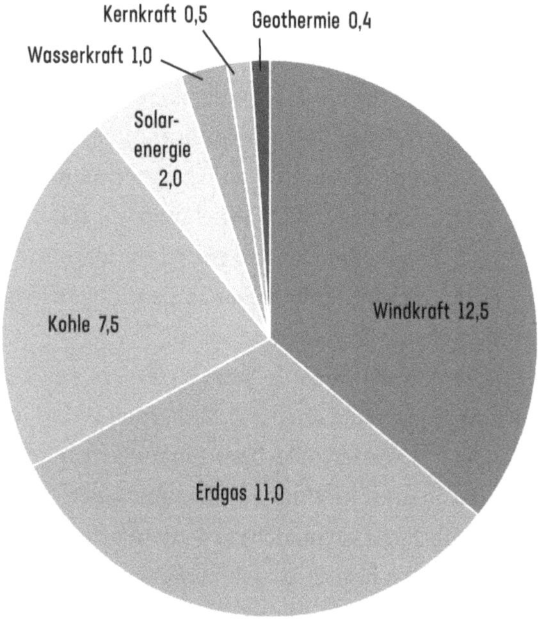

Quelle: Jahresbericht 2023 von Berkshire Hathaway

Im Jahr 2006 begann ein groß angelegtes Projekt zur Erneuerung und Erweiterung eines Großteils des Stromnetzes, das den Westen der USA mit Strom versorgt. Dies war notwendig – nicht zuletzt, um die verstreuten Standorte zur Erzeugung erneuerbarer Energien miteinander zu verbinden. Das Unternehmen ging davon aus, dass die Arbeiten erst 2030 abgeschlossen sein würden und Kosten in Höhe von 18 Milliarden Dollar anfallen würden:

> „Die Entscheidung von BHE, das Projekt fortzusetzen, basierte auf seinem Vertrauen in das politische, wirtschaftliche und rechtliche System der USA. Es mussten Milliarden Dollar investiert werden, bevor nennenswerte Einnahmen zu erwarten waren. Die Übertragungsleitungen mussten die Grenzen von Bundesstaaten und anderen Gerichtsbarkeiten überschreiten, die jeweils ihre eigenen Regeln und Wahlkreise hatten. BHE musste sich außerdem mit Hunderten von Landbesitzern auseinandersetzen und komplizierte Verträge sowohl mit den Lieferanten, die erneuerbare Energie erzeugten, als auch mit den weit entfernten Versorgungsunternehmen, die den Strom an ihre Kunden verteilten, abschließen ... Wir suchen derzeit nach weiteren Projekten ähnlicher Größe, die wir übernehmen können ... Unabhängig von den Hindernissen wird BHE eine führende Rolle bei der Bereitstellung immer saubererer Energie spielen."[80]

Im Jahr 2008 nahm MidAmerican Constellation Energy ins Visier. Obwohl das Unternehmen überboten wurde, kam es dennoch mit 917 Millionen Dollar Gewinn aus bereits gekauften Vorzugsaktien und weiteren 175 Millionen Dollar in Form einer Ausfallgebühr davon.

Im Dezember 2013 wurde NV Energy für 5,6 Milliarden Dollar gekauft. Das Unternehmen versorgt etwa 88 Prozent der Bevölkerung Nevadas mit Strom (1,2 Millionen Strom- und 0,2 Millionen Erdgaskunden). AltaLink – ein Stromübertragungssystem, das 85 Prozent der

Bevölkerung Albertas versorgt – wurde im folgenden Jahr für 2,7 Milliarden Dollar übernommen.

Das Erdgasübertragungs- und -speicherunternehmen Dominion Energy wurde 2020 für rund 2,5 Milliarden Dollar in die bestehenden Pipeline-Aktivitäten integriert. Damit kamen weitere 5.400 Meilen Gasleitungen und 420 Milliarden Kubikfuß Erdgasspeicherkapazität sowie eine Teilbeteiligung (25 Prozent) an einer Anlage für den Export, Import und die Speicherung von Flüssigerdgas hinzu (Cove Point); weitere 50 Prozent davon wurden 2023 für 3,3 Milliarden Dollar erworben.

Laut Sokol gehört zu den Gründen, warum das Unternehmen erfolgreich geeignete Übernahmekandidaten findet und integriert – während viele andere daran scheitern –, dass es die ganze harte Arbeit vorab erledigt, bevor es sich für ein Kaufangebot entscheidet:

> „Wir haben in den letzten zwölf Jahren 18 Akquisitionen getätigt ... In fast allen Fällen haben wir unsere ursprünglichen Wertvorstellungen erfüllt oder übertroffen ... Ebenso wichtig ist, dass wir uns entschieden haben, mehr als 115 potenzielle Akquisitionen im gleichen Zeitraum nicht weiterzuverfolgen, da sie uns nach einer Bewertung nicht als wertsteigernde Gelegenheiten erschienen. Die Vergangenheit hat zweifellos gezeigt, dass einige unserer besten Entscheidungen diejenigen waren, die uns davon abgehalten haben, überteuerte Akquisitionen zu tätigen.“ [81]

Abbildung 1.6 zeigt die Gewinne aus den verschiedenen Geschäftsbereichen von BHE, und Tabelle 1.3 enthält weitere Details.

Wäre BHE börsennotiert, wäre es gemessen am Marktwert das zweitgrößte Versorgungsunternehmen in den USA. Da es sich jedoch um ein privates Unternehmen handelt, das von einem Unternehmen mit einem langen Planungshorizont unterstützt wird – Buffett ist bekannt

Abbildung 1.6: Gewinne der Energiesparten von MidAmerican/BHE in Millionen USD

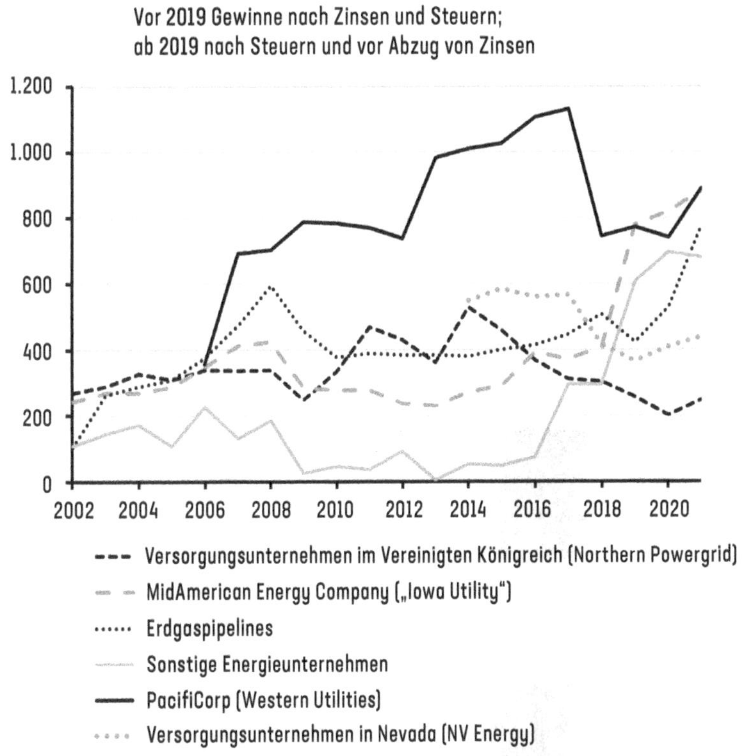

Quelle: Jahresberichte von Berkshire Hathaway

dafür, dass er immer wieder sagt: „Unsere bevorzugte Haltedauer ist für immer" –, kann es mit den Regulierungsbehörden eine Vision für die nächsten Jahrzehnte diskutieren. Dank seines ausgezeichneten Rufs für Integrität, seiner AAA-Bilanz und seiner langen Erfolgsgeschichte im Dienst der Versorgung von Kunden gilt BHE als bevorzugter Ansprechpartner, wenn es um Assets im Infrastruktursektor geht – und das wird auch in den kommenden Jahren so bleiben.

Tabelle 1.4: Gewinne der Sparten von MidAmerican/BHE 2002 bis 2024 in Millionen USD

	Home Services	Britische Versorger (Northern Electric, Northern Powergrid)	MidAmerican Energy Company („Iowa Utility")	Erdgas-pipelines	Sonstige	PacifiCorp (Western Utilities)	Versorger in Nevada (NV Energy)	Canadian Transmission Utility	Erneuerbare Projekte
2002	70	267	41	104	108				
2003	113	289	269	261	144				
2004	130	326	268	288	172				
2005	148	308	288	309	107				
2006	74	338	348	376	226	356			
2007	42	337	412	473	130	692			
2008	-45	339	425	595	186	703			
2009	43	248	285	457	25	788			
2010	42	333	279	378	47	783			
2011	39	469	279	388	36	771			
2012	82	429	236	383	91	737			
2013	139	362	230	385	4	982			50

	Home Services	Britische Versorger (Northern Electric, Northern Powergrid)	MidAmerican Energy Company („Iowa Utility“)	Erdgas-pipelines	Sonstige	PacifiCorp (Western Utilities)	Versorger in Nevada (NV Energy)	Canadian Transmission Utility	Erneuerbare Projekte
2014	139	527	270	379	54	1.010	549	16	194
2015	191	460	292	401	49	1.026	586	170	175
2016	225	367	392	413	73	1.105	559	147	157
2017	220	311	372	446	296	1.131	567		
2018	204	304	407	507	296	745	417		
2019	160	256	781	422	608	773	365		
2020	375	201	818	528	697	741	410		
2021	387	247	883	774	680	889	439		
Umbuchung								Umbuchung	
2022	100			1.040	1.356			US-Versorger: 2.295	
2023	13			1.079	1.024			US-Versorger: 906	
2024	-107			1.232	1.334			US-Versorger: 1.961	

(Anmerkung: Die Zahlen für die Jahre 2002 bis 2018 sind vor Abzug von Zinsen und Steuern.
Ab 2019 sind die Zahlen nach Steuern, jedoch vor Abzug der Zinsbelastungen der Konzernzentrale.

Quelle: Jahresberichte von Berkshire Hathaway

WAS IST MIT UNSEREN HAUPTFIGUREN PASSIERT?

David Sokol

Im April 2008 trat Sokol im Alter von 51 Jahren als CEO von MidAmerican zurück, blieb aber Vorsitzender, während Abel die Rolle des CEO übernahm. Damit hatte Sokol die Freiheit, seine Karriere außerhalb von MidAmerican weiterzuentwickeln – damals wurde er in der Presse als potenzieller Nachfolger von Buffett gehandelt.

Später im Jahr 2008 war Sokol maßgeblich daran beteiligt, Buffett davon zu überzeugen, 232 Millionen Dollar in BYD (8,2 Prozent) zu investieren. Es heißt, dass Munger ein großer Bewunderer des BYD-Gründers Wang Chuanfu war und glaubte, dass dieser mit seinem Batterie- und Autogeschäft Großes erreichen würde. Mungers Begeisterung weckte Buffetts Interesse, da er selten so überschwänglich in seinem Lob war. Da eine zweite Meinung jedoch nützlich sein kann, schickte Buffett Sokol vor einer Entscheidung zu einer genaueren Begutachtung. Nach seiner Rückkehr berichtete Sokol, dass Wang beeindruckend sei und Buffett ihn treffen sollte: „Viele gute Unternehmer können von null auf mehrere Millionen Umsatz und mehrere Hundert Mitarbeiter kommen. Er hat über 100.000 Mitarbeiter. Das schaffen nur wenige."[82]

Natürlich sollte BYD zum größten Elektrofahrzeughersteller der Welt werden, und die Beteiligung stieg auf zehn Milliarden Dollar – eine phänomenale Rendite von 232 Millionen Dollar. Sokol trat 2009 in den Vorstand von BYD ein.

Im Jahr 2009 wurde Sokol erneut von Buffett gebeten, ein Problem bei einer anderen Tochtergesellschaft zu lösen, und zwar dadurch, dass er CEO von NetJets wurde (siehe Band 3, Investition 9). Im März 2011 trat Sokol jedoch von seiner Position bei Berkshire zurück[83] und teilte Buffett mit, dass er schon seit einiger Zeit etwas Eigenes aufbauen wollte. Dies geschah, nachdem bekannt geworden war, dass Sokol nur wenige Wochen, bevor er Buffett vorschlug, dass es für Berkshire eine gute Idee wäre, Lubrizol zu kaufen, Aktien dieses Unternehmens erworben hatte. Sokol konnte nicht sicher sein, wie Buffett auf diesen Vorschlag reagieren würde – insbesondere, ob er kaufen würde oder nicht. Er hatte Buffett von Anfang an offen mitgeteilt, dass er einige Aktien von Lubrizol gekauft hatte.[84] Viele waren jedoch der Meinung, dass der Gewinn, den er erzielte, als Berkshire tatsächlich ein Kaufangebot für das Unternehmen unterbreitete, mit der Nichtweitergabe aller relevanten Informationen an Buffett einherging, was gegen die ethischen Standards von Berkshire verstieß und nicht nur den Ruf von Sokol, sondern auch den von Berkshire schädigte (die Börsenaufsichtsbehörde untersuchte den Fall, erhob jedoch keine Anklage).

Sokol erklärte daraufhin, er wolle sein eigenes „Mini-Berkshire" aufbauen und seine philanthropischen Unternehmungen weiterentwickeln. Er gründete Teton Capital, um die Investitionen seines Familienunternehmens zu verwalten. Diese Holdinggesellschaft betreut Investitionen in den Bereichen Bankwesen, Fertigung, Konsumgüter, Energie, Immobilien und Technologie. Außerdem trat er dem Vorstand der Horatio Alger Association of Distinguished Americans bei – einer gemeinnützigen Bildungsorganisation, die zeitgenössische Bürger ehrt, die als Vorbilder dienen, und Stipendien vergibt.

Greg Abel

Ab 2008 baute Abel MidAmerican zu einem der drei größten Energieversorgungsunternehmen in den USA mit über fünf Millionen Kunden und einem Wert (laut *Barron's*)[85] von 90 Milliarden Dollar (etwa zwölf Prozent der Marktkapitalisierung von Berkshire) aus. Nach diesem Erfolg wurde Abel 2018 in den Vorstand von Berkshire Hathaway gewählt und zum stellvertretenden Vorsitzenden für den Nicht-Versicherungsbereich ernannt. Im Jahr 2025 wurde er dann zum CEO ernannt, während Buffett die Rolle des Vorsitzenden behielt.

Im Juni 2022 erwarb Berkshire Hathaway alle von Abel gehaltenen BHE-Stammaktien für 870 Millionen Dollar. Im Jahresbericht 2022 heißt es dazu:

> „Sollten aus irgendeinem Grund die Dienste unserer Schlüsselpersonen, insbesondere von Herrn Buffett, nicht mehr zur Verfügung stehen, könnte dies erhebliche negative Auswirkungen auf unsere Geschäftstätigkeit haben. Sollte derzeit ein Ersatz für Herrn Buffett benötigt werden, hat der Vorstand von Berkshire vereinbart, dass Herr Abel Herrn Buffett ersetzen soll."

Im Jahr 2024 wurden alle verbleibenden ausstehenden Aktien von BHE von Berkshire für etwas mehr als eine Milliarde Dollar gekauft.

Abel scheint trotz seiner gestiegenen Arbeitsbelastung nichts von seiner Gelassenheit, seiner Ausgeglichenheit, seiner Begabung für rationale Analysen und seiner Fähigkeit, Aufgaben mit ruhiger Effizienz zu erledigen, eingebüßt zu haben. Nur hat er jetzt eine größere Leinwand, auf der er seine Meisterwerke malen kann.

Walter Scott

Scott war von 1988 bis zu seinem Tod im September 2021 im Alter von 90 Jahren Vorstandsmitglied von Buffetts Konglomerat Berkshire Hathaway. Um sein Portfolio zu erweitern, übernahm Scott 1998 den Vorsitz bei Level 3 Communications, nachdem das Unternehmen aus Peter Kiewit and Sons ausgegliedert worden war. Das Unternehmen baute Glasfasernetzwerke für den Internetverkehr auf. Das an der Nasdaq notierte Unternehmen erreichte Ende der 1990er-Jahre einen Marktwert von mehr als 40 Milliarden Dollar, hatte dann aber Schwierigkeiten, mit den Milliarden, die es für sein Glasfasernetz ausgegeben hatte, Gewinne zu erzielen. Der Aktienkurs brach ein, und das Unternehmen wurde schließlich 2017 von CenturyLink übernommen.

Im Jahr 2010 gründeten Buffett, Bill Gates und Melinda French Gates die Bewegung „Giving Pledge" – eine Gruppe von milliardenschweren Philanthropen, die sich verpflichtet haben, den Großteil ihres Vermögens entweder zu Lebzeiten oder nach ihrem Tod für wohltätige Zwecke zu spenden. Zu Beginn, im August 2010, gingen 40 der reichsten Menschen Amerikas diese Verpflichtung ein. Heute kommen die 242 Mitglieder der Bewegung aus 29 Ländern.[86]

Im Juni 2010 bat Buffett Scott, sich der Bewegung anzuschließen, was dieser auch tat. Zum Zeitpunkt seines Todes verfügte Scott über ein Nettovermögen von über vier Milliarden Dollar, das größtenteils noch in Form von BHE-Aktien vorlag. Scott gelobte, fast sein gesamtes Vermögen für gute Zwecke zu spenden. Jungen Menschen zu helfen und einen Beitrag für seine Gemeinde zu leisten waren seine beiden wichtigsten philanthropischen Ziele, wie er in seinem Verpflichtungsschreiben erklärte. „Für meine Kinder ist schon lange gesorgt – was sie aus ihrem Leben machen, liegt nun in ihrer eigenen Verantwortung", sagte Scott gegenüber der Zeitung *Omaha World-Herald*. „Letztendlich wird fast alles an die Stiftung gehen, in der Hoffnung, dass es meiner Heimatstadt für viele kommende Generationen zugutekommt."

Schon vor seinem Tod war Scott großzügig. So spendete er beispielsweise 64 Millionen Dollar an seine Alma Mater, die Colorado State University, an der er 1953 seinen Abschluss in Bauingenieurwesen gemacht hatte. Heute gibt es an der Universität ein Walter Scott, Jr. College of Engineering. Scott und seine Frau spendeten auch große Summen an die University of Nebraska in Omaha, insbesondere an das Medical Center. Teile des Joslyn Art Museum und des Holland Performing Arts Center in Omaha sind ebenfalls nach den Scotts benannt, ebenso ein Aquarium im Henry Doorly Zoo in seinem geliebten Omaha.

LEKTIONEN

- **Bei Investitionen muss man nicht immer an einer einzigen Strategie festhalten.** In der Anfangszeit von Berkshire Hathaway setzte das Unternehmen auf eine Mischung aus kleinen NCAV-Investments und einigen Firmen mit besonders starken ökonomischen Burggräben. Mit zunehmendem Wachstum floss ein immer größerer Teil des Kapitals in hervorragende Unternehmen, die zu einem fairen Preis verkauft wurden, anstatt in solche, die im Verhältnis zur Bilanz oder zu den historischen Gewinnen günstig waren. Als jedoch das zuzuweisende Kapital viel größer wurde als die verfügbaren Möglichkeiten im NCAV- und Franchise-Bereich, wurde jeder zusätzliche Dollar in Versorgungsunternehmen investiert, die eine akzeptable Rendite boten. Würze bekommt diese Strategie natürlich dadurch, dass man Versorgungsunternehmen dann kauft, wenn sie günstig sind und andere sie verkaufen.
- **Sein Vertrauen in einige wenige Menschen zu setzen, die dieses Vertrauen verdienen, ist eine gute Methode, um im Geschäftsleben Geld zu verdienen – und ganz allgemein gesagt eine gute Lebensweise.** Laut Buffett wurden alle wichtigen Entscheidungen bei MidAmerican einstimmig getroffen, da sich die vier Schlüsselpersonen einig waren. Und Buffett vertraute den anderen drei vollkommen darin, alle anderen Entscheidungen ohne ihn zu treffen. Ein solches Maß an Vertrauen und Freiheit wird oft mit großer Loyalität, Engagement und dem Wunsch erwidert, „Warren stolz zu machen".
- **Die Fusion zweier Unternehmen erfolgreich umzusetzen ist sehr schwierig.** Entscheidend ist deshalb ein erfahrenes Management, das sich dieser Herausforderungen bewusst ist, die Zahl der Transaktionen begrenzt, damit jede einzelne ausreichend Aufmerksamkeit erhält, und die Integration nach

dem Zusammenschluss sorgfältig plant. Sokol, Scott und Abel kannten die typischen Fallstricke und legten daher großen Wert auf akribische Vorbereitung. Viele potenzielle Übernahmen lehnten sie konsequent ab, wenn kein klarer Mehrwert für die Aktionäre erkennbar war.

- **Seien Sie ein „Käufer erster Wahl".** Im Laufe der Zeit erwarb sich Buffett den Ruf eines „guten Eigentümers" – er schenkte den vorhandenen Managern großes Vertrauen, ließ ihnen freie Hand beim Ausbau des Geschäfts, sofern jeder zusätzlich investierte Dollar attraktive Renditen versprach, lobte ihre Leistungen und stellte bei Bedarf frisches Kapital zur Verfügung. Zudem galt er als kluger Ratgeber in unternehmerischen Fragen. Dieser Ruf führte dazu, dass viele Unternehmer und CEOs Berkshire Hathaway als neues Zuhause bevorzugten – statt sich von gleichgültigen, sich einmischenden oder schlecht informierten Wall-Street-Finanziers kontrollieren zu lassen.

Investition 2

CORT BUSINESS SERVICES

Eckpunkte des Geschäfts

Geschäft	**CORT Business Services**
Zeit	2000
Gezahlter Preis	386 Mio. USD
Menge	Wesco, zu 80,1% im Besitz von Berkshire, kaufte 100% von CORT. Im Jahr 2011 erwarb Berkshire die restlichen 19,9% von Wesco.
Verkaufspreis	Noch gehalten
Gewinn	Die Datenlage ist lückenhaft. In den ersten elf Jahren lag der durchschnittliche Jahresgewinn nach Steuern bei 12,4 Millionen USD. Mitte der 2010er-Jahre stieg er auf rund 39 Millionen USD, ging danach jedoch wieder zurück. In seinem besten Jahr erzielte CORT also eine Rendite von etwa 10 % auf den gezahlten Kaufpreis, im schwächsten Jahr schrieb das Unternehmen Verluste.
Berkshire Hathaway 2000	Aktienkurs: 40.800-80.000 USD Buchwert: 61,72 Mrd. USD Buchwert je Aktie: 40.442 USD

Dieser Deal gehörte nicht zu den besten von Warren Buffett. CORT kauft Möbel und andere Dinge, die für ein Büro oder ein Zuhause benötigt werden, und vermietet sie dann an Personen oder Unternehmen, die sie für einen begrenzten Zeitraum, in der Regel neun Monate, nutzen möchten. Nachdem die Möbel etwa drei Jahre lang von einer Reihe von Unternehmen oder Familien genutzt wurden, werden sie gereinigt und in einem der Geschäfte von CORT verkauft – in der Regel zu einem Preis, der etwas über dem Kaufpreis liegt.

Es handelt sich um ein solides Geschäftsmodell, das einem gesellschaftlichen Bedarf entspricht. Und seit dem Jahr 2000 war das Unternehmen – abgesehen von Zeiten tiefer Rezession – durchgehend profitabel. Ein weiterer positiver Aspekt ist, dass CORT das größte „Rent-to-Rent"-Unternehmen in den USA ist und landesweit eine große Auswahl an Möbeln anbietet. Darüber hinaus wurde es von einem hervorragenden Managementteam mit langjähriger Erfahrung geführt: Der CEO beispielsweise hatte 1972 im Alter von Mitte 20 bei dem Unternehmen angefangen. Diese Menschen verstanden ihr Geschäft – und arbeiteten dabei äußerst kosteneffizient.

Und doch – und hier können wir einen Einblick in die Bedeutung der Branchenstruktur für die Analyse eines Unternehmens gewinnen – erzielte CORT im Verhältnis zu den 386 Millionen Dollar, die für das Unternehmen bezahlt wurden, nur geringe Gewinne, da seine Preissetzungsmacht eingeschränkt war. Obwohl es das größte „Rent-to-Rent"-Unternehmen mit der bekanntesten Marke war, hatte es in den meisten Städten und anderen Orten zahlreiche direkte Konkurrenten. Es konnte seine Kunden nicht dazu bringen, einen erheblichen Aufschlag auf die Kosten für die Erbringung seiner Dienstleistungen zu zahlen, da diese in der Regel auf einen anderen Anbieter ausweichen konnten.

Außerdem war der Einstieg in diesen Sektor relativ einfach. Sicher, für den Kauf der Möbel war etwas Kapital erforderlich, aber keine Millionenbeträge. Selbst wenn CORT also Konkurrenten aufgekauft hätte, um sich einen Preisvorteil zu verschaffen, hätte es nicht lange gedauert, bis ein kleines Start-up-Unternehmen mit niedrigeren Mietpreisen auf den Markt gekommen wäre.

CORT geriet auch durch indirekten Wettbewerb unter Druck. Viele Kunden zogen alternative Optionen wie Mietkauf oder Direktkauf in Betracht. Wenn die Akteure in diesen Ersatzproduktmärkten beschlossen, hart miteinander um jeden Kunden zu konkurrieren, beeinträchtigte dies CORTs Möglichkeiten, seine Preise zu erhöhen.

Natürlich gab es einen Preis – den inneren Wert –, der im Jahr 2000 für CORT gezahlt werden konnte und der die schwierige Wettbewerbsposition des Unternehmens berücksichtigte. Aber meiner Meinung nach betrug dieser Preis keine 386 Millionen Dollar. Allerdings habe ich den Vorteil der Rückschau: Ich habe (die meisten) Gewinnzahlen seit 2000 gesehen.

WACHSTUM MIT EIN PAAR UNEBENHEITEN

CORT Furniture Rental wurde 1972 als Ableger der Mohasco Corporation gegründet. Das Hauptgeschäft von Mohasco war Mohawk Carpets, der größte Teppichhersteller der USA, der sowohl in der Herstellung von Möbeln als auch von Teppichen Potenzial sah. Daher startete das Unternehmen einen aggressiven Expansionskurs und übernahm reihenweise US-amerikanische Möbelhersteller.

Bis 1972 hatte Mohasco erkannt, dass es häufig einen Überschuss an Möbeln produzierte. Es gründete daher CORT Furniture Rental, kaufte fünf regionale Möbelverleihfirmen und führte sie zu einer einzigen zusammen. Durch diesen strategischen Schritt konnte Mohascos Überschussproduktion an Menschen vermietet werden, die nur für eine begrenzte Zeit eine Wohnung ausstatten mussten, zum Beispiel solche, die vorübergehend in eine Gegend zogen und eine Wohnung auf Zeit mieteten, Jungvermählte oder Menschen, die sich kürzlich getrennt hatten. In den Ausstellungsräumen des Unternehmens wurden verschiedene „Möbelgruppen" in unterschiedlichen Stilen und Preisklassen präsentiert, die von der Grundausstattung für eine Einzimmerwohnung (zum Beispiel Bett, Kommode, Lampen, Tisch) bis hin zu hochwertigeren und umfangreicheren Möbelzusammenstellungen reichten. Der junge Paul Arnold, der später zu Berkshires Schlüsselperson bei CORT werden sollte, trat 1972, frisch von der juristischen Fakultät gekommen, in das Unternehmen ein.

Während der Schwerpunkt zunächst auf Privathaushalten lag, wurde schnell klar, dass in der Unternehmensausstattung ein viel größeres Marktpotenzial lag: Unternehmen, die schnell und ohne Kapitalbindung für den Kauf von Schreibtischen, Stühlen, Schränken und so weiter ein Büro einrichten mussten. Ein weiteres Argument für Mieten statt Kaufen war, dass die monatlichen Zahlungen an CORT zu 100 Prozent steuerlich absetzbar waren.

Bis 1986 hatte CORT einen Umsatz von 84 Millionen Dollar erreicht, was einem Zehntel des Umsatzes von Mohasco entsprach. 1987 war ein Rekordjahr für das Unternehmen, das mit einem Umsatz von 93 Millionen Dollar zum am schnellsten wachsenden Mitglied des Konzerns wurde.[87] 1988 war Mohasco Gegenstand eines unerwünschten Übernahmeangebots. Um einen alternativen und „freundlicheren" Käufer zu finden, öffnete es sich für eine Übernahme. Der Zuschlag (aus 16 Angeboten) ging an MHS Holding, eine von Citicorp Venture Capital (CVC) organisierte Gesellschaft. Diese belastete das Unternehmen anschließend mit Schulden in Höhe von über 300 Millionen Dollar, erlaubte aber zumindest dem alten Managementteam, weiterzumachen.

Um die Schulden zu bedienen, wurde CORT ein Jahr später für 150 Millionen Dollar verkauft. Der Käufer war eine von CVC finanzierte Managementgruppe. Nun war CORT selbst mit enormen Schulden belastet und hatte wenig liquide Mittel. Infolgedessen geriet das Unternehmen in Schwierigkeiten.

Arnold, der sich bis 1992 zum Präsidenten und CEO hochgearbeitet hatte, traf die schwierige Entscheidung, einige Ausstellungsräume zu schließen und Kosten zu senken, wo immer es möglich war. Aber die Verluste hielten an: 1992 wurden bei einem Umsatz von 106,5 Millionen Dollar sechs Millionen Dollar Verlust gemacht.

Die Lage war eindeutig untragbar, sodass CVC ein weiteres Unternehmen gründete – New CORT Holdings –, um für 82,2 Millionen Dollar alle Anteile an CORT Furniture Rental zu erwerben. Entscheidend war, dass der Zinssatz viel erträglicher war und wieder Geld für Wachstum zur Verfügung stand.

Teil der Wachstumsstrategie war die Übernahme anderer Möbelverleihfirmen. Zunächst kaufte CORT mehrere kleine Unternehmen, aber 1993 wurde es viel größer, indem es einen großen Konkurrenten in Texas mit einem Umsatz von 41,5 Millionen Dollar übernahm und den Umsatz der Gruppe auf 128,6 Millionen Dollar steigerte.

Der November 1995 war ein Meilenstein für das Unternehmen, da es mit einem Kurs von zwölf Dollar an die NYSE ging und seinen Namen in CORT Business Services Corporation änderte. Im folgenden Jahr verkaufte es weitere Aktien im Wert von 32 Millionen Dollar (zu einem Preis von 18,75 Dollar pro Aktie), wodurch es fast die Hälfte seiner Schulden zurückzahlen und CVC Kapital entnehmen konnte. CVC hielt jedoch weiterhin einen Anteil von 45 Prozent Eigenkapital an dem Unternehmen.

Es folgten weitere große Unternehmenskäufe, während sich CORT in den USA ausbreitete. Zu diesem Zeitpunkt stammten 80 Prozent der Einnahmen von Firmenkunden. Selbst multinationale Unternehmen wie Warner Bros. und Exxon schätzten die Möglichkeit, schnell Möbel für Büros zu beschaffen und sie für einige Monate ohne weitere Verpflichtungen zu nutzen. Teams mit Sonder-/Zeiteinsätzen benötigten oft schnell eine Einrichtung, ebenso wie Gruppen von entsandten Beratern und Firmenschulungscamps.

Nun machten Büromöbel jedoch nur noch ein Drittel des Unternehmensumsatzes aus. Die anderen zwei Drittel stammten von Unternehmen, die für die Einrichtung von Wohnungen für Mitarbeiter zahlten, die vorübergehend versetzt wurden oder in einen anderen Teil des Landes umzogen. CORT ging sogar so weit, Geschirr, Haushaltsgeräte, Handtücher und Zahnpasta zu liefern.

Die Mietdauer konnte drei, sechs oder zwölf Monate betragen (die durchschnittliche Dauer lag bei neun Monaten), wobei das Geschäftsmodell darauf basierte, die Anschaffungskosten in den ersten zehn Monaten wieder hereinzuholen. Nach jeder Vermietung wurden die Artikel gründlich gereinigt. In der Regel wurden sie nach drei Jahren Nutzung über die Möbelverleih-Ausverkaufsstellen von CORT verkauft (im Jahr 2000 gab es 86 davon, neben den 118 Ausstellungsräumen). Da CORT mit einem Jahresumsatz von 80 Millionen Dollar über eine gute Kaufkraft verfügte, konnte es die Artikel in der Regel zu Preisen verkaufen, die durchschnittlich etwa acht Prozent über dem lagen, was es drei Jahre zuvor – und nach drei bis fünf Mietkunden – bezahlt hatte.

Ein sich zu dieser Zeit entwickelndes Geschäftsfeld war die Lieferung von Möbeln für Messen und Kongresse, unterstützt durch die Übernahme von drei weiteren etablierten Firmen.

Mit einem Umsatzwachstum auf 287 Millionen Dollar im Jahr 1997 war CORT zum größten Akteur der Branche geworden und galt als Unternehmen, das wirklich etwas erreichte: Seine Aktien waren von 20,75 Dollar zu Beginn des Jahres auf 38,87 Dollar im Oktober gestiegen. Jerry Knight schrieb in der *Washington Post*:

> „Auf seinem Weg zu einer gefragten Aktie durchlief CORT über ein Vierteljahrhundert hinweg so ziemlich jeden finanziellen Trend des späten 20. Jahrhunderts. CORT wurde zusammengeführt, vertikal integriert, ausgegliedert, übermäßig verschuldet, mit Junkbonds belastet und einer fremdfinanzierten Übernahme unterzogen, bevor es an die Börse gebracht wurde.“ [88]

CORT hatte noch immer 50 Millionen Dollar an ausstehenden Junkbonds mit einem Zinssatz von zwölf Prozent. Man ging davon aus, dass das Unternehmen diese bedienen könne, da seine Performance als „hochgradig vorhersehbar" galt, „was die Wahrscheinlichkeit von Überraschungen, die Investoren verschrecken könnten, minimierte".[89] Die Zuverlässigkeit seiner Erträge sollte jedoch in den Rezessionen der nächsten paar Jahrzehnte – als Verluste auftraten – und während der Covid-19-Pandemie, als die Geschäftstätigkeit dramatisch zurückging, auf eine harte Probe gestellt werden.

Zu diesem Zeitpunkt lagen diese Schwierigkeiten aber noch in ferner Zukunft. Im Jahr 1997 waren die Manager und Investoren voller Zuversicht und wollten landesweit expandieren. Finanzvorständin Frances Ann Ziemniak erklärte 1997 gegenüber der *Washington Post*, dass „Übernahmen Teil unserer Strategie sind". Sie fuhr fort: „Es gibt viele kleine Familienunternehmen, die zwischen einer Million und vielleicht acht Millionen Dollar pro Jahr umsetzen, und ein paar größere."[90]

Bis Ende 1998 hatte CORT seine Vertriebsmannschaft auf 900 Mitarbeiter ausgebaut, die in 119 Ausstellungsräumen in 32 Bundesstaaten und im District of Columbia tätig waren. Außerdem verfügte das Unternehmen über 83 Outletcenter. Insgesamt beschäftigte es etwa 2.700 Mitarbeiter (106 in der Zentrale, 1.500 im Lager und im Vertrieb sowie knapp 200 in der regionalen Verwaltung).

Trotz der rund 20 Übernahmen seit Januar 1993 war Arnold auf weiteres Wachstum aus. Das Wachstumsmodell bestand im Allgemeinen darin, Leasingportfolios zu kaufen – also die Mietverträge und die Möbelbestände. Außerdem behielt das Unternehmen Vertriebsmitarbeiter „mit starken lokalen Kundenbeziehungen".[91] Allerdings erwarb es keine Ausstellungsräume, Vertriebszentren oder Ausverkaufsstellen in Märkten, in denen es bereits tätig war. In für das Unternehmen neuen Gebieten entschied es sich jedoch häufig dafür, auch die Immobilien zu übernehmen. Gelegentlich kaufte es größere regionale Unternehmen, um in neuen Märkten eine kritische Masse zu erreichen und/oder den Marktanteil in bestehenden Märkten zu erhöhen.

EIN VERSUCHTER MANAGEMENT-BUY-OUT

CORT entwickelte sich sehr erfolgreich, der Gewinn nach Steuern stieg von 15,9 Millionen Dollar im Jahr 1996 auf 23,4 Millionen Dollar im Jahr 1998. Vor diesem Hintergrund organisierte Arnold im März 1999 in Zusammenarbeit mit Bruckmann, Rosser, Sherrill & Co – einer Private-Equity-Firma, die von drei ehemaligen Mitarbeitern von CVC gegründet worden war (war dies bereits das vierte Mal, dass CVC an einem Leveraged Buy-out im Zusammenhang mit CORT beteiligt war?) – einen Management-Buy-out (MBO). Der angebotene Preis betrug 24 Dollar pro Aktie in bar zuzüglich 2,50 Dollar Liquidationswert einer neuen Serie von Vorzugsaktien. Diese 26,50 Dollar (insgesamt 347 Millionen Dollar) lagen fast 60 Prozent über dem Verkaufspreis der Aktie.

Preston G. Athey – Manager des Small-Cap Value Fund von T. Rowe Price, der 10,4 Prozent von CORT hielt und damit nach CVC (44 Prozent) der zweitgrößte Aktionär war – lehnte den fremdfinanzierten MBO mit dem Argument ab, der Preis sei angesichts des langfristigen Werts des Unternehmens zu niedrig und die Aktie sei im Jahr 1998 bei 45 Dollar gehandelt worden.

Daraufhin erhöhten die Manager von CORT zusammen mit Bruckmann et al. ihr Angebot im August auf 28 Dollar. Wenige Tage später trat Brook Furniture Rental – ein Konkurrent, der CORT seit 14 Jahren im Auge hatte – mit einem Angebot von 28 Dollar auf den Plan. Dieses wurde von den Direktoren abgelehnt. Ebenfalls im August erklärte eine unabhängige Stimmrechtsberatungsfirma das Angebot von 28 Dollar für „unzureichend“.

Die Unterstützung durch die öffentlichen Aktionäre war so gering, dass die Direktoren im November beschlossen, die Übernahme abzubrechen. Diese Entscheidung wurde durch die Schwierigkeit bestätigt, die erforderlichen Junkbonds zu verkaufen, da der Markt dafür zu diesem Zeitpunkt schwach war.

DER DEAL

Unterdessen hatte Bruce Cort – der trotz seines Nachnamens nichts mit CORT zu tun hatte – diese turbulenten Ereignisse im Unternehmen beobachtet. Er hatte eine lose Verbindung zu Buffett, da er als Flugzeugmakler 1986 einen Firmenjet an Berkshire Hathaway verkauft hatte. Cort war der Meinung, dass CORT gut zu Berkshire passen würde, und schickte daher am 23. November 1999 ein einseitiges Fax an die Zentrale im Kiewit Plaza, um diese Idee vorzuschlagen, zusammen mit einem Artikel aus der *Washington Post*, in dem der gescheiterte MBO detailliert beschrieben wurde.

Buffett war fasziniert, druckte sofort die Unterlagen der Börsenaufsichtsbehörde über CORT aus, und „ihm gefiel, was er sah".[92] Später am selben Tag teilte er Cort mit, dass er „möglicherweise Interesse" habe, und fragte, ob er ein Treffen mit Arnold arrangieren könne. Sechs Tage später trafen sich Buffett, Arnold und Cort in Omaha und diskutierten über das Unternehmen und seine jüngste Geschichte. Buffett war sowohl von den Finanzdaten von CORT als auch von Arnold beeindruckt: „Ich wusste sofort, dass wir die richtigen Voraussetzungen für einen Kauf hatten: ein gutes, wenn auch unscheinbares Unternehmen, einen hervorragenden Manager und einen Preis (gemessen an dem gescheiterten Deal), der Sinn ergab."[93]

Arnold freute sich darüber, für seine Aktionäre einen attraktiven Preis erzielt zu haben, und sah der Zukunft in einem dauerhaften, stabilen Eigentümerumfeld positiv entgegen – geführt von zwei Herren, die Kapital für die Expansion bereitstellen konnten, ohne das Unternehmen verschulden zu müssen. Außerdem konnte er sich so dem ganzen Ärger entziehen, der mit einer Notierung an der NYSE verbunden ist. Er sagte: „Diese Transaktion bietet unseren Aktionären einen erheblichen Mehrwert, da sie einen erheblichen Aufschlag auf den aktuellen Kurs unserer Aktien erhalten. Sie ist auch ein hervorragender Vertrauensbeweis für die Strategie, das langfristige Wachstumspotenzial und die Mitarbeiter von CORT. Wesco und seine Muttergesellschaft Berkshire Hathaway sind perfekte Partner für CORT, da sie unsere Managementphilosophie und unsere Werte sowie unsere Vision für die Zukunft teilen."[94]

Sie zögerten nicht lange: Sechs Wochen später wurde die Transaktion dem Markt zu einem Preis von 28 Dollar pro Aktie in bar bekannt gegeben. Die Ankündigung erfolgte durch die Wesco Investment Corporation, eine 80,1-prozentige Tochtergesellschaft von Berkshire (weitere Informationen zu Wesco finden Sie in Band 1, Investition 22), die sich bis zum Jahr 2000 zu einer Holdinggesellschaft entwickelt hatte, die hauptsächlich im Bereich der Schaden- und Unfallversicherung tätig war und über einen beträchtlichen Geldbestand („Float") für Investitionen verfügte.

Der Vorstand von CORT traf sich in der Unternehmenszentrale in Fairfax im Bundesstaat Virginia, genehmigte den Vertrag einstimmig und empfahl den CORT-Aktionären, ihre Aktien anzudienen. CVC hatte bereits zugestimmt, seinen Anteil von 44 Prozent anzudienen, und Arnold war bereit, seinen Anteil von 1,6 Prozent zu verkaufen.

Charlie Munger, Vorsitzender von Wesco, hieß das Unternehmen in seiner Gruppe willkommen: „CORT ist ein klassisches Beispiel für ein hervorragendes Unternehmen, das durch die Stärke und Stabilität, die sich aus der Zugehörigkeit zur Berkshire-Unternehmensgruppe ergibt, noch besser werden kann."[95] Buffett fügte hinzu, dass er CORT für ein „erstklassiges" Unternehmen halte und dass er sich sicher sei, dass daraus eine großartige Partnerschaft entstehe. Das Übernahmeangebot wurde am 18. Februar 2000 abgeschlossen.

ENTTÄUSCHUNG

Die Anfänge waren vielversprechend: CORT meldete für 1999 einen hohen Gewinn von 50,8 Millionen Dollar vor Steuern und 30 Millionen Dollar nach Steuern bei einem Umsatz von 295 Millionen Dollar aus

Mieteinnahmen und weiteren 59 Millionen Dollar aus Möbelverkäufen. Auf dieser Basis lag das Kurs-Gewinn-Verhältnis (KGV) auf Jahressicht beim Kaufpreis von rund 386 Millionen Dollar bei etwa 12,9. Das war weniger als die Hälfte des damaligen durchschnittlichen KGVs am Aktienmarkt von rund 30 – und das ausgerechnet zu einer Zeit, als die Aktienmärkte von einer massiven Übertreibung geprägt waren.

Auch die Bilanz des erworbenen Unternehmens sah recht gut aus – 209 Millionen Dollar an Möbeln, 107 Millionen an sonstigen Sachanlagen. Die Verbindlichkeiten beliefen sich auf 172 Millionen Dollar, sodass CORT über ein Nettovermögen von 144 Millionen Dollar verfügte.

Arnold wurde von Munger im Jahresbericht 1999 von Wesco als Star-Manager gelobt. Er erklärte, dass Arnold ohne Einmischung der Wesco-Zentrale weiterhin als CEO tätig sein werde: „Wir wären verrückt, an einem Mann mit einer solchen Erfolgsbilanz in der Wirtschaft zu zweifeln. Wir sind absolut begeistert, Paul und CORT bei Wesco zu haben, und hoffen auf eine beträchtliche Expansion des Geschäfts und der Gewinne von CORT in den kommenden Jahren.“ [96]

Im Jahr 2000 stiegen die Umsätze – ebenso wie die Gewinne, die sich auf 33,4 Millionen Dollar nach Steuern beliefen –, sodass alles gut aussah.[97] Buffett und Munger waren voll des Lobes für Arnold und sein Team. Doch nach dem Einbruch des Aktienmarkts von seinem Höchststand im März 2000 zogen dunkle Wolken am Horizont auf. Munger schrieb Anfang 2001: „Seit Ende letzten Jahres und bis heute ist das Neugeschäft von CORT stark zurückgegangen ... Das Management führt dies auf eine geringere Nachfrage in der Branche aufgrund der schwächelnden Konjunktur zurück.“[98] Dennoch hielt Munger daran fest, dass CORT rezessionssicher sei, und unterstützte optimistisch die Erhöhung der Mitarbeiterzahl auf 3.000. Er war überzeugt, „dass CORT auch bei einem möglichen rezessionsbedingten Rückgang im Mietmöbelgeschäft weiterhin profitabel bleiben wird“.[99]

Munger räumte jedoch auch einen wichtigen negativen Faktor ein:

> „Der Bereich ‚Mieten und Weitervermieten' der Möbelvermietungsbranche ist hart umkämpft. Es gibt mehrere große regionale sowie eine Reihe kleinerer regionaler und lokaler Möbelvermietungsunternehmen. Darüber hinaus bieten zahlreiche Einzelhändler Wohn- und Büromöbel im Rahmen von Mietkaufvereinbarungen an."[100]

Für mich ist dies der Kern des Problems, aber ich habe natürlich den Vorteil der Rückschau. Es handelte sich um ein Geschäftsmodell, bei dem es unabhängig davon, wie hart die Manager ruderten, schwierig war, eine zufriedenstellende Geschwindigkeit aufrechtzuerhalten – es gab einfach zu viele direkte Wettbewerber und Anbieter von Ersatzdienstleistungen im benachbarten Mietkaufsegment.

CORT war sehr gut und beherrschte alle Wettbewerbsfaktoren, was es wohl zum Branchenführer machte: guter Zustand der Möbel, große Auswahl, flexible Mietbedingungen, schnelle Lieferung, Kautionen und Kundenservice. Aber trotz alledem hatte es nur eine begrenzte Preissetzungsmacht, da die Kunden alternative Anbieter hatten: In vielen Bereichen gab es für CORT zahlreiche Konkurrenten.

Das Branding mag zwar ein wenig dazu beigetragen haben, die monatlichen Gebühren zu erhöhen, aber die Kunden blieben sehr preisbewusst.

Als der wirtschaftliche Optimismus nachließ, verschlechterten sich Umsatz und Gewinn von CORT (siehe Abbildung 2.1). Die Menschen zogen seltener für befristete Aufträge um, es gab weniger Start-ups, die Möbel mieten wollten, weniger Expansionen etablierter Unternehmen in neue Büros und weniger Messeteilnehmer. Es stellte sich heraus, dass CORT doch anfällig für Rezessionen war.

Munger weigerte sich, pessimistisch zu sein, und sah in der wirtschaftlichen Flaute eine Chance: „Wir nehmen eine schwache Phase des Konjunkturzyklus gern in Kauf, wenn wir sie zu unserem Vorteil nutzen können, indem wir unser Geschäft durch Übernahmen zu vernünftigen

Abbildung 2.1: Gewinne von CORT nach Steuern in Mio. USD, Februar 2000 bis Dezember 2004

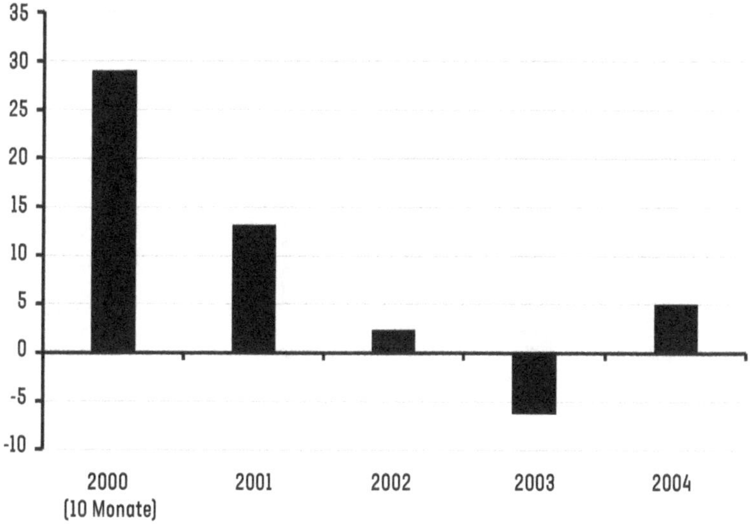

Quelle: Wesco-Jahresberichte

Preisen ausweiten."[101] CORT gab 2002 und 2003 insgesamt 57 Millionen Dollar für mehrere kleine Übernahmen aus. Trotz des Erwerbs zusätzlicher Aktivitäten sank der Gesamtumsatz der Gruppe von 395 Millionen Dollar im Jahr 2001 auf 360 Millionen Dollar im Jahr 2003, da die Stimmung nach dem Dotcom-Crash und den Anschlägen auf die Twin Towers vom 11. September die Nachfrage belastete.

Vier Jahre später bedauerte Munger vielleicht zumindest den Zeitpunkt des Kaufs: „Als wir CORT kauften, waren wir offensichtlich schlecht darin, Prognosen für die kurzfristigen branchenweiten Aussichten des ‚Rent-to-Rent'-Sektors der Möbelbranche zu erstellen."[102] Aber er glaubte weiterhin an die langfristigen Aussichten von CORT, was sich darin zeigte, dass er die Investition von 24 Millionen Dollar in einen von CORT selbst entwickelten internetbasierten Wohnungssuchdienst lobte, der es Kunden auch ermöglichte, Möbel zur Miete auszuwählen.

Abbildung 2.2: Nachsteuergewinne von CORT in Millionen USD 2005 bis 2010

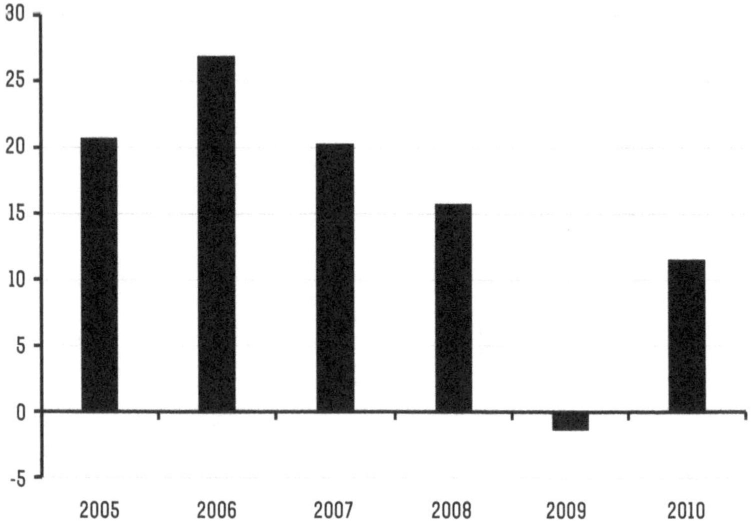

Quelle: Wesco-Jahresberichte

REVIVAL

Ende 2004 zeigten sich schließlich erste Anzeichen einer wirtschaftlichen Erholung, sodass CORT vier Jahre lang recht gute Gewinne erzielen konnte (siehe Abbildung 2.2). Diese erreichten jedoch bei Weitem nicht die 33,4 Millionen Dollar aus dem Jahr 2000. Selbst der Nettogewinn von CORT im Jahr 2006 in Höhe von 26,9 Millionen Dollar entsprach lediglich einer Rendite von sieben Prozent auf die 386 Millionen Dollar, die mehr als sechs Jahre zuvor für das Unternehmen gezahlt worden waren. CORT erweiterte sein Geschäftsfeld weiter und gab im Jahr 2004 drei Millionen Dollar aus, wodurch es seine Position als größter – und einziger landesweiter – Anbieter von Mietmöbeln im Rent-to-Rent-Segment festigte. Im Januar 2008 wagte das Unternehmen erstmals den Schritt aus den Vereinigten Staaten heraus und übernahm die Roomservice Group in Großbritannien für lediglich 5.500 Dollar.

Zu dieser Zeit wurde CORT von der Finanzkrise 2007–2008 und der darauffolgenden Großen Rezession getroffen. Obwohl das Unternehmen einige weitere Firmen übernommen hatte, gab es immer noch zahlreiche Konkurrenten. Im Jahr 2007 erklärte Munger erneut, dass der Bereich „Rent-to-Rent“ der Möbelvermietungsbranche hart umkämpft sei, mit „mehreren großen regionalen Wettbewerbern sowie einer Reihe kleinerer regionaler und lokaler Rent-to-Rent-Wettbewerber“.[103] Das Unternehmen verzeichnete 2009 Verluste, und Munger räumte ein, dass „das Geschäft schneller zusammenschmilzt, als CORT es reparieren kann“.[104] Daher wurde die Belegschaft auf 2.074 Mitarbeiter reduziert.

DIE (ZIEMLICH) GUTEN JAHRE

Die 2010er-Jahre waren gute Jahre für CORT. Es schien, als könnte der Preis von 386 Millionen Dollar – wenn man die Augen zusammenkniff – endlich gerechtfertigt sein. Die in Abbildung 2.3 dargestellten Gewinne sind im Gegensatz zu den vorherigen Diagrammen vor Abzug der Steuern angegeben: Wesco ging 2011 vollständig in den Besitz von Berkshire Hathaway über und stellte daher die Veröffentlichung von Jahresberichten ein, sodass uns keine Zahlen zum Gewinn nach Steuern vorliegen. Aber selbst wenn wir etwa ein Drittel für Steuern abziehen, erreichen die Jahresgewinne von 20 bis 40 Millionen Dollar eine „fast respektable“ Marke – die Aktionäre von Berkshire hatten ein Jahrzehnt warten müssen, um diesen Punkt zu erreichen.

Arnold ging 2012 nach 40 Jahren im Unternehmen in den Ruhestand. Durch seine Bemühungen war das Unternehmen durch mehr als 40 Übernahmen zum Branchenführer gewachsen und bediente Millionen von Familien sowie 80 Prozent der Fortune-500-Unternehmen. CORT war auch das größte Unternehmen für Messe- und Eventausstattung in den USA und verfügte über das größte globale Netzwerk von Partnerfirmen in über 70 Ländern. Arnolds Nachfolger als CEO wurde Jeff Pederson, der von 2004 bis 2006 als CFO von CORT und seit 2006 als Präsident tätig gewesen war.[105]

Abbildung 2.3: Nachsteuergewinne von CORT in Millionen USD 2011 bis 2016

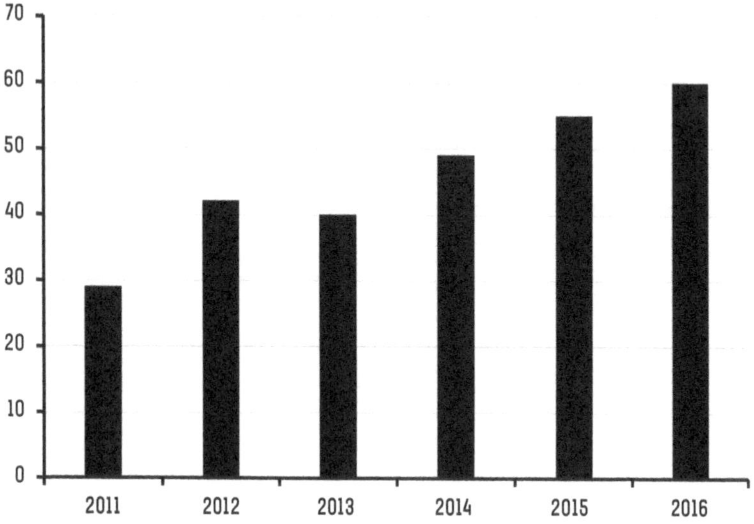

Quelle: Jahresberichte von Berkshire Hathaway

Nach 2016 enthielten die Jahresberichte von Berkshire keine Gewinnzahlen für CORT mehr; diese waren schlicht zu gering, um eine separate Berichterstattung zu rechtfertigen. Allerdings lassen sich aus Buffetts begleitenden Ausführungen Hinweise ableiten, dass sich die Situation keineswegs verbesserte – und das galt bereits für die Zeit vor Covid-19. Die Pandemie belastete die Gewinne zusätzlich stark, als wegen der geschlossenen Büros die Nachfrage nahezu zum Erliegen kam.

- 2017: „Geringere Erträge von CORT". Die Zahl der Mitarbeiter sank im Laufe des Jahres von 3.002 auf 2.487.
- 2018: Keine Stellungnahme.
- 2019: „Umsatzsteigerung"; keine Angaben zum Gewinn.
- 2020: „Rückgang der Erträge". Covid-19 hatte große Auswirkungen.

- 2021: „Geringere Erträge".
- 2022: Keine Stellungnahme, aber die Mitarbeiterzahl erreichte mit 1.966 einen neuen Tiefststand.
- 2023: Keine Stellungnahme.

Arnold, mittlerweile Ende 70, ist weiterhin aktiv und derzeit nicht-geschäftsführender Direktor bei H&E Equipment Services, einem 2-Milliarden-Dollar-Unternehmen, das Baumaschinen vermietet.

LEKTIONEN

- **Markteintrittsbarrieren können dazu beitragen, gute Preise aufrechtzuerhalten**. CORT hat sich bemüht, Barrieren gegen neue Marktteilnehmer zu errichten. Seine Marke, seine landesweite Präsenz und sein umfangreiches Sortiment verschaffen ihm zwar eine gewisse Preissetzungsmacht, aber das ist nichts im Vergleich zu dem Stellenwert, den Coca-Cola, Disney oder See's Candies im Denken der Kunden einnehmen können.
- **Die Qualität der Führungskräfte ist entscheidend, aber nicht ausreichend**. CORT hatte einige der besten Manager, aber das Geschäft, das sie führten, war bei Weitem nicht das beste. Man kann zwar sagen, dass sie das beste Möbelvermietungsgeschäft der Welt hatten, aber das reichte nicht aus, um mit 386 Millionen Dollar zufriedenstellende Renditen zu erzielen.
- **Nur sehr wenige Unternehmen sind rezessionssicher**. Munger war überzeugt, dass die Möbelvermietung Rezessionen unbeschadet überstehen würde. Das war jedoch nicht der Fall. Es wurden weniger Büros eingerichtet, weniger Menschen waren auf Zeit beschäftigt und weniger Menschen benötigten vorübergehend eine Wohnzimmereinrichtung. Wenn Sie

glauben, dass ein Unternehmen rezessionssicher ist, sollten Sie Ihre Annahme kritisch hinterfragen: Stellt das Produkt oder die Dienstleistung ein absolutes Muss dar oder erfolgt die Nachfrage erst nach Befriedigung der Grundbedürfnisse, wenn Zuversicht herrscht und die Menschen beginnen, ihre Aktivitäten auszuweiten?

Investition 3

MOODY'S

Eckpunkte des Geschäfts

Geschäft	**Moody's**
Zeit	Gekauft: Q1 2000 Verkauf von 48,6% der Beteiligung 2009-2013 Verbleibende 51,4% werden weiterhin gehalten
Gezahlter Preis	499 Mio. USD
Menge	24 Mio. Aktien vor dem Aktiensplit (ca. 15% von Moody's) (nach dem Aktiensplit im Mai 2005 im Verhältnis 2:1: 48 Mio. Aktien)
Verkaufspreis	Die verkauften Aktien brachten schätzungsweise 656 Mio. USD ein. Marktwert der noch gehaltenen Aktien: 10 Mrd. USD
Gewinn	Geschätzt 10,2 Millionen Dollar; bisher 20-fach
Berkshire Hathaway 2000	Aktienkurs: 40.800-80.000 USD Buchwert: 61,72 Mrd. USD Buchwert je Aktie: 40.442 USD

Moody's ist eine der drei weltweit führenden Ratingagenturen, neben Standard & Poor's und Fitch. Zusammen beherrschten diese drei im Jahr 2000 – und tun dies bis heute – über 90 Prozent des Marktes für Bonitätsbewertungen von Anleihen und anderen Finanzinstrumenten. Die Oligopolisten erzielen sehr gute Margen und Kapitalrenditen, da sich beispielsweise ein Emittent einer Unternehmensanleihe in der Regel gezwungen sieht, die Dienste mindestens einer dieser Agenturen in Anspruch zu nehmen, um die Rückzahlungsfähigkeit der Anleihe – also das relative Ausfallrisiko im Vergleich zu anderen Anleihen – bewerten zu lassen. Ohne ein solches Kreditrating wird es für den Verkäufer der Anleihe meistens schwierig, Investoren zu finden, die bereit sind, zu einem guten Preis zu kaufen – das heißt, er wird am Ende einen höheren Zinssatz für die Schulden zahlen müssen.

DIE WELT DER RATINGSYSTEME

Ein Schuldenrating hängt von der Wahrscheinlichkeit ab, dass Zins- und Kapitalzahlungen nicht geleistet werden (Ausfallwahrscheinlichkeit), und davon, inwieweit der Kreditgeber im Falle eines Ausfalls des Kreditvertrags geschützt ist (also von der Einbringlichkeit der Schulden).

Die Ratingagenturen sagen, dass sie streng genommen keine Meinung zur Ausfallwahrscheinlichkeit abgeben, sondern lediglich die relative Bonität oder die relative Ausfallwahrscheinlichkeit bewerten. Und da die Bewertungsskalen relativ sind, schwanken die Ausfallquoten im Laufe der Zeit. Daher ist zu erwarten, dass eine Gruppe von Anleihen mit mittlerem Rating durchweg eine niedrigere Ausfallquote aufweist als eine Gruppe von Anleihen mit niedrigerem Rating, aber nicht Jahr für Jahr eine Ausfallquote von beispielsweise 2,5 Prozent haben wird.

Das höchste Rating ist Aaa (Moody's), AAA (S&P) oder AAA (Fitch) – ausgesprochen „Triple-A". Dieses Rating steht für eine sehr hohe Qualität mit einer extrem starken Fähigkeit zur Rückzahlung von Zinsen und Kapital. Ein einzelnes A steht für eine starke Fähigkeit zur Zahlung von Zinsen und Kapital, jedoch mit einer gewissen Anfälligkeit für Wertminderungen im Zuge wirtschaftlicher Entwicklungen. Baa (Moody's) oder BBB (S&P und Fitch) weist auf eine ausreichende Schuldendienstfähigkeit hin, jedoch auch auf Anfälligkeit gegenüber ungünstigen wirtschaftlichen Bedingungen oder sich ändernden Umständen.

Schulden mit einem Rating von B oder Caa weisen überwiegend spekulative Merkmale und damit ein hohes Kreditrisiko auf. Das niedrigste Rating ist C (Moody's) oder D (Fitch und S&P), was in der Regel darauf hinweist, dass das Unternehmen zahlungsunfähig ist und kaum Aussichten auf eine Rückzahlung von Kapital oder Zinsen bestehen. Moody's fügt der generischen Kategorie eine 1, 2 oder 3 hinzu, um eine feinere Abstufung des Risikos anzuzeigen.

Anleihen mit Ratings von Baa3 (Moody's) oder BBB (S&P und Fitch) oder höher gelten als „Investment-Grade-Anleihen", also als erstklassige Schuldtitel. Dies ist wichtig, da viele institutionelle Anleger nur in Investment-Grade-Anleihen investieren dürfen (siehe Abbildung 3.1). Anleihen mit einem niedrigeren Rating werden als „Nicht-Investment-Grade-Anleihen", „Hochzinsanleihen" oder „Junkbonds" bezeichnet.

Abbildung 3.1: Moody's-Ratingskala

Investment-Grade-Anleihen - von höchster bis niedrigster Bonität	**Nicht-Investment-Grade-Anleihen - von höchster bis niedrigster Bonität**
Aaa	Ba1
Aa1	Ba2
Aa2	Ba3
Aa3	B1
A1	B2
A2	B3
A3	Caa1
Baa1	Caa2
Baa2	Caa3
Baa3	Ca
	C

Zusätzlich zu den Ratings für Anleihen, deren Fälligkeit noch viele Jahre entfernt ist, verfügt Moody's über ein System für kurzfristige Ratings (siehe Abbildung 3.2). Diese Ratings geben Auskunft über die Fähigkeit eines einzelnen Emittenten, alle kurzfristigen Verbindlichkeiten zurückzuzahlen, nicht aber über eine bestimmte kurzfristige Schuld. Sobald Moody's sein kurzfristiges Rating vergeben hat, gilt es für alle vorrangigen, unbesicherten Verbindlichkeiten des Emittenten mit einer ursprünglichen Laufzeit von weniger als einem Jahr (zum Beispiel kurzfristige oder mittelfristige Schuldverschreibungen) und gilt für eine Vielzahl von Emissionswährungen oder Emissionsmärkten (zum Beispiel London, New York).

Abbildung 3.2: Definitionen der kurzfristigen Ratings von Moody's

P-1: Prime-1 - Hervorragende Rückzahlungsfähigkeit

P-2: Prime-2 - Starke Rückzahlungsfähigkeit

P-3: Prime-3 - Akzeptable Rückzahlungsfähigkeit

NP: Not Prime - Fällt in keine der erstklassigen Ratingkategorien

Darüber hinaus bewertet Moody's die Finanzkraft von Banken (siehe Abbildung 3.3).

Abbildung 3.3: Finanzkraft-Ratings von Banken

A) Überragende intrinsische Finanzkraft (hochwertige und verteidigungsfähige Geschäftsbereiche, starke finanzielle Fundamentaldaten, vorhersehbares und stabiles betriebliches Umfeld).

B) Starke intrinsische Finanzkraft (wertvolle und verteidigungsfähige Geschäftsbereiche, gute finanzielle Fundamentaldaten, vorhersehbares und stabiles betriebliches Umfeld).

C) Ausreichende intrinsische Finanzkraft (begrenztere, aber dennoch wertvolle Geschäftsbereiche, akzeptable finanzielle Fundamentaldaten, vorhersehbares und stabiles betriebliches Umfeld; oder gute finanzielle Fundamentaldaten in einem weniger vorhersehbaren und stabilen betrieblichen Umfeld).

D) Bescheidene intrinsische Finanzkraft (möglicherweise gelegentlich externe Unterstützung erforderlich. Eingeschränkt durch einen oder mehrere der folgenden Faktoren: schwache Geschäftsmodelle, unzureichende Finanzgrundlagen und unvorhersehbares und instabiles geschäftliches Umfeld).

E) Sehr bescheidene intrinsische Finanzkraft mit hoher Wahrscheinlichkeit einer regelmäßigen Unterstützung von außen oder letztendlich Bedarf an externer Hilfe.

Darüber hinaus bietet Moody's Ratings für Bankeinlagen, Finanzkraft-Ratings für Versicherungsgesellschaften sowie Geldmarkt- und Rentenfonds-Ratings an. Außerdem war und ist Moody's ein bedeutender Herausgeber von Researchmaterial, darunter eingehende Untersuchungen zu wichtigen Emittenten, Branchenstudien, Wirtschaftsdaten, Sonderkommentare und Handbücher zu Kreditbewertungen.

Im Jahr 2000 beschäftigte Moody's rund 1.400 Mitarbeiter und unterhielt Niederlassungen in 14 Ländern. Neben Ratings und Kreditanalysen für Unternehmen und deren Anleihen beurteilte und bewertete es auch staatliche Emittenten in rund 100 Ländern. Zu seinen Kunden zählten Investoren, Einleger, Gläubiger, Investmentbanken, Geschäftsbanken, andere Finanzdienstleister und eine Vielzahl von privatwirtschaftlichen und staatlichen Emittenten von Wertpapieren.

Als Berkshire Hathaway seine Anteile kaufte, hatte Moody's Ratings für etwa 100.000 Unternehmensemissionen vergeben – darunter Industrieunternehmen, Finanzinstitute, staatliche Stellen und Emittenten strukturierter Finanzprodukte (zum Beispiel Hypothekenanleihen) – und zudem für mehr als 68.000 öffentliche Finanzverbindlichkeiten. Damals wurden die Ratings über verschiedene Print- und elektronische Medien verbreitet, heute dominiert die elektronische Kommunikation.

Im Jahr 2024 deckte Moody's folgende Bereiche ab:

- 100 souveräne Staaten, die Schuldtitel emittierten;
- 12.000 Unternehmensemittenten;

- 29.000 Emittenten aus dem öffentlichen Sektor (zum Beispiel kommunale Behörden)
- 96.000 strukturierte Finanzprodukte.

Das Unternehmen beschäftigt derzeit weltweit über 3.000 Mitarbeiter.

EIN QUALITÄTSUNTERNEHMEN

Warren Buffett war von Moody's begeistert, weil es sich um ein „Moat"-Unternehmen handelt, also um ein Unternehmen mit Burggraben. Buffett erklärte auf der Berkshire-Aktionärsversammlung 1995, was er unter einem „Moat" versteht:

> „Wir versuchen, ein Unternehmen zu finden, das von einem breiten und dauerhaften Burggraben umgeben ist, der eine großartige wirtschaftliche Burg schützt, deren ehrlicher Herrscher die Burg verwaltet.
>
> Und im Wesentlichen geht es im Geschäftsleben genau darum. Ich meine, man möchte selbst der Burgherr sein. In diesem Fall muss man sich um den letzten Faktor keine Sorgen machen.
>
> Was wir suchen, ist ein Unternehmen, das aus dem einen oder anderen Grund – sei es, weil es in einem bestimmten Bereich der kostengünstigste Produzent ist, weil es aufgrund seiner Fähigkeiten über ein natürliches Franchise verfügt, weil es eine bestimmte Position in den Köpfen der Verbraucher einnimmt, weil es einen technologischen Vorteil hat oder aus irgendeinem anderen Grund – von diesem Burggraben umgeben ist.
>
> Alle Schutzwälle sind in einem kapitalistischen System Angriffen ausgesetzt, daher wird jeder versuchen, einen Weg zu finden, um sie zu überwinden.

Und die meisten Schutzwälle sind im Kapitalismus nichts wert. Das liegt in der Natur der Sache. Und es ist logisch, dass dies so ist.

Aber wir versuchen herauszufinden ... warum steht diese Burg überhaupt noch? Und was wird dafür sorgen, dass sie in 5, 10 oder 20 Jahren noch steht – oder eben nicht mehr? Was sind die Schlüsselfaktoren? Und wie dauerhaft sind sie? Wie sehr hängen sie von der Genialität des Burgherrn ab?

Und wenn wir dann mit dem Burggraben zufrieden sind, versuchen wir herauszufinden, ob der Burgherr Anstrengungen unternehmen wird, alles für sich selbst zu beanspruchen, die Erlöse veruntreuen oder etwas ähnlich Dummes anstellen wird."

Nach Charlie Mungers Tod Ende 2023, nur 33 Tage vor seinem 100. Geburtstag, erinnerte sich Buffett daran, wie Munger ihm 1965 unverblümt gesagt hatte, dass er mit dem Kauf der Kontrolle über Berkshire eine dumme Entscheidung getroffen habe. „Da ich den Schritt bereits getan hatte, versicherte er mir aber, er würde mir sagen, wie ich meinen Fehler korrigieren könnte."[106] Zu diesem Zeitpunkt hatte Munger keine finanziellen Interessen an Buffetts Investmentpartnerschaft und rechnete nicht damit, jemals Anteile an Berkshire zu besitzen; sie waren einfach nur Freunde, die es gewohnt waren, offen miteinander zu reden.

Munger gab ihm folgenden Rat:

„Warren, vergiss den Kauf eines weiteren Unternehmens wie Berkshire. Aber jetzt, da du Berkshire kontrollierst, ergänze es um großartige Unternehmen, die zu fairen Preisen gekauft wurden, und gib den Kauf fairer Unternehmen zu großartigen Preisen auf. Mit anderen Worten: Gib alles auf, was du von deinem Helden Benjamin Graham gelernt hast. Es funktioniert, aber nur, wenn es in kleinem Maßstab praktiziert wird."[107]

Moody's fiel in die Kategorie der großartigen Unternehmen. Und wenn es zu einem fairen Preis im Verhältnis zu den nachgewiesenen Gewinnen gekauft würde, könnte Berkshire Hathaway mit stetig steigenden Gewinnen pro Aktie rechnen, da mit dem Wachstum der Wirtschaft und der Unternehmen wahrscheinlich immer mehr Anleihen auf den Markt kommen würden, die eine Bewertung benötigten.

Angesichts der hohen Eintrittsbarrieren in der Branche aufgrund des außergewöhnlichen Rufs der drei etablierten Unternehmen war es so gut wie sicher, dass Moody's weiterhin Kunden anziehen würde, die an einer zuverlässigen und glaubwürdigen unabhängigen Bonitätsbewertung interessiert waren. Der Burggraben, der das Franchise von Moody's umgibt, besteht in der außerordentlichen Schwierigkeit für neue Marktteilnehmer, die erforderlichen Fähigkeiten, den Ruf und den Bekanntheitsgrad aufzubauen, um denselben Markt bedienen zu können.

Ein eng verwandtes Konzept ist das der „Unumgänglichkeit". „Unumgängliche" Unternehmen sind solche, die ihren Bereich während der gesamten Investitionsdauer dominieren werden. Sie verfügen über so enorme Wettbewerbsvorteile, dass sie auch in 25 oder 30 Jahren noch großartige Unternehmen sein werden. Unumgängliche Unternehmen finden sich in Branchen, in denen es wahrscheinlich keine größeren Veränderungen geben wird – eine sich schnell verändernde Branche schließt die Möglichkeit aus, eine Aussage über die Wahrscheinlichkeit zu treffen, dass ein Unternehmen seinen Sektor in drei Jahrzehnten dominieren wird.

Stellen Sie sich vor, Sie begeben sich auf eine 10-jährige Mission zum Mars und können während Ihrer Abwesenheit Ihr Portfolio nicht ändern. Wenn Sie jetzt nur eine einzige Investition tätigen könnten, wonach würden Sie suchen?

Antwort: Es müsste eine Branche sein, die sich auf einem stabilen Wachstumskurs befindet und in der das führende Unternehmen auch weiterhin führend bleiben wird. Da fallen mir Coca-Cola oder Kellogg ein – ebenso Moody's.

Marktführerschaft ist nicht gleichbedeutend mit dem Status der Unumgänglichkeit. General Motors, Kodak, Intel, Nokia und Sears erlebten Zeiten, in denen sie unbesiegbar schienen. „Auf jedes unumgängliche Unternehmen kommen Dutzende von Hochstaplern, also Unternehmen, die derzeit erfolgreich sind, aber anfällig für Angriffe der Konkurrenz sind."[108]

Erwarten Sie nicht, dass Sie eine lange Liste von unumgänglichen Unternehmen erstellen können. Buffett und Munger sagten, dass sie niemals eine Liste mit mehr als 20 Unternehmen erstellen könnten. Beachten Sie auch, dass viele Unternehmen auf ihrer Liste nie gekauft wurden, weil sie dafür zu viel hätten bezahlen müssen. Selbst unumgängliche Unternehmen können also schlechte Käufe sein – fragen Sie sich immer: „Wie hoch ist der Preis?"

DIE GRÜNDUNG VON MOODY'S

John Moody, ein begeisterter 32-jähriger Investor, veröffentlichte im Jahr 1900 sein erstes „Moody's Manual of Industrial and Miscellaneous Securities". Darin fanden Anleger zusammenfassende Beschreibungen von Unternehmen sowie grundlegende Kennzahlen zu deren Aktien und Anleihen. Es umfasste auch Finanzinstitute und Regierungsbehörden. Sofort war es ein Erfolg und innerhalb von zwei Monaten ausverkauft. Es lohnte sich für ihn eindeutig, es jährlich neu aufzulegen. Bis 1903 hatte es sich als die Referenzpublikation für Daten zu Hunderten von Organisationen und Wertpapieren etabliert – sein Titel wurde von den meisten Nutzern zu „Moody's Manual" abgekürzt.

Der Börsencrash von 1907 traf Moodys Unternehmen zu einem Zeitpunkt, als es kapitalschwach war. Die Lage war so schlecht, dass er das Unternehmen verkaufen musste. Aber 1909 kehrte er mit einer neuen Publikation zurück, die mehr als nur Daten zusammenstellte: Sie enthielt auch einige Analysen, darunter nicht zuletzt die innovative Idee der Bewertung der Sicherheit von Anleihen auf einer Skala von Aaa bis E. Diese detaillierte Arbeit konzentrierte sich zunächst ausschließlich auf Eisenbahnunternehmen – insgesamt 1.300 Anleihen. Moody sagte 1950:

> „Im Frühjahr 1909 brachte ich die erste Ausgabe von [Moody's Analyses of Railroad Investments] heraus, in der versucht wurde, Eisenbahnberichte zu analysieren und ihre Anleiheemissionen zu bewerten. Obwohl dies eine Welle der Ablehnung und Spott hervorrief … fand es bei Händlern und Investmenthäusern Anklang … und lange vor 1914 war es eine anerkannte Autorität und „Moody's Ratings" zu einem wichtigen Faktor im Bereich des Anleihehandels und -verkaufs geworden."[109]

Die jährlichen Ausgaben verkauften sich gut – an Investoren, Finanzinstitute, öffentliche Bibliotheken und Universitätsbibliotheken. Sie wurden sogar in London veröffentlicht, um denjenigen zu helfen, die in US-amerikanische Eisenbahngesellschaften investierten. Bis 1911 umfasste das Handbuch 4.000 Seiten, und bis 1913 war der Umfang der Publikation bereits auf mehrere Bände angewachsen, die auch Industrieunternehmen und Versorgungsunternehmen umfassten. Im Jahr 1919 wurden US-Staatsanleihen und Kommunalobligationen bewertet, und ab 1924 deckte die Publikation alle Emissionen auf dem US-Anleihemarkt ab.

Die Weltwirtschaftskrise zu Beginn der 1930er-Jahre stellte die Ratingagenturen vor eine Herausforderung, da ein Großteil der US-Unternehmen in Konkurs ging und ihre Anleihen ihren gesamten Wert verloren. Dennoch hielt Moody's an der Veröffentlichung seiner Ratings und anderer Analysen fest. Und dank der Kompetenz seiner Analysten kam es nur bei wenigen der von Moody's hoch gerateten Anleihen zu Zahlungsausfällen.

„Moody's Manuals" waren 1950 so etabliert, dass sie Buffetts wichtigste Quelle für zusammenfassende Informationen über Unternehmen waren. Als er beispielsweise Student an der Columbia University war, entdeckte er in „Moody's", dass Benjamin Grahams Investmentfonds 55 Prozent einer kleinen Versicherungsgesellschaft namens GEICO besaß (siehe Band 1, Investition 2 und Band 2, Investition 1). Mithilfe von „Moody's" konnte er schnell überprüfen, ob dieses Unternehmen eine weitere Untersuchung wert war. Dort wurden Gewinnkomponenten und Bilanzposten dargestellt.

Der junge Buffett verbrachte Hunderte von Stunden damit, „Moody's Manuals" zu lesen, um nach Schnäppchenaktien zu suchen. Später sagte er: „Ich habe die ‚Moody's Manuals' Seite für Seite durchgearbeitet. 10.000 Seiten in den ‚Moody's Industrial, Transportation, Banks und Finance Manuals' – zwei Mal. Ich habe mir tatsächlich jedes Unternehmen angesehen – auch wenn ich mir einige nicht sehr genau angesehen habe."[110]

Im April 1952 heiratete Buffett in Omaha Susan Thompson. Tante Alice (die einige Jahre später eine seiner ersten „Investmentpartnerinnen" werden sollte) lieh dem frischvermählten Paar für die Flitterwochen ihr Auto. Bevor sie losfuhren, belud Buffett den Rücksitz mit – Sie ahnen es schon – „Moody's Manuals".

Da die 5-köpfige Maklerfirma seines Vaters in Omaha „Moody's" abonniert hatte, hatte Buffett Anfang der 1950er-Jahre Zugang zu den Handbüchern, als er dort arbeitete:

> „Ich fand eine kleine Firma namens Genessee Valley Gas in der Nähe von Rochester [New York]. Von ihr waren 22.000 Aktien im Umlauf. Es handelte sich um ein öffentliches Versorgungsunternehmen, das etwa fünf Dollar pro Aktie verdiente, und das Schöne daran war, dass man die Aktien für fünf Dollar pro Stück kaufen konnte."[111]

Kein Wunder, dass Buffett so gute Erinnerungen an die Verwendung der Moody's-Handbücher hat. Zu so einem kleinen Unternehmen gab es keine Brokerberichte – aber er sagte: „Man musste nur die Seite umblättern. Es funktionierte so gut, dass ich das Buch sogar ein zweites Mal durchgeackert habe."[112]

„Ich fand Western Insurance in Fort Scott in Kansas. Die Preisspanne im Finanzhandbuch von Moody's ... lag zwischen 12 und 20 Dollar. Der Gewinn betrug 16 Dollar pro Aktie. Ich schaltete eine Anzeige in der Zeitung von Fort Scott, um diese Aktie zu kaufen."[113]

Buffett entdeckte auch ein Busunternehmen mit Sitz in New Bedford namens Union Street Railway, das für etwa 45 Dollar verkauft wurde, obwohl es pro Aktie über 120 Dollar in bar verfügte und keine Verbindlichkeiten hatte. „Niemand wird Ihnen etwas über Union Street Railway [oder] Genessee Valley Gas erzählen ... [manchmal] findet man etwas, das einem geradezu ins Auge springt."[114]

Von 1954 bis 1956 erhielt Buffett ein Gehalt dafür, dass er seine Tage damit verbrachte, zusammen mit Walter Schloss – einem weiteren „Bauern" bei der kleinen Firma Graham-Newman – Handbücher durchzuarbeiten. „Wir haben nachgeschlagen und gelesen. Wir gingen die Handbücher von Standard & Poor's oder Moody's durch und suchten nach Unternehmen, die unter ihrem Betriebskapital verkauft wurden. Davon gab es damals viele", erinnert sich Schloss.[115]

Als 24-Jähriger, der in New York arbeitete, konnte Buffett noch einen Schritt weiter gehen: Er besuchte oft die Büros von Moody's oder Standard & Poor's:

> „Ich war der Einzige, der jemals dort auftauchte. Die haben mich nie gefragt, ob ich ein Kunde sei. Ich bekam Akten, die 40 oder 50 Jahre zurückreichten. Sie hatten keine Kopiergeräte, also saß ich dort und machte mir meine Notizen, schreib mir diese und jene Zahl auf."[116]

Im Februar 1958 starb Moody im Alter von 89 Jahren, und innerhalb von vier Jahren wurde die Moody's Corporation von dem Kreditauskunfts- und Informationsbeschaffungs-Riesen Dun & Bradstreet Corporation (D&B) aufgekauft.

Ein Jahr später untersuchte eine andere Abteilung von D&B eine noch junge Investmentgesellschaft in Omaha. Die Buffett Partnership wurde wie folgt beschrieben:

> „Umsatz stabil. Zustand solide … begleicht ihre vor Ort bestehenden Verbindlichkeiten stets fristgerecht … hatte ein Nettovermögen von 9,4 Millionen Dollar, bestehend aus Barressourcen, regelmäßige Erträge bringenden Wertpapieren und anderen Investitionen. Der solide Zustand hält an … beschäftigt einen Mitarbeiter … mietet Büroräume im achten Stock … Räume ordentlich."[117]

In den ersten Jahrzehnten bestand das Geschäftsmodell von Moody's darin, Investoren eine Abonnementgebühr für den Erhalt der Informationen zu berechnen. In den 1970er-Jahren wurde jedoch klar, dass Emittenten von Anleihen einen großen Vorteil hatten, wenn sie sicherstellten, dass ihre Anleihen bewertet wurden, sodass Moody's zu dem Schluss kam, dass es den Emittenten erhebliche Summen in Rechnung stellen konnte. Die Finanzaufsichtsbehörden wollten nicht, dass irgendjemand Ratings vergibt, und ließen daher nur eine Handvoll Unternehmen mit der erforderlichen Kompetenz für die Bewertung von Anleihen zu. Damit sicherten sie ein Oligopol und stärkten die Preissetzungsmacht von Moody's – wer ein Rating für die Anleihe erhalten wollte, die er ausgeben wollte, musste dafür bezahlen.

Ende der 1990er-Jahre war offensichtlich, dass Moody's weitaus besser lief als seine Muttergesellschaft, und die Aktionäre waren der Meinung, dass sie davon profitieren würden, wenn sie Aktien der beiden operativen Unternehmen unabhängig voneinander hielten, wobei sich jedes auf sein eigenes Kerngeschäft konzentrierte. Während

Moody's sich auf Anleihen konzentrierte, lieferte D&B weitaus umfassendere Analysen zu Millionen von Unternehmen, wobei ein besonderer Schwerpunkt auf deren Bonität lag, unabhängig davon, ob es sich um Anleiheemittenten handelte oder nicht. So analysierte es neben großen auch kleine und mittlere Unternehmen. Ein Unternehmen mit einem Umsatz von einer Million Dollar konnte beispielsweise D&B konsultieren, um zu entscheiden, ob es einem anderen Unternehmen mit einem Umsatz von einer Million Dollar einen Handelskredit gewährte. Es konnte D&B auch um eine Liste potenzieller Kunden bitten, die es ansprechen konnte, oder um Informationen über Zulieferfirmen – beispielsweise über das Ausfallrisiko.

Die Direktoren einigten sich auf die Aufspaltung und gaben dies im Dezember 1999 bekannt. Die Trennung wurde am 30. September 2000 durch die Gründung einer neuen börsennotierten Gesellschaft für das D&B-Geschäft abgeschlossen, während die alte Gesellschaft, die schnell in Moody's Corporation umbenannt wurde, weitergeführt wurde. In Erwartung der Aufspaltung kaufte Buffett im Februar 2000 D&B-Aktien im Wert von 499 Millionen Dollar (24 Millionen Aktien).

Die Trennung erfolgte durch eine steuerfreie Ausschüttung aller Aktien der neu gegründeten „neuen D&B" an die Aktionäre von D&B. Um es klar zu sagen: Investoren, die nichts unternommen hatten, hielten weiterhin Aktien der „alten D&B", die in Moody's umbenannt wurde, und erhielten zusätzlich ihren rechtmäßigen Anteil an der „neuen D&B", also der D&B, die wir heute kennen. Buffett verkaufte in den folgenden vier Jahren alle von Berkshire Hathaway gehaltenen Aktien der abgespaltenen (neuen) D&B.

BUFFETTS ANSATZ BEIM KAUF

2010 wurde Buffett gefragt: „Welche Due-Diligence-Prüfung haben Sie und Ihre Mitarbeiter durchgeführt, als Sie Dun & Bradstreet zum ersten Mal gekauft haben?" Er antwortete, dass er keine Mitarbeiter gehabt habe – es sei nur er selbst gewesen:

> „Ich mache alle Analysen selbst. Im Grunde genommen ging es um die Bewertung der Wirtschaftlichkeit des Geschäfts sowohl von Dun & Bradstreet als auch von Moody's. Und ich habe mich nie mit jemandem getroffen. Dun & Bradstreet hatte ein sehr gutes Geschäft und Moody's ein noch besseres. Im Allgemeinen ist die wichtigste Entscheidung bei der Bewertung eines Unternehmens dessen Preissetzungsmacht. Wenn man die Macht hat, die Preise zu erhöhen, ohne dadurch Geschäfte an einen Konkurrenten zu verlieren, hat man ein sehr gutes Unternehmen. Und wenn man erst ein Gebet sprechen muss, bevor man den Preis um einen Zehntel Cent erhöhen kann, dann taugt das Unternehmen nichts. Ich habe beides erlebt und kenne daher den Unterschied."[118]

Interessanterweise sagte Buffett, dass er nichts über das Management von Moody's wusste:

> „Ich habe schon oft in Berichten und an anderer Stelle darauf hingewiesen: Trifft ein Unternehmen, das den Ruf hat, besonders brillant zu sein, auf ein Unternehmen, das den Ruf hat, wirtschaftlich schlecht aufgestellt zu sein, setzt sich am Ende immer der gute Ruf des Unternehmens durch. Haben Sie ein ausreichend gutes Unternehmen – etwa wenn Sie eine monopolartige Zeitung oder einen landesweiten Fernsehsender haben (ich spreche hier von früher) –, dann könnte selbst Ihr idiotischer Neffe es leiten. Und wenn Sie ein wirklich gutes Unternehmen haben, macht das keinen Unterschied. Es gibt vielleicht einen Unterschied bei der Kapitalallokation oder Ähnlichem, aber ein herausragendes Geschäftsmodell benötigt kein gutes Management."[119]

Er beeilte sich hinzuzufügen, dass er damit nicht andeuten wolle, Moody's habe ein schlechtes Management, sondern nur, dass er es nicht kenne. Selbst nach einem Jahrzehnt als größter Aktionär fiel es ihm schwer, sich zur Qualität der Manager zu äußern: „Die Qualität ist schwer zu beurteilen, wenn man ein Unternehmen hat, das über eine so große Preissetzungsmacht verfügt. Ich meine, sie haben sehr gute Arbeit geleistet, was die enormen Renditen auf die Sachanlagen angeht – die sind ja extrem hoch."[120]

WAS HAT BUFFETT GEKAUFT?

Dieser Abschnitt enthält einige Zahlen von Moody's, um einen Einblick in den Wert des Unternehmens zum Zeitpunkt des Kaufs zu gewinnen. Die Marktkapitalisierung betrug 20,79 Dollar × 161,7 Millionen ausgege-

Abbildung 3.1: Nettogewinn von Moody's in Mio. USD, 1996 bis 2000

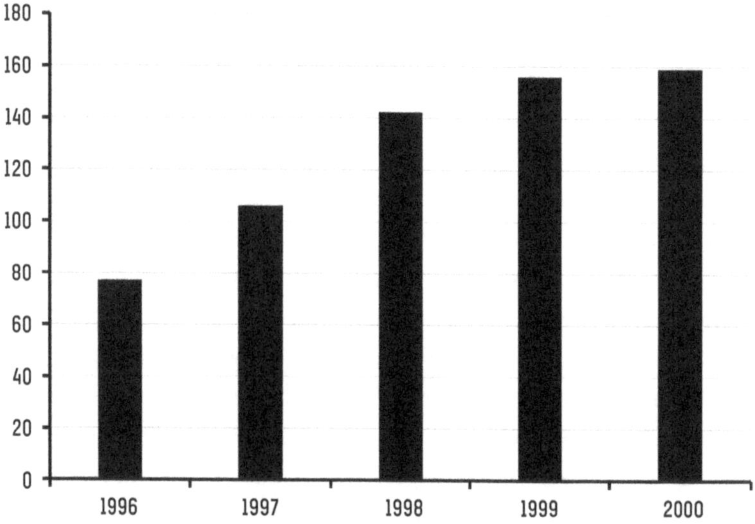

Quelle: Moody's Corporation, Jahresbericht 2000 (Moody's präsentierte diese Zahlen so, als wäre der Moody's-Zweig von D&B während dieses gesamten Zeitraums ein eigenständiges Unternehmen gewesen.)

bene Aktien = 3,36 Milliarden Dollar.[121] Bei einer so hohen Marktkapitalisierung überrascht es, dass der Umsatz im Jahr 2000 nur 602 Millionen Dollar betrug – nur geringfügig mehr als 1999 (564 Millionen Dollar).

Der entscheidende Faktor hierbei ist, dass ein Großteil dieses Umsatzes in das Endergebnis einfließt (siehe Abbildung 3.1). Der Nettogewinn betrug im Jahr 2000 26 Prozent des Umsatzes. Ein weiteres bemerkenswertes Merkmal ist die Wachstumsrate des Nettogewinns, der sich innerhalb von fünf Jahren verdoppelt hat.

Dieses Wachstumsmuster spiegelt sich auch in den Zahlen zum Gewinn pro Aktie wider (siehe Abbildung 3.2). Bei Buffetts Kaufpreis von 20,79 Dollar beträgt das historische KGV 20,79 Dollar/0,98 Dollar = 21. Um einen so hohen Multiplikator zu bezahlen, muss Buffett ein schnelles Gewinnwachstum erwartet haben. Und er hatte recht, wie wir später noch sehen werden.

Abbildung 3.2: Gewinn pro Aktie von Moody's in USD, 1996 bis 2000

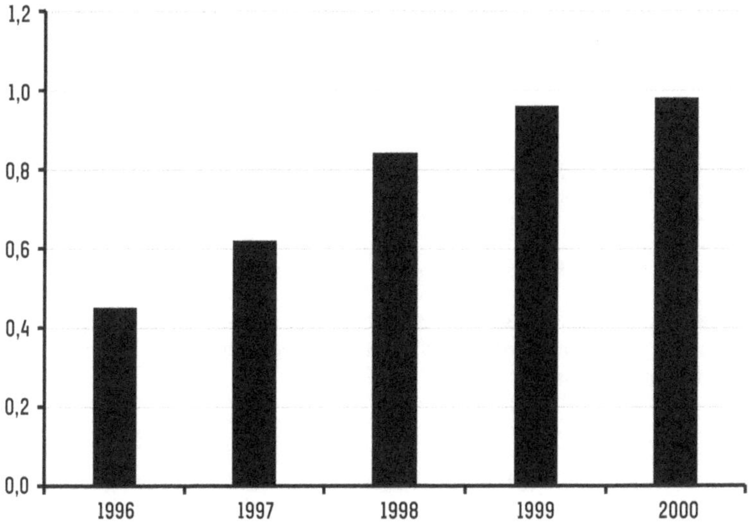

Quelle: Moody's Corporation, Jahresbericht 2000 (Moody's präsentierte diese Zahlen so, als wäre der Moody's-Zweig von D&B während dieses gesamten Zeitraums ein eigenständiges Unternehmen gewesen.)

Dies war sicherlich keine Investition, wie sie Graham getätigt hätte. Es fehlte die erforderliche Sicherheit in der Bilanz – das Unternehmen wies eine Nettoschuldenbilanz aus (siehe Abbildung 3.3). Buffett und das Unternehmen verließen sich auf die qualitativen Faktoren, insbesondere auf die Stärke des wirtschaftlichen Geschäftsmodells.

Abbildung 3.3: Gesamtvermögen und Eigenkapital von Moody's in Mio. USD, 1996 bis 2000

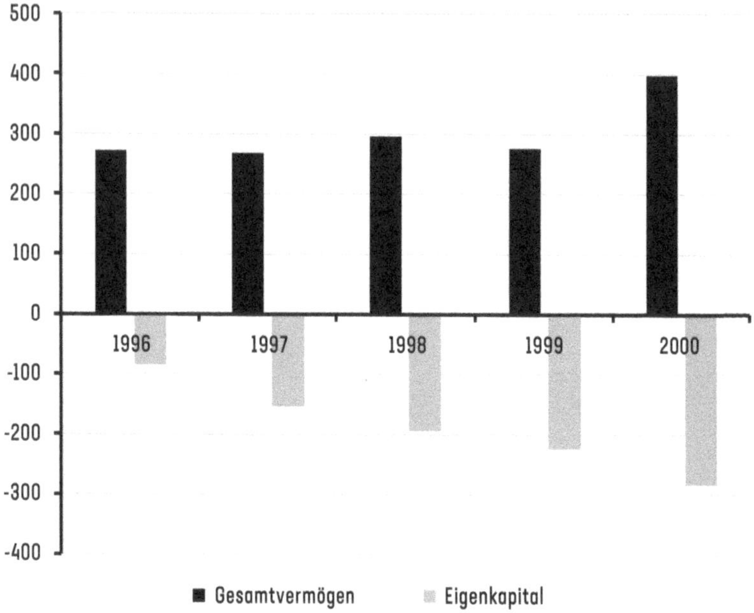

Quelle: Moody's Corporation, Jahresbericht 2000 (Moody's präsentierte diese Zahlen so, als wäre der Moody's-Flügel von D&B während dieses gesamten Zeitraums ein eigenständiges Unternehmen gewesen.)

Tabelle 3.1 ist der Versuch, eine Analyse des Eigentümergewinns so zu erstellen, als wären wir wieder im Jahr 2000 – aber es gibt nicht viele Daten, daher ist Vorsicht geboten. (Normalerweise betrachte ich Daten über mindestens zehn Jahre, um den Eigentümergewinn zu schätzen, aber dies ist bei Moody's nicht möglich, da es sich erst 2000 von D&B getrennt hat.)

Mit den Eigentümergewinnen versuchen wir, die Gewinne zu ermitteln, die den Aktionären in Zukunft verbleiben, nachdem die Manager ausreichend Barmittel aufgewendet haben, um die Ausgaben zur Aufrechterhaltung der Stärke des wirtschaftlichen Franchises (zum Beispiel zusätzliche Kapitalgüter, zusätzliches Betriebskapital, Marketingausgaben, Forschung und Entwicklung und Mitarbeiterschulungen) und des Stückvolumens sowie zur Investition in alle verfügbaren wertschöpfenden Projekte zu decken.

Je nach den Umständen kann der Eigentümergewinn für jedes zukünftige Jahr gleich bleiben oder einen stetig steigenden (oder fallenden) Trend aufweisen.

Natürlich lassen sich die Eigentümergewinne unmöglich völlig exakt ermitteln, da viele der Eingangswerte nur fundierte Schätzungen über die *Zukunft* sind. Die einzigen uns zur Verfügung stehenden Belege sind Daten aus der Vergangenheit. Daher beginnen wir mit diesen und verwenden dann qualitative Analysen, um zu beurteilen, ob wir einfach das Muster der Vergangenheit fortschreiben oder den bisherigen Trend für eine zukunftsorientierte Betrachtung modifizieren sollten. Trotz dieser Ungenauigkeit bleibt dies eine wichtige Methode für die Bewertung.

Wir verwenden die *tatsächlichen* Investitionen des Unternehmens in neue Betriebskapitalposten und neue Anlagegüter sowie die Ausgaben für Marketing, Forschung und Entwicklung, Mitarbeiterschulungen und vieles mehr, die bereits aus der Gewinn- und Verlustrechnung abgezogen wurden. Bei Moody's führte die Trennung von D&B zu Verzerrungen in der Berichterstattung über das Betriebskapital, sodass dieser Faktor ignoriert wird (ohnehin ist das Betriebskapital für dieses Dienstleistungsunternehmen kein wesentlicher Faktor für den zusätzlichen Cash-Verbrauch).

Was die Analyse wirklich erfordert, ist der Betrag, der *notwendig* ist, um die Qualität des wirtschaftlichen Franchises und das Volumen der Einheiten aufrechtzuerhalten sowie in wertschöpfende Projekte zu investieren. Zunächst gehen wir von der gewagten Annahme aus, dass die von den Managern ausgegebenen Beträge auch den notwendigen Betrag darstellten.

Wenn wir zu einer vorausschauenden Analyse übergehen, um den Wert des Unternehmens zu ermitteln, müssen wir eine weitere gewagte Annahme über den tatsächlichen Betrag treffen, der in Zukunft für Investitionen in neues Betriebskapital, Anlagevermögen und vieles mehr benötigt wird. Die historische Analyse hilft uns bei dieser Beurteilung.

Tabelle 3.1 Moody's „Eigentümergewinne" in der Vergangenheit

In Mio. USD	**2000**	**1999**	**1998**	**1997**
Gewinn nach Zinsen und Steuern	159	156	142	106
Hinzukommende nicht zahlungswirksame Posten wie Abschreibungen, Goodwill und sonstige Amortisationen	17	13	15	16
Summe: Betrag, der zur Ausschüttung an die Aktionäre zur Verfügung steht, bevor die Notwendigkeit berücksichtigt wird, Ausgaben für Sachanlagen und Betriebskapital zu tätigen, um das wirtschaftliche Franchise und das Volumen des Unternehmens aufrechtzuerhalten sowie in wertschöpfende Projekte zu investieren.	176	169	157	122
Abzug der Investitionen in Sachanlagen, die nicht für Immobilien bestimmt sind, sowie Abzug der zusätzlichen Investitionen in das Betriebskapital - im Fall von Moody's führte die Trennung von D&B zu Verzerrungen in der Berichterstattung über das Betriebskapital, sodass dieser Faktor ignoriert wird. Die angegebenen Zahlen sind tatsächliche Ausgaben und daher ein grober Anhaltspunkt für die „notwendigen" Ausgaben zur Aufrechterhaltung des Franchises und Ähnlichem.	-14	-13	-12	-12
„Eigentümergewinn"	162	156	145	110

***** Geschätzte Investitionsausgaben für 1997 (nicht im Moody's-Jahresbericht 2000 aufgeführt, dem frühesten verfügbaren Bericht)*

***Quelle:** Moody's-Jahresbericht 2000*

Der durchschnittliche jährliche „Eigentümergewinn“ belief sich in den letzten vier Jahren auf 143 Millionen Dollar. Wenn wir konservativ davon ausgehen, dass alle zukünftigen Jahre die gleichen Ergebnisse wie im Zeitraum von 1997 bis 2000 erzielt werden, könnten wir eine Schätzung des inneren Wertes zur weiteren Überlegung vorlegen:

Innerer Wert = Eigentümererträge im nächsten Jahr, ausgedrückt als ewige Rente/Erforderliche Rendite für diese Risikoklasse von Vermögenswerten

Wenn wir den risikolosen Zinssatz – repräsentiert durch die 10-jährige US-Staatsanleihe – als „erforderliche Rendite“ verwenden, stellen wir fest, dass diese im Oktober 2000 bei 5,6 Prozent lag.

Verwendet man diesen Prozentsatz als Abzinsungssatz, ergibt sich ein innerer Wert von 143 Millionen Dollar/0,056 = 2,55 Milliarden Dollar.

Man könnte argumentieren, dass wir einen höheren Abzinsungssatz verwenden sollten, da der Besitz von Moody's-Aktien mit einem höheren Risiko verbunden ist als der Besitz von US-Staatsanleihen. Die zusätzliche Rendite einer durchschnittlich risikobehafteten US-Aktie war in den 101 Jahren bis Ende 2000 fünf Prozent pro Jahr höher als die Rendite 10-jähriger Staatsanleihen.[122]

Addiert man die Aktienrisikoprämie von 5,0 Prozent zum risikofreien Zinssatz von 5,6 Prozent, erhält man eine erforderliche Rendite von 10,6 Prozent. Eine Schätzung des inneren Wertes unter Berücksichtigung des Aktienrisikos ergibt auf diese Weise 1,35 Milliarden Dollar:

Innerer Wert = 143 Millionen Dollar/0,106 = 1,35 Milliarden Dollar

Buffett kaufte, als die Marktkapitalisierung 3,36 Milliarden Dollar betrug, also berücksichtigte er bei seiner Bewertung offensichtlich noch etwas anderes.

Dieser Faktor ist das Wachstum des Eigentümergewinns im Jahresvergleich über die kommenden Jahrzehnte. Wir werden uns später die tatsächlich ausgewiesenen Gewinne ansehen. Für den Moment gehen wir davon aus, dass die Eigentümergewinne von Moody's nach 2000 jedes Jahr um 4,3 Prozent steigen (ich habe diesen Wert gewählt, weil dies dem tatsächlichen Anstieg des durchschnittlichen jährlichen nominalen Bruttoinlandsprodukts von 2000 bis 2024 entspricht).

> Schätzung des inneren Wertes = Eigentümergewinne des nächsten Jahres/(erforderliche Rendite minus Wachstumsrate)
> Schätzung des inneren Wertes = (143 Millionen Dollar x 1,043)/ (0,106 – 0,043) = 2,37 Milliarden Dollar

Die Schätzung von 2,37 Milliarden Dollar liegt immer noch unter dem Betrag, den Buffett zu zahlen bereit war – was vielleicht darauf hindeutet, dass er ein schnelleres Wachstum der Eigentümergewinne als 4,3 Prozent erwartet hat.

Bei einem Wachstum von acht Prozent steigt die Schätzung des inneren Wertes beispielsweise auf 5,94 Milliarden Dollar:

> Geschätzter innerer Wert = (143 Millionen Dollar x 1,08)/ (0,106 – 0,08) = 5,94 Milliarden Dollar

An dieser Stelle erscheint es angebracht, einen Blick auf den tatsächlich ausgewiesenen Nettogewinn zu werfen – es ist zwar etwas gewagt, den buchhalterischen Nettogewinn als Ersatz für die Eigentümergewinne heranzuziehen, aber es gibt uns zumindest eine Vorstellung von der tatsächlichen Wachstumsrate.

Abbildung 3.4 zeigt eine Verzehnfachung des Nettogewinns über einen Zeitraum von 24 Jahren – das entspricht einer durchschnittlichen jährlichen Wachstumsrate von 10,6 Prozent: eine viel schnellere Entwicklung als alles, was wir bei den obigen Berechnungen des inneren

Abbildung 3.4: Nettogewinn von Moody's in Mio. USD, 2000 bis 2023

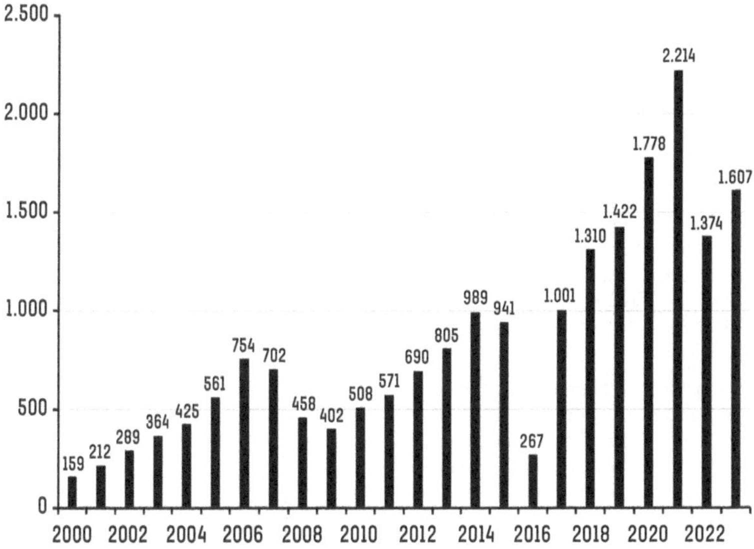

Quelle: Jahresberichte der Moody's Corporation

Wertes berücksichtigt haben. Hätten wir damals gewusst, was wir heute über das Wachstum des Nettogewinns wissen, wären wir bereit gewesen, ein Vielfaches der 3,36 Milliarden Dollar zu bezahlen, mit denen Moody's im Jahr 2000 bewertet wurde. Buffett konnte diese glorreiche Zukunft sehen – oder zumindest etwas Ähnliches.

Mr. Market hingegen konnte dies nicht erkennen und bot daher ein Schnäppchen mit einem KGV von 21 an. Dies ist ein weiteres Beispiel dafür, dass die Unterteilung in „Wachstumsaktien" und „Value-Aktien" keinen Sinn ergibt – beide basieren auf der Abzinsung zukünftiger Cashflows, und ein hohes KGV kann gerechtfertigt sein und einen guten Wert bieten, wenn der innere Wert weit über dem Marktpreis liegt.

Um zu überprüfen, ob die Nettogewinne nicht zu weit von den Eigentümergewinnen entfernt sind, sind die Zahlen für 2021 bis 2023 in Tabelle 3.2 aufgeführt.

Tabelle 3.2 Moody's-Schätzungen der Eigentümergewinne 2021 bis 2023

in Mio. USD	**2023**	**2022**	**2021**
Gewinn nach Zins- und Steuerabzug	1.607	1.374	2.214
Hinzukommende nicht zahlungswirksame Posten wie Abschreibungen, Goodwill und sonstige Amortisationen	373	331	257
Gesamtbetrag: Betrag, der zur Ausschüttung an die Aktionäre zur Verfügung steht, bevor die Notwendigkeit berücksichtigt wird, Ausgaben für Anlagevermögen und Betriebskapital zu tätigen, um das wirtschaftliche Franchise und das Volumen des Unternehmens aufrechtzuerhalten und in wertschöpfende Projekte zu investieren.	1.980	1.705	2.471
Abzug der Investitionen in Sachanlagen außer Immobilien und zusätzlicher Barmittel, die in das Betriebskapital investiert wurden. Die angegebenen Zahlen sind tatsächliche Ausgaben und daher ein grober Anhaltspunkt für die „notwendigen" Ausgaben zur Aufrechterhaltung des Franchises und von Weiterem	-	-	-
Eigentümergewinn	1.892	1.047	2.130

Quelle: Jahresberichte der Moody's Corporation

Die Eigentümergewinne liegen in etwa auf dem Niveau des ausgewiesenen Nettogewinns, sodass man mit einiger Sicherheit sagen kann, dass sich sowohl der Nettogewinn als auch der Eigentümergewinn etwa verzehnfacht haben.

WAS GESCHAH NACH DEM KAUF?

Zunächst einmal mischte sich Buffett nicht ein. Er sagte 2010, dass er noch nie in den Büros von Moody's gewesen sei oder dort angerufen habe.[123] In den folgenden zehn Jahren kamen der CEO oder ein Investor-Relations-Mitarbeiter drei oder vier Mal in Omaha vorbei:

„[S]ie glauben, sie müssten das tun. Ich habe grundsätzlich kein Interesse daran und habe nie um ein Treffen gebeten. Das gehörte für sie einfach zum Investor-Relations-Geschäft dazu. Aber wir halten nicht viel davon ... Wenn ich geglaubt hätte, dass sie mich brauchen, hätte ich die Aktien nicht gekauft." [124]

Anscheinend brauchten sie Buffetts Input wirklich nicht: Der Kurs der Moody's-Aktie verdoppelte sich bis Ende 2001, als der Nettogewinn auf 212 Millionen Dollar stieg. Und so setzte sich dieses Muster in den nächsten Jahren fort: Bis 2006 betrug der Nettogewinn 754 Millionen Dollar – eine Steigerung von 374 Prozent gegenüber 2000. Der Aktienkurs stieg im gleichen Zeitraum um mehr als das 6-Fache (siehe Abbildungen 3.5 und 3.6; die Aktie wurde im Mai 2005 im Verhältnis 2:1 gesplittet).

Abbildung 3.5: Aktienkurs von Moody's (ohne Berücksichtigung des Splits), Dezember 2000 bis März 2005

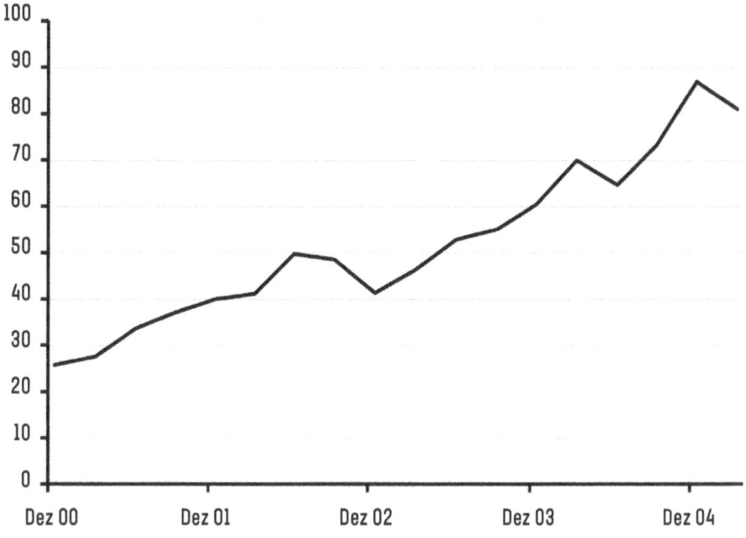

Quelle: Berkshire Hathaway, bei der SEC eingereichte 13F-Formulare

Abbildung 3.6: Aktienkurs von Moody's Juni 2005 bis März 2024, splitbereinigt

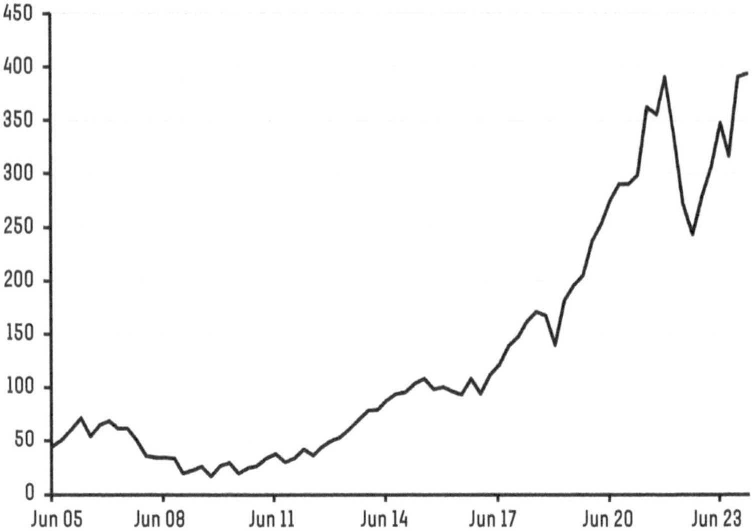

Quelle: Berkshire Hathaway, bei der SEC eingereichte 13F-Formulare

Ein Großteil des Gewinnanstiegs im Zeitraum 2000 bis 2006 war darauf zurückzuführen, dass Moody's seine Dienstleistungen an Parteien verkaufte, die verbriefte Anleihen mit Subprime-Hypotheken auf US-Immobilien begeben wollten. Die in Abbildung 3.7 dargestellte „strukturierte Finanzierung" umfasst hauptsächlich Ratings für Subprime-Anleihen, aber auch Anleihen, die mit Kreditkartenforderungen, Gewerbeimmobilien und Autokrediten besichert sind.

Im Jahresbericht 2001 von Moody's heißt es:

> „In ihrer einfachsten Form verkaufen Unternehmen und Finanzinstitute im Rahmen der strukturierten Finanzierung Vermögenswerte wie Hypotheken, Kreditkartenforderungen und Autokredite an Unternehmen, die Wertpapiere emittieren, die durch die Cashflows (oder Marktwerte) dieser Vermögenswerte besichert

sind. Mithilfe der strukturierten Finanzierung können Emittenten die Geschwindigkeit erhöhen, mit der diese Vermögenswerte Kapital generieren. Mithilfe einer Reihe von Strukturierungsmethoden können Emittenten auch Wertpapiere mit einem höheren Rating als das Rating des Unternehmens selbst schaffen, wodurch sie ein breiteres Spektrum von Anlegern ansprechen und die Liquidität verbessern können."

In manchen Jahren bewertete Moody's über 95 Prozent der in den USA emittierten forderungsbesicherten Wertpapiere. (Weitere Informationen zur Verbriefung finden Sie im Kapitel über H&R Block, das zu dieser Zeit ein bedeutender Arrangeur solcher Anleihen war.)

Abbildung 3.7: Umsatz von Moody's aus operativen Segmenten in Mio. USD, 2000 bis 2006

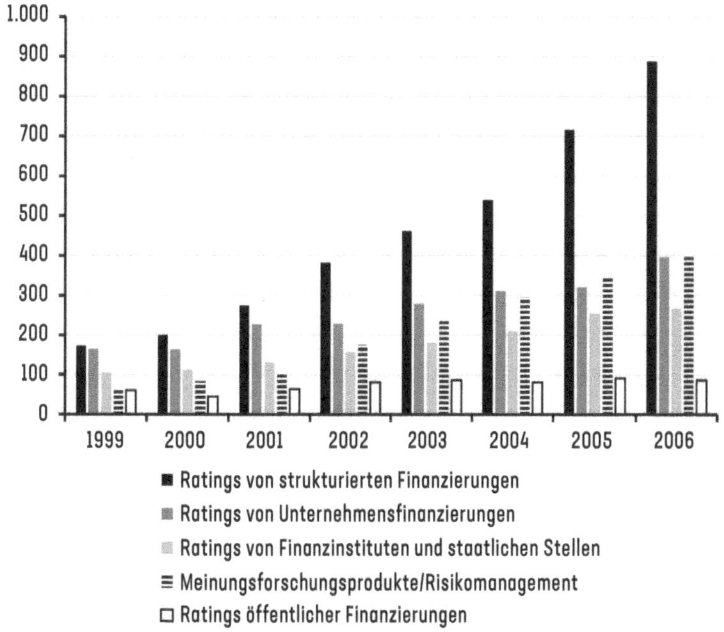

Quelle: Jahresberichte von Moody's

Aber im Jahr 2007 kam es zu einem abrupten Ende der Rally. Im Geschäftsbericht 2007 von Moody's heißt es, dass das Unternehmen

> „2007 mit erheblichen Herausforderungen konfrontiert war, da die Kreditprobleme, die im US-Immobiliensektor begannen, wichtige Teile unseres Ratinggeschäfts weltweit beeinträchtigten. Die Schwere und der anhaltende Charakter der Marktverwerfungen, die sich aus den anfänglichen Kreditproblemen entwickelten, bestätigen, dass die Herausforderungen des Jahres 2007 bestehen bleiben werden."

Am Ende des folgenden Jahres sah es wirklich schlecht aus: Angesichts sinkender Gewinne erklärten die Direktoren im Jahresbericht 2008:

> „Die Herausforderungen hielten nicht nur an, sondern verschärften sich sogar noch, weiteten sich aus und erreichten zuvor sichere Häfen der Weltwirtschaft. Im vierten Quartal 2008 erlebten wir eine weltweite Lähmung der globalen Kreditmärkte … Der Umsatz ging um etwa 500 Millionen Dollar und der Nettogewinn um 235 Millionen Dollar zurück."

Zu einem bestimmten Zeitpunkt fiel der Aktienkurs unter 16 Dollar – und lag damit 80 Prozent unter dem Kurs von 2007.

Noch schlimmer war, dass nun auch der Ruf von Moody's angegriffen wurde. In den Boomjahren für verbriefte Subprime-Hypothekenanleihen hatte Moody's – zusammen mit anderen Ratingagenturen – vielen der nun ausgefallenen Anleihen hohe Bonitätsratings verliehen. Die Menschen hatten sich auf Moody's verlassen, um sich über die Wahrscheinlichkeit von Verlusten zu informieren; sie hatten „sichere" Anlagen ausgewählt, die sich jedoch als hochriskant herausstellten. Viele Inhaber dieser Anleihen gingen pleite, darunter auch einige renommierte Banken. Andere mussten von Regierungen gerettet werden.

Es wurden Vorwürfe laut, Moody's habe bei der Bewertung vieler dieser Anleihen in einem Interessenkonflikt gestanden, da es für die Abgabe von Stellungnahmen zu Emissionen von den Emittenten bezahlt würde. Es hieß, wenn ein Emittent davon ausging, dass Moody's eine schlechte Bewertung abgeben würde, würde er das Geschäft an eine andere Ratingagentur vergeben; daher, so behaupteten die Kritiker, stünden die Analysten von Moody's unter Druck, großzügige Bewertungen abzugeben.

Moody's reagierte auf diese Stimmen in seinem Jahresbericht 2008:

> „Politische Entscheidungsträger und Kommentatoren aus der Privatwirtschaft haben Änderungen an den Geschäftsmodellen der Ratingagenturen, zusätzliche Aufsichtsebenen und/oder mehr Wettbewerb als Mechanismen zur Leistungsverbesserung vorgeschlagen. Oftmals enthalten diese Vorschläge nicht hinterfragte Annahmen über ‚strukturelle' Konflikte und die Natur des Wettbewerbs in der Kreditratingbranche. Im Zentrum dieser Debatte steht jedoch ein stillschweigender Konsens darüber, dass Kreditratingagenturen eine unverzichtbare Marktfunktion erfüllen, indem sie die Risiken von Wertpapieren für die Anleger bewerten. Ein wichtiger Ausgangspunkt für die Bewertung der vorgeschlagenen Änderungen ist für die Ratingbranche die Erkenntnis, dass die einzigen Parteien, die wahrscheinlich für Ratings bezahlen – seien es Emittenten, Investoren oder Regierungsvertreter –, diejenigen sind, die an bestimmten Ratings interessiert sind. Die Parteien wünschen sich natürlich Ratings, die ihren Interessen am meisten entsprechen, und ihre Wünsche stehen oft im Widerspruch zu dem ‚richtigen' Rating, das von der Agentur unabhängig festgelegt wird. Infolgedessen können Versuche, Ratingagenturen von ihrer Meinung abzubringen, von allen möglichen Marktteilnehmern ausgehen

> und tun dies auch. Der Umgang mit potenziellen Interessenkonflikten ist ein notwendiger Aspekt des Ratinggeschäfts, und Ratingagenturen müssen mit diesem Druck stets angemessen und transparent umgehen ... Moody's vertritt seit Langem die Auffassung, dass ein gesunder Wettbewerb zwischen Ratingagenturen auf der Grundlage von Qualität im besten Interesse der Finanzmärkte liegt."

Als Reaktion auf die Kritik versprach Moody's eine bessere Überwachung potenzieller Konflikte, um festzustellen, ob diese effektiv, nachweisbar und transparent gehandhabt werden. Dazu konnten eine direkte Überwachung potenzieller Konflikte durch Dritte oder regelmäßige Überprüfungen der Kundenkonzentration erforderlich sein. Moody's akzeptierte auch, dass es künftig einer zusätzlichen Kontrolle durch die Aufsichtsbehörden unterliegen würde.

WARUM HAT BUFFETT NICHT DIE INITIATIVE ERGRIFFEN UND VOR DER FINANZKRISE VERKAUFT?

Kurz nach der Veröffentlichung des Jahresberichts 2008 begann Buffett, die Hälfte der Bestände von Berkshire zu verkaufen (siehe Tabelle 3.3). Allerdings verkaufte er zu deutlich niedrigeren Preisen als 2006. Er ärgerte sich darüber, dass er zu spät dran war. Warum hatte er diese Gelegenheit verpasst? Die Antwort auf diese Frage führt uns auf eine Reise durch die Geschichte der Blasen und erklärt, warum sie selbst für jemanden mit Buffetts Erfahrung sehr schwer zu erkennen sind, wenn sie in der Inflationsphase auftreten.

Tabelle 3.3: Von Berkshire verkaufte Moody's-Aktien von insgesamt 48 Millionen (Preise nach dem 2:1-Aktiensplit)

Quartal	**Anzahl der verkauften Aktien in Mio.**	**Durchschnittlicher Aktienkurs zu Beginn und am Ende des Quartals in USD**	**Grob geschätzter Erlös in Mio. USD**
Q4 2009	16,186	21,8	353
Q1 2010	1.030	28,3	29
Q3 2010	1,910	22,5	43
Q4 2010	0,459	25,8	12
Q2 2013	3,494	57,1	200
Q4 2013	0,251	74,4	19
Gesamt	**23,33**		**656**

Quelle: Berkshire Hathaway, bei der SEC eingereichte 13F-Formulare

Bei der Untersuchung der Finanzkrise im Jahr 2010 wurde Buffett gefragt, ob Kreditratings und ihr offensichtliches Versagen, die Qualität von Krediten genau vorherzusagen, die Krise verursacht oder dazu beigetragen hätten. Er erklärte, dass seiner Meinung nach das Versagen der Ratingagenturen das Problem verschärft habe, dass es jedoch weitaus grundlegendere Ursachen gebe:

> „Es war nicht die Ursache, sondern es gab eine Vielzahl von Faktoren, die dazu beigetragen haben. Die grundlegende Ursache liegt zum Teil in der Psychologie und zum Teil in der Realität, nämlich in dem wachsenden und schließlich allgegenwärtigen Glauben, dass die Immobilienpreise nicht fallen könnten – und praktisch alle unterlagen diesem Glauben. Aber eine Blase entsteht nur dann, wenn ein sehr hoher Prozentsatz der Bevölkerung eine ursprünglich fundierte Prämisse akzeptiert und – es ist ziemlich interessant,

> wie sich das entwickelt – diese ursprünglich fundierte Prämisse im Laufe der Zeit verzerrt wird und die Menschen die ursprünglich fundierte Prämisse vergessen und sich ausschließlich auf die Preisentwicklung konzentrieren ... Die Medien, die Investoren, die Hypothekenbanken, die amerikanische Öffentlichkeit, ich, mein Nachbar, die Ratingagenturen, der Kongress und wer auch immer: Die Menschen kamen überwiegend zu dem Glauben, dass die Immobilienpreise nicht wesentlich fallen könnten. Und da es sich um die größte Assetklasse des Landes handelte und diese sich am leichtesten beleihen ließ, entstand daraus wahrscheinlich die größte Blase in unserer Geschichte."[125]

Lange vor dem Crash hatte Buffett den Immobilienmarkt als potenzielle Gefahrenquelle identifiziert. So sagte er beispielsweise auf der Berkshire-Aktionärsversammlung 2006, dass das Wohnimmobilien-Maklerunternehmen HomeServices „überall einen Rückgang" verzeichne, der in den zuvor angesagtesten Teilen des Landes, „wo die größte Blase entstanden war", am dramatischsten sei. Dies waren in der Regel Gebiete, in denen die Menschen eher zum Zweck der Investition oder Spekulation als zum persönlichen Gebrauch kauften. Sie kauften in der Annahme, dass sich die in der Anfangsphase des Booms erlebte Leichtigkeit des Immobilienverkaufs fortsetzen würde.

Die Situation verschlechterte sich jedoch sehr schnell. Bei einer Immobilienblase kommt es häufig vor, dass die Preise so hoch steigen, dass Familien sich gerade dann keine Häuser mehr leisten können, wenn die Anbieter das verfügbare Angebot ausgeweitet haben. „In einem solchen Markt kann es zu deutlichen Verwerfungen kommen, wenn die Menschen plötzlich erkennen, dass sich die gesamte Angebots- und Nachfragesituation verändert hat", erklärte Buffett uns im Jahr 2006.[126] Seine Einschätzung der Situation war damals, dass es zu „erheblichen Abwärtskorrekturen" gegenüber dem Höchststand kommen würde.

Vier Jahre später räumte ein geläuterter Buffett ein, dass er sich zwar der sich anbahnenden Probleme bewusst gewesen sei, das Ausmaß ihn jedoch schockiert habe: „Hätte ich gesehen, was auf uns zukommt, hätte ich mich anders verhalten, auch in Bezug auf den Verkauf von Moody's. Ich habe mich geirrt."[127] Er hatte einen Fehler in seiner Einschätzung begangen, indem er nicht verkaufte, als die Preise hoch waren – wie so viele andere zu dieser Zeit auch.

In seinen Überlegungen aus dem Jahr 2010 verteidigte Buffett sich dafür, dass er die Chance zum Verkauf von Moody's verpasst hatte. Er wies darauf hin, dass es unabhängig vom vorherrschenden wirtschaftlichen Umfeld nur sehr wenige Unternehmen gab, die eine so gute Wettbewerbsposition hatten wie Moody's und Standard & Poor's:

> „Jeder, der kam und anbot, den Preis zu halbieren, hatte keine Chance auf Erfolg. Und es gibt nicht viele Unternehmen, bei denen jemand kommen und anbieten kann, den Preis zu halbieren, ohne dass jemand über einen Wechsel nachdenkt. Aber so ist das Ratinggeschäft, das ist völlig normal. Das Ganze wird durch die Tatsache unterstützt, dass die beiden Unternehmen zu einem Standard für Regulierungsbehörden und ähnliche Institutionen geworden sind, sodass sie im Laufe der Zeit durch staatliche Maßnahmen gefördert wurden."[128]

Im September 2008 bezeichnete Buffett die Finanzkrise als wirtschaftliches Pearl Harbor. Bis dahin war ihm noch nicht vollständig klar gewesen, in welchem Ausmaß die Probleme des Finanzsystems auf die gesamte Wirtschaft übergreifen würden – aber wer hatte das schon geahnt?

EINE UMFASSENDERE BETRACHTUNG VON BLASEN

Graham lehrte Buffett, dass man mit einer soliden Prämisse viel mehr Probleme bekommen kann als mit einer falschen Prämisse. Buffett veranschaulichte, was Graham gemeint hatte, anhand der Prämisse, dass Stammaktien besser abschneiden als Anleihen. Diese Idee setzte sich nach der Veröffentlichung eines Buches von Edgar Lawrence Smith im Jahr 1924 durch. Er testete die Idee, dass Anleihen während einer Deflation eine überdurchschnittliche Performance erzielen würden und Stammaktien während einer Inflation. Aber nachdem er viele Zeiträume untersucht hatte, zeigten seine Untersuchungen, dass seine ursprüngliche Hypothese falsch war. Er stellte fest, dass Stammaktien immer eine überdurchschnittliche Performance erzielten. Buffett erläuterte:

> „Er begann darüber nachzudenken und warum das so war. Nun, es lag daran, dass es den Faktor der Gewinnrücklagen gab ... Die Dividendenrendite von Aktien war dieselbe wie die Rendite von Anleihen, und obendrein gab es noch die Gewinnrücklagen. Deshalb erzielten sie eine überdurchschnittliche Performance.“[129]

Diese Prämisse setzte sich so sehr durch, dass sie maßgeblich zur Blase von 1929 beitrug. Die Menschen nahmen diese Prämisse vereinfacht als einzigen Performance-Faktor an – sie begannen zu glauben, dass Aktien unabhängig vom Kaufpreis immer großartig seien. Dann wurden sie süchtig nach der „Preisentwicklung“: Die Preise steigen, was andere dazu veranlasst, sich der Party anzuschließen, in der Hoffnung auf weitere Preissteigerungen, was wiederum weitere Menschen anzieht – und so geht es weiter in einer sich selbst verstärkenden Spirale.

Was den US-Immobilienmarkt zu Beginn des 21. Jahrhunderts betrifft, so gehen wir von der fundierten Prämisse aus, dass Häuser aufgrund von Inflation, Wirtschaftswachstum und Bevölkerungswachstum mit der Zeit an Wert gewinnen werden. Darüber hinaus möchten die meisten Menschen ein Eigenheim besitzen; und da man Häuser beleihen kann, während man davon ausgeht, dass sie an Wert gewinnen werden, kauft man so schnell wie möglich eines:

> „Diese solide Prämisse, dass es eine gute Idee sei, dieses Jahr ein Haus zu kaufen, weil es nächstes Jahr wahrscheinlich mehr kosten wird und man ein Eigenheim haben möchte, und die Tatsache, dass man es finanzieren kann, verzerrt sich jedoch mit der Zeit, wenn die Immobilienpreise um zehn Prozent pro Jahr steigen und die Inflation bei ein paar Prozent pro Jahr liegt."[130]

So weit, so gut. Aber jetzt kommt das Problem. Irgendwann bekommt die Preisentwicklung die Oberhand, und die Menschen wollen mit dem Besitz von Häusern Geld verdienen. Sie kaufen zwei Häuser, fünf Häuser. Und sie wollen sie mit einer möglichst geringen Anzahlung kaufen. Was macht es schon, wenn es einem etwas schwerfällt, die Zinszahlungen zu leisten? Der Immobilienpreis wird ja steigen und das ausgleichen.

Aber wer ist so dumm, solchen Spekulanten Kredite zu gewähren? Nun, auch die Anbieter von Hypothekenfinanzierungen beobachteten die steigenden Preise und kamen ebenfalls zu dem Schluss, dass Häuser mit der Zeit an Wert gewinnen würden. Selbst wenn sie die Immobilie übernehmen müssten, wäre das kein Problem: Sie könnten sie für weit mehr als den Kredit verkaufen.

Ein weiteres Beispiel: das Internet. Es hat unser Leben verändert und zu mehr Produktivität und Wirtschaftswachstum geführt. Das war Ende der 1990er-Jahre eine gute Prämisse; es ergab Sinn. Aber, so Buffett:

> „Das bedeutete nicht, dass jedes Unternehmen, das einen Verkaufsprospekt erstellen konnte, 50 Milliarden Dollar wert war ... Aus irgendeinem Grund erreicht es eine kritische Masse, einen kritischen Punkt, an dem allein die Preisentwicklung die Gedanken der Menschen zu dominieren beginnt. Und wenn Ihr Nachbar viel Geld mit dem Kauf von Internetaktien verdient hat und Ihre Frau sagt: „Du bist doch schlauer als er und er ist reicher als du, warum machst du das dann nicht auch?"[131]

In den 1630er-Jahren gab es in der Republik der Niederlande eine besonders verrückte Blase. Die Menschen mochten Tulpen, so wie sie es auch heute tun. Die Annahme, dass Tulpen – insbesondere ungewöhnliche – immer attraktiv sein würden, war nachvollziehbar. Aber die Mode, Tulpen zu züchten und auszustellen, boomte, und die Preise für Blumenzwiebeln stiegen. Die Menschen wurden zu Spekulanten, kauften in der Erwartung, später zu einem hohen Preis verkaufen zu können, und trieben die Preise in die Höhe. Einige erreichten schließlich das 10-Fache des Jahreseinkommens eines typischen Arbeiters.

Buffett spricht von einer „Pathologie der Blasen“ und sagt: „Wenn eine Menschenmenge in eine Richtung drängt, ist es sehr schwer, in die andere Richtung zu gehen. Und in der Regel werden die Menschen, die das tun, durch die Preisentwicklung bloßgestellt.“[132] Es mag absolut richtig gewesen sein, 2005 und 2006 wie Kassandra die Wahrheit zu verkünden – und doch stiegen die Immobilienpreise weiter. Ebenso hatten ernst zu nehmende Stimmen wie Alan Greenspan von der Federal Reserve und Professor Robert Shiller 1996 von einem irrationalen Überschwang gesprochen, aber es folgten noch fast vier Jahre mit steigenden Aktienkursen, da die Spekulanten immer begeisterter wurden.

> „Wenn die Menschen glauben, dass man leicht Geld verdienen kann, sind sie kaum bereit, ihr Verhalten zu ändern. Vor allem dann nicht, wenn jemand noch vor ein oder zwei Monaten gewarnt hat: „Hütet euch vor leicht verdientem Geld“, und ihre Nachbarn in den darauffolgenden Wochen trotzdem noch mehr Geld verdient haben – so etwas ist dann einfach überwältigend.[133]

INVESTIEREN, SPEKULIEREN UND GLÜCKSSPIEL

Nach dem Platzen der Subprime-Blase hatte Buffett Zeit, sich den Unterschied zwischen Investieren, Spekulieren und Glücksspiel noch einmal vor Augen zu führen. Er kam zu dem Schluss, dass das entscheidende Element die Absicht der Person ist, die die Transaktion tätigt. Im Jahr 2010 formulierte er seine Vereinfachung von Grahams Definition einer „Investitionstätigkeit“. Graham hatte gesagt, dass eine Investitionstätigkeit vier Elemente im Denken der Person umfasst, die die Entscheidung trifft:

- **Die Bereitschaft, eine gründliche Analyse dessen durchzuführen, was gekauft werden könnte**: Untersuchung der Fakten des zugrunde liegenden Unternehmens – Vermögenswerte, Gewinne, Schulden, Wettbewerbsposition, Qualität der Manager und vieles mehr.
- **Den Wunsch, die Sicherheit des eingesetzten Kapitals zu gewährleisten**: Die Sicherheitsmarge bedeutet, dass der geschätzte innere Wert deutlich über dem Marktpreis liegt.
- **Den Wunsch nach einer zufriedenstellenden Rendite**: Versuchen Sie nicht, mit Ihren Investitionen zu glänzen, indem Sie den Markt durch übertriebenen Optimismus und Gier nach schnellem Geld schlagen wollen. Damit gehen stets Spekulation, Risiken und die Ausnutzung von Fremdkapital einher.
- **Die Bereitschaft zur Diversifizierung**: Eine Investition kann als Teil einer Gruppe von Aktien gerechtfertigt sein, aber nicht für sich allein. Hüten Sie sich jedoch vor einer übermäßigen Diversifizierung, die dazu führt, dass Sie nicht mehr verstehen, was Sie kaufen, weil Sie nicht in der Lage sind, alles in Ihrem Portfolio gründlich zu analysieren.[134]

Buffett definierte eine „Investitionstätigkeit“ wie folgt:

> „Eine Transaktion, bei der Sie sich den Vermögenswert selbst ansehen, um Ihre Entscheidung zu treffen, jetzt etwas Geld auszugeben, um später mehr Geld zurückzubekommen. Sie betrachten also das Wohnhaus, Sie betrachten die Aktie, Sie betrachten

> die Farm im Hinblick auf das, was sie produzieren wird. Und es ist Ihnen eigentlich egal, ob es dafür überhaupt eine Preisangabe gibt. Sie setzen im Grunde genommen jetzt etwas Geld ein, um später durch die Funktionsweise des Vermögenswerts mehr Geld zu bekommen."[135]

Buffetts Betonung der Unwichtigkeit von Liquidität ist bedeutsam. Er ist wirklich bereit, Aktien eines gründlich analysierten Unternehmens zu halten und auf die zukünftigen Erträge aus dessen Geschäftstätigkeit zu schauen und nicht auf den täglichen Kurs. Er hat immer wieder gesagt, dass es ihn nicht im Geringsten stören würde, wenn der Aktienhandel an der Wall Street für ein paar Jahre eingestellt würde (abgesehen von der Gelegenheit, die Mr. Market bietet, Schnäppchen zu kaufen).

Buffetts Definition von „Spekulation" liegt wiederum im Denken der Person, die sich diesmal aufgrund bestimmter Faktoren wie etwa der Erwartungen für die Gewinne des nächsten Quartals oder der aktuellen Beliebtheit des Sektors „auf die Kursentwicklung der Aktie konzentriert".[136] Hier ist ein Test, um festzustellen, ob Sie spekulieren: Ist es Ihnen wichtig, ob die Märkte geöffnet sind?

Buffett definierte „Glücksspiel" als „eine Transaktion, die nicht Teil des Systems sein muss".[137] Zum Beispiel sind Wetten auf ein Fußballspiel nicht Teil des Systems – das heißt, das Fußballspiel hängt nicht davon ab, ob ich wette oder nicht. Eine Wette ist eine künstliche Transaktion, die innerhalb eines wirtschaftlichen Rahmens nicht existieren muss.

Im Gegensatz dazu sind diejenigen, die Weizen-Futures kaufen oder verkaufen, Teil des Wirtschaftssystems. Sie können Spekulanten oder Investoren sein. In jedem Fall leisten sie einen Beitrag, da Landwirte Weizen anbauen und verkaufen müssen. Wenn sie ihn anbauen, wissen sie nicht, wie hoch der Preis später sein wird. Daher brauchen sie Aktivitäten auf der anderen Seite – das heißt, Landwirte schätzen entweder eine Termin-/Futures-Verpflichtung von jemand anderem zum Kauf oder die Möglichkeit, sich selbst auf den Finanzmärkten abzusichern. Durch die Risikominderung werden sie somit zur Produktion von Lebensmitteln motiviert. Daher besteht ein Bedarf an Futures-Transaktionen innerhalb eines wirtschaftlichen Rahmens.

MOODY'S TAUCHT AUS DER KRISE WIEDER AUF

In den zehn Jahren nach der Finanzkrise hatte Moody's alle Hände voll zu tun, um Regulierungsbehörden und Gerichte davon zu überzeugen, dass seine Analysten tatsächlich unabhängig und von höchster Integrität waren. Die Gerichte sahen das Verhalten des Unternehmens in der Vergangenheit nicht immer so wie die Führungskräfte, und Moody's war gezwungen, eine Reihe von gerichtlichen Vergleichen über Ratings für strukturierte Finanzprodukte zu schließen, darunter die folgenden:

- Im Jahr 2012 einigte sich Moody's mit Aktionären, dem Louisiana Municipal Police Employees Retirement System und anderen Investoren. In dem Rechtsstreit wurden im Zusammenhang mit den Ratings von Moody's für hypothekenbesicherte und strukturierte Wertpapiere vor der Finanzkrise verschiedene Ansprüche geltend gemacht; es wurde behauptet, das Unternehmen habe sich unter Druck setzen lassen, von seinem üblichen Fokus auf Genauigkeit des Ratings, Ehrlichkeit und Integrität abzuweichen.
- 14 Kläger einigten sich 2013 mit Moody's auf einen Vergleich in einem Rechtsstreit, in dem sie behaupteten, das Unternehmen habe Risiken in zwei hypothekenbezogenen Geschäften verschwiegen, die während der Finanzkrise zusammenbrachen. Die Investoren warfen Moody's vor, mit Banken zusammengearbeitet zu haben, um hohe Ratings zu erzielen, obwohl ein Großteil der zugrunde liegenden Sicherheiten aus minderwertigen oder Subprime-Hypothekenschulden bestand.

- Ende Januar 2017 zahlte Moody's 864 Millionen Dollar, nachdem das US-Justizministerium, die Generalstaatsanwälte von 21 Bundesstaaten und das District of Columbia das Unternehmen wegen seines Verhaltens im Vorfeld der Finanzkrise verklagt hatten. „Der Vergleich klärt Vorwürfe, die sich aus der Rolle von Moody's bei der Vergabe von Bonitätsratings für hypothekenbesicherte Wertpapiere [und andere Derivate] ergeben. Moody's hat seine eigenen Bonitätsrating-Standards nicht eingehalten und seine Transparenzversprechen im Vorfeld der Großen Rezession nicht erfüllt", sagte Generalstaatsanwalt Bill Baer. „Der heutige Vergleich beinhaltet nicht nur eine erhebliche Strafe und das Eingeständnis der Tatsachen,

Abbildung 3.8: Der Umsatz von Moody's nach operativen Segmenten in Mio. USD, 2007 bis 2014

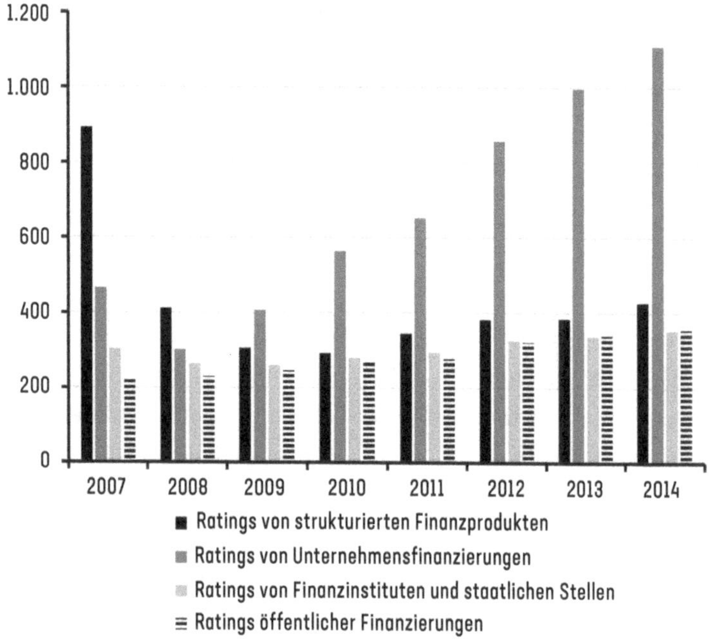

Quelle: Jahresberichte von Moody's

> sondern auch die Verpflichtung von Moody's zu neuen und fortgesetzten Compliance-Maßnahmen, die die Integrität der Kreditratings in Zukunft gewährleisten sollen."[138] Die Einigung führte dazu, dass der für 2016 ausgewiesene Gewinn von 941 Millionen Dollar im Vorjahr auf 267 Millionen Dollar schrumpfte (siehe Abbildung 3.4).

Natürlich zog Moody's nun Ressourcen aus dem Bereich der strukturierten Finanzratings ab (siehe Abbildung 3.8).

Die Anleihemärkte erholten sich allmählich, und Moody's konnte erneut seinen Ruf und seine Oligopolstellung nutzen, um für seine Ratings ordentliche Gebühren zu verlangen. Mit der Erholung des Geschäftsaufkommens stiegen auch die Gewinne sprunghaft an. Die Aktionäre mussten nur bis 2013 warten, bis die Gewinne den bisherigen Rekord übertrafen und der Aktienkurs wieder über das Niveau von 2007 stieg. Von da an stieg der Aktienkurs in den nächsten acht Jahren um das 5-Fache. Das ist die Macht eines Burggrabens!

Obwohl Berkshire Hathaway fast die Hälfte seines 15-prozentigen Anteils verkauft hat, sind die verbliebenen rund 7,5 Prozent aufgrund der regelmäßigen Aktienrückkaufpolitik von Moody's heute auf 13,5 Prozent der ausgegebenen Aktien angewachsen, wodurch Berkshire zum mit Abstand größten Aktionär geworden ist.

LEKTIONEN

- **Unternehmen mit einem Burggraben können großartige Investitionen sein, wenn man sie zum richtigen Preis kauft.** Ein breiter und gefahrvoller Burggraben bedeutet, dass es nachhaltige Barrieren gibt, die potenzielle Konkurrenten daran hindern oder es ihnen zumindest erschweren, in den Markt einzutreten und damit die Burg zu beschädigen – also das wirtschaftliche Franchise, das durch die starke strategische

Position des Unternehmens entsteht und eine große Preisgestaltungsmacht ermöglicht.

- **Ein „unumgängliches" Unternehmen ist ein Unternehmen, das während der gesamten Investitionsdauer sein Gebiet dominieren wird.** Solche Unternehmen sind in sich schnell verändernden Branchen nicht zu finden. Rechnen Sie damit, dass Sie in Ihrem Leben weniger als 20 davon finden werden. Denken Sie immer daran, nach dem Preis zu fragen.
- **Grahams Fokus auf Unternehmen mit einer sicheren Finanzstruktur, die günstig verkauft werden, funktioniert.** Es gibt jedoch nur wenige größere Unternehmen, die seinen Kriterien entsprechen.
- **Der Kauf hervorragender Unternehmen zu fairen Preisen kann eine gute Anlagestrategie sein.** Dies gilt auch dann, wenn das KGV hoch erscheint (Moody's hatte ein KGV von 21) und die Bilanz schlecht aussieht (Moody's hatte ein negatives Reinvermögen).
- **Echte Investoren suchen unter vielen Steinen, um Juwelen zu finden.** Buffett verbrachte Hunderte von Stunden damit, die Handbücher von Moody's zu lesen, um seine Schnäppchen zu finden.
- **Sogar Buffett kann es versäumen, vor einem Crash zu verkaufen.** Er hat die Schwere der Probleme im Immobilien- und Finanzsektor falsch eingeschätzt.
- **Mit einer soliden Prämisse kann man viel mehr Probleme bekommen als mit einer falschen Prämisse.** Eine vernünftige These kann zu weit getrieben werden, etwa dass Aktien besser abschneiden als Anleihen, dass Immobilien gute Hebel-Investitionen sind oder dass hochpreisige Internetaktien gut abschneiden werden. Was die Klugen am Anfang tun, das tun die Törichten am Ende. Die Menschen beginnen, die Kursentwicklung mehr zu lieben als die Fundamentaldaten.

- **Die Definition einer „Investitionstätigkeit“**: Man betrachtet den Vermögenswert selbst – nicht die Marktpreisentwicklung –, um zu entscheiden, ob man jetzt Geld investiert, um später etwas zurückzubekommen. Dies erfordert:
    - eine gründliche Analyse,
    - eine Sicherheitsmarge,
    - zufriedenstellende Renditeerwartungen und
    - eine sinnvolle Diversifizierung.
- **Die Definition von „Spekulation“**: In diesem Fall konzentriert sich die Person auf die Kursentwicklung und nicht auf die Fundamentaldaten.
- **Die Definition von „Glücksspiel“**: Man tätigt eine Transaktion, die nicht Teil eines Wirtschaftssystems sein muss.

Investition 4

H&R BLOCK

Eckpunkte des Geschäfts

Geschäft	**H&R Block**
Zeit	Kauf: 2. Quartal 2000 bis 4. Quartal 2001 Verkauf: 4. Quartal 2003 bis 2. Quartal 2007
Gezahlter Preis	255 Mio. USD
Menge	15,999 Mio. Aktien (ca. 9%)
Verkaufspreis	Geschätzt 767,9 Mio. USD
Gewinn	Geschätzt 513 Mio. USD oder 201%
Berkshire Hathaway 2000	Aktienkurs: 40.800-80.000 USD Buchwert: 61,72 Mrd. USD Buchwert je Aktie: 40.442 USD

Dies ist eine der größten Aktieninvestitionen von Warren Buffett – sie hat sich gegenüber den investierten 255 Millionen Dollar verdreifacht. Das Merkmal von H&R Block, auf das er sich am meisten konzentrierte, war die Stärke der Kundenbekanntheit: Das Unternehmen hatte einen sehr hohen „Share of Mind" bei typischen Amerikanern. Jahrzehntelang war H&R Block die erste Adresse, wenn man Hilfe bei der Berechnung und Einreichung der jährlichen Steuererklärung benötigte. Das Unternehmen war der Branchenführer, in fast jeder Stadt vertreten und hatte 16 Millionen Stammkunden. Wenn Amerikaner an die lästige Pflicht der Steuererklärung dachten, dachten sie höchstwahrscheinlich auch an H&R Block.

Die Steuersparte des Unternehmens war ein nachhaltiger Motor, der hohe Renditen auf das eingesetzte Kapital erzielte. Aufbauend auf seinem Bekanntheitsgrad und seinen Kontakten zu Millionen von Haushalten schuf das Unternehmen weitere Einnahmequellen, von Investmentdienstleistungen bis hin zu Hypothekendarlehen. Das Potenzial für den Cross-Selling-Vertrieb einer Reihe von Finanzprodukten machte einen sehr vielversprechenden Eindruck.

Nachdem Buffett gekauft hatte, sah alles sehr gut aus, und die Aktien schossen in die Höhe, als die Gewinne stiegen. Dann jedoch begannen die Manager, Fehler zu machen – der schlimmste davon war, sich voll und ganz auf den Subprime-Hypothekenmarkt zu stürzen und kurz vor Beginn der Finanzkrise um 2007 in einem Jahr Geschäfte im Wert von über 40 Milliarden Dollar abzuschließen.

Buffett – dank seiner täglichen Lektüre von sechs Zeitungen, seines phänomenalen Gedächtnisses und seiner Gespräche mit sachkundigen Personen bestens informiert – war hier seiner Zeit voraus. Er sah die Krise kommen und verkaufte den Großteil seiner Anteile 2005 und 2006 zu guten Preisen.

BESCHEIDENE ANFÄNGE

Henry Bloch – das „H“ in „H&R Block“ – wurde acht Jahre vor Buffett im etwa drei Autostunden von Omaha entfernten Kansas City geboren. Nach seinem Studium an der University of Kansas City und der University of Michigan trat er 1944 im Alter von 22 Jahren dem Army Air Corp bei und diente als Navigator auf 32 B-17-Bombenflügen über Deutschland. Sein Mut brachte ihm die Air Medal und drei Eichenlaub-Cluster ein.

Zwischen den Einsätzen korrespondierte Henry (oder „Hank“) mit seinen beiden Brüdern Leon und Richard über die Gründung eines Familienunternehmens. „Ich wollte nicht einfach nur geboren werden, irgendeinen Job annehmen und dann realisieren, dass das mein ganzes Leben gewesen sein sollte“, erinnerte er sich 2014.[139]

Dieser Unternehmergeist wurde noch verstärkt, als die Armee Henry an die Harvard Business School schickte, um statistisches Controlling zu studieren. Dort stieß er zufällig auf die Mitschrift einer Rede von Professor Sumner Slichter, in der dieser hervorhob, dass große Unternehmen und Arbeitskräfte über viele Ressourcen verfügten, die kleinen Unternehmen fehlten. Der Professor betonte, dass kleine Unternehmen das Rückgrat des Landes seien und mehr Unterstützung bräuchten. „Die Zukunft“, sagte er, „liegt in der Unterstützung kleiner Unternehmen.“ Henry erkannte Lücken im Markt, die es zu füllen galt. Er schlug seinen Brüdern vor, kleinen Unternehmen eine Reihe von Dienstleistungen anzubieten. Voller Ehrgeiz planten Henry und Leon (Richard war mit seinem Studium beschäftigt) ursprünglich, 50 Dienstleistungen anzubieten, darunter Buchhaltung, Schreibarbeiten und Schaufensterdekoration. Die beiden älteren Brüder wandten sich an eine wohlhabende Tante, um auszuloten, ob sie bereit wäre, 50.000 Dollar zu investieren – Geld, das ihnen helfen sollte, das Unternehmen zu gründen, ein schickes Büro zu eröffnen und eine große Anzahl von Mitarbeitern einzustellen. „Sie hat das Beste getan, was sie tun konnte; sie hat uns wirklich groß gemacht“, erinnert sich Henry. „Sie hat Nein gesagt.“[140]

Anstatt mit einem großen Knall zu starten, waren die Brüder gezwungen, eine sehr schlanke Organisation zu schaffen – denn ihre Tante war nur bereit, 5.000 Dollar zu investieren –, und selbst das lediglich als Darlehen (verbürgt durch ihren Vater). Diese schlanke Unternehmensphilosophie erstreckte sich auch auf das Angebot an Dienstleistungen: Anstelle einer großen Auswahl beschlossen Henry und Leon bei der Gründung des Unternehmens im Jahr 1946, sich auf die Buchhaltung zu konzentrieren. „Es schien, als wären unsere größten Konkurrenten die Ehefrauen der Eigentümer“, sagte Henry.[141]

Anfangs verlief das Geschäft sehr enttäuschend, es reichte nicht aus, um die beiden zu ernähren. Daher beschloss Leon, wieder Jura zu studieren, und Henry lebte von der monatlichen Zuwendung in Höhe von 50 Dollar, die Militärveteranen im Rahmen der GI Bill erhielten.

Richard arbeitete unterdessen in Kansas City im Kommunalanleihen-Geschäft. Auch er war ein entschlossener Unternehmer. Als Junge fand er auf dem Dachboden seines Onkels eine alte Handpresse und gründete ein Druckereiunternehmen. Mit zwölf Jahren besaß er bereits drei automatische Druckmaschinen und druckte für eine Reihe von Highschools. Mit 16 studierte er an der Wharton School und schloss 1945 sein Studium der Wirtschaftswissenschaften ab. Nebenbei kaufte und verkaufte er Gebrauchtwagen, um sein Studium zu finanzieren.

Henrys Geschäft lief schließlich immer besser, und er brauchte Unterstützung. Auf eine Anzeige in der Zeitung gab es nur eine einzige Antwort. Sie kam von seiner Mutter. „Sie schrieb: ‚Ich weiß, wen du einstellen solltest – deinen Bruder Dick.'"[142] Und so wurde Richard – das „R" in „H&R Block" – 1954 zum Partner.

Die Brüder boten zwar Hilfe bei der Steuererklärung an, aber dies war lediglich eine Gefälligkeit für ihre Buchhaltungskunden. Angesichts des Zeitaufwands, der Kosten und der geringen Einnahmen, die sie durch die Unterstützung bei der Steuererklärung kurz vor der Steuersaison 1955 erzielten, beschlossen sie, diesen Service einzustellen. Ihr Kunde John White schlug jedoch vor, stattdessen diesen Geschäftsbereich auszubauen und mit einer Anzeige im *Kansas City Star* zu beginnen. Zufälligerweise arbeitete White bei der Zeitung als Anzeigenverkäufer. Die Brüder lehnten die Idee zunächst ab, da sie mit ihrer anderen Arbeit zu beschäftigt waren. Schließlich gaben sie nach und erlaubten White, im Januar 1955 zweimal eine Anzeige zu schalten. Darauf war ein Mann hinter einer schwarzen Billardkugel zu sehen, mit der Überschrift „Steuern, 5 Dollar".

Am Montag nach der Veröffentlichung der ersten Anzeige war Henry gerade bei Kunden unterwegs, als er eine Nachricht erhielt, in der er aufgefordert wurde, im Büro anzurufen. Richard antwortete atemlos: „Hank, komm so schnell wie möglich zurück. Im Büro herrscht

Hochbetrieb!"[143] Es stellte sich heraus, dass ihr Timing perfekt war: Erstens hatten viele Menschen gerade ihr jährliches Behördenformular erhalten, in dem sie zur Abgabe ihrer Steuererklärung (Formular W-2) aufgefordert wurden; zweitens hatte die Steuerbehörde (IRS) in Kansas City angekündigt, dass sie ihr Angebot zur kostenlosen Erstellung von Steuererklärungen einstellen würde.

Bis zu diesem Zeitpunkt hatten die Brüder unter dem Namen United Business Company firmiert. Da es jedoch in Boston ein Unternehmen mit dem gleichen Namen gab, wurde die Firma Bloch aufgefordert, ihren Namen zu ändern. Henry hatte den sperrigen Namen „United Business Company" ohnehin nie gemocht, sodass sie im Juli 1955 bereitwillig in H&R Block umfirmierten. Das „K" wurde verwendet, um zu vermeiden, dass „Bloch" falsch ausgesprochen wurde.

Die nächste Stadt, in der die kostenlosen Steuerberatungsdienste des IRS wegfielen, war New York, sodass Richard vorschlug, dort eine Niederlassung zu eröffnen. Im Jahr 1956 eröffneten sie sieben weitere Büros und verdreifachten ihren Jahresumsatz auf 65.000 Dollar. Henry konzentrierte sich auf die Entwicklung zentraler Funktionen in Kansas City, während Richard die landesweite Expansion leitete; und im Jahr 1969 expandierten sie international.

Die New Yorker Niederlassungen benötigten die ständige Aufmerksamkeit von Henry oder Richard, aber keiner der beiden Brüder wollte seine Familie aus der gewohnten Umgebung herausreißen und nach New York ziehen. Es wurde beschlossen, die New Yorker Niederlassungen zu verkaufen. Zwei Geschäftspartner wollten sie kaufen, konnten jedoch nicht den gesamten Kaufpreis aufbringen. Stattdessen vereinbarten sie, den Blochs 10.000 Dollar plus künftige Lizenzgebühren zu zahlen – das heißt, sie wurden Franchisenehmer, die den Namen, die Schulungen und die Systeme von H&R Block nutzten. Im Rahmen des Franchise-Systems der Blochs erhielt ein Franchisenehmer das Recht, eine bestimmte Anzahl von Büros in einem bestimmten Gebiet zu eröffnen.

Im Januar 1957 wurden Franchise-Niederlassungen in Columbia, Missouri und Topeka eröffnet. Im Jahr 1958 nahm H&R Block den Betrieb in Des Moines, Oklahoma City und Little Rock auf. Und so ging es weiter – in einem so rasanten Tempo, dass das Unternehmen 1962 bereits 206 Büros in 34 Bundesstaaten hatte und einen Jahresumsatz von fast 800.000 Dollar erzielte. Es war bereit für den Börsengang und bot 75.000 Aktien zum Preis von vier Dollar an.

1972 trat Henry erstmals in Fernsehwerbespots auf, die dazu beitrugen, das Unternehmen zu einer der bekanntesten Marken des Landes zu machen. Er wirkte wie ein aufrichtiger Mann von hoher Integrität, der die Werte des Mittleren Westens verkörperte, die Vertrauen schufen. Ende der 1970er-Jahre erstellte H&R Block etwa zehn Prozent der Steuererklärungen des Landes kostengünstig und effizient in 8.600 Büros.

1978 erlitten die Brüder einen schweren Schlag, als Richard – damals 52 Jahre alt – nach einer Lungenkrebsdiagnose nur noch drei Monate zu leben gegeben wurden. Entschlossen wie immer weigerte er sich, sein Schicksal zu akzeptieren, und suchte das beste Krebskrankenhaus auf: das MD Anderson Center in Houston. Zwei Jahre intensiver Behandlung führten zu einer deutlichen Reduzierung der Krebszellen. Von diesem Zeitpunkt an konzentrierten er und seine Frau Annette sich auf die Finanzierung der Krebsforschung. Um diese zu unterstützen, verkaufte Richard 1982 seine H&R-Block-Aktien. Obwohl Ende der 1980er-Jahre bei ihm erneut Krebs (diesmal im Dickdarm) diagnostiziert wurde, konnte er erneut erfolgreich behandelt werden und starb 2004 im Alter von 78 Jahren nicht an Krebs, sondern an einem Herzinfarkt.

DIVERSIFIZIERUNG UND SYNERGIE

Die Geschäftsführer von H&R Block hatten schon lange ein Problem erkannt: Die vielen Tausend Unternehmensfilialen waren vier Monate im Jahr während der „Steuersaison" bis zum Abgabetermin im April im Dauereinsatz.[144] In den übrigen acht Monaten verloren sie jedoch Millionen von Dollar durch die Kosten für den allgemeinen Betriebsablauf – 1997 beispielsweise entstand ein Verlust von 83 Millionen Dollar durch die notwendige Zahlung von Gemeinkosten.

In den 1980er- und frühen 1990er-Jahren probierten sie verschiedene Diversifizierungsstrategien aus, vom Kauf einer Personalagentur bis zum Betrieb eines Unternehmens für Business-Seminare. Sie stiegen sogar in das Kreditkartengeschäft ein. Die meisten dieser Unternehmungen wurden wieder verkauft oder aufgegeben. Ende der 1990er-Jahre erkannten sie, dass ihre Kernkundschaft aus Personen mit niedrigem Einkommen bestand, die auf der Suche nach einem guten Preis-Leistungs-Verhältnis waren. Warum also nicht ein „Allfinanz-Einkaufszentrum" für diese Menschen schaffen? Schließlich richteten sich die meisten Finanzdienstleistungsunternehmen an Personen mit höherem Einkommen und vernachlässigten diejenigen mit bescheideneren Mitteln. Darüber hinaus hatten sie mindestens 16 Millionen[145] leicht erreichbare Kunden, die möglicherweise bereit waren, dem vertrauenswürdigen Unternehmen H&R Block zusätzliche Dienstleistungen abzukaufen.

Vor diesem Hintergrund begannen sie, Finanzplaner einzustellen, die gegen eine Gebühr von 10 bis 250 Dollar Anlageberatung anboten. Außerdem begannen sie, Hypothekendarlehen anzubieten. Dieses Geschäft wurde durch den Kauf von Option One Mortgage für 218 Millionen Dollar im Jahr 1997 angekurbelt. Das Unternehmen unterhielt Beziehungen zu 5.000 Hypothekenmaklern im ganzen Land (in 46 Bundesstaaten), die Familien dazu veranlassten, Kredite aufzunehmen und dafür ihr Haus als Sicherheit zu beleihen.[146] Nach der Übernahme bot H&R Block über seine Büros auch sogenannte „Option One"-Hypotheken an.

Alle diese Hypotheken waren „non-conforming", entsprachen also nicht den üblichen Gepflogenheiten. Diese Art von Darlehen wurde unter einem anderen Namen bekannter – „Subprime" –, nachdem dieser Begriff nach der Krise von 2008 traurige Berühmtheit erlangte. Das entscheidende Merkmal, das diese Darlehen nicht konform machte, war, dass staatlich geförderte Agenturen wie Fannie Mae und Freddie Mac sie nicht kaufen wollten.

Option One kaufte auch ganze Pakete von Hypothekendarlehen von anderen Finanzunternehmen und verkaufte regelmäßig Hypothekenportfolios in Form von Verbriefungen – das heißt, eine Zweckgesellschaft gab Anleihen aus, die Zinsen und Kapital zahlten, wenn die Hypothekenschuldner ihre Schulden zurückzahlten. Dieses Geschäft begann Anfang der 2000er-Jahre zu boomen. Das schnelle Wachstum dieses Geschäfts und die damit einhergehende Senkung der Standards machten Buffett und Munger die Gefahren einer Überstrapazierung in diesem Markt deutlich (wie Buffett regelmäßig sagte: „Was die Klugen am Anfang tun, tun die Dummen am Ende"). Und das veranlasste sie schließlich dazu, die Beteiligung von Berkshire Hathaway an H&R Block vor Ausbruch der Finanzkrise zu verkaufen; aber diese Geschichte kommt erst später.

Das Verfahren zur Beschaffung von Finanzmitteln für diejenigen, die einen Kredit für den Kauf eines Hauses aufnehmen, wurde von H&R Block wie folgt erklärt:

> „Im Geschäft mit unkonventionellen Krediten füllt ein Kreditnehmer einen Kreditantrag bei einem Kreditvermittler aus, der den Antrag an einen oder mehrere unkonventionelle Kreditgeber wie Option One weiterleitet. Diese Kreditgeber werden in der Regel vom Vermittler anhand der Höhe der erhaltenen Gebühren, der Reaktionszeit und der Erfahrungen mit der Zulassung ähnlicher Kreditnehmer ausgewählt. Nach Erhalt eines für den Kreditmakler zufriedenstellenden Angebots muss der Kreditnehmer eine nicht erstattungsfähige Gebühr für die Bewertung und Bearbeitung des Antrags entrichten. Diese Gebühr geht an den Kreditgeber. Bei Abschluss erhält der Kreditnehmer den Kreditbetrag abzüglich

anderer Gebühren wie Maklerprovisionen und Gebühren für die Vorbereitung der Unterlagen. Der Makler schließt das Darlehen mit eigenen Mitteln oder mit Mitteln ab, die ihm vom unkonventionellen Kreditgeber [zum Beispiel Option One] sozusagen ‚auf Vorrat' geliehen wurden [‚warehousing']. Nach Ablauf der gesetzlichen Widerrufsfrist verkauft der Makler das Darlehen mit einem vorher vereinbarten Aufschlag an den Kreditgeber."[147]

Das Verbriefungselement wurde ebenfalls erläutert, und zwar wie folgt:

„Im Rahmen des Verbriefungsprozesses erwirbt eine Tochtergesellschaft von … [H&R] Block … Kredite … und tritt sie an eine Treuhandgesellschaft ab. Die Treuhandgesellschaft gibt Zertifikate aus, die durch die Eigenheimkredite besichert sind, erhält Kapital- und Zinszahlungen für die Kredite und leistet Zahlungen auf die forderungsbesicherten Zertifikate [oder Anleihen]. Block … verwendet den Nettoerlös aus dem Verkauf der Zertifikate in erster Linie … zur Rückzahlung von Schulden, die zur Beschaffung von Mitteln für den Erwerb der Kredite aufgenommen wurden … Block … schloss im Geschäftsjahr 1998 seine zweite und dritte Verbriefung von nicht konformen Hypothekendarlehen ab. Eine Emission von forderungsbesicherten Wertpapieren im Wert von 215 Millionen Dollar wurde am 29. Juli 1997 abgeschlossen, eine Emission im Wert von 184 Millionen Dollar am 27. Januar 1998."[148]

Eine weitere Einnahmequelle steckte 1998 noch in den Kinderschuhen: Anlage- und Finanzplanungsdienstleistungen. In dem Jahr bis April 1998 testete H&R Block diese Idee in nur vier Städten: „Unabhängige lizenzierte Wertpapiermakler boten in ausgewählten Premiumbüros von H&R Block Altersvorsorgeplanung, Finanzplanung und Finanzprodukte wie Rentenversicherungen, Investmentfonds und Versicherungsprodukte an."[149]

Ein weiteres aufkeimendes Geschäftsfeld führte Henry zurück zu seinen Wurzeln, indem er kleinen Unternehmen Buchhaltungs- und andere Dienstleistungen anbot. H&R Block startete 1998 mit der Übernahme des Kleinunternehmens Donnelly Meiners, Jordan Kline – einer Buchhaltungsfirma in Kansas City, die ihren Kunden eine Vielzahl von Dienstleistungen anbot.[150]

Das Kreditkartengeschäft gab es zwar noch, aber es war verlustreich – so beliefen sich die Verluste beispielsweise 1996 auf drei Millionen, 1997 auf sieben Millionen und 1998 auf 16 Millionen Dollar.

Schließlich gab es noch ein seit Langem bestehendes Nebengeschäft, bei dem Kunden Kredite auf eine erwartete Steuerrückvergütung (Refund Anticipation Loan oder RAL) gewährt wurden.

Der Wagemut des Managementteams bei der Erschließung neuer Geschäftsfelder wurde im Februar 1998 mit dem Verkauf der H&R-Block-Tochter Compuserve für 1,03 Milliarden Dollar belohnt. Tabelle 4.1 zeigt eine Verdopplung der Gewinne zwischen 1996 und 2000, wobei der Hauptbeitrag aus dem Steuerberatungsgeschäft stammt. Aber auch das Hypothekengeschäft wuchs stark an.

Die Bilanz von H&R Block für April 1998 war mit 900 Millionen Dollar in bar, 636 Millionen Dollar in marktfähigen Wertpapieren und Forderungen in Höhe von 793 Millionen Dollar sowie einer Reihe anderer, weniger liquider Vermögenswerte sehr solide. Dem Gesamtvermögen standen lediglich 893 Millionen Dollar an Schulden und 669 Millionen Dollar an sonstigen Verbindlichkeiten gegenüber. Während das Eigenkapital in der Bilanz 1,34 Milliarden Dollar betrug, bewertete der Aktienmarkt das Unternehmen mit rund fünf Milliarden Dollar.

Im Geschäftsjahr bis zum 30. April 1999 kaufte das Unternehmen sechs weitere regionale und mehrere kleinere lokale Wirtschaftsprüfungsgesellschaften. Später im selben Jahr setzte es voll auf die Strategie, ein landesweites Dienstleistungsgeschäft für kleine Unternehmen aufzubauen, indem es McGladrey and Pullen, die siebtgröß-

Tabelle 4.1: Die Gewinne von H&R Block 1996 bis 2000

Jahresende: April	**Reingewinn aus laufender Geschäftstätigkeit in Mio. USD (ohne Compuserve)**	**Gewinn pro Aktie aus laufendem Geschäftsbetrieb in USD**	**Operativer Gewinn in Mio. USD**				
			Steuerdienstleistungen USA	Steuerdienstleistungen international	Hypothekengeschäft	Unternehmensdienstleistungen	Finanzberatungsdienstleistungen
1996	125	1,20	173	12	0,1		
1997	148	1,42	210	14	30		
1998	184	1,75	252	12	31		
1999	238	2,38	314	3	63	7	
2000	252	2,57	320	5	95	17	41

Quelle: Jahresberichte von H&R Block

te Wirtschaftsprüfungs- und Beratungsgesellschaft der Vereinigten Staaten, für 240 Millionen Dollar kaufte. Der Geschäftsbereich Unternehmensdienstleistungen konnte nun in sechs Ballungsräumen ein umfassendes Dienstleistungsangebot anbieten.

H&R Block erwarb auch weitere Unternehmen aus dem Hypothekengeschäft. Option One war in der Lage, pro Jahr gesammelte Hypotheken im Wert von 3,6 Milliarden Dollar zu verkaufen oder zu verbriefen und konnte Kredite im Wert von mehr als 6,5 Milliarden Dollar bedienen.

Gleichzeitig wurde der Bereich Finanzdienstleistungen durch die Übernahme einer Investmentfirma gestärkt, die über ein Netzwerk von registrierten Vertretern Aktien, Anleihen, Investmentfonds und andere Wertpapiere sowie Versicherungsprodukte anbot.

Ebenfalls 1999 wurde das nach wie vor verlustreiche Kreditkartengeschäft durch den Verkauf an eine kalifornische Bank abgestoßen.

Im letzten Geschäftsjahr vor Buffetts Einstieg – es endete am 3. April 2000 – wuchs das Steuerberatungsgeschäft des Unternehmens auf 19,2 Millionen Steuerzahler, die von mehr als 10.000 Büros betreut wurden (16,9 Millionen Kunden in den Vereinigten Staaten). Weitere 1,8 Millionen Steuerkunden nutzten die Online-Dienstleistungen des Unternehmens zur Erstellung ihrer Steuererklärung. Für Amerikaner, die für die Erstellung ihrer Steuererklärung bezahlten, anstatt sie selbst zu erstellen, war H&R Block in einem von vier Fällen die bevorzugte Wahl; H & R Block war mit einem Marktanteil von 25,3 Prozent das mit Abstand größte und bekannteste Steuerberatungsunternehmen des Landes. Wichtig war die starke Kundenbindung: 85 Prozent der Kunden gaben an, dass sie mit dem Service sehr zufrieden waren, und die Kundenbindungsrate war sehr hoch. Die Kombination aus Markenbekanntheit und Millionen zufriedener Kunden bewirkte, dass H&R Block im Bewusstsein der Amerikaner, die überlegten, wen sie mit Steuerdienstleistungen beauftragen sollten, tief verankert war.

Auch die anderen Geschäftsbereiche des Unternehmens wuchsen rasant:

- Der Bereich Finanzberatung wurde durch den Kauf der Olde Discount Corporation, einen der größten Discountbroker des Landes, am 1. Dezember 1999 für 850 Millionen Dollar erheblich erweitert. In den ersten fünf Monaten nach der Übernahme trug Olde 66,8 Millionen Dollar zum Vorsteuergewinn bei, und 73 der 181 Büros von Olde wurden schnell umgewandelt, sodass insgesamt 93 neue H&R-Block-Finanzzentren geschaffen wurden, die Finanzplanung und Anlageberatung anboten. Alle übrigen H&R-Block-Büros sollten in den folgenden zwei Jahren in ähnlicher Weise umgewandelt werden, um ganzjährig geöffnete Büros für Finanzdienstleistungen aus einer Hand zu schaffen.[151] Zu den zusätzlichen Dienstleistungen gehörten der Handel mit und die Beratung zu Aktien, Anleihen und Investmentfonds.
- Option One Mortgage entwickelte sich gut und erzielte einen Vorsteuergewinn von 95 Millionen Dollar sowie ein Kreditvolumen von 5,7 Milliarden Dollar.
- Der Geschäftsbereich Business Services wurde in RSM McGladrey umbenannt und wuchs auf 100 Niederlassungen in den gesamten Vereinigten Staaten sowie Partnerschaften mit 550 Niederlassungen in 75 weiteren Ländern.

Das Unternehmen war nicht nur in seinem Produktangebot vielfältig, sondern sah auch Möglichkeiten für das Cross-Marketing von Finanzprodukten und Finanzdienstleistungen.

Die Bilanz konnte sich sehen lassen: Der Gewinn hatte sich innerhalb von fünf Jahren verdoppelt. Außerdem hatte das Unternehmen in diesen fünf Jahren eine sehr respektable durchschnittliche jährliche Rendite von 18,5 Prozent des Eigenkapitals erzielt (siehe Abbildung 4.1).

Abbildung 4.1: Nettogewinn von H&R Block aus laufender Geschäftstätigkeit in Prozent des Eigenkapitals zu Beginn des Jahres

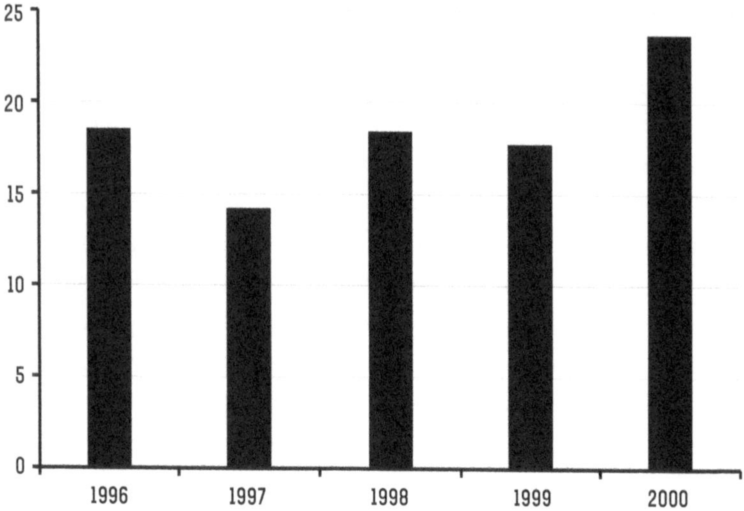

Quelle: Jahresberichte von H&R Block

Trotz all dieser positiven Aspekte fiel der Aktienkurs von H&R Block Anfang 2000 (siehe Abbildung 4.2). Es gab operative Probleme, darunter:

> „Herausforderungen in unserem US-Steuergeschäft und der neuen E-Commerce-Initiative. Wir haben Personal eingestellt, um die traditionell im April steigende Nachfrage unserer Steuerkunden zu bewältigen, jedoch entsprach der Ansturm zum Ende der Steuersaison nicht unseren Erwartungen. Unser neues E-Commerce-Geschäft war mit unerwarteten technischen Schwierigkeiten konfrontiert, die sich auf unsere Fähigkeit auswirkten, während der wichtigsten Abgabefristen der Steuersaison Einnahmen zu generieren. Das Ergebnis ist, dass unsere finanzielle Gesamtleistung zwar die des Geschäftsjahrs 1999 übertraf, jedoch

Abbildung 4.2: Aktienkurs von H&R Block 1995 bis 2000 (ohne Berücksichtigung der 2:1-Aktiensplits im August 2001 und August 2005)

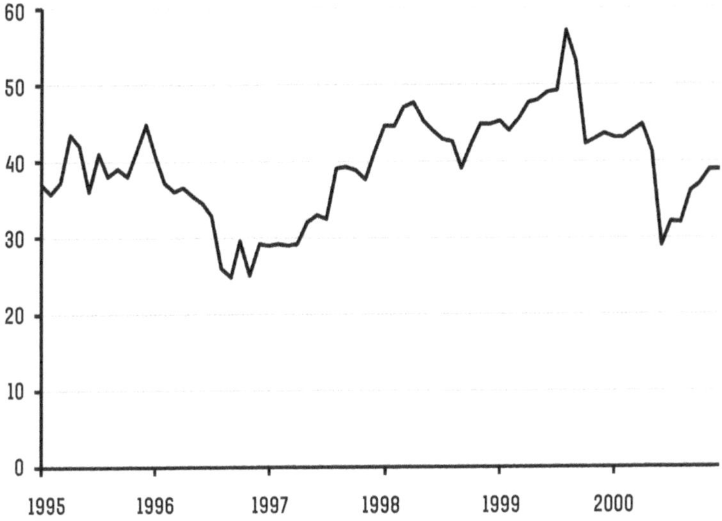

Quelle: Yahoo! Finance

> nicht die Ertragsziele erreichte, von denen wir wissen, dass wir sie erreichen können und die wir in den letzten drei Jahren erreicht haben … Darüber hinaus verzeichneten wir einen einmaligen Verlust aus dem Verkauf von Vermögenswerten im Zusammenhang mit dem Hypothekengeschäft."[152]

Ein weiterer Grund für den Rückgang war, dass die zuvor hohen Erwartungen der Anleger die Aktien auf ein KGV von 23 oder mehr getrieben hatten. Dieser Optimismus basierte auf der Annahme eines anhaltend schnellen Gewinnwachstums. In der obigen Erklärung geben die Manager jedoch zu, dass sie ihre Strategien nicht perfekt umgesetzt hatten, was zu einem nur geringfügigen Gewinnanstieg von 2,38 Dollar pro Aktie im Jahr 1999 auf 2,57 Dollar im Jahr 2000 führte.

Der Konzern hatte außerdem Schulden aufgenommen, um seine Akquisitionen zu finanzieren, wodurch sich diese auf 1,3 Milliarden Dollar erhöhten. Dies führte dazu, dass die Bonität von H&R Block auf BBB+ herabgestuft wurde.

Der offensichtlichste Grund für den Kursrückgang war jedoch das Platzen der Aktienmarktblase Ende der 1990er-Jahre. Im zweiten Quartal 2000 fiel der Aktienkurs auf 29 bis 33 Dollar, wodurch das Unternehmen ein historisches KGV von unter 13 auf Basis der ausgewiesenen Gewinne erzielte. Berechnet man jedoch die Gewinne im Jahr 2000 vor der Abschreibung der erworbenen immateriellen Vermögenswerte, so ergibt sich ein Ergebnis von 3,08 Dollar pro verwässerter Aktie, was einem KGV von nur 10 oder 11 entspricht.

BUFFETT KAUFT

Dieser relativ niedrige Preis bot Buffett eine Chance. Neben dem Preis berücksichtigte er auch die Nachhaltigkeit und das Wachstum der Gewinne. An erster Stelle seiner Überlegungen stand der Bekanntheitsgrad, den die Unternehmensgruppe bereits in ihrem Kerngeschäft, dem Steuerbereich, hatte. An zweiter Stelle stand die Frage, wie dieses positive Image dazu beitragen könnte, Kunden für die anderen Geschäftsbereiche zu gewinnen. Er sagte:

> „Jeder kennt H&R Block. Wenn man an Steuererklärungen denkt, denkt man an H&R. Wie viele Menschen können den Zweitplatzierten nennen? Nicht viele. Wie viel würde es kosten, das Unternehmen zu stürzen? ... Wir waren bereit, das gesamte Unternehmen zu kaufen – für 75 Prozent mehr als das, was wir für den Anteil zahlten, den wir schließlich kauften.[153]

In dem Quartal, das am 30. Juni 2000 endete, kaufte Berkshire Hathaway 4,089 Millionen Aktien mit einem Marktwert von 132,4 Millionen

Dollar im Juni. Bis Dezember 2001 hatte Berkshire seinen Anteil auf 15,999 Millionen aufgestockt; ein Aktiensplit im Verhältnis 2:1 im August 2001 bedeutete, dass dies in „Altaktien" gerechnet acht Millionen Aktien entsprach. Am einfachsten ist es, die Bestände an Altaktien in Aktien nach August 2001 umzurechnen, also die von Berkshire im Jahr 2000 und Anfang 2001 erfassten Aktienzahlen zu verdoppeln, wie in Abbildung 4.3 dargestellt.

Abbildung 4.3: Berkshire Hathaways Bestände an Aktien von H&R Block, erfasst nach dem Aktiensplit im August 2001, Aktienkurs von H&R Block

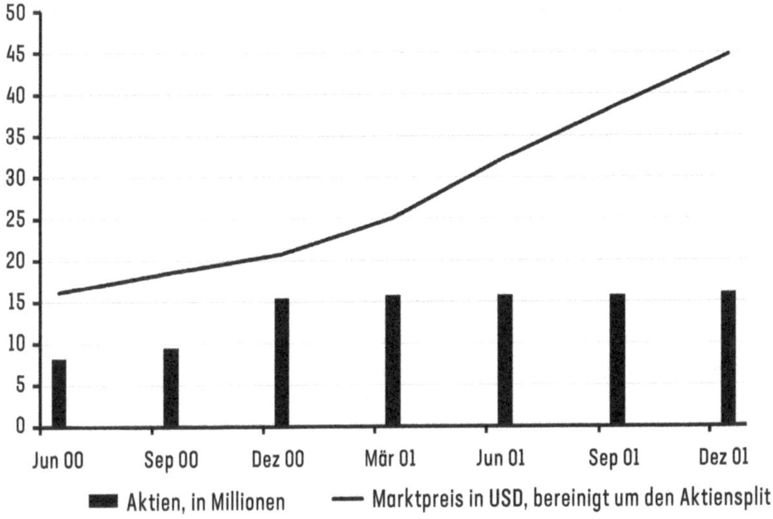

Quelle: Berkshire Hathaways 13F-Unterlagen bei der SEC

Die Gesamtkosten der bis Dezember 2001 angesammelten 16 Millionen Aktien beliefen sich auf 255 Millionen Dollar. Der durchschnittliche Kaufpreis lag bei 15,94 Dollar für Aktien nach August 2001 (beziehungsweise 31,88 Dollar für Aktien vor dem Split im August 2001).

Bemerkenswert ist, dass die Aktien von H&R bis zu dem Zeitpunkt, als Berkshire im Dezember 2001 den Kauf einstellte, auf dem Markt auf einen Wert von 715 Millionen Dollar gestiegen waren. Das Vertrauen der Anleger in H&R Block wuchs. *ABC News* formulierte es im April 2001 so:

> „Viele Fondsmanager sagen, dass die Aktie immer noch günstig ist. Wenn das Unternehmen einige seiner nicht steuerbezogenen Geschäfte besser führt, um sich zu einem Full-Service-Finanzdienstleister zu entwickeln, könnte es sich für Anleger lohnen, den Blick von ihren Steuererklärungen zu heben und sich diese Aktie einmal anzusehen."[154]

Mit 77 Jahren entschied sich Henry Bloch für den Rückzug und trat Ende 2000 als Vorsitzender zurück; die Aussichten für das Unternehmen waren blendend. Er hielt einen Anteil von 2,76 Prozent. Tabelle 4.2 zeigt den Reingewinn von H&R Block in den fünf Jahren, nachdem Berkshire begonnen hatte, Aktien des Unternehmens zu kaufen, sowie die Betriebsergebnisse der verschiedenen Geschäftsbereiche.

Im Jahr 2001 wurde der Aktienkurs durch die Nachricht beflügelt, dass zahlreiche Steuerkunden von den verfügbaren Hypothekenangeboten angezogen wurden – „ein Beweis dafür, dass unsere Strategie funktioniert", schrieben die Direktoren in ihrem Bericht für 2001. Auch das Cross-Selling mit dem Finanzdienstleistungsbereich nahm Fahrt auf.

Unterdessen zahlten sich clevere Marketingkampagnen für das Kerngeschäft der Steuerberatung aus, das zu Beginn des Jahres nach Ansicht der Manager vor einer sehr schweren Rezession stand, was sie zu Kostensenkungen veranlasste. Sie steigerten den Umsatz um 15,6 Prozent und den Gewinn vor Steuern um 35,5 Prozent.

Und der US-Subprime-Markt entwickelte sich gut, da das Konzept der Kreditvergabe an Personen mit nicht ganz einwandfreier Bonität oder begrenzter Einkommensstabilität zunehmend Akzeptanz fand. Das

Tabelle 4.2: Gewinne von H&R Block 2000 bis 2004

Jahresende: April	**Reingewinn aus laufender Geschäftstätigkeit in Mio. USD (ohne Compuserve)**	**Gewinn pro Aktie aus laufendem Geschäftsbetrieb in USD**	**Operativer Gewinn in Mio. USD**				
			Steuerdienstleistungen USA	Steuerdienstleistungen international	Hypothekengeschäft	Unternehmensdienstleistungen	Finanzberatungsdienstleistungen
2000	252	1,28	320	5	95	17	41
2001	277	1,50	434	6	138	16	9
2002	434	2,38	533	7	339	23	-55
2003	580	3,23	547	11	694	-14	-128
2004	704	3,98	628	11	678	19	-64

Quelle: Jahresberichte von H&R Block

Hypothekengeschäft steigerte den Gewinn vor Steuern im Jahr 2001 um 45 Prozent. Nach der Bündelung der Hypotheken durch Zweckgesellschaften erzielte Option One zusätzliche Einnahmen durch die Verwaltung dieser Hypotheken – das heißt durch das Einziehen von Zahlungen von Haushalten und andere Interaktionen mit Familien und anschließende Zahlungen an Investoren, Steuerbehörden und Versicherer.

Das Kreditdienstleistungsportfolio verzeichnete 2001 einen dramatischen Boom und erreichte 18,2 Milliarden Dollar – ein Anstieg von 61 Prozent. „Wir halten die Kreditdienstleistung für ein großartiges Geschäft. Sie bringt unseren Aktionären einen hohen Mehrwert, verschafft uns eine ziemlich vorhersehbare Einnahmequelle und hält uns jeden Monat in Kontakt mit unseren Kunden."[155] Die Einnahmen aus den Kreditdienstleistungen stiegen 2001 um 76,3 Prozent.

Der Bereich Finanzberatung litt jedoch unter dem Abschwung an den Aktienmärkten, da Privatkunden in geringerem Maße die Dienste von Börsenmaklern in Anspruch nahmen – der Gewinn ging infolgedessen um 69 Prozent zurück. Dennoch blieben die Direktoren optimistisch:

> „Diese Ergebnisse sind zwar enttäuschend, sagen aber kaum etwas über den tatsächlichen Wert der Finanzberatung aus. Sie spielt eine zentrale Rolle in der Strategie unseres Unternehmens, die finanziellen Bedürfnisse unserer Kunden zu bedienen. Wir haben begonnen, Fortschritte in der Produktentwicklung, der Schaffung effektiver Cross-Selling-Möglichkeiten und der Einbindung von Beratung in unser Geschäft zu machen. Langfristig werden wir ein Geschäft aufbauen, das weit weniger von Transaktionsgebühren und den Auswirkungen der Volatilität der Aktienmärkte abhängig ist."[156]

Auch im Bereich Business Services gingen die Gewinne zurück, was jedoch auf Integrationsprobleme zurückgeführt wurde, und es herrschte großer Optimismus hinsichtlich der Möglichkeiten zum Cross-Selling von Finanzprodukten und -dienstleistungen.

Die guten Nachrichten aus den größten Geschäftsbereichen führten dazu, dass sich der Aktienkurs von H&R Block im Jahr 2001 mehr als verdoppelte. Buffett muss mit seiner Reihe von Kaufentscheidungen sehr zufrieden gewesen sein. Ende 2001 wurden die Aktien jedoch zu einem KGV von 44,7 Dollar/1,50 Dollar = 29,8 gehandelt – viel zu hoch für Buffetts Geschmack, sodass er den Kauf einstellte. Bei einer Gewinnrendite von lediglich 3,4 Prozent war das Kurs-Gewinn-Verhältnis im Hinblick auf das zukünftige Gewinnwachstum viel zu hoch.

DER GEWINN STEIGT, DIE AKTIE STAGNIERT

In den Jahren 2002 und 2003 machte das Unternehmen gute Fortschritte, aber da die Aktien zu Beginn des Jahres 2002 hoch bewertet waren, stagnierten sie zwei Jahre lang (siehe Abbildung 4.4).

Abbildung 4.4: Die Phase ohne Veränderungen im Aktienbestand: Aktienkurs von H&R Block 2002 und 2003 (Berkshire Hathaway hielt durchgehend 15.999 Aktien)

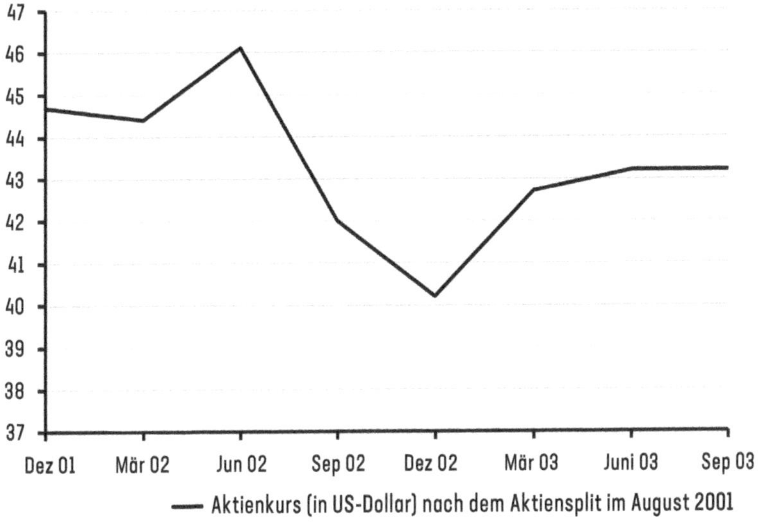

Quelle: Berkshire Hathaways 13F-Unterlagen bei der SEC

Option One lief auf vollen Touren: Im Jahr 2002 verdoppelte das Unternehmen die Anzahl der Hypothekenvergaben auf fast 11,5 Milliarden Dollar und erhöhte das Servicing-Portfolio auf 23,8 Milliarden Dollar. Infolgedessen stiegen die Gewinne in diesem Jahr auf mehr als das Doppelte.

Der Geschäftsbereich Business Services erzielte 2002 geringe Gewinne und wurde um vier kleine Akquisitionen ergänzt, während der Geschäftsbereich Finanzberatung aufgrund der weiterhin rückläufigen Aktivitäten von Privatanlegern erhebliche Verluste verzeichnete.

Dieses allgemeine Muster bestätigte sich im folgenden Jahr. Das Steuergeschäft verzeichnete ein recht schnelles Gewinnwachstum, wobei die Hypotheken sprunghaft anstiegen, während die Finanzdienstleistungen viel Verlust brachten. Nun schloss sich auch der Unternehmensdienstleistungsbereich dem Klub der Verlustbringer an. Buffett wurde etwas nervös und lehnte weitere Käufe ab, obwohl das KGV auf 43 Dollar/3,23 Dollar = 13,3 gefallen war. Tatsächlich verkaufte er Ende 2003 einige Aktien (0,38 Millionen).

Die Stimmung wurde nicht besser, als H&R Block 41,7 Millionen Dollar für einen Rechtsstreit im Zusammenhang mit dem missbräuchlichen Verkauf von Steuerrückerstattungskrediten zurückstellte. Die hohen Gebühren, die den Kunden berechnet wurden, die schlechte Qualität der Informationen und die fragwürdigen Marketingpraktiken verärgerten die Generalstaatsanwälte in vielen Teilen der Vereinigten Staaten. Es folgten viele weitere Klagen:

> „Kritiker ... vergleichen Block mit einem Kredithai, der sich an einkommensschwache Haushalte, Einwanderer und finanziell unerfahrene Menschen heranmacht. Sie sagen, Block mache nicht deutlich genug, dass es sich bei dem Steuerrückerstattungsvorschuss tatsächlich um einen Kredit handelt, der auch dann zurückgezahlt werden muss, wenn die Steuerbehörde die Steuererklärung beanstandet oder ein Teil des Geldes zur Begleichung

ausstehender Unterhaltszahlungen, Tilgung von Studienkrediten oder Ablösung anderer Pfandrechte abgezogen wird."[157]

Berkshire behielt den Rest seiner H&R-Block-Aktien bis 2004. Im Jahresbericht 2004 von H&R wiesen die Direktoren begeistert darauf hin, dass die Hypothekenvergaben auf einen Umfang von mehr als 23 Milliarden Dollar angewachsen waren und die Zahl der Steuerkunden nun 18 Millionen überstieg. Die Einnahmen aus Hypotheken in Höhe von 678 Millionen Dollar waren nun höher als diejenigen aus Steuerberatung (628 Millionen Dollar) und damit gegenüber den weniger als 90 Millionen Dollar nur fünf Jahre zuvor stark gestiegen. Der Bereich Finanzberatung gab jedoch ein katastrophales Bild ab und häufte noch mehr Verluste an, und der Bereich Unternehmensdienstleistungen erzielte nur sehr geringe Renditen auf die investierten Gelder.

Es galt, einige wichtige Fragen zu beantworten:

- Wie sicher waren die Mitte der 2000er-Jahre vergebenen Subprime-Hypotheken? Die früheren Hypothekendarlehen mochten sinnvoll gewesen sein, da die Kreditnehmer relativ gut in der Lage waren, sie zurückzuzahlen. Aber nun gab es ein ganzes Ökosystem aus Gebühren, Provisionen und Margen, und jeder in diesem System war hungrig nach immer mehr Geschäften, um sich zu bereichern. Vielleicht hätte man einige der betreffenden Sozialhilfeempfänger niemals dazu ermutigen dürfen, ein Hypothekendarlehen zu beantragen?
- War es nun möglich, dass die Immobilienpreise in zahlreichen Immobilienmärkten in den Vereinigten Staaten gleichzeitig fallen würden (was von den überzeugten Anhängern der Subprime-Hypotheken für unmöglich gehalten wurde) und damit das Eigenkapital der Hausbesitzer im ganzen Land vernichten sowie die Sicherheit vieler verbriefter Anleihen zerstören würden?

- Würden die Finanzinstitute Angst bekommen und sich von den Verkaufsteams abwenden, die all diese strukturierten Finanzprodukte anpriesen? Könnte das gesamte Gebäude zusammenbrechen, und Banken und eine Vielzahl anderer Institutionen würden beim Abebben der Flut nackt dastehen?

Diese Fragen wurden zunehmend in der Fachpresse gestellt. Und überall gab es vereinzelte Hinweise darauf. Ich erinnere mich beispielsweise daran, wie Fernsehjournalisten Menschen interviewten, die das „Glück" hatten, trotz ihrer unsicheren Bonität und/oder ihres unsicheren Einkommens einen Platz auf dem Immobilienmarkt zu ergattern.

Sogar H&R Block lieferte in seinem Jahresbericht 2004 Hinweise darauf, zum Beispiel:

> „Das nächste Jahr bringt erhebliche Herausforderungen mit sich. Der erwartete Zinsanstieg wird die Qualität unserer Organisation und die Fähigkeit unserer Mitarbeiter, flexibel auf Zinsänderungen zu reagieren, auf die Probe stellen. Wir rechnen mit etwas geringeren Margen aufgrund der Zinsvolatilität, die Anleiheinvestoren zu größerer Vorsicht veranlasst. Die Margen könnten sich verbessern, sobald sich die Zinsen auf einem höheren Niveau stabilisiert haben."

Es gab sogar Gründe zur Sorge um das normalerweise stetig wachsende Steuerberatungsgeschäft, die im Jahresbericht 2004 hervorgehoben wurden:

> „Unsere größte Enttäuschung war der Rückgang der Zahl der Privatkunden im Steuerberatungsbereich um drei Prozent. Das Steuerberatungsgeschäft in den Vereinigten Staaten steht sowohl vor kurzfristigen als auch vor langfristigen Herausforderungen.

Wir wissen seit einiger Zeit, dass unser Erfolg in diesem Markt Wettbewerber anlockt, die glauben, zumindest einen Teil unseres Angebots für unsere Kunden, insbesondere die Schnelligkeit der Rückerstattung, kopieren zu können."

DIE VERKAUFSPERIODE

Da der Aktienkurs immer noch im Bereich von 50 Dollar lag, verkaufte Buffett im Laufe der Jahre 2005 und 2006 bedeutende Aktienpakete (siehe Abbildung 4.5 und Tabelle 4.3).

Abbildung 4.5: Anzahl der H&R-Block-Aktien im Besitz von Berkshire Hathaway und Marktpreis der Aktien (ohne Berücksichtigung des Aktiensplits 2005), September 2003 bis März 2007

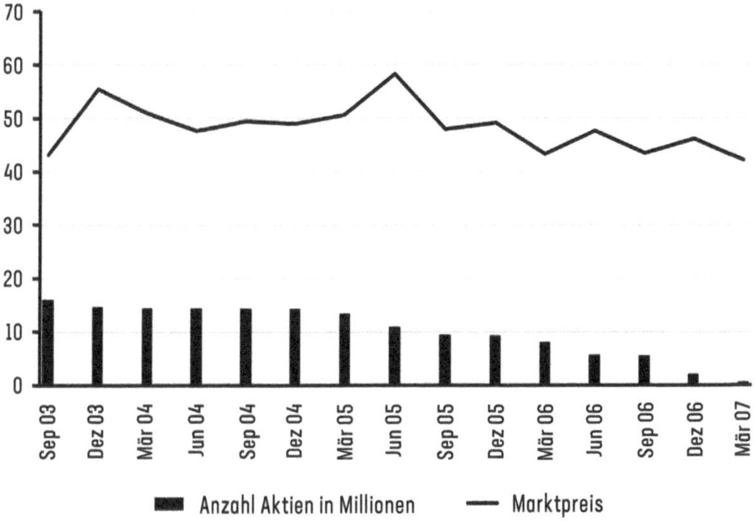

Quelle: Berkshire Hathaways 13F-Unterlagen bei der SEC

Tabelle 4.3: Die ungefähren Beträge, die Berkshire Hathaway durch den Verkauf von H&R-Block-Aktien erzielt hat (ohne Berücksichtigung des Aktiensplits vom August 2005 hinsichtlich Preis und Menge)

Quartal	Aktienkurs (Durchschnittskurs zu Beginn und Ende des Quartals in USD)	Anzahl der im Quartal verkauften Aktien in Millionen	Ungefährer Erlös in Mio. USD
Q4 2003	49,3	1,39	68,5
Q1 2004	53,2	0,26	13,8
Q1 2005	49,8	0,84	41,8
Q2 2005	54,5	2,59	141,2
Q3 2005	53,2	1,54	81,9
Q4 2005	48,6	0,11	5,3
Q1 2006	46,2	1,26	57,3
Q2 2006	45,5	2,31	106,0
Q3 2006	45,6	0,21	9,6
Q4 2006	44,8	3,43	153,7
Q1 2007	43,9	1,43	62,7
Q2 2007	41,5	0,63	26,1
GESAMT			**767,9**

Quelle: Berkshire Hathaways 13F-Unterlagen bei der SEC

Buffett studierte die Berichte von H&R mit großer Aufmerksamkeit, um frühzeitig mögliche weitere Probleme zu erkennen – die Jahreszahlen sind in Tabelle 4.4 zusammengefasst.

Im Jahr 2005 und Anfang 2006 waren die Manager von H&R Block sowohl vom Steuerberatungsgeschäft als auch vom Hypothekengeschäft begeistert:

Tabelle 4.4: Gewinne von H&R Block 2004 bis 2006

Jahresende: April	**Reingewinn in Mio. USD**	**Gewinn pro Aktie in USD (anhand der Aktienanzahl im Zeitraum von August 2001 bis August 2005, also ohne Berücksichtigung des Aktiensplits 2005)**	**Operativer Gewinn in Mio. USD**			
			Steuerdienstleistungen international	Hypothekengeschäft	Unternehmensdienstleistungen	Finanzberatungsdienstleistungen
2004	740	3,98	638	678	19	-64
2005	636	3,84	664	496	30	-75
2006	490	2,98	590	322	53	-33

Quelle: Jahresberichte von H&R Block

> „Wir haben in die größte Expansion der H&R-Block-Steuerbüros in der Unternehmensgeschichte investiert und die Zahl unserer Mitarbeiter in den Bereichen Option One und H&R Block Mortgage erhöht ... Jede dieser Maßnahmen wird uns in Zukunft erfolgreicher machen, auch wenn sie kurzfristig zu Gewinnrückgängen führen können ... Warum hat Option One angesichts eines wettbewerbsintensiveren Marktes die Zahl seiner Kundenbetreuer erhöht? Die Erhöhung der Anzahl der Kundenbetreuer war unerlässlich, um ein Rekordkreditvolumen zu erreichen, wie wir es im vierten Quartal getan haben. Unsere neuen Vertriebsmitarbeiter haben es uns ermöglicht, in Märkte einzutreten, die derzeit nicht oder nur unzureichend bedient werden. Außerdem konnten wir die Anzahl der aktiven Hypothekenmakler, die mit Option One zusammenarbeiten, um mehr als 2.000 erhöhen."[158]

Die Direktoren glaubten fest an das Subprime-Modell, bei dem Hypotheken vergeben und an Zweckgesellschaften verkauft wurden, die dann verbriefte Anleihen emittierten. Sie konnten sich nur schwer vorstellen, dass dieses Karussell einmal zum Stillstand kommen könnte:

> „Obwohl wir uns bewusst sind, dass es zu periodischen Marktstörungen kommen kann, halten wir es für unrealistisch, dass der Sekundärmarkt einfach aufhören wird, Kredite zu kaufen. Tatsächlich hat der Markt für forderungsbesicherte Wertpapiere ein enormes Wachstum erlebt, wobei Non-Prime-Hypothekendarlehen mittlerweile 400 Milliarden Dollar oder etwa 47 Prozent des Gesamtmarkts ausmachen."[159]

Im Nachhinein wissen wir, dass dies größtenteils reine Hybris war. Bereits 2006 räumten die Führungskräfte von H&R Block Probleme mit Subprime-Krediten ein, wiesen jedoch eher auf Wettbewerbsbedrohungen als auf grundlegende Mängel des Geschäftsmodells hin: „Im Falle unseres Hypothekengeschäfts hat die Wettbewerbsdynamik in der Branche zu erheblichen Schwankungen unserer Ergebnisse geführt."[160]

Zu diesem Zeitpunkt gab es jedoch bereits Anzeichen für eine Abkühlung des Immobilienmarkts und einen Rückgang der Nachfrage nach Hypotheken, was zu einer „verringerten Kreditrentabilität" führte[161] – obwohl das Kreditvolumen auf 40,8 Milliarden Dollar stieg und Option One damit zum fünftgrößten Non-Prime-Kreditgeber der USA wurde.

Weitere 49 Millionen Dollar wurden für gerichtliche Vergleiche im Zusammenhang mit den Krediten auf Steuerrückvergütungen aufgewendet, was zu einem Rückgang der Gewinne im Steuerberatungsbereich gegenüber dem Vorjahr führte – dem ersten Rückgang seit Langem.

Ein Unglück kommt selten allein, viel öfter kommen Unglücke in Scharen, wie Shakespeare schrieb.[162] Die Verlegenheit war groß, als die Direktoren zugaben, dass das führende Steuerberechnungsunternehmen seine eigenen Steuern an die Bundesstaaten um 32 Millionen Dollar falsch berechnet hatte. Das Unternehmen wurde außerdem vom Generalstaatsanwalt von New York wegen betrügerischer Vermarktung von Rentendepots (IRAs) angeklagt – er forderte eine Geldstrafe in Höhe von 250 Millionen Dollar und erklärte, dass diese Depots für die Kunden „praktisch garantiert" Verluste mit sich brächten.[163]

Im Januar 2006 musste der Vorsitzende und CEO Mark Ernst dann in einer Investoren-Telefonkonferenz erklären, dass das Unternehmen aufgrund softwarebezogener Technologieprobleme nicht auf den Anstieg der Steuererklärungen im Januar durch Steuerzahler, die Rückerstattungen erwarteten, vorbereitet gewesen sei und dies „ein Loch gerissen hat, aus dem wir uns nun herausarbeiten müssen". Er gab bekannt, dass das Problem „uns 250.000 Kunden gekostet" habe, die „nicht zurückgewonnen werden konnten".[164]

Zumindest konnten sie sich mit dem Gedanken trösten, dass der Geschäftsbereich Business Services im Aufwind war.

Tabelle 4.5: Gewinne von H&R Block 2007 bis 2009

Jahresende: April	**Reingewinn in Mio. USD**	**Gewinn pro Aktie in USD (anhand der Aktienanzahl im Zeitraum von August 2001 bis August 2005, also ohne Berücksichtigung des Aktiensplits 2005)**	**Operativer Gewinn in Mio. USD**			
			Steuerdienstleistungen international	Hypothekengeschäft	Unternehmensdienstleistungen	Finanzberatungsdienstleistungen
2007	-434	-2,68	705	-1.183	58	20
2008	-309	-1,90	786	-1.166	89	10
2009	486	2,92	894	geschlossen	96	verkauft

Quelle: Jahresberichte von H&R Block

WAS GESCHAH, NACHDEM BUFFETT SEIN GELD VOM TISCH GENOMMEN HATTE?

Unterdessen breitete sich die Subprime-Krise natürlich wie ein Lauffeuer im Finanzsystem aus und führte zum Konkurs vieler zuvor angesehener Banken und Finanzinstitute.

Das Vertrauen der Unternehmensleitung schien im April 2007 auf einem Tiefpunkt angelangt zu sein, was zur Ankündigung der Absicht führte, Option One zu verkaufen. Die Direktoren sprachen von sich verschlechternden Bedingungen auf dem Sekundärmarkt (dem Markt für den Kauf von hypothekenbesicherten Anleihen), „wo die geringere Nachfrage der Anleger nach Kreditkäufen, höhere Renditeanforderungen der Anleger und höhere Schätzungen für zukünftige Verluste"[165] den Wert von Non-Prime-Krediten verringert hatten. Es gab zunehmend Probleme mit Hausbesitzern, die mit ihren Zahlungen in Verzug gerieten oder zahlungsunfähig wurden. Die Immobilienpreise fielen im ganzen Land.

Die Manager waren 2007 bereit, Option One für etwa 300 Millionen Dollar an Cerberus Capital Management zu verkaufen, doch dies scheiterte. Letztendlich schlossen die Direktoren das Hypothekengeschäft einfach und verkauften das Kreditdienstleistungsgeschäft. Bis zum Jahresende hatte sich der Aktienkurs von H&R Block seit 2005 fast halbiert.

Eine Auseinandersetzung im Vorstand im August/September 2007 führte dazu, dass eine neue Gruppe von Direktoren die Leitung übernahm, nachdem 84 Prozent der Aktionäre auf der Jahreshauptversammlung im September 2007 für das neue Führungsteam gestimmt hatten. Die neue Gruppe wurde von Richard C. Breeden angeführt, dem ehemaligen Vorsitzenden der Securities and Exchange Commission von 1989 bis 1993, dessen Investmentfonds über zehn Millionen Aktien (1,8 Prozent) hielt.

Die neue Führung legte im Jahresbericht 2008 offen dar, was schiefgelaufen war:

> „Die Verluste aus aufgegebenen Geschäftsbereichen, die fast ausschließlich auf die Subprime-Hypotheken-Tochtergesellschaft des Unternehmens zurückzuführen waren, beliefen sich in diesen beiden Jahren [2006 und 2007] auf 1,6 Milliarden Dollar (4,81 Dollar pro Aktie). Fast ein Jahrzehnt lang war der interne Fokus auf das Steuergeschäft bei H&R Block dadurch beeinträchtigt, dass das Unternehmen eine Diversifizierungsstrategie im Finanzdienstleistungsbereich verfolgte, welche die erwarteten Vorteile nicht erbrachte. Zumindest zeitweise wirkte das Steuergeschäft richtungslos, während Gesamtkosten des Unternehmens insgesamt sprunghaft anstiegen."

Man konzentrierte sich daher wieder auf das Kerngeschäft. Während der Finanzkrise wurde das ursprüngliche Steuerberatungsgeschäft sogar noch stärker und erzielte 2009 einen Gewinn vor Steuern von 894 Millionen Dollar. „Wie viele andere Unternehmen glauben wir, dass H&R Block den größten Wert generieren wird, wenn es sich auf das konzentriert, was es am besten kann", sagte der neu ernannte CEO.[166] Im Jahr 2009 wurde der Finanzdienstleistungsbereich für 304 Millionen Dollar verkauft.

Heute steht der Aktienkurs mehr als dreimal so hoch wie zu Beginn des Jahres 2010. Der Schwerpunkt des Unternehmens liegt nach wie vor auf der Steuerberatung, wobei heute über 20 Millionen Amerikaner seine Dienste in Anspruch nehmen. Der Nettogewinn liegt im Bereich von 500 bis 600 Millionen Dollar und ist damit niedriger als noch vor einigen Jahrzehnten, aber der Gewinn pro Aktie ist nach einer Reihe von großen Aktienrückkaufprogrammen etwa doppelt so hoch wie damals.

Nachdem er 2004 seinen Bruder Richard und 2012 seinen Bruder Leon verloren hatte, starb Henry Bloch im April 2019 im Alter von 96 Jahren im Kreis seiner Familie in seiner geliebten Stadt Kansas City, Missouri, wo alles begonnen hatte. Seit seinem Ausscheiden aus dem

Vorstand im Jahr 2000 hatte er sich damit beschäftigt, einen Großteil seines Vermögens in Kansas City sinnvoll einzusetzen und unter anderem Kultur, Bildung und eine Business School zu finanzieren. Die Marion and Henry Bloch Family Foundation hat es sich zur Aufgabe gemacht, „den schwächsten Mitgliedern der Gesellschaft zu helfen ... Im Laufe der Jahre haben Marion und Henry Bloch gelernt, dass wahrer Erfolg nicht daran gemessen wird, was man bekommt, sondern daran, was man zurückgibt."[167]

LEKTIONEN

- **Oft ist bei der Bewertung der Bekanntheitsgrad entscheidend.** Das Ausmaß, in dem eine Marke dauerhaft in den Köpfen der Menschen verankert ist, wenn sie an einen Produktbereich denken – zum Beispiel Coca-Cola bei Erfrischungsgetränken, American Express bei Kreditkarten oder H&R Block bei der Steuererklärung –, kann einen dramatischen Unterschied in Bezug auf die Preissetzungsmacht, die Kapitalrendite und die Nachhaltigkeit der Erträge ausmachen. Dieser Faktor wird Analysten weder in einem Jahresbericht noch in anderen schriftlichen Unterlagen mitgeteilt. Es handelt sich um einen vagen Begriff, der mit einem hohen Maß an Unsicherheit geschätzt werden muss. Dennoch ist es oft entscheidend. Unternehmen mit einem guten „Share of Mind" können Managementfehler verkraften, solange das wirtschaftliche Kerngeschäft nicht beeinträchtigt wird.
- **Kaufen Sie sich dann in ein gutes Unternehmen ein, wenn andere davonlaufen.** Die Aktien von H&R Block fielen Ende 2000 und Anfang 2001 aufgrund vorübergehender operativer Probleme und des allgemeinen Pessimismus nach dem Platzen der Dotcom-Blase um mehr als 40 Prozent. Buffett sah, dass die längerfristigen Aussichten gut waren, und kaufte daher bei einem KGV von etwa 10 oder 11.

- **Der Drang zur Diversifizierung kann zu einer „Diworsification" führen.** Im Laufe der Jahrzehnte kaufte H&R Block viele andere Dienstleistungsunternehmen, um alternative Einnahmequellen zu erschließen. Ein großer Teil davon erzielte keine guten Kapitalrenditen – viele machten sogar Verluste. Nachdem die Manager von H&R Block aus dieser Erfahrung gelernt haben, bleiben sie heute innerhalb ihres Kompetenzbereichs der Steuerberechnung und haben diesen nur geringfügig um einige ergänzende Dienstleistungen erweitert.
- **Achten Sie auf Gefahren.** Behalten Sie das allgemeine konjunkturelle Umfeld genau im Auge. Achten Sie insbesondere auf Gefahren, die sich im System aufbauen. Buffett und Munger verbrachten den größten Teil jedes Tages damit, wie sie oft sagten, „zu verstehen, wie die Welt funktioniert". Ein wichtiger Beitrag dazu war das tägliche Lesen von fünf oder sechs Zeitungen. Im Fall von H&R Block konnten sie dadurch wichtige Informationsschnipsel zusammenfügen – zum Beispiel die hohe Anzahl von Menschen mit schlechter Bonität, die 2006 Hypotheken aufnahmen, kombiniert mit anderen Daten wie der Aussicht auf steigende Zinsen, verdächtigen Bankmodellen und dem Potenzial für Herdenverhalten am Markt für verbriefte Anleihen. Wenn Sie diese und einige weitere Faktoren miteinander kombinieren, können Sie der Masse einen Schritt voraus sein und frühzeitig erkennen, dass Schwierigkeiten bevorstehen.

Investition 5

SHAW INDUSTRIES

Eckpunkte des Geschäfts

Geschäft	**Shaw Industries**
Zeit	Januar 2001
Gezahlter Preis	2,42 Mrd. USD
Menge	87,3 % im Jahr 2001 für circa 2,1 Mrd. USD, die restlichen 12,7 % im Jahr 2002 für circa 324 Mio. USD
Verkaufspreis	Noch gehalten
Gewinn	1,9 Mrd. USD in den ersten neun Jahren. Auch danach wurden Gewinne erzielt, jedoch wurden die Zahlen nicht veröffentlicht.
Berkshire Hathaway 2001	Aktienkurs: 62.500-75.300 USD Buchwert: 57,95 Mrd. USD Buchwert je Aktie: 37.920 USD

Shaw Industries ist ein Teppichbodenhersteller. Als Berkshire Hathaway das Unternehmen im Januar 2001 übernahm, war es bereits der weltweit größte Hersteller von getufteten Teppichböden. In den Jahren vor und nach der Übernahme kamen viele weitere Arten von Bodenbelägen hinzu, von Holz bis Vinyl.

Es ist riskant, ein Urteil darüber zu fällen, ob sich die Investition in Shaw Industries als gute Verwendung des Kapitals von Berkshire Hathaway erwiesen hat. Wir haben keinen Zugang zu Daten über die Rentabilität des Geschäfts von Shaw nach 2009, wissen aber, dass das Unternehmen in vielen dieser Jahre, die von der Großen Rezession nach der Finanzkrise 2007–2008 geprägt waren, geringere Gewinne als zuvor erzielte.

Die Gewinne (nach Steuern und zusätzlichen Investitionsausgaben) zwischen 2001 und 2009 beliefen sich durchschnittlich auf 210 Millionen Dollar oder 8,7 Prozent der 2,42 Milliarden Dollar, die für das Unternehmen gezahlt wurden. In den folgenden Jahren „kämpfte" das Unternehmen zunächst weiter[168], erzielte 2010 und 2011 aber nur einen Bruchteil der Gewinne von 2006 (einem Höchststand, als der Gewinn vor Steuern bei 594 Millionen Dollar lag).

Nach 2011 folgte ein allmählicher Anstieg der Gewinne; der Rückgang der Mitarbeiterzahl von 25.492 im Jahr 2009 auf 18.865 im Jahr 2024 trotz der Übernahme bedeutender Unternehmen zeigt jedoch, dass es sich nicht um ein boomendes Unternehmen handelte. Ich werde die Belege so gut wie möglich präsentieren – Sie können sich selbst ein Urteil darüber bilden, ob das Kapital von Berkshire anderswo besser angelegt gewesen wäre.

WO STAND BERKSHIRE IM JAHR 2001?

Die operativen Geschäfte von Berkshire liefen zur Jahrtausendwende gut. Ohne Berücksichtigung der Verluste aus dem Versicherungsgeschäft (2001 war ein schlechtes Jahr für Versicherer, die unter den Folgen der Anschläge vom 11. September auf die Twin Towers in New York litten) erzielte Berkshire Hathaway Gewinne von drei bis vier Milliarden Dollar pro Jahr (siehe Tabelle 5.1).

Der Cashflow aus dem operativen Geschäft war sogar noch besser und stieg von 2,9 Milliarden Dollar im Jahr 2000 auf 6,6 Milliarden Dollar im Jahr 2001. Das bedeutete, dass Buffett über reichlich Ressourcen verfügte, um die 4,7 Milliarden Dollar teuren Akquisitionen im Jahr 2001 zu finanzieren, da sich in der Flaute nach dem Dotcom-

Tabelle 5.1: Die Quellen der von Berkshire Hathaway gemeldeten Gewinne 2000 und 2001

in Mio. USD	**Vorsteuergewinn**		**Berkshires Anteil am Reingewinn (nach Steuern und Minderheitsbeteiligungen)**	
Operativer Gewinn	2001	2000	2001	2000
Versicherungssparte:				
- Rückversicherung	(4.318)	(1.416)	(2.824)	(911)
- GEICO	221	(224)	144	(146)
- Sonstige Erstversicherer	30	25	18	16
- Nettokapitaleinkünfte	2.824	2.773	1.968	1.946
Bauprodukte [1]	461	34	287	21
Finanzwesen und Finanzprodukte	519	530	336	343
Flugdienstleistungen	186	213	105	126
MidAmerican Energy (76-prozentige Tochter)	600	197	230	109
Einzelhandelsgeschäfte	175	175	101	104
Scott Fetzer (ohne die Finanzsparte)	129	122	83	80

in Mio. USD	Vorsteuergewinn		Berkshires Anteil am Reingewinn (nach Steuern und Minderheitsbeteiligungen)	
Shaw Industries [2]	292	-	156	-
Sonstige Geschäftsbereiche	179	221	103	133
Anpassungen nach der Erwerbsmethode	(726)	(881)	(699)	(843)
Konzernweite Zinsaufwendungen	(92)	(92)	(60)	(61)
Aktionärseinlagen	(17)	(17)	(11)	(11)
Sonstige	25	39	16	30
Operativer Gewinn	488	1699	(47)	936
Kapitalerträge aus Anlagen	1.320	3.955	842	2.392
Gesamtgewinn - alle Sparten	**1.808**	**5.654**	**795**	**3.328**

(1) ab 1. August 2000 einschließlich Acme Brick, ab 18. Dezember 2000 einschließlich Benjamin Moore;
ab 27. Februar 2001 einschließlich Johns Manville; ab 31. Juli 2001 einschließlich MiTek (2) ab dem Übernahmedatum 8. Januar 2001

Quelle: Jahresbericht 2001 von Berkshire Hathaway

Boom Schnäppchen boten. Trotz dieser zahlreichen Käufe verfügte Buffett Ende 2001 noch über reichlich Finanzkraft, denn Berkshire saß auf 5,3 Milliarden Dollar in bar und über 24 Milliarden Dollar in liquiden Anleihen.

DAS WACHSTUM VON SHAW INDUSTRIES

Die Geschichte von Shaw geht auf die kleine Star Dye Company zurück, die 1946 von Clarence Shaw gekauft wurde. Das Unternehmen färbte Teppiche, Bettüberwürfe und Bademäntel in der Hauptstadt der Bodenbeläge der USA: der kleinen Stadt Dalton in Georgia, Heimat von über 150 Teppichbodenfabriken und 34.000 Einwohnern. Die Star Dye Company erwarb sich einen guten Ruf und baute sich einen respektablen Kundenstamm in Dalton auf.

Robert E. („Bob") Shaw – der das Unternehmen 2001 an Berkshire verkaufte – wurde im August 1931 als Sohn von Clarence und Essie Evans Shaw geboren, ein knappes Jahr nachdem Buffett in Omaha zur Welt gekommen war. Bob besuchte die Dalton High School, an der seine Mutter unterrichtete. Als begeisterter Football- und Basketballspieler reflektierte er in einem nachdenklichen Interview, das er im Alter von 90 Jahren gab, über seinen eigenen Wettbewerbsgeist als junger Mann:

> „Ich spielte Football und war Quarterback. Außerdem war ich einer der schlechtesten Schüler, die man sich vorstellen kann. Ich dachte immer, wenn man mathematisch schneller als seine Konkurrenten zum Ziel kommt, hat man einen kleinen Informations- oder Erkenntnisvorsprung. Ich habe immer gesagt, wenn ich pokere und einen Blick auf die Karten meiner Gegner werfen kann, werde ich sie schlagen. Es geht also wirklich darum, ein bisschen mehr als andere zu sehen. Jeder sieht etwas, doch nicht jeder ist bereit, dem zu folgen, was er sieht." [169]

Als Teenager fuhr Bob einen Lkw für die Firma seines Vaters. Nach seinem Studium an der University of the South in Sewanee in Tennessee übernahm er nach dem Tod seines Vaters im Jahr 1958 die Geschäftsführung und wusste, dass er das Unternehmen verändern musste. Im Laufe der 1950er-Jahre sank die Nachfrage nach getufteten Bettüberwürfen und Bademänteln, während die Nachfrage nach Teppichböden stieg. Daher stellte Bob das Unternehmen schnell um und begann mit dem Färben von Teppichböden. Der Umsatz stieg auf 300.000 Dollar.

Sein älterer Bruder JC Shaw[170] war ebenfalls tief in der Textil- und Teppichindustrie verwurzelt, die Dalton seit Jahrzehnten florieren ließ. Nach dem Besuch der Dalton High School erwarb er 1950 einen Abschluss in Textiltechnik an der Georgia Tech und übernahm anschließend verschiedene Führungspositionen bei Textilunternehmen, darunter die Herausforderung, eine neue Abteilung für Teppichgarne aufzubauen. Im Alter von 29 Jahren trat er 1958 als Geschäftsführer der Teppichgarnabteilung von Rocky Creek Mills in die Marion Manufacturing Company ein. Im selben Jahr erbte er auch Anteile seines Vaters an der Star Dye Company.

1959 arbeiteten die Brüder zusammen, als Rocky Creek Mills und Star Dye Company die Star Finishing Company gründeten, um Teppichböden für andere Unternehmen zu färben und zu veredeln – mit nur zehn Mitarbeitern. Obwohl JC Direktor der kleinen Star Finishing war, war er immer noch in erster Linie Angestellter von Rocky Creek Mills, und als das Unternehmen verkauft wurde, wurde er für eine Weile Geschäftsführer der Automobilabteilung des Käufers. Aber es dauerte nicht lange, bis JC das Unternehmen verließ, um seine eigene Teppichbodenfirma im Nordwesten von Georgia zu gründen.

Die Brüder kamen 1967 wieder zusammen, als sie eine Holdinggesellschaft, die Philadelphia Holding Company, gründeten, um den traditionsreichen Teppichhersteller Philadelphia Carpet Company (gegründet 1846) zu erwerben. Die Holdinggesellschaft fusionierte im folgenden Jahr mit Star Finishing. Robert und JC waren dafür bekannt, dass sie das Risiko eingingen, innovative Technologien wie bedruckte Teppichböden und kontinuierliche Färbetechniken einzuführen, und dass sie ihre Pläne so effizient umsetzten, dass sie die Rentabilität erheblich steigerten. Die Brüder erkannten früh, dass es für das Überleben und die Gewinne des Unternehmens entscheidend war, kostengünstig zu produzieren. Das bedeutete vor allem, Skaleneffekte zu erzielen. Zu diesem Zweck wurde das Unternehmen 1971 an der American Stock Exchange notiert[171], nachdem es seinen Namen in Shaw Industries geändert hatte. Zu diesem Zeitpunkt hatte es einen Umsatz von 43 Millionen Dollar und 900 Mitarbeiter.

Der Börsenstart verlief zunächst glänzend, und der Aktienkurs stieg im ersten Jahr deutlich an (siehe Abbildungen 5.1 und 5.2). Doch in der Rezession der frühen 1970er-Jahre geriet das Unternehmen stark

Abbildung 5.1: Aktienkurs von Shaw Industries (Jahresschlusskurse) 1971 bis 1984 in USD

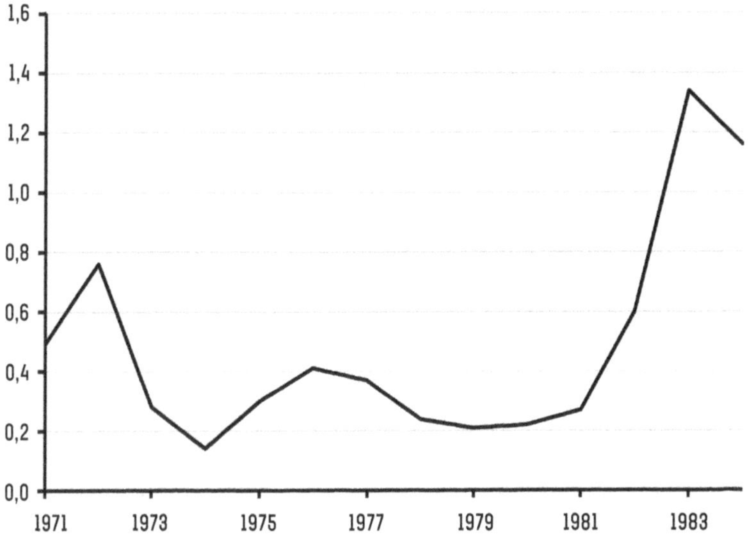

Quelle: Bei der Securities and Exchange Commission eingereichte 10K-Formulare von Shaw Industries

Abbildung 5.2: Aktienkurs von Shaw Industries im Vergleich zum S&P 500 Index (Jahresschlusskurse) 1971 bis 1984

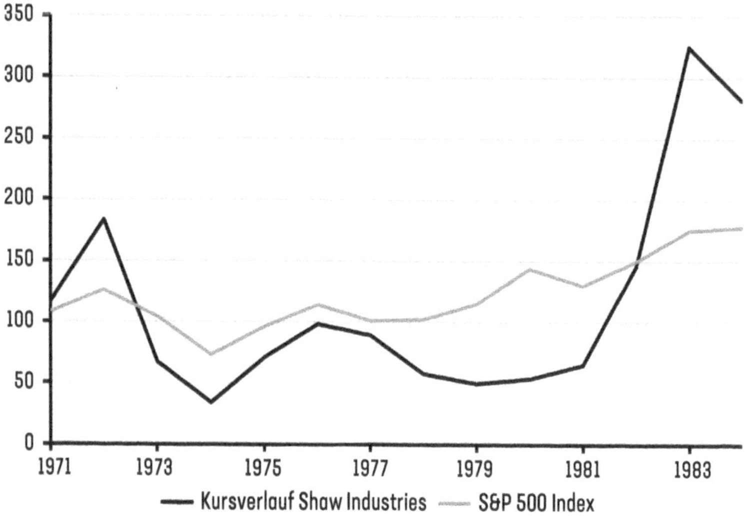

Quelle: Bei der Securities and Exchange Commission eingereichte 10K-Formulare von Shaw Industries

unter Druck, da sich der Ölpreis vervierfachte und sich die Kaufkraft der Amerikaner verschlechterte, da sie mehr Geld an die OPEC-Staaten zahlen mussten (die mehr als die Hälfte der weltweiten Versorgung sicherstellten). Noch schlimmer für Shaw war die Tatsache, dass der wichtigste Rohstoff für die meisten Teppichböden Rohöl ist; daher mussten die Teppichbodenpreise erhöht werden, um die Gewinnschwelle zu erreichen.

Mitte der 1970er-Jahre gab es eine gewisse Atempause, doch dann kam es 1979 zur iranischen Revolution, und kurz darauf folgte der Iran-Irak-Krieg, wodurch sich die Ölpreise verdoppelten. Da das Unternehmen in einer Branche tätig war, die besonders empfindlich auf Rezessionen und den Ölpreis reagierte, blieb die Shaw-Aktie in den ersten zehn Jahren hinter dem S&P 500 zurück.

In den 1980er-Jahren sah die Lage ganz anders aus, das Unternehmen verzeichnete ein enormes Wachstum. Im Jahr 1985 wurde Shaw mit einem Umsatz von mehr als 500 Millionen Dollar und fast 5.000 Mitarbeitern in die Fortune-500-Liste der größten US-Unternehmen aufgenommen. Dies gelang dem Unternehmen, indem es die Rezession der frühen 1980er-Jahre nutzte, um andere Teppichbodenhersteller aufzukaufen, wodurch es zum größten Anbieter in den USA wurde, und indem es eine hohe betriebliche Effizienz aufrechterhielt.

Ein weiterer strategischer Schritt für Shaw war es, selbst als Großhändler aufzutreten, anstatt über unabhängige Großhändler zu verkaufen, die in der Regel über eine hohe Preisgestaltungsmacht und damit über hervorragende Gewinnspannen verfügten. Die Familie Shaw wusste, dass dies ein riskanter Schritt war, da es in der Branche üblich war, dass verschiedene Hersteller Großhändler belieferten, die dann an Einzelhändler weiterverkauften. Shaw trat damit in Konkurrenz zu seinen Kunden, was viele in der Branche schockierte.

Aber das Unternehmen setzte diesen Schritt gut um, und das Risiko zahlte sich bald aus, da auch die Einzelhändler gern auf den Zwischenhändler verzichteten – solange sie einen besseren Preis bekamen. Außerdem hätte es, da Shaw der größte Hersteller des Landes war, eine große Lücke in ihrem Einzelhandelssortiment gegeben, wenn sie Shaw ausgeschlossen und nur über das traditionelle Großhandelsnetzwerk eingekauft hätten.

Neben dieser „Vorwärtsintegration" beschloss Shaw eine „Rückwärtsintegration", also den Kauf von Garnspinnereien, um Kosten zu senken, wobei die Vorteile wiederum mit den Einzelhändlern geteilt werden konnten. Shaw wurde nicht nur zum größten Hersteller, sondern auch zum am stärksten integrierten Unternehmen mit den besten Skaleneffekten, was es zu *dem* kostengünstigen Hersteller von Teppichböden aus Nylon und Polypropylen machte.

Ein weiterer entscheidender Schritt war die Einrichtung eines eigenen Lkw-Fuhrparks, anstatt auf den von anderen Herstellern genutzten marktbeherrschenden Transportdienstleister zurückzugreifen. Mit zunehmendem Transportvolumen wurde das Lkw-Netzwerk von Shaw immer effizienter: weniger Leerfahrten, geringere Lagerbestände in den firmeneigenen Lagern und besserer Kundenservice. Mit 1.000 Lkws und 17 Lagern konnte das Unternehmen schnelle Lieferzeiten bieten. Darüber hinaus führte die Tatsache, dass Shaws Volumen bei den anderen Logistikunternehmen wegfiel, dazu, dass diese weniger effizient waren und mehr Zwischenstopps bei Herstellern, Großhändlern und Einzelhändlern über größere Entfernungen einlegen mussten.

Bob und JC wussten, dass sie in vielerlei Hinsicht die Nase vorn haben mussten. Einer dieser Bereiche waren neue Technologien. Als Du Pont 1986 schmutzabweisende Fasern einführte, räumte Shaw schnell seine alten Lagerbestände und rüstete seine Maschinen um, während Konkurrenten mit geringerer Finanzkraft zögerten.

Die Shaw-Aktie verdreifachte sich Ende der 1980er- und verfünffachte sich Anfang der 1990er-Jahre (siehe Abb. 5.3 und 5.4), als das Unternehmen große Teppichhersteller und einen Faserproduzenten aufkaufte.

Abbildung 5.3: Aktienkurs von Shaw Industries (Jahresschlusskurse) 1985 bis 1999 in USD

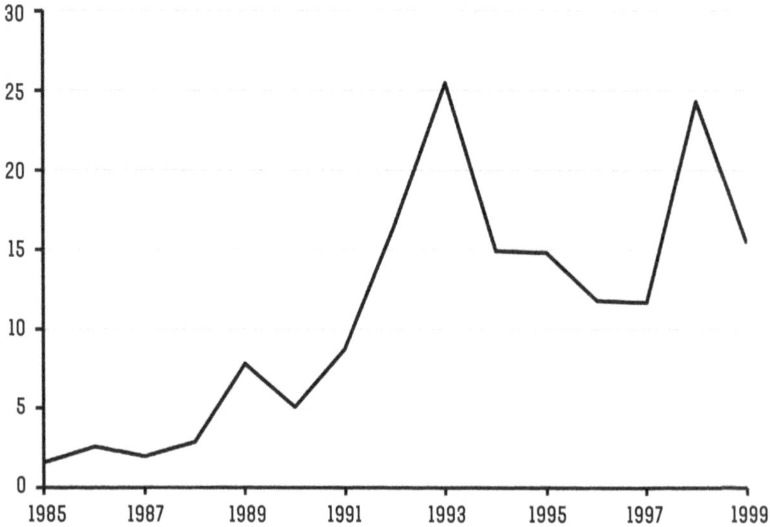

Quelle: Bei der Securities and Exchange Commission eingereichte 10K-Formulare von Shaw Industries

Abbildung 5.4: Aktienkurs von Shaw Industries und S&P 500 Index (Jahresschlusskurse) 1985 bis 1999 in USD

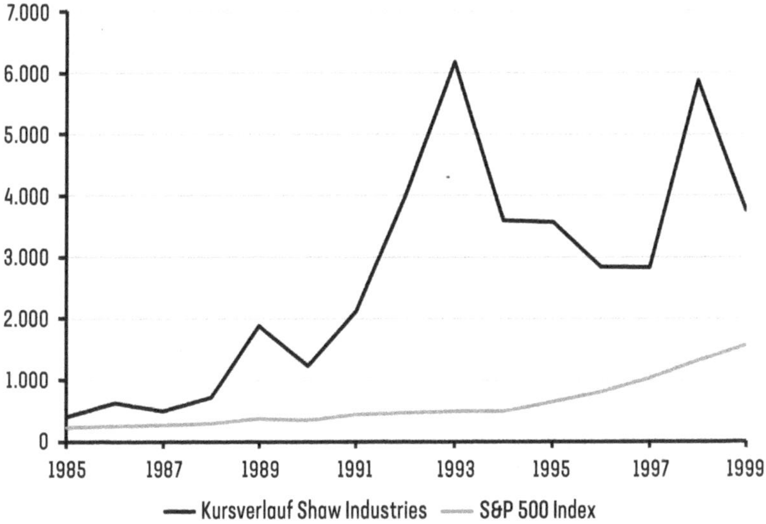

Quelle: Bei der Securities and Exchange Commission eingereichte 10K-Formulare von Shaw Industries

DIE FEHLER MITTE DER 1990ER-JAHRE

Anfang der 1990er-Jahre boomte das Geschäft bei Shaw. Wie Abbildung 5.5 zeigt, stiegen die Gewinne stetig auf über 100 Millionen Dollar und die Rendite für die Aktionäre war hoch: Im Allgemeinen war die Eigenkapitalrendite mindestens doppelt so hoch wie die eines durchschnittlichen Unternehmens. Der Umsatz stieg während des restlichen Jahrzehnts weiter an (siehe Abbildung 5.6), da noch mehr Unternehmen übernommen wurden. Trotz boomender Umsätze brachen die Gewinne nach 1995 jedoch ein (siehe Abbildung 5.7). Man könnte wohl sagen, dass das Unternehmen zumindest keine Verluste gemacht hat. Aber die Führungskräfte wussten, dass sie es vermasselt hatten.

Abbildung 5.5: Gewinn von Shaw Industries und Rendite der Aktieninvestitionen in Shaw Industries 1985 bis 1994

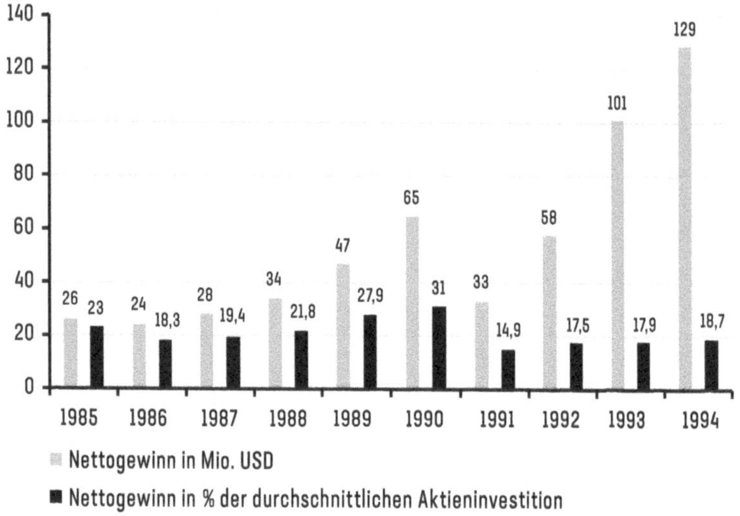

Quelle: Bei der Securities and Exchange Commission eingereichte 10K-Formulare von Shaw Industries

Abbildung 5.6: Umsatz von Shaw Industries 1985 bis 1999 in Mrd. USD

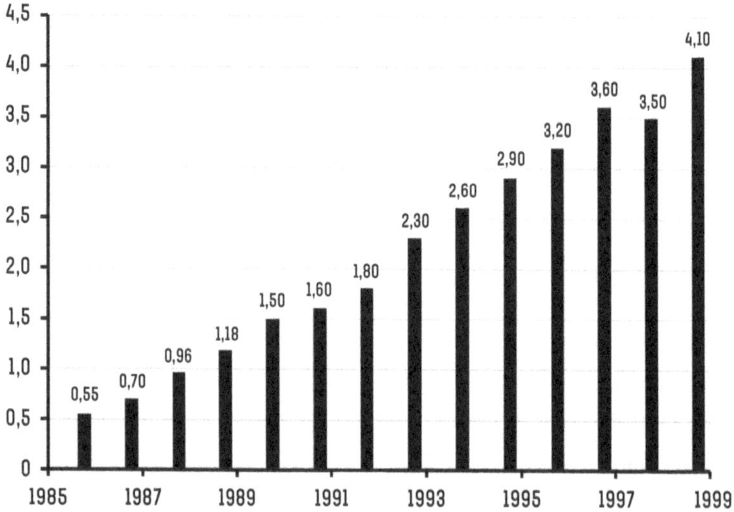

Quelle: Bei der Securities and Exchange Commission eingereichte 10K-Formulare von Shaw Industries

Abbildung 5.7: Shaw Industries während des Einzelhandel-Abenteuers

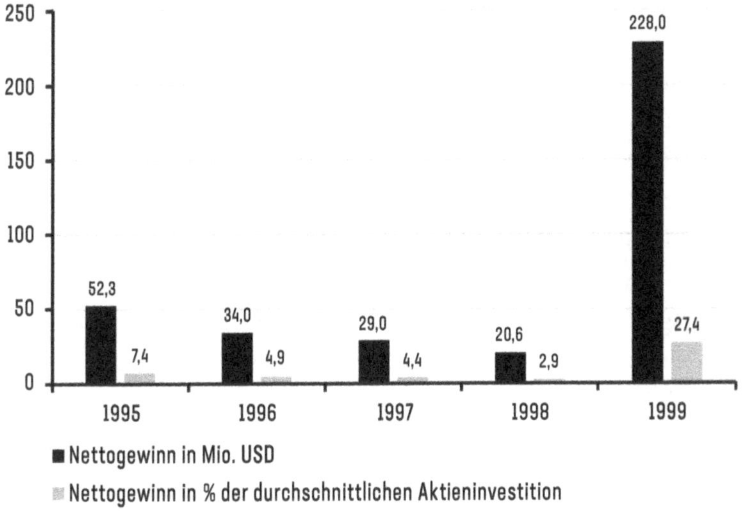

Quelle: Eingereichte 10K-Formulare von Shaw Industries

Was ist also schiefgelaufen? Nach seinen erfolgreichen vertikalen Integrationsmaßnahmen in den Bereichen Garn, Logistik und Großhandel beschloss Shaw 1995, einen Schritt weiterzugehen und sich als Einzelhändler zu etablieren. Das Unternehmen erwarb große Ketten von Bodenbelagshändlern und kaufte einzelne Geschäfte zu hohen Kosten (*Forbes* bezifferte diese auf 200 Millionen Dollar).[172] Am Ende verfügte es über mehr als 400 Geschäfte und stand damit in jeder Stadt in direktem Wettbewerb mit anderen Einzelhändlern. Ich nehme an, Sie erkennen bereits den Fehler in dieser Strategie: Shaw wollte weiterhin die große Zahl unabhängiger Einzelhändler im ganzen Land beliefern, während seine eigenen Einzelhandelsgeschäfte genau diese Unternehmen unterboten.

Natürlich waren die Einzelhandelskunden wütend. Warum sollten sie Shaws Teppichböden auf Lager nehmen, wenn andere Lieferanten verfügbar waren? Shaw verlor rapide Marktanteile, da sowohl große

Akteure wie Home Depot als auch kleinere Geschäfte das Unternehmen fallen ließen. Die Kosten für den Aufbau und den anschließenden Abbau des Einzelhandelsgeschäfts machten die Gewinne fast zunichte.

Während des Aufstiegs zum Gipfel des Einzelhandelsgeschäfts und des anschließenden Abstiegs musste das Führungsteam von Shaw versuchen, die Manager der rund 400 Geschäfte zu motivieren. Diese Einzelhändler waren oft Gründer und Unternehmer gewesen, die rund um die Uhr arbeiteten; nun waren sie jedoch nur noch Rädchen in einem größeren Unternehmen mit prall gefüllten Bankkonten. In vielen Fällen verlagerten sie – wie soll man das höflich ausdrücken? – ihre Work-Life-Balance zugunsten von mehr Freizeit.

Die Mitarbeiter der Zentrale konnten nicht einspringen oder als Ersatzmanager fungieren, da sie keine Ahnung vom Einzelhandel hatten; sie hatten ihre Karriere damit verbracht, ihre Fähigkeiten im Bereich der kostengünstigen Fertigung zu perfektionieren. Der Marktanteil von Shaw in den Vereinigten Staaten sank während seines Ausflugs in den Einzelhandel um vier Prozentpunkte.

Ein weiterer Fehltritt war der Kauf von drei britischen Teppichbodenherstellern für 100 Millionen Dollar in der Überzeugung, dass der britische Markt fragmentiert sei und sowohl eine Konsolidierung als auch die Anwendung der fortschrittlichen Tufting-Technologie von Shaw vertragen könne. Es stellte sich jedoch heraus, dass dies nicht ausreichte, um die europäischen Konkurrenten zu schlagen, die den Vorteil schwächerer Währungen gegenüber dem Pfund hatten.

Shaw lernte daraus und warf 1998 das Handtuch: Das Unternehmen verkaufte sein britisches Geschäft (für 100 Millionen Dollar)[173] und seine US-Einzelhandelsgeschäfte (für 93 Millionen Dollar)[174] und kehrte zu seinen Kernkompetenzen zurück: effiziente Produktion und hochwertiger Service für Einzelhändler.

ROTER TEPPICH FÜR QUEEN

Diese Neuausrichtung wurde im Oktober 1998 durch eine Fusion mit einem anderen großen Hersteller aus Dalton namens Queen Carpets für 470 Millionen Dollar – größtenteils in Form von Aktien – besiegelt. Die fusionierte Unternehmensgruppe erreichte einen Marktanteil von 35 Prozent gegenüber den 28 Prozent des bisherigen Marktführers Mohawk.[175] Es dauerte nicht lange, bis alte Einzelhandelskunden zurückkehrten. Der Umsatz stieg, und im Jahr vor Buffetts Kaufentscheidung wurden Rekordgewinne erzielt.

Die Fusion mit Queen war ein kluger Schachzug. Bob schrieb im Jahresbericht 1999, dass diese Maßnahme bereits zu Synergieeffekten in Höhe von über 100 Millionen Dollar geführt habe. Er war sehr zufrieden mit Queens „Kompetenz in den Bereichen Design, Produktentwicklung und Kundenbeziehungen ... Wir gehen davon aus, dass wir auch in Zukunft von den einzigartigen Qualitäten profitieren werden, die jedes Unternehmen in die Fusion eingebracht hat."[176] Auch hier führten Skaleneffekte durch die Position als größter und effizientester Hersteller des Landes zu niedrigeren Kosten.

Julian Saul hatte Queen seit den 1960er-Jahren gemeinsam mit seinem Vater Harry geleitet und das Unternehmen bis auf einen Umsatz von 800 Millionen Dollar gebracht – damit war es der viertgrößte Teppichbodenhersteller der USA. Die Shaws und Saul waren im selben Viertel aufgewachsen. Saul war neun Jahre jünger als Bob und trug als Maskottchen der Footballmannschaft Bobs Helm. „Wir haben zusammen Softball und viele andere Sportarten gespielt. Wir sind seit jeher befreundet", sagte Saul im Jahr 2021.[177] Sie waren so enge Freunde, dass Saul, als Bob ihm drei Jahre vor der Fusion erzählte, er denke darüber nach, ins Einzelhandelsgeschäft einzusteigen, ungläubig antwortete: „Bob, als Freund hoffe ich, dass du es nicht tust. Als Wettbewerber hoffe ich, dass du es tust. Das Ganze ist keine gute Idee. Du solltest es nicht tun."[178]

Als Bob schließlich zur Vernunft kam und beschloss, aus dem Einzelhandel auszusteigen, wurde Saul aufgeschlossener für eine andere

Idee von Bob: eine Fusion der beiden Unternehmen. Sauls Erfahrung und sein fundierter Rat machten ihn zum perfekten Präsidenten von Shaw Industries.

DER DEAL

Im Juni 2000 reisten Bob und Saul nach Omaha.[179] Sie erwogen eine Fusion mit einem anderen Unternehmen und benötigten die Hilfe der Versicherungsabteilung von Berkshire. Der CEO des Übernahmeziels reiste mit ihnen. Buffett wurde gefragt, ob Berkshire bereit wäre, eine Versicherungspolice abzuschließen, die alle zukünftigen, im Zusammenhang mit Asbestbelastungen stehenden Verbindlichkeiten des Unternehmens abdecken würde. Laut Buffett[180] wären die Verbindlichkeiten „enorm" gewesen. Hätten Shaw und Saul keine Versicherung gefunden, wäre die Fusion geplatzt.

Berkshire war der erste Ansprechpartner im Versicherungsgeschäft für außergewöhnlich hohe Versicherungssummen, aber selbst Berkshire übernahm niemals eine unbefristete Haftung; das Unternehmen legte immer eine Obergrenze für sein Risiko fest.

Nach einigen Gesprächen kamen Bob und Saul zu dem Schluss, dass sie es ebenso wenig wie Berkshire riskieren wollten, alles auf eine Karte zu setzen. Als Bob ging, fragte er Buffett nach der Möglichkeit einer Investition in Shaw Industries. Buffett äußerte sich zu diesem Zeitpunkt noch nicht verbindlich, aber sein „Interesse an Shaw war geweckt".[181]

Einige Tage später schickte Bob Buffett eine Reihe von Informationen über Shaw Industries, und wenige Tage danach waren er und Saul wieder in Omaha, um eine Direktinvestition von Berkshire zu besprechen.

Als sie gerade gehen wollten, fragte Buffett das Duo aus Dalton, ob sie etwas dagegen hätten, wenn Berkshire einige Shaw-Aktien auf dem freien Markt kaufen würde. Damit begann Buffetts Investition bei Shaw. Ein größerer Deal wurde jedoch auf Eis gelegt, als am 20. Juni Shaws größter Kunde, Flooring America, Insolvenz nach Chapter 11 beantragte. Der größte Lieferant von Flooring America war Shaw Industries, dem etwa 14 Millionen Dollar geschuldet wurden. Hinzu kam ein Schuldschein über circa zwölf Millionen Dollar.

Dennoch setzte Bob die Gespräche mit Buffett fort – und mit Charlie Munger, der daraufhin gebeten wurde, sich das Unternehmen anzusehen. Bis zum 20. Oktober war man sich einig. Bob und Saul wollten jeweils fünf Prozent behalten, weitere 2,7 Prozent wurden für Direktoren und Mitglieder des Managementteams reserviert. Zunächst kaufte Berkshire also 87,3 Prozent für 2,1 Milliarden Dollar in bar zu einem Preis von 19 Dollar pro Aktie – ein guter Aufschlag gegenüber dem Kurs von 12,19 Dollar vor Bekanntwerden der Transaktion, aber deutlich unter den rund 25 Dollar, die der Kurs sowohl 1993 als auch 1998 erreicht hatte.

Shaw war damals mit 30.000 Mitarbeitern, einem Umsatz von vier Milliarden Dollar und 100 Produktionsstätten und Vertriebszentren im ganzen Land das größte von Berkshire kontrollierte Unternehmen. Der Firmensitz blieb in Dalton im Bundesstaat Georgia. In einem Interview mit dem *Wall Street Journal*[182] betonte Buffett seine Vorliebe für unspektakuläre Unternehmen, die ziemlich gewöhnliche Dinge tun, diese aber außerordentlich gut machen: „Das Teppichgeschäft ist ein grundsolides Geschäft. Die Menschen werden auch in Zukunft Teppichböden verwenden. Es ist ein relativ leicht zu erlernendes Geschäft."

Die Transaktion wurde am 8. Januar 2001 abgeschlossen. Bob war mit der Vereinbarung sehr zufrieden. Abgesehen davon, dass er dabei viel verdient hatte, war er von zahlreichen Belastungen befreit, denen börsennotierte Unternehmen ausgesetzt sind:

> „Als börsennotiertes Unternehmen kann man die richtigen langfristigen Entscheidungen treffen und dennoch enttäuschende kurzfristige Ergebnisse erzielen. Dann leidet der Aktienkurs ... [Aber innerhalb von Berkshire] glauben wir, dass es einfacher

sein wird, langfristige Entscheidungen zu treffen, ohne uns um die kurzfristige Mentalität des Aktienmarktes sorgen zu müssen. Das ist ein weiterer Vorteil, Teil von Berkshire zu sein. Das Unternehmen ist für seine langfristige Sichtweise bekannt.“ [183]

Ein Jahr später [184] waren Shaw, Saul und ihre Manager mit Berkshire so zufrieden, dass sie ihre Shaw-Industries-Aktien gegen 4.505 Berkshire-Stammaktien der Klasse A und 7.063 Stammaktien der Klasse B tauschten. Damit sicherte sich Berkshire für zusätzliche 324 Millionen Dollar 100 Prozent der Anteile.

Buffett fasste die anschließende Beziehung zum Team von Shaw auf der Berkshire-Hathaway-Hauptversammlung im Mai 2012 so zusammen:

„Wir möchten, dass unsere Unternehmen sehr eigenständig geführt werden, und wir möchten, dass die Manager dieser Unternehmen das Gefühl haben, ihr eigenes Unternehmen zu führen. Das ist bei Berkshire enorm wichtig. Deshalb sagen wir den Mitarbeitern von Clayton Homes nicht, dass sie ihre Teppichböden bei Shaw oder ihre Farbe bei Benjamin Moore kaufen sollen. So etwas tun wir einfach nicht.

Man könnte sagen, das sei etwas töricht. Aber jeder zusätzliche Gewinn, den wir durch den Verkauf von ein paar weiteren Exemplaren erzielen würden, würde meines Erachtens bei Weitem dadurch aufgewogen, dass sich der Manager weniger als echter Unternehmer seines eigenen Geschäfts fühlt.

Wir geben den Leuten Milliarden von Dollar, und sie geben uns Aktien; in zahlreichen Fällen führen sie diese Unternehmen schon seit Jahrzehnten. Und wir möchten, dass sie sich am nächsten Tag, wenn sie das Geld haben und wir die Aktien, genauso fühlen wie am Tag zuvor, als sie noch die Aktien hatten und wir das Geld.

Und in dem Moment, in dem wir ihnen sagen, wie sie ihre Arbeitsweise ändern sollen, oder dass sie sich mit diesem oder jenem abstimmen oder die Zustimmung dieser oder jener Person einholen sollen oder Ähnliches, untergraben wir einen Vorteil, den wir für sehr wesentlich halten: das Gefühl von Eigentümerschaft und Verantwortung für das eigene Unternehmen."

WAS BUFFETT IN SHAW SAH

Die oberste Zeile von Tabelle 5.2 zeigt den ausgewiesenen Nettogewinn in den fünf Jahren vor dem Kauf von Shaw durch Berkshire. Wie bereits erwähnt, gab es einige schreckliche Jahre. Aber wenn Buffett über den Kauf eines Unternehmens nachdachte, blickte er immer in die Zukunft. Um sich ein Bild von der wahrscheinlichen Zukunft zu machen, trennte er die Kosten der Vergangenheit, die sich wahrscheinlich nicht wiederholen würden, von den normalen Kosten des täglichen Geschäftsbetriebs. Das habe ich in Tabelle 5.2 darzustellen versucht.

Erstens entstanden Shaw 1997 und 1998 außerordentliche Aufwendungen, als es seine Einzelhandelsgeschäfte verkaufte. Es war vernünftigerweise anzunehmen, dass dies nicht wieder vorkommen würde – schon gar nicht unter den wachsamen Augen von Buffett und Munger und ihrer Kontrolle über die Kapitalallokation. Um also zu den „zugrunde liegenden Erträgen" zu gelangen, können wir zunächst diese außerordentlichen Kosten wieder hinzurechnen.

Zweitens entstanden durch den Verkauf des britischen Geschäfts ebenfalls einmalige Sonderkosten, die wir auch wieder hinzurechnen können.

Drittens wurden Aktien mit Verlust verkauft. Diese standen in keinem Zusammenhang mit dem laufenden Geschäft mit Bodenbelägen und würden sich wahrscheinlich nicht wiederholen, sodass wir sie ebenfalls wieder hinzurechnen können.

Tabelle 5.2: Shaw Industries – ein Versuch, den „zugrunde liegenden Gewinn" herzuleiten

in Mio. USD	**1995**	**1996**	**1997**	**1998**	**1999**
Gemeldeter Nettogewinn	52,3	34,0	29,0	20,6	228,0
Hinzurechnung des Verkaufs stationärer Einzelhandelsgeschäfte ohne Steuervorteile	0	0	23,3	92,7	2,4
Hinzurechnung der Belastung durch die Veräußerung der britischen Vermögensgegenstände ohne Steuervorteile			20,3		
Hinzurechnung des Verkaufs von Wertpapieren ohne Steuervorteile				13,4	
Hinzurechnung von einmaligen Posten ohne Steuervorteile	4,1	26,5			
Hinzurechnung von Restrukturierungskosten ohne Steuervorteile	-	24,2	-	-	-
Zugrunde liegender Nachsteuergewinn	**56,4**	**84,7**	**72,6**	**126,7**	**230,4**
Investitionen der Aktionäre	710	672	638	797	869
Zugrunde liegender Nachsteuergewinn/Investitionen der Aktionäre	7,9%	12,6%	11,4%	15,9%	26,5%
Investitionen der Aktionäre nach Abzug des Goodwill	606	460	402	381	450
Zugrunde liegender Nachsteuergewinn/Investitionen der Aktionäre nach Abzug des Goodwill	9,3%	18,4%	18,1%	33,3%	51,2%

Quelle: Eingereichte 10K-Formulare von Shaw Industries

Viertens gab es nicht zugrunde liegende „einmalige Aufwendungen“, die wir wieder hinzurechnen können.

Schließlich können wir den Direktoren, wenn wir ihnen Intelligenz zuschreiben, zustimmen, dass die von ihnen identifizierten „Restrukturierungskosten“ echte Einmalaufwendungen waren, die sich wahrscheinlich nicht wiederholen werden, sodass wir auch diese wieder hinzurechnen können.

Wenn all diese Aufwandspositionen nicht mehr als relevant für die zugrunde liegende Performance angesehen werden, stellen wir fest, dass der Gewinn nach Steuern in diesen fünf Jahren zwischen 56,4 Millionen und 230,4 Millionen Dollar lag. Damit kommen wir einer Rechtfertigung für die Zahlung von 2,42 Milliarden Dollar näher.

Nun kommt ein Aspekt hinzu, dem Buffett und Munger wahrscheinlich große Aufmerksamkeit geschenkt haben: die Rendite auf das vom Unternehmen verwendete Eigenkapital der Aktionäre. In diesen fünf Jahren war das Aktionärskapital (Nettovermögen) nicht so hoch, wie man es von einem Industrieunternehmen mit einem Umsatz von über vier Milliarden Dollar erwarten würde: Es lag lediglich zwischen 638 und 869 Millionen Dollar.

Ein erheblicher Teil dieses Eigenkapitals war jedoch kein Vermögen, über das die Manager innerhalb des Unternehmens verfügen konnten, da es sich um immaterielle Vermögenswerte handelte, die als „Goodwill“ aus Übernahmen bezeichnet wurden. Wenn wir die Goodwill-Zahlen abziehen, um das Nettosachvermögen zu ermitteln, sinkt die Spanne des im Unternehmen eingesetzten Aktionärskapitals auf 381 bis 606 Millionen Dollar.

Die Rendite dieser Investition betrug 1998 33,3 Prozent und 1999 51,2 Prozent. Buffett dürfte kurz der Gedanke gekommen sein, dass dieses Unternehmen mit Nettosachanlagen von beispielsweise 500 bis 700 Millionen Dollar wahrscheinlich Gewinne von über 200 Millionen Dollar nach Steuern erzielen würde. Zudem war es gar nicht notwendig, große Teile der erzielten Gewinne einzubehalten, um die Produktionslinien zu erweitern und weiteres Wachstum zu ermöglichen. Das bedeutete, dass der größte Teil des Gewinns an den Hauptsitz von Berkshire in Omaha fließen konnte, um dort anderweitig eingesetzt zu werden.

Dieser Gedanke wird durch einen Blick auf den Cashflow dieser fünf Jahre bestätigt (siehe Tabelle 5.3). In den Jahren 1998 und 1999 lag der Cashflow – selbst nachdem die notwendige Betriebsausstattung bezahlt war – näher bei 300 Millionen Dollar als bei 200 Millionen Dollar.

Tabelle 5.3: Shaw Industries - Cashflow aus laufender Geschäftstätigkeit

In Mio.	**1995**	**1996**	**1997**	**1998**	**1999**
Cashflow aus laufender Geschäftstätigkeit nach Nettozugängen zum Umlaufvermögen	161	166	139	378	394
Investitionsausgaben	-67	-107	-78	-65	-116
Cashflow nach Abzug von Umlaufvermögen und Investitionen	94	59	61	313	278

Quelle: 10K-Fomulare von Shaw Industries

Wir können uns nur vorstellen, wie Buffett gelächelt haben muss, als er in den Jahren nach dem Kauf die Zahlen in Abbildung 5.8 las. Die Gewinne haben sich in den ersten sechs Jahren mehr als verdoppelt. Wir haben für diese Jahre zwar keinen Zugang zu allen Zahlen zu den Nettosachanlagen, können aber schlussfolgern, dass diese durch Akquisitionen und organisches Wachstum im Jahr 2004 bei mehr als 1,1 Milliarden Dollar lagen, da Buffett schrieb: „Shaw erzielte unter der Leitung von Bob Shaw und Julian Saul 2004 eine herausragende Rendite von 25,6 Prozent auf das materielle Eigenkapital. Das Unternehmen strotzt vor Kraft und hat eine glänzende Zukunft vor sich."[185] Der Gewinn nach Steuern belief sich 2004 auf etwa 466 (1 - 0,35) = 303 Millionen Dollar, unter der Annahme eines Steuersatzes von 35 Prozent, was eine Sachkapitalbasis von 1,183 Milliarden Dollar impliziert – die Sachanlagen betrugen also etwa das 4-Fache des Gewinns nach Steuern oder genauer gesagt (1 : 0,256) × 303 Millionen Dollar = 1,183 Milliarden Dollar.

Abbildung 5.8: Vorsteuergewinn von Shaw Industries (Anteil von Berkshire 87,3 Prozent im Jahr 2001, danach 100 Prozent)

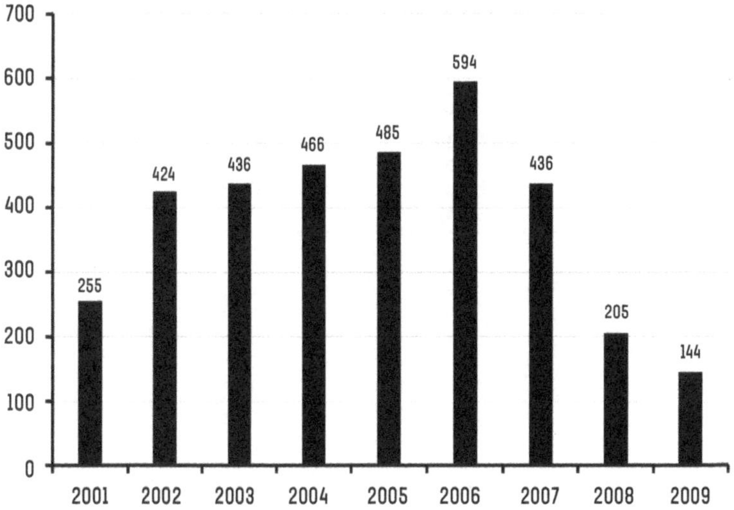

Quelle: Jahresberichte von Berkshire Hathaway

Der durchschnittliche Gewinn vor Steuern belief sich in den ersten neun Jahren nach der Übernahme durch Berkshire auf 383 Millionen Dollar. Zieht man 35 Prozent für Steuern ab,[186] betrug die durchschnittliche Rendite für Berkshire 249 Millionen Dollar. Dies basiert auf der Annahme, dass Shaw einen Teil der erwirtschafteten Barmittel nicht zur Aufstockung seines Anlagevermögens benötigte.[187] Betrachten wir daher die Ausgaben für Investitionsgüter im Vergleich zu den Abschreibungen (abgezogen vom Gewinn), die in Tabelle 5.4 aufgeführt sind.

Wenn wir die durchschnittlichen zusätzlichen Investitionen in Kapitalgüter abziehen – also 39 Millionen Dollar, die in der letzten Spalte von Tabelle 5.4 unten aufgeführt sind –, dann konnte Berkshire Hathaway in den ersten neun Jahren jeweils etwa 210 Millionen Dollar (also 249

Millionen Dollar minus 39 Millionen Dollar) entnehmen, um sie in andere Projekte zu investieren. Das sind 8,7 Prozent des für den Kauf von Shaw eingesetzten Betrags: 2,42 Milliarden Dollar.

Tabelle 5.4: Shaw Industries - Investitionen, immaterielle und materielle Abschreibungen und Amortisationen

Jahr	**Investitionen (ohne solche, die Teil von Unternehmensakquisitionen waren)**	**Immaterielle und materielle Abschreibungen und Amortisationen**	**Investitionen abzüglich Abschreibungen und Amortisationen**
2001	71	88	-17
2002	196	91	105
2003	120	91	29
2004	125	99	26
2005	209	113	96
2006	189	134	55
2007	144	144	0
2008	173	150	23
2009	186	149	37
Durchschnittliche Differenz			39

Quelle: Jahresberichte von Berkshire Hathaway

Diese Analyse ist natürlich nicht sehr differenziert, da sie nicht die tatsächlichen Cashflows berücksichtigt, die an das Büro in Omaha fließen, um dort für andere Investitionen eingesetzt zu werden. Aber als grobe Schätzung kann sie meiner Meinung nach einen Einblick in die Renditen dieses Geschäfts in den ersten neun Jahren geben.

Nach 2009 haben wir ein Problem, da in den Jahresberichten von Berkshire die Gewinne von Shaw mit denen von Johns Manville, Acme

Brick, Clayton Homes, MiTek und Benjamin Moore in der Kategorie „Bauproduktehersteller" zusammengefasst sind. Wir bekommen aber einige Anhaltspunkte – erstens aus dem, was Buffett in den Jahresberichten geschrieben hat, und zweitens aus den Mitarbeiterzahlen (siehe Tabelle 5.5). Diese deuten nicht auf ein großes Volumenwachstum hin.

Im August 2006 wurde Bob 75 Jahre alt und äußerte gegenüber Buffett den Wunsch, als CEO in den Ruhestand zu gehen. Er beendete seine operative Vollzeittätigkeit, blieb aber im Vorstand, um bei langfristigen Initiativen beratend tätig zu sein. Dabei versprach er, das neue Führungsteam unter der Leitung von CEO Vance Bell – einem 31-jährigen erfahrenen Mitarbeiter von Shaw Industries – und Präsident Randy Merritt nicht zu überschatten.[188] Aber „wenn sie etwas kaufen wollen, können sie mich fragen, was ich davon halte",[189] sagte Bob. Buffett zeigte sich mit der Nachfolge sehr zufrieden und bezeichnete sie als „die richtige Entscheidung".[190] Zwei Monate vor Bobs Rücktritt ging auch Saul als Präsident in den Ruhestand. Der Umsatz von Shaw liegt mittlerweile bei mehr als sieben Milliarden Dollar pro Jahr.

Bob betonte während seiner gesamten Karriere, dass er nicht daran interessiert sei, ein Unternehmen nur des Geldes wegen aufzubauen, sondern dass er eine Institution schaffen wolle, die Bestand habe. Mit 90 Jahren erklärte er: „Für mich und Menschen wie Warren Buffett geht es nicht unbedingt um das Geld. Ich fahre ein 13 Jahre altes Auto. Es geht um Erfolg und den eigenen Ruf."[191] Auch mit über 90 spielt er noch Golf und hilft bei Engineered Floors aus, einem Unternehmen, das er 2009 gründete, als ihm nach vier Jahren im Ruhestand „langweilig wurde". Dieses Privatunternehmen mit einer 650.000 Quadratmeter großen Fabrik im Nordwesten von Georgia produziert textile Bodenbeläge.

Auch die Anna Sue and Bob Shaw Foundation hält ihn auf Trab. Sie unterstützt Dutzende von Organisationen, insbesondere in der Umgebung von Dalton. Ein wichtiger Fokus ihrer Spenden liegt auf der Hilfe für Kinder mit autistischen Störungen, Aufmerksamkeitsdefizit-/Hyperaktivitätsstörungen und anderen Lern- und Entwicklungsstörungen.

Tabelle 5.5: Angaben zu den Bauprodukteherstellern von Berkshire Hathaway 2009 bis 2023

Jahr	Bemerkung über Shaw im Jahresbericht von Berkshire	Mitarbeiter					
		Shaw	Johns Manville	MiTek	Benjamin Moore	Acme	Clayton Homes
2009		25.492	6.411	1.723	2.380	1.947	12.133
2010	„Unsere mit dem Wohnungsbau zusammenhängenden Geschäftsbereiche haben weiterhin zu kämpfen. Johns Manville, MiTek, Shaw und Acme Brick halten ihre jeweilige Wettbewerbsposition, aber ihre Gewinne liegen weit unter dem Niveau von vor ein paar Jahren. Zusammen brachten diese Sparten im Jahr 2010 einen Vorsteuergewinn von 362 Millionen Dollar ein, gegenüber 1,3 Milliarden Dollar im Jahr 2006 … Im Jahr 2011 wird Shaw 200 Millionen Dollar in Sachanlagen investieren, und zwar ausschließlich in Amerika. Diese Unternehmen sind stark in die Rezession hineingegangen und werden noch stärker aus ihr hervorgehen. Bei Berkshire ist unser Zeithorizont ‚ewig'."	24.552	6.410	1.796	2.283	1.845	10 439
2011	„Im vergangenen Jahr habe ich Ihnen gesagt, dass sich der Wohnungsbau wahrscheinlich etwa in einem Jahr wieder erholen würde. Damit lag ich völlig falsch … Die vier Unternehmen dieser Sparte, die mit Wohnungsbau zu tun haben (Clayton gehört nicht zu dieser Gruppe, weil es unter Finanzwesen und Finanzprodukte geführt wird), erzielten zusammen 227 Millionen Dollar Gewinn im Jahr 2009, 362 Millionen Dollar im Jahr 2010 und 359 Millionen Dollar im Jahr 2011."	22.650	6.532	2.064	2.280	2.096	9.973

Jahr	Bemerkung über Shaw im Jahresbericht von Berkshire	Mitarbeiter					
		Shaw	Johns Manville	MiTek	Benjamin Moore	Acme	Clayton Homes
2012	„Erhebliche Verbesserungen in unserer Teppichbodensparte, bescheidene Verbesserungen in unserer Bauproduktesparte in den Vereinigten Staaten ... Im Jahr 2012 profitierte Shaw von den Auswirkungen der Preiserhöhungen Ende 2011 und Anfang 2012 sowie von den vergleichsweise stabilen Rohmaterialkosten im Jahr 2012, aus denen höhere Margen resultierten."	22.312	6.841	2.037	2.240	2.117	10.575
2013	„Im Jahr 2013 stieg der Erlös aus unserer Bauproduktesparte um acht Prozent auf circa 9,6 Milliarden Dollar. Diesen Unternehmen kam der allgemein verbesserte Markt für den Bau von Wohn- und Gewerbeimmobilien zugute ... Die Bauproduktesparte generierte höhere Gewinne (13 Prozent)."	22.603	6.855	2.657	2.102	2.247	11.850
2014	„Die Erlöse von Shaw blieben 2014 relativ unverändert gegenüber 2013. Darin schlugen sich die Auswirkungen der Schließung des Vorlegergeschäfts Anfang 2014 und der geringere Umsatz mit Teppichböden nieder, die durch mehr Umsatz mit harten Bodenbelägen ausgeglichen wurden. Der Vorsteuergewinn der Bauproduktesparte stieg von 2013 bis 2014 um sechs Prozent. Alle unsere Bauproduktehersteller erzielten im Jahr 2014 mehr Gewinn als 2013, mit Ausnahme von Shaw, dessen Gewinn wegen höherer Kosten für Rohmaterialien zurückging."	22.074	6.852	3.006	1.908	2.257	11.988

Jahr	Bemerkung über Shaw im Jahresbericht von Berkshire	Mitarbeiter					
		Shaw	Johns Manville	MiTek	Benjamin Moore	Acme	Clayton Homes
2015	„Im Jahr 2015 stiegen die Erlöse unserer Bauproduktehersteller gegenüber 2014 um zwei Prozent auf 192 Millionen Dollar. Im Jahr 2015 schlugen sich in dem Erlöszuwachs die gestiegenen Umsätze von Shaw, Johns Manville und MiTek sowie die Auswirkungen strategischer Übernahmen nieder. Insgesamt lässt sich die Gewinnsteigerung vor allem den erwähnten Einnahmesteigerungen und den niedrigeren Kosten vor Rohmaterialien und Energie zuschreiben, die zum Teil durch negative Währungseffekte und gestiegene Restrukturierungskosten ausgeglichen wurden. Die größten verhältnismäßigen Gewinnsteigerungen brachten Shaw, Johns Manville und Benjamin Moore.“	21.785	6.963	3.950	1.715	2.341	13.164
2016	„Die Erlöse der Bauproduktesparte stiegen 2016 gegenüber 2015 um 4,4 Prozent auf 456 Millionen Dollar. Darin schlugen sich die absatzbedingten Erlössteigerungen bei MiTek, Johns Manville, Acme und Shaw sowie die Einnahmen aus strategischen Übernahmen durch Shaw und MiTek nieder. In der Erlössteigerung schlug sich der gestiegene Absatz in mehreren Produktkategorien nieder … Der Vorsteuergewinn stieg 2016 gegenüber 2015 um 0,9 Prozent auf elf Milliarden Dollar.“	21.540	7.192	5.128	1.778	2.380	14.677

Jahr	Bemerkung über Shaw im Jahresbericht von Berkshire	Mitarbeiter					
		Shaw	Johns Manville	MiTek	Benjamin Moore	Acme	Clayton Homes
2017	„Gegen Ende 2016 übernahm unser Bodenbelaghersteller Shaw Industries U.S. Floors ... USF ... lieferte 2017 eine Umsatzsteigerung von 40 Prozent ab, während es betrieblich in Shaw integriert wurde. Diese Übernahme steigerte den Umsatz von Shaw im Jahr 2017 auf 5,7 Milliarden Dollar und die Mitarbeiterzahl auf 22.000. Durch den Kauf von USF hat Shaw seine Stellung als bedeutende und nachhaltige Einnahmequelle von Berkshire erheblich gestärkt.“	21.867	7.309	5.738	1.772	2.408	16.362
2018	„Shaw übernahm in Schottland Sanquahar Tile Services, einen europaweit tätigen Hersteller und Vertreiber von Teppichfliesen ... Die Steigerung des Vorsteuergewinns bei Shaw ... Der Umsatz stieg um 7,9 Prozent ... In der Gewinnsteigerung schlugen sich die Auswirkungen von Wertminderungen, Pensionsausgleichszahlungen und Umweltschutzansprüchen von 107 Millionen Dollar nieder, die Shaw und Benjamin Moore im Jahr 2016 verbuchten. Außerdem resultierte die Gewinnsteigerung aus strategischen Übernahmen und wurde zum Teil durch den Rückgang der durchschnittlichen Bruttoertragsmargen aufgrund höherer Kosten für Rohmaterial und höherer sonstiger Produktionskosten ausgeglichen.“	22.660	7.801	5.670	1.764	2.353	17.144

Jahr	Bemerkung über Shaw im Jahresbericht von Berkshire	Mitarbeiter					
		Shaw	Johns Manville	MiTek	Benjamin Moore	Acme	Clayton Homes
2019	„Die zusammengefassten Erlöse unserer sonstigen Unternehmen im Bauproduktebereich (ohne Clayton) beliefen sich im Jahr 2019 auf 13,0 Milliarden Dollar, gegenüber 2018 eine Steigerung um 2,8 Prozent. Die Erlöse mit harten Bodenbelägen stiegen. Der Vorsteuergewinn der anderen Unternehmen aus dem Bereich Bauprodukte belief sich im Jahr 2019 auf 1,5 Milliarden Dollar, gegenüber 2018 eine Steigerung um 8,2 Prozent."	21.094	7.769	6.159	1.848	2.117	18.533
2020	„Die zusammengefassten Erlöse unserer sonstigen Unternehmen im Bauproduktebereich (ohne Clayton) beliefen sich im Jahr 2020 auf 12,6 Milliarden Dollar, gegenüber 2019 ein Rückgang um 2,6 Prozent. In dem Erlösrückgang schlugen sich geringere Volumina nieder, die zum Teil den negativen Auswirkungen der Covid-19-Pandemie zuzuschreiben waren."	20.806	7.709	6.291	1.905	1.960	19.455
2021	„Die zusammengefassten Erlöse unserer sonstigen Unternehmen im Bauproduktebereich (ohne Clayton) beliefen sich im Jahr 2021 auf rund 14,5 Milliarden Dollar, eine Steigerung gegenüber 2020 um 14,4 Prozent … Der Vorsteuergewinn der anderen Bauprodukte-Unternehmen belief sich im Jahr 2021 auf circa 1,7 Milliarden Dollar."	21.482	7.748	5.510	2.042	1.794	20830

Jahr	Bemerkung über Shaw im Jahresbericht von Berkshire	Mitarbeiter					
		Shaw	Johns Manville	MiTek	Benjamin Moore	Acme	Clayton Homes
2022	„Die zusammengefassten Erlöse unserer sonstigen Unternehmen im Bauproduktebereich (ohne Clayton) beliefen sich im Jahr 2022 auf circa 16,2 Milliarden Dollar. Die höheren Verkaufspreise waren vor allem durch die beträchtlichen Kostensteigerungen im Jahr 2021 bedingt, die sich im Jahr 2022 fortsetzten. Der Vorsteuergewinn der anderen Bauprodukte-Unternehmen belief sich im Jahr 2022 auf circa 2,4 Milliarden Dollar, eine Steigerung gegenüber 2021 um 41,9 Prozent. Im Jahr 2022 betrug der Vorsteuergewinn 15,0 Prozent des Erlöses, gegenüber 2021 eine Steigerung um 3,2 Prozentpunkte."	20.784	8.044	5.974	2.026	1.890	20.229
2023	„Die zusammengefassten Erlöse unserer sonstigen Unternehmen im Bauproduktebereich (ohne Clayton) beliefen sich im Jahr 2023 auf circa 14,5 Milliarden Dollar, gegenüber 2022 ein Rückgang um 10,0 Prozent ... Der Vorsteuergewinn der anderen Bauprodukte-Unternehmen belief sich im Jahr 2023 auf circa 2,1 Milliarden Dollar, gegenüber 2022 ein Rückgang um 11,4 Prozent."	18.865	7.748	5.783	1.952	1.915	20.645
Veränderung 2009-2023		**-26%**	**+21%**	**+236%**	**-18%**	**-2%**	**+70%**

Quelle: Jahresberichte von Berkshire Hathaway

LEKTIONEN

- **Nicht alle Wettbewerbsvorteile beruhen auf Markenstärke oder auf Differenzierung.** Ein kostengünstiger Produzent zu sein kann einen Wettbewerbsvorteil bieten, um eine angemessene Eigenkapitalrendite zu erzielen. Shaw ist – ähnlich wie GEICO – in einer Branche tätig, in der die Kunden sehr preisbewusst sind: Sie sind nicht bereit, für ein Markenprodukt (viel) mehr zu bezahlen. Daher besteht der primäre strategische Fokus dieser Unternehmen darin, den Kunden wirklich gute Preise zu bieten und gleichzeitig zufriedenstellende Margen und Eigenkapitalrenditen zu erzielen. Die Manager müssen kontinuierlich danach streben, möglichst kosteneffizient zu sein. Bob und Saul können hier auf eine lange Erfolgsgeschichte zurückblicken. Es ist auch von Vorteil, der Größte in der Branche zu sein (sofern Skalennachteile gut gehandhabt werden).
- **Verärgern Sie Ihre Kunden nicht, indem Sie direkt mit ihnen konkurrieren.** Shaw verärgerte seine Hauptkunden, als es 400 Einzelhandelsgeschäfte in den USA betrieb.
- **Unternehmen mit hoher Eigenkapitalrendite sind nicht zwangsläufig gute Investitionen.** Viel hängt vom Preis ab, den man für die Gewinne zahlt, und vom Cashflow, der voraussichtlich erwirtschaftet wird. Shaw erzielte für seine Aktionäre Erträge in Höhe von etwa 200 Millionen Dollar pro Jahr – dafür wurden 500 bis 600 Millionen Dollar Kapital eingesetzt. Das ist ein gutes Geschäft. Aber es ist nur dann eine großartige Investition, wenn man diesen Ertragsstrom zu einem relativ niedrigen Preis kaufen kann. Möglicherweise lagen 2,42 Milliarden Dollar am oberen Ende dessen, was noch als angemessen gelten konnte.

ANMERKUNG DES AUTORS

Etwa zu dieser Zeit holte Warren Buffett sechs kleinere Unternehmen in die Berkshire-Hathaway-Familie, von denen die meisten zu tragenden Säulen der Gruppe wurden. Zunächst hatte ich vor, sie in dieser Buchreihe auszulassen, da Buffett seit dem Kauf keine Geschäftszahlen veröffentlicht. Die Unternehmen wurden in deutlich größere Berichtssegmente von Berkshire wie „Einzelhandel" oder „Bauprodukte" integriert, und in den Jahresberichten von Berkshire werden nur die Finanzdaten der jeweiligen Gruppe veröffentlicht, nicht die Zahlen der einzelnen Unternehmen. Aufgrund der spärlichen Zahlenangaben war es mir nicht möglich, die Renditen zu analysieren, die Berkshire mit seinen Investitionen erzielt hat. In einigen Fällen wurde nicht einmal der gezahlte Betrag veröffentlicht, geschweige denn die daraus resultierenden Erträge.

Bei näherer Betrachtung kam ich jedoch zu dem Schluss, dass die Geschichten dieser Unternehmen auch ohne Analyse der Zahlen faszinierend sind. Wenn Sie die Jahreshauptversammlung von Berkshire besuchen, werden Sie hören, wie sehr diesen Unternehmen, die alle noch heute bestehen, immer noch Tribut gezollt wird. Wenn Sie sich in die Halle neben dem Auditorium wagen, können Sie auch deren Produkte in einer Ausstellung sehen. Und am ersten Samstag im Mai ist die Halle für den Verkauf geöffnet – so werden beispielsweise während der Jahreshauptversammlung mehr als 1.000 Paar Cowboystiefel von Justin verkauft.

Bitte entschuldigen Sie daher die fehlenden analytischen Details im nun folgenden Teil des Buches, aber ich dachte, dass Sie die Entstehungsgeschichten, die Geschäfte und die weitere Entwicklung dieser Unternehmen innerhalb der Berkshire-Gruppe dennoch interessant finden könnten.

Investition 6

STAR FURNITURE CO.

Eckpunkte des Geschäfts

Geschäft	**Star Furniture Co.**
Zeit	Juli 1997
Bezahlter Preis	Nicht bekannt gegebene Zahlung in Aktien
Anteil am Eigenkapital	100%
Status	Noch gehalten

Warren Buffett mag Möbelhäuser mit starken Franchises, die in ihren Regionen dominieren. Diese Vorliebe entwickelte er nach seinem Kauf von Nebraska Furniture Mart im Jahr 1983, wobei die brillante Familie Blumkin den wirtschaftlichen Burggraben um ihr Geschäft in Omaha immer weiter vertiefte und verbreiterte (siehe Band 2, Investition 3). Eine der ersten Fragen, die Buffett der Familie Blumkin stellte, lautete: „Gibt es noch andere wie Sie?“[192] Sie erzählten ihm von drei „herausragenden“ Möbelhändlern in anderen Teilen des Landes. Zu diesem Zeitpunkt stand jedoch keiner zum Verkauf.

Im Laufe der Jahre pflegte Irv Blumkin eine Freundschaft mit Bill Child von R.C. Willey in Utah, einem der drei genannten Einzelhändler. Und nach zwölf Jahren des Wartens sah er schließlich seine Chance, sowohl Berkshire als auch R.C. Willey zu helfen. Als er sich 1995 auf der Möbelmesse in San Francisco mit Child unterhielt, begann

Blumkin, seine Erfahrungen unter dem Dach von Berkshire zu schildern. Es dauerte nicht lange, bis auch Child gern an Berkshire verkaufen wollte (siehe Band 3, Investition 6).

Buffett hatte nun zwei Scouts auf der Suche nach den besten Möbelunternehmen des Landes. Als Buffett Child dieselbe Frage stellte, die er auch den Blumkins gestellt hatte, wurden dieselben beiden Namen genannt – eine beruhigende Bestätigung. Der erste war Star Furniture aus Houston, das dann 1997 übernommen wurde.

Das letzte Unternehmen auf der Liste war Jordan's Furniture, das in Massachusetts und New Hampshire marktbeherrschend war. Es wurde 16 Jahre, nachdem Buffett erstmals theoretisches Interesse daran gezeigt hatte, übernommen. Er hatte über einen längeren Zeitraum hinweg beobachtet, wie es immer stärker wurde, aber erst als die Brüder Tatelman bereit waren, Partner im Berkshire-Team zu werden, wandte er sich an sie. Das ist eine Geschichte für das nächste Kapitel.

DIE ANFÄNGE VON STAR FURNITURE

Star begann 1912 als Lebensmittelgeschäft in der Innenstadt von Houston, aber es dauerte nicht lange, bis es Möbel im Tausch gegen Lebensmittel akzeptierte. Das Geschäft befand sich im Erdgeschoss eines dreistöckigen Gebäudes. Die beiden anderen Stockwerke wurden laut dem Eigentümer und Geschäftsführer Melvyn Wolff, der das Unternehmen später an Buffett verkaufte, von einem „Hotel mit zweifelhaftem Ruf" belegt. „Mein Vater erzählte mir, dass die Leute oben immer sagten, dass das Erdgeschoss ihres Bordells von einem Möbelgeschäft mit zweifelhaftem Ruf belegt sei", witzelte er.[193]

Wolffs Vater Boris war ein mittelloser russischer Emigrant ohne Englischkenntnisse, der 1918 aus einem Arbeitslager geflohen war. Bis 1924 hatte er jedoch genug Geld gespart (Wolff schätzte den Betrag auf 1.200 bis 1.500 Dollar), um sich an dem Möbelgeschäft zu beteiligen, und wurde mit einem Anteil von einem Viertel der vierte Partner.

Die Finanzspritze von Boris und einem weiteren Partner ermöglichte es Star Furniture, eine Anzahlung für das Gebäude zu leisten, das Hotel ausziehen zu lassen und Möbel auf allen drei Etagen auszustellen. Die Zielgruppe waren Arbeiter und Star Furniture bot ihnen jedes Möbelstück für einen Dollar Anzahlung und einen Dollar pro Woche zur Tilgung der Schulden an.

Obwohl sie von der Weltwirtschaftskrise hart getroffen wurden, versprachen sie ihren Mitarbeitern, niemanden zu entlassen, und hielten dieses Versprechen auch ein – was an sich schon ein Triumph war. Als der Zweite Weltkrieg die Umsätze weiter einbrechen ließ, kamen die Partner zu dem Schluss, dass das Unternehmen die Eigentümer und ihre Familien nicht mehr ernähren konnte. Ein Partner verließ das Unternehmen, um sein eigenes Möbelgeschäft zu gründen, nachdem er seine Anteile an Boris und die Frau von Louis Getz verkauft hatte. Der vierte Partner war einige Jahre zuvor verstorben.

Bis 1950 war das Unternehmen auf sechs Filialen angewachsen. Zu dieser Zeit war Wolff 19 Jahre alt und plante eigentlich eine Karriere als Jurist. Er hatte bereits ein Studium an der University of Texas in Austin begonnen, als sein Vater einen Herzinfarkt erlitt. Wolff fragte ihn, ob er nach Hause kommen und ihm helfen solle, das Geschäft zu führen, bis er wieder auf den Beinen sei. Boris lehnte dies ab, da er das Studium seines Sohnes nicht gefährden wollte. Daher kam Wolff auf die Idee, ein Jahr lang in Houston zu leben, bei Star zu arbeiten und die Abendschule an der University of Houston zu besuchen: „Mein Vater verbrachte jeden Tag ein oder zwei Stunden im Geschäft, aber er gewann seine frühere Belastbarkeit nie zurück.“[194]

Wolff hatte das Möbelgeschäft nun endgültig gepackt[195] und er kehrte der University of Texas für immer den Rücken. Sein Studium setzte er an der University of Houston fort, schloss es 1953 ab und diente dann zwei Jahre lang als Offizier in der US-Armee in Korea. 1956 trat er offiziell bei Star ein. Zu dieser Zeit betrug der Jahresumsatz weniger als zwei Millionen Dollar.

Im Jahr 1962 starben innerhalb von zwei Wochen sowohl Boris als auch Mrs. Getz, sodass die fünf Partner der zweiten Generation entscheiden mussten, wie es weitergehen sollte. „Ich war der Jüngste in dieser Gruppe, aber irgendwie brachte ich den Rest der Gruppe dazu, mich zum Präsidenten zu machen" [196], so Wolff. Das Unternehmen war nicht gesund, es gab Phasen mit geringen Gewinnen oder mit Verlusten, eine hohe Schuldenlast und ein negatives Nettovermögen. Darüber hinaus gab ein 20-mal so großer Konkurrent viel mehr für Werbung aus und hinderte Star daran, alle gewünschten Möbelkollektionen zu führen, indem er sich Exklusivrechte sicherte.

Dann kam die Ankündigung, die sie befürchtet hatten: Die Bank drang auf Rückzahlung ihres Kredits. Nach langer Suche sicherte sich Melvyn die Unterstützung einer anderen Bank und legte den Partnern einen radikalen Plan vor: zwei Geschäfte, darunter das Hauptgeschäft in der Innenstadt, zu verkaufen und mit dem erlösten Geld sowie der Ausgabe von langfristigen Schuldverschreibungen zu Junkbond-Zinsen ein großes Lagerhaus mit Ausstellungsflächen zu mieten, das von einem Konkurrenten aufgegeben worden war. Den Partnern gefiel das Risiko nicht, und so nahmen sie stattdessen 1964 Wolffs Angebot an, sie auszuzahlen.

Wolff überredete seine Schwester Shirley Toomim, ihr Innenarchitekturbüro aufzugeben, damit sie die Leitung des Ladendesigns und der Auslagen übernehmen konnte. Sie bildeten ein großartiges Team, und bis 1997 hatte Star zehn Geschäfte in Houston, eines in Austin und eines in Bryan und erzielte einen Umsatz von 110 Millionen Dollar. Das Paar war in den 1960er-Jahren zu dem Schluss gekommen, dass es töricht wäre, weiterhin einen Konkurrenten herauszufordern, der 20-mal so groß war wie sie selbst, da dies einem Angriff auf eine „überlegene Streitmacht auf breiter Front" gleichkäme.[197] Viel besser wäre es, sich eine Nische zu erschließen. Daher konzentrierten sie sich auf Kunden mit höherem Einkommen und boten erschwingliche Stilmöbel und erstklassigen Service. „Different by Design" wurde ihr Alleinstellungsmerkmal und Slogan. Zudem bewiesen sie Geschick bei der Auswahl von Standorten an wichtigen Autobahnen und in gehobeneren Wohngegenden.

DER VERKAUF DES UNTERNEHMENS

Wolff und Toomim hatten den Großteil des Familienvermögens in dieses eine Unternehmen investiert, entsprechend groß war ihr Wunsch nach Diversifikation. Außerdem befürchteten sie, dass die fälligen Erbschaftsteuern durch den Zwangsverkauf von Filialen gedeckt werden müssten, wodurch ihre Mitarbeiter, die ihnen sehr am Herzen lagen, ihren Arbeitsplatz verlieren würden. Ein Börsengang (IPO) und eine Fusion mit einer anderen Möbelhauskette wurden in Betracht gezogen. Diese Lösungen erwiesen sich jedoch als unbefriedigend, da sie keine Gewähr für den Erhalt der einzigartigen Unternehmenskultur von Star boten: Das Team konnte die Autonomie verlieren, auf der die Wettbewerbsvorteile des Unternehmens aufgebaut waren. „Wir hatten unser ganzes Leben damit verbracht, eine Organisation von Menschen aufzubauen, deren Einkommen wirklich von der Firma abhing, und wir wollten, dass dies so bleibt", [198] sagte Wolff.

Blumkin von Nebraska Furniture Mart und Child von R.C. Willey hatten Wolff gegenüber seit Langem die Vorzüge von Buffett gepriesen, insbesondere was die Wahrung der Autonomie von Unternehmen und die Sicherung der langfristigen Zukunft der Mitarbeiter betraf. Ein gemeinsamer Freund, Bob Denham von Salomon, teilte Buffett zwei Tage vor der Berkshire-Aktionärsversammlung 1997 mit, dass Wolff gern mit ihm sprechen würde. Auf Buffetts Einladung hin reiste Wolff nach Omaha, um an der Versammlung teilzunehmen. Buffett berichtete, dass Wolff „seine Zeit in Omaha damit verbrachte, seine positiven Eindrücke von Berkshire zu bestätigen. Ich sah mir unterdessen die Finanzdaten von Star an und war von dem, was ich sah, begeistert." [199]

Einige Tage später trafen sie sich in New York und einigten sich schnell auf einen Deal. „Die meisten unserer Geschäfte haben wir im Rahmen eines einzigen Treffens abgeschlossen. Dieses hier dauerte zwei Stunden und 20 Minuten und fand in einem Hotelzimmer in New York statt. Das ist bei uns ganz normal", bemerkte Buffett.[200] Laut Wolff stellte Buffett „sehr bohrende Fragen", etwa warum eine Fußnote in einem Bericht aus dem Jahr 1996 etwas anders formuliert war als die gleiche Fußnote in einem Bericht aus dem Jahr 1994. Wolff sagte, das habe ihn umgehauen: „Wie kann jemand 30-seitige Jahresabschlüsse aus drei Jahren lesen und dabei eine unterschiedliche Formulierung in einer Fußnote bemerken?"[201]

Noch erstaunlicher war das Fehlen jeglicher formalen Unternehmensprüfung, von Arbeitsverträgen oder Wettbewerbsverbotsvereinbarungen. Niemand fuhr vor dem Abschluss des Geschäfts nach Houston, um sich das Unternehmen anzusehen. „Es gab einen Handschlag", erinnert sich Wolff. Buffett schrieb 1997 in seinem Brief an die Aktionäre: „Ich sah keine Notwendigkeit, Mietverträge zu prüfen, Arbeitsverträge auszuarbeiten oder ähnliche Maßnahmen zu ergreifen. Ich wusste, dass ich es mit einem integren Mann zu tun hatte, und nur das zählte."

Die vollständige, auf Aktienbasis abgewickelte Übernahme erfolgte am 1. Juli 1997. Wolff wollte unbedingt eine ununterbrochene Kontinuität, und „der Verkauf des Unternehmens gegen Aktien bedeutete, dass unser Tod keine steuerlichen Konsequenzen mehr haben würde, zumindest nicht für das Unternehmen".[202] Außerdem ermöglichte die Aktienübernahme Wolff und Toomim, „sich einer Gruppe von Menschen anzuschließen, zu der zu gehören wir glücklicher nicht sein könnten. Wir glauben, dass es die beste Unternehmensfamilie ist, die jemals unter einem Firmennamen versammelt war."[203] Im Juni 1997 erklärte Wolff gegenüber der Zeitung *Omaha World-Herald*, warum er es schätzte, Aktien von Buffetts Berkshire zu halten: „Wir mögen, was er mit seinem Unternehmen gemacht hat und wie er den Wert seiner Aktien steigert."[204]

Der gezahlte Betrag wurde vertraulich behandelt, aber es ist interessant zu erwähnen, dass Berkshire in seinem Jahresabschluss 1997 einen Posten „ausgegebene Stammaktien im Zusammenhang mit der Übernahme eines Geschäfts“ in Höhe von 72,7 Millionen Dollar auswies. (Allerdings ist bei der Interpretation dieser Angabe Vorsicht geboten – beispielsweise könnte es sich um eine aufgeschobene Gegenleistung handeln, die in späteren Jahren gezahlt wurde. Im Gegensatz zum Jahresabschluss 1995 lautete das letzte Wort in diesem Eintrag „Geschäft“ im Singular.)

Beim Verkauf des Unternehmens schenkten Wolff und Toomim jedem Star-Mitarbeiter 1.000 Dollar für jedes Dienstjahr. Diese großzügige Geste kostete sie 1,6 Millionen Dollar. Buffett war sehr beeindruckt davon, wie die Geschwister ihr Glück mit den Menschen in ihrem Unternehmen teilten, die ihnen zum Erfolg verholfen hatten: „Charlie und ich lieben es, wenn wir Partner von Menschen werden, die sich so verhalten.“[205]

WAS GESCHAH DANACH?

Als Buffett schließlich nach Houston reiste, um mit den Mitarbeitern zu sprechen, wurde er gefragt, wie viele seiner Mitarbeiter er aus der Berkshire-Zentrale entsenden würde, um Teil des Unternehmens zu werden. Er antwortete: „Ich habe nur elf Mitarbeiter, darunter die Rezeptionistin und die Sekretärin. Ich habe also niemanden, den ich entsenden könnte!“[206]

Die Verantwortlichkeiten der Führungskräfte blieben nach der Transaktion genau dieselben wie zuvor. Wolff hält dies für eine große Stärke der Berkshire-Methode, da die Teams innerhalb jeder Tochtergesellschaft ein Gefühl der Verantwortung für ihren kleinen Teil des Gesamtimperiums entwickelten:

> „Da Warren sich in keiner Weise in unser Geschäft eingemischt hat, hat unser Managementteam nicht das Gefühl, für Berkshire zu arbeiten, sondern für die Star Furniture Company. Darauf kon-

> zentrieren sie sich. Und sie machen sich keine Gedanken darüber, wie es General Re oder Dairy Queen oder irgendeinem anderen Berkshire-Unternehmen geht. Stattdessen widmen sie sich alle Tag für Tag der Aufgabe, dieses Unternehmen besser zu machen.“[207]

Und die dezentrale Struktur funktioniert. So hat sich beispielsweise der Umsatz von Star innerhalb von drei Jahren auf fast 200 Millionen Dollar verdoppelt.

Es gab kaum Interaktionen mit den anderen Möbelunternehmen innerhalb von Berkshire. Zwar existiert eine Art Selbsthilfegruppe, in der sich die Mitarbeiter der vier Unternehmen gegenseitig beraten können, um bestimmte Probleme zu lösen, aber dies geschieht rein informell und basiert auf Freundschaften und auf Respekt gegenüber fachkundigen Kollegen aus dem Einzelhandel.

Wolff beschreibt Buffetts Haltung wie folgt:

> „Ich habe vier unabhängige, gut geführte Möbelunternehmen gekauft; vermasselt es nicht. Führt eure Unternehmen einfach weiter wie bisher. Ich habe nichts dagegen, dass ihr euch trefft und gut miteinander auskommt. Aber sucht nicht um meinetwillen nach Synergieeffekten.“[208]

Auf die Frage, was das Beste daran sei, Teil von Berkshire zu sein, antwortete Wolff, dass es Buffett selbst sei: „Wenn man ihm eine Frage stellt, bekommt man keine flotte Antwort, sondern einen fundierten Ratschlag.“[209] Und Buffetts Fähigkeit, seine Manager zu motivieren, geht über weise Ratschläge und Geld hinaus. Viele seiner Manager sind selbst Multimillionäre oder Milliardäre, und dennoch arbeiten sie weiter. Wolff sagte:

> „Ich muss mich selbst daran erinnern, dass dies nicht mehr nur mein Unternehmen ist, dass ich nicht mehr arbeite, um Geld für

> mich und meine Familie zu verdienen. Denn das tue ich wirklich nicht ... Ich habe eine Verantwortung gegenüber den Aktionären von Berkshire übernommen ... man wird selbst motiviert ... das beste Möbelunternehmen zu schaffen, wenn auch nicht unbedingt das größte ... Ich frage mich immer: ‚Was ist das nächste Ziel?'"[210]

Es ist erwähnenswert, dass Star seit 1997 nicht wesentlich über seine damalige Größe hinausgewachsen ist. Heute betreibt es lediglich zehn Filialen, alle in Texas – sieben in Houston und je eine in Austin, Bryan und San Antonio. Dies ist typisch für Berkshire Hathaway: Manager werden angewiesen, dort zu expandieren, wo ein zusätzlicher Dollar an Investitionen einen Mehrwert für die Aktionäre schafft (das heißt eine angemessen hohe Rendite). Zugleich gilt, dass dies nur dort möglich ist, wo ein echter Wettbewerbsvorteil besteht. Dieses Bewusstsein führt häufig dazu, das Wachstum zu begrenzen, denn das Geschäftsmodell – getragen von Reputation, regionaler Marktdominanz oder anderen Faktoren – lässt sich meist nur eingeschränkt ausdehnen. Ist diese Grenze erreicht, sollen jene Gewinne, die nicht für den Erhalt des Geschäfts notwendig sind, an Buffett weitergeleitet werden, damit er sie anderen Unternehmen zuteilt, die mit dem zusätzlichen Kapital Wert schaffen können. Kapitalallokation ist seine Kernkompetenz.

Wolff und seine Frau gründeten eine Familienstiftung, den Cyvia and Melvyn Wolff Charitable Trust, der in sechs Bereichen tätig ist: Bildung, Religion, Gesundheit, Kunst, Benachteiligte und „Sonstiges". Sie stifteten auch das Wolff Center for Entrepreneurship an der University of Houston, das regelmäßig die besten Studenten nach Omaha schickt, um von Buffett zu lernen.

Als CEO trat Wolff 2004 zurück, blieb aber bis zu seinem Tod im Jahr 2017 im Alter von 86 Jahren als Vorstandsvorsitzender tätig. Als Buffett, der bei jeder Filialeröffnung dabei war, von seinem Tod erfuhr, sagte er über Wolff:

> „Als ich Melvyn zum ersten Mal traf, wusste ich, dass er ein wunderbarer Partner und Freund sein würde. Mehr als 20 Jahre später hat jede seiner Handlungen diese erste Einschätzung bestätigt. Ich traf ihn regelmäßig mit Studenten der University of Houston, die er nach Omaha mitbrachte. Sie mochten ihn genauso wie ich."[211]

Toomim – drei Jahre vor Melvyn im Jahr 1928 geboren – ist nach wie vor Vizepräsident von Star Furniture.

Wolff sagte 2008 vor Absolventen in Houston:

> „In jeder Herausforderung verbirgt sich eine Chance für diejenigen, die klug genug sind, sie zu erkennen. Wenn die Welt einfach erscheint und alles im Aufschwung ist, ist es viel schwieriger, die Verfechter des Status quo zu verdrängen. Frische, innovative Ideen, die sorgfältig umgesetzt werden, werden sich am Ende durchsetzen."

Er fügte hinzu:

> „Ihr müsst wissen, dass von denen, denen viel gegeben ist, auch viel erwartet wird. Nehmt euch vor, die Freude zu erleben, die ihr empfinden werdet, wenn ihr euer Glück mit anderen teilt. Es gibt kein schöneres Gefühl als die Befriedigung, das Leben anderer Menschen zu verbessern."[212]

LEKTIONEN

- **Es ist klug, gute Unternehmen viele Jahre lang geduldig aus der Ferne zu beobachten und auf den richtigen Moment zum Kauf zu warten.** Aber das erfordert bemerkenswerte Standhaftigkeit und eine lange Aufmerksamkeitsspanne. Star Furniture stand 14 Jahre lang auf Buffetts Kaufliste, bevor sich ihm die Gelegenheit bot, sein Ziel zu verwirklichen.

- **Käufer eines Unternehmens, die Kontinuität in Bezug auf Mitarbeiter, Kultur, Einzigartigkeit und Hauptsitz bieten, sind im Vorteil**. Eigentümer, denen ihre Mitarbeiter, Kunden und ihr Unternehmen wirklich am Herzen liegen, fühlen sich von Buffetts Versprechen von Autonomie und Beständigkeit angezogen.
- **Wenn man übernommenen Teams die Freiheit gibt, sich selbst zu verwalten, fördert das ein Gefühl der Eigenverantwortung, des Stolzes und der Dankbarkeit für das entgegengebrachte Vertrauen**. Wolff sagte, dass seine Manager nach der Übernahme durch Berkshire immer noch das Gefühl hatten, täglich für Star zu arbeiten, während sie ihr Werk weiterentwickelten.
- **Erweitern Sie die Geschäftstätigkeit nur, wenn eine zusätzliche Investition einen Mehrwert für die Aktionäre generiert (das heißt eine angemessen hohe Rendite erzielt)**. Wie viele andere Berkshire-Unternehmen ist auch Star in Bezug auf die Anzahl der Filialen oder den Umsatz kaum gewachsen. Es konzentriert sich auf Bereiche, die hohe Renditen erzielen und in denen es einen Wettbewerbsvorteil hat.

Investition 7

JORDAN'S FURNITURE STORES

Eckpunkte des Geschäfts

Geschäft	**Jordan's Furniture Stores**
Zeit	November 1999
Gezahlter Preis	Nicht bekannt gegebene Barzahlung
Anteil am Eigenkapital	100%
Status	Noch gehalten

Nach seiner erfolgreichen Investition in Nebraska Furniture Mart im Jahr 1983 nahm Warren Buffett drei weitere Möbelhändler in seine Liste auf. Laut Irv Blumkin von Nebraska Furniture Mart handelte es sich dabei um die besten Unternehmen der Branche. Buffett überzeugte Bill Child von R.C. Willey 1995 zum Verkauf, gefolgt von Melvyn Wolff und seiner Schwester Shirley Toomim von Star Furniture im Jahr 1998. Schließlich vervollständigte er 1999 sein Portfolio mit dem Kauf von Jordan's, einer Kette aus New England, die den höchsten Umsatz pro Quadratmeter aller US-Möbelhäuser erzielte und für ihre Werbung und Unterhaltung in den Filialen legendär war. Damit erreichte Buffett sein Ziel, die vier herausragendsten Möbelhändler Amerikas unter einem Dach zu vereinen.

DIE GRÜNDUNG VON JORDAN'S FURNITURE STORES

Samuel Tatelman – der Großvater der Brüder Eliot und Barry, die Jordan's schließlich an Berkshire verkauften – wurde 1889 in Russland geboren. Nach ihrer Ankunft in Amerika ließ sich seine Familie in der Gegend von Boston in Massachusetts nieder. Von Beruf Schuhmacher, beschloss Samuel, ein Geschäft zu gründen, in dem er Möbel von einem Lastwagen aus verkaufte, um das Einkommen der Familie aufzubessern. Acht Jahre später, im Jahr 1926, tat sich Samuel mit seinem Schwager zusammen, um ein Geschäft im Bostoner Vorort Waltham zu eröffnen. Das Geschäft bestand zwei Jahre lang; 1928 entschloss sich Samuel, ein eigenes Geschäft zu eröffnen, wiederum in Waltham. Auf die Frage, warum der Name „Jordan's" gewählt wurde, antwortete Barry, dass sein Großvater ihm gesagt habe, er habe ihn einfach aus dem Hut gezaubert.[213]

Samuels Sohn Edward trat 1940 im Alter von 27 Jahren in das Unternehmen ein, nachdem er an der Boston University studiert hatte. Obwohl das Geschäft inzwischen in größere Räumlichkeiten in Waltham umgezogen war, blieb Jordan's mit insgesamt zehn Mitarbeitern ein kleines Unternehmen.

Eliot (geboren 1946) und Barry (geboren 1950) aus der dritten Generation erinnern sich, dass ihr Vater nach Hause kam und ihnen am Esstisch Geschichten über das Geschäft erzählte.[214] Sie wollten unbedingt mithelfen und begannen bereits während der Grundschulzeit nebenbei im Geschäft zu arbeiten. „Als wir Kinder waren, arbeiteten drei Generationen im Laden in Waltham. Wir gingen immer alle zusammen zum Mittagessen, was Spaß machte",[215] erinnert sich Eliot. Er bekam zehn Cent pro Stunde für das Staubwischen, während sein jüngerer Bruder fünf Cent für das Reinigen von Aschenbechern bekam. Seitdem behauptet Barry immer, Eliot sei überbezahlt!

Die Jungen bewunderten die Prinzipien, nach denen ihr Vater und ihr Großvater das Geschäft führten. „Es ging darum, gut zu seinen

Mitarbeitern zu sein, ehrlich zu den Kunden zu sein und die Menschen fair zu behandeln", sagte Eliot.[216]

Eliot studierte an der Boston University mit dem Ziel, in das Unternehmen einzusteigen, was er Anfang der 1970er-Jahre auch tat. Barry interessierte sich für Kunst und studierte Theaterwissenschaften im Bundesstaat New York. Ursprünglich wollte er Schauspieler werden. Nach einem Jahr entschied er jedoch, dass dieser Weg nicht der richtige für ihn war, und wechselte an die Boston University, wo er Werbung und Öffentlichkeitsarbeit studierte. Zu diesem Schritt inspirierte ihn sein älterer Bruder Milton, der sich in New York City eine Karriere als Produzent von Werbespots für Kinofilme und Konsumgüter aufgebaut hatte. „Nachdem ich Miltons Geschichten gehört hatte und er mir von seinen Erfahrungen berichtet hatte, interessierte mich das Thema, und ich beschloss, mich der Werbung zu widmen",[217] erklärte Barry.

Das College selbst fand er weniger interessant als die damit verbundenen Praktika: Während seiner Arbeit bei einem Fernsehsender half er bei der Ideenfindung für Werbespots, und später arbeitete er als Film- und Theaterkritiker für ein lokales Magazin. Nach seinem Abschluss war er darauf aus, als Texter bei einer Werbeagentur zu arbeiten.

Doch dann beriet er sich mit seinem Vater Edward, der 1973 darüber nachdachte, Samuel in den Ruhestand zu folgen. Sein Vater fragte ihn: „Warum für jemand anderen arbeiten, wenn du für dich selbst arbeiten kannst? Du willst Werbung machen? Das ist dein Metier. Ich bin da, wenn du mich brauchst."[218] Überzeugt von den Worten seines Vaters, schloss sich Barry seinem Bruder Eliot im Familienunternehmen an.

Barrys Begeisterung für Werbung und Eliots Liebe zu den praktischen Aspekten des Geschäfts (Merchandising, Verfahrensabläufe, Buchhaltung) ergaben eine großartige Kombination. Die Brüder begegneten einander mit großem Respekt, wie Barry erklärte:

> „Natürlich gab es Zeiten, in denen Eliot und ich unterschiedlicher Meinung waren, aber da ich wusste, dass jede Idee oder

> Inspiration zu einer Chance werden konnte, war es mir nicht so wichtig, wessen Idee umgesetzt wurde. Er konnte zuerst seine Idee ausprobieren, und dann konnte ich immer noch meine Idee ausprobieren. Tatsache ist, dass es sich nicht lohnt, über geschäftliche Angelegenheiten zu streiten. Die Familie sollte immer an erster Stelle stehen!"[219]

Barry sagte, seine größte Freude sei nicht der Erfolg des Unternehmens gewesen, sondern die Art und Weise, wie er und sein Bruder sich über die Jahre hinweg gegenseitig unterstützt hätten.

ELIOT UND BARRY VERLEIHEN DEM GANZEN EINEN HAUCH VON MAGIE

Jordan's war damals mit nur acht Mitarbeitern kein großes Unternehmen. Aber zumindest wurde es so geführt, wie es sich die beiden Twens wünschten. Ihr Vater sagte ihnen, dass er „immer für uns da sei, wenn wir ihn bräuchten, aber dass das Unternehmen uns gehörte und wir dafür verantwortlich seien".[220] Die Brüder schätzten diese Herangehensweise: „Da mein Vater sich wirklich zurückhielt, ermöglichte er uns, manches auf eine andere Art und Weise anzugehen, und deshalb fanden Eliot und ich unseren eigenen kreativen Zugang", räumte Barry ein.[221]

Eine Zeit lang blieb vieles beim Alten – zum Beispiel saß der alte Samuel in einem Schaukelstuhl am Fenster im Erdgeschoss, um die Kunden zu begrüßen, wenn sie durch die Tür kamen, und sie dann zu einem Verkäufer zu bringen.

Aber es gab auch Neuerungen: Clowns, die die Kunden unterhielten, Luftballons und Malbücher für Kinder verteilten und kostenlose Snacks anboten. „Es ist wichtig, dass sich die Kunden wie zu Hause fühlen und entspannen können, denn hier geht es um hochpreisige Artikel, und solche Käufe können stressig sein", sagte Ron Sickels, der in den frühen

1970er-Jahren Verkaufsassistent war. „Deshalb ist die Sweet Station, an der wir frisch gebackene Kekse, Kaffee, Limonade und Popcorn anbieten, der Spaßfaktor."[222]

Bob Mackenzie, Verkaufsleiter in Waltham, fügte hinzu: „Man verkauft nicht einfach nur ein Möbelstück – man baut auch eine Beziehung auf."[223] Steve Casavant arbeitete 16 Jahre lang bei Jordan's und kommentierte die Haltung, die dem Unternehmen zu seinem Erfolg verhalf, so: „Kundenservice – wie man mit einem Kunden umgeht und ihn behandelt – ist entscheidend. Kein Verkaufsdruck. Hilfsbereit sein."[224]

Barry und Eliot waren entschlossen, bei Jordan's eine einzigartige Unternehmenskultur zu entwickeln. Ein wichtiger Aspekt dabei war, sowohl den Mitarbeitern Spaß an der Arbeit als auch den Kunden Spaß beim Einkaufen zu bieten. Langweilige Zeitungsanzeigen wurden zugunsten lebhafter, humorvoller Radio- und Fernsehspots aufgegeben, in denen die Brüder die Hauptrollen spielten und meist Filme parodierten. Schnell wurden sie in ganz New England als Pioniere des „Shoppertainment" bekannt. Das Kaufen von Möbeln macht normalerweise ungefähr so viel Spaß wie ein Besuch beim Zahnarzt, gab Hershel Alpert, ein Möbelhändler in Seekonk, Massachusetts, zu und ergänzte: „Um zu verstehen, was Barry und Eliot Tatelman mit Jordan's im Großraum Boston erreicht haben, muss man bedenken, dass sie *Möbel* verkaufen. Wie können sie so viel Geld verdienen – und dabei auch noch so viel Spaß haben?"[225]

Es war Milton, der auf die Idee kam, die gesamte Werbung auf Radio (und später auf Fernsehen) umzustellen. In New York hatte er überzeugende Werbespots mit zwei Männern gehört und dachte, dass Barry und Eliot etwas Ähnliches ausprobieren könnten. Barry war aufgrund seiner Erfahrungen an der Schauspielschule sofort begeistert. Er war sich weniger sicher, ob sich Eliot überzeugen lassen würde, „aber er war dabei".[226] Die drei Brüder verbrachten viel Zeit damit, lustige Texte zu schreiben, die mal als „albern", „ironisch", „dumm" oder „selbstironisch" beschrieben wurden. Die Brüder waren glücklich damit, sich auf eine bewusst übertriebene Art und Weise als Showmaster zu inszenieren, die Produkte anpriesen – ohne jemals den Preis zu erwähnen –, und oft landesweit ausgestrahlte Werbespots von Unternehmen wie The Gap und Volkswagen zu parodieren oder Filmszenen nachzuahmen. Milton hatte an Werbespots für große Filme wie „Rocky" und „Der Pate" gearbeitet, sodass er jede Menge Ideen für Parodien hatte.

Die Brüder produzierten Hunderte von Werbespots. Mit Humor vermittelten sie ein Bild ihrer Geschäfte und ihrer eigenen Person als ehrlich, zuverlässig und unterhaltsam. Im Großraum Boston wurden sie einfach als „Barry und Eliot" bekannt. Sie waren so talentiert, dass sie diesen Bekanntheitsgrad erlangten, obwohl sie nur ein bis zwei Prozent ihres Bruttoerlöses für Werbung ausgaben – weit unter dem Branchenstandard von sechs Prozent. Britt Beemer, Branchenanalyst bei America's Research Group, vermutete:

> „Der wichtigste Grund für ihren Erfolg ist, dass die Menschen an das Unternehmen glauben. Je mehr Menschen an das Unternehmen glauben, desto weniger müssen Sie Ihre Preise immer weiter senken, um die Menschen zum Kauf zu bewegen."[227]

Der typische Möbelhändler setzt stark auf „Nur-heute-Aktionen", „begrenzte Angebote" und „Mega-Rabatte". In den frühen 1970er-Jahren folgte Jordan's diesem Beispiel, aber die Brüder hatten bald genug davon. „Wir stellten fest, dass wir immer mehr Zeit damit verbrachten, Preisschilder zu wechseln, und immer mehr Geld dafür ausgaben, diese drucken zu lassen. Und das war nicht fair. Die Mitarbeiter konnten sich damit nicht wohlfühlen, zumindest nicht, wenn sie ehrlich waren. Wie konnte etwas diese Woche 899 Dollar kosten und nächste Woche 799 Dollar? Das ergab keinen Sinn."[228] Sie wollten den Menschen nicht auf diese Weise Geld aus der Tasche ziehen – stattdessen wollten sie langfristige, hochwertige Beziehungen aufbauen. Daher entschieden sie sich für eine Einheitspreispolitik und verzichteten vollständig auf Sonderangebote, während sie gleichzeitig das Einkaufen zu einem Vergnügen machten.

Gerade als die Dinge ins Rollen kamen, verloren Eliot, Barry und ihre drei Geschwister innerhalb von 13 Monaten sowohl ihren Großvater als auch ihren Vater: Samuel im August 1979 im Alter von 89 Jahren und Edward im September 1980 im Alter von 67 Jahren.

IN GANZ NEUENGLAND FREUDE VERBREITEN

Vor allem Barry wollte das Geschäft anders führen:

> „Wir wollten unser Geschäft ein wenig jenseits der üblichen Grenzen betreiben – außerhalb des gängigen Paradigmas. Das Problem ist, dass viele Unternehmen Vorschriften und Hierarchien haben, die die Menschen ausbremsen. Sie ersticken die Kreativität, die Begeisterung und den Spaß aller an dem, was sie gern tun. Ich glaube, dass alle Menschen über ein großes Maß an Kreativität verfügen. Solange sie nicht durch Unternehmensregeln eingeschränkt werden, können sie sich entfalten.“[229]

Als ein Kollege vorschlug, dass alle Verkäufer einen Tag lang Smoking tragen sollten, waren die Brüder sofort dafür, ebenso wie für die Idee, jedem Kunden, der Möbel abholte, eine Rose zu schenken, kostenlose Hotdogs anzubieten, ihnen die Windschutzscheiben zu waschen oder das Licht zu dimmen, wenn jemand ein Bett ausprobierte.

1983 eröffneten die Brüder ein zweites Geschäft 38 Meilen nördlich von Waltham, in Nashua im Bundesstaat New Hampshire. Ihr ursprüngliches Geschäft – nur rund 3.000 Quadratmeter groß, mit einer Innenstadt-Ladenfront aus dem frühen 20. Jahrhundert – erinnerte an die Zeit vor den Einkaufszentren. Das Geschäft in Nashua war hingegen doppelt so groß und wurde 1983 neu errichtet. Es präsentierte sich ausgesprochen modern: geometrisch, mit klaren Linien.

Schon bald sprach sich herum, dass die Kunden in Nashua mit Schokoladenkeksen oder Donuts begrüßt wurden.

Vier Jahre später eröffneten die Brüder ein drittes Geschäft in Avon, Massachusetts, 26 Meilen südlich von Waltham. Dieses war mit rund 8.000 Quadratmetern noch größer und hatte eine prächtige, moderne, Glasfassade mit geschwungenen Linien. Am Eröffnungstag kam es zum größten Verkehrsstau, den Avon je gesehen hatte. Die Brüder mussten im Radio Aufrufe senden und die Menschen bitten, nicht zu kommen. Das lockte natürlich bloß noch mehr Käufer an:

> „Unsere Werbung war zu erfolgreich. Alle kamen in unser Geschäft, und es gab eine zweieinhalbstündige Warteschlange. Es war ein kalter Februartag, und als der Kundenandrang außer Kontrolle geriet, gingen wir zum Radio, um die Leute zu bitten, nicht zu kommen. Wir versprachen sogar, unsere Rabattpreise wochenlang beizubehalten."[230]

Es dauerte nicht lange, bis das Geschäft in Avon mit pinkfarbenen Markierungen auf den Parkplätzen und einer Lasershow für zusätzliche Stimmung sorgte. Um den Spaßfaktor noch weiter zu steigern, kamen die Brüder auf die Idee, im Geschäft ein Riesenrad aufzustellen. Da sich die Installation einer solch riesigen Konstruktion jedoch als unmöglich erwies, entschieden sie sich für Motion Odyssey Movie (MOM). Die 48 Kinosessel von MOM fungierten wie ein Flugsimulator, der sich in acht Richtungen bewegte, während die Zuschauer auf einer vier Stockwerke hohen Leinwand einen spannenden Film sahen. Das Projekt war so ambitioniert, dass ihm fünf Jahre Planung vorausgingen, bevor es 1992 mit Kosten von zwei Millionen Dollar eröffnet wurde.

Das ursprüngliche MOM umfasste eine 15-minütige Reise, die von George Lucas produziert wurde. Alle Gewinne wurden für wohltätige Zwecke gespendet (die Sitzplätze waren kostenpflichtig). Es war ein sofortiger Erfolg und erzielte allein im ersten Jahr nach Abzug der

Gehälter, Betriebskosten und des Schuldendienstes einen Gewinn von 250.000 Dollar. Die Fahrt wurde später überarbeitet und in „The Polar Express 4-D Experience" umbenannt. Es war eine großartige Möglichkeit, Kinder für einen Besuch in einem Möbelhaus zu begeistern und gleichzeitig ihren Eltern den Einkaufsdruck zu nehmen. Barry beschrieb sein Ziel wie folgt: „Wir möchten, dass die Leute innehalten, einen Blick darauf werfen, zu MOM gehen und – wer weiß? – vielleicht kaufen sie auch noch ein Sofa."[231]

Bald kamen Einzelhändler aus ganz Amerika, um sich MOM anzusehen. Eines der größten Unternehmen fragte Eliot, wie er etwas Ähnliches für seine eigenen Geschäfte bekommen könnte. Eliot antwortete: „Verschwenden Sie Ihr Geld nicht. Es wird nicht funktionieren … Es steckt mehr dahinter als nur ein ‚MOM-Teil'."[232] Er bezog sich dabei auf das gesamte „Shoppertainment"-Paket und die Kultur, die er und sein Bruder geschaffen hatten. Außerdem war er folgender Meinung:

> „Jeder hat eine andere Vorstellung von Unterhaltung. Das ist eines der Probleme, das viele Menschen, die so etwas versuchen, nicht verstehen. Es muss das Richtige in der richtigen Umgebung mit der richtigen Persönlichkeit sein, die zu dem Unternehmens passt."[233]

Später kaufte Jordan's eine Weihnachtskrippe namens „Enchanted Village", die in den 1940er-Jahren von einem bayerischen Spielzeughersteller gebaut worden war. Sie bestand aus bis zu 60 beweglichen Figuren, die alle traditionelle Trachten trugen und in einem aufwendig gestalteten Dorf im alten Stil mithilfe von Motoren Bewegungen ausführten. Eliot erinnert sich, dass er als 5- oder 6-Jähriger in einem berühmten Geschäft in Boston davon fasziniert gewesen war. Die Mitarbeiter von Jordan's verbrachten viel Zeit damit, die Krippe liebevoll zu restaurieren, um jeden Winter Weihnachtsstimmung in das Geschäft in Avon zu bringen.

1997 erhielten Barry und Eliot eine Auszeichnung für ihr gesellschaftlich verantwortliches Unternehmertum. Sie spendeten jede Woche etwa 50 Möbelstücke an die New England Coalition for the Homeless und unterstützten lokale Kinderhilfswerke.

1998 wurde das letzte der vier Jordan's-Geschäfte, die vor dem Kauf durch Berkshire eröffnet wurden, in Natick im Bundesstaat Massachusetts, zwölf Meilen südwestlich von Waltham, eröffnet. Dieses Geschäft war mit einer Fläche von mehr als 100.000 Quadratmetern und einer auffälligen Glasfassade beeindruckend und bot im Inneren eine Nachbildung der Bourbon Street in New Orleans, komplett mit einer 9-minütigen Mardi-Gras-Parade und einem Flussdampfer, auf dessen Deck eine Dixieland-Band spielte. Dort gab es auch lebensgroße Roboter, die Jazzgrößen wie Louis Armstrong sowie den Brüdern Tatelman selbst nachempfunden waren. Die Louis-Armstrong-Figur tauchte alle 45 Minuten aus einer Wand auf und spielte „When the Saints Go Marching in".

„Eliot und ich haben die Kultur von Jordan's Furniture konzipiert und ins Leben gerufen, aber es liegt an unseren Mitarbeitern, sie weiterzuführen", so Barry. „Und das tun sie auch. Ich bin erstaunt, wie oft ich Kommentare höre wie: ‚Was tun Sie eigentlich ins Wasser?' oder ‚Warum lächeln Ihre Mitarbeiter immer?'"[234] Dabei half auch, dass die Mitarbeiter im Durchschnitt über zehn Jahre im Unternehmen blieben – ein Zeichen für eine gut geführte Firma.

DER DEAL

Mit einem Jahresumsatz von rund 250 Millionen Dollar und 1.200 Mitarbeitern florierte Jordan's, und Barry und Eliot hatten keinerlei Absicht, das Unternehmen zu verkaufen. Tatsächlich hatten sie bereits mehrere unverlangte Angebote abgelehnt, weil sie die Kontrolle über ihr Lebenswerk nicht verlieren wollten. Dann traf Barry seinen alten Freund Irv Blumkin vom Nebraska Furniture Mart bei einem Abendessen der Anti-Defamation League[235] in New York. Blumkin fragte ihn, ob er Interesse hätte, sich mit Warren Buffett zu treffen. An einen Verkauf des Unternehmens dachten sie dabei keineswegs – sie wollten ihn einfach nur kennenlernen.

So wurde vereinbart, dass Barry und Eliot Buffett während dessen Aufenthalt in Boston anlässlich einer Vorstandssitzung von Gillette im August 1999 das Geschäft in Natick zeigen würden. Die Brüder holten ihn an der Prudential Shopping Mall im Zentrum von Boston ab. Sie gingen zum Parkplatz, konnten aber ihr Auto nicht finden, „also gingen wir plötzlich mit dem reichsten Mann der Welt umher und suchten unser Auto. Die Szene hinterließ sicherlich Eindruck", erinnert sich Barry.[236]

Aber Buffett war schon beeindruckt, bevor er die Brüder überhaupt kennengelernt hatte, da andere Möbelunternehmer aus seinem Umfeld voll des Lobes über die beiden waren. Was er in Natick wahrnahm, bestätigte seine Ansicht, dass Jordan's Furniture „wirklich eines der phänomenalsten und einzigartigsten Unternehmen ist, die ich je gesehen habe. Der Ruf, den Eliot und Barry bei ihren Mitarbeitern, ihren Kunden und in der Gemeinde genießen, ist beispiellos. Dieses Unternehmen ist ein Juwel."[237] Am Ende des Treffens sagte Buffett den beiden, dass er interessiert wäre, das Unternehmen zu kaufen, wenn sie es jemals verkaufen wollten.

Das brachte die Brüder zum Nachdenken. Sie wussten bereits, dass Buffett wollte, dass die Gründer/Führungskräfte seiner Unternehmen an Bord bleiben und weitermachen, ohne dass sich Omaha groß einmischt. Und er würde sie brauchen, um das Unternehmen so weiterzuentwickeln, wie sie es für richtig hielten. Das passte ideal zu Barry und Eliot, die noch immer voller Ideen und Entschlossenheit waren, die einzigartige Kultur des Unternehmens zu bewahren.

Ein weiterer Faktor war die Nachfolgeplanung. Zu diesem Zeitpunkt hatte nur ein Mitglied der nächsten Generation Interesse an dem Unternehmen gezeigt, und die Brüder wollten fair sein:

„Man möchte gerecht sein, aber was ist gerecht? Was ist, wenn eines der Kinder in das Unternehmen einsteigen möchte, das andere aber nicht? Was passiert, wenn sie heiraten und ihre Frauen eine andere Meinung darüber haben, was fair ist? Wir kamen zu dem Schluss, dass wir keine familiären Probleme hätten, wenn wir das Unternehmen verkaufen würden."[238]

Barry fügte später hinzu: „Fair zu sein ist wichtig, denn Geld kann wirklich viele gute Familienbande zerstören."[239] Jeder Bruder hatte zwei Kinder, die entweder studierten oder gerade ihren Abschluss gemacht hatten. Durch den Verkauf würden sie ihren Kindern die Freiheit geben, jeden beliebigen Beruf zu wählen. „Viele Leute haben Familienunternehmen und zwingen ihre Kinder, dort zu arbeiten. Mein und Eliots Ziel ist es, glückliche Kinder zu haben, die genau das tun können, was sie wollen, wenn sie es wollen", sagte Barry gegenüber dem *Boston Globe.*[240]

Sie überlegten etwa einen Monat lang und teilten Buffett dann mit, dass sie die Idee gern weiter mit ihm besprechen würden. Buffett bat um einige Finanzzahlen. Zwei Tage später unterbreitete er ein schriftliches Angebot, auf dessen erster Seite er schwärmerisch über die Qualitäten des von den Brüdern aufgebauten Unternehmens schrieb. Buffett wollte auch die Zusicherung, dass sie für den Rest ihres Lebens für das Unternehmen arbeiten würden. Obwohl sie eine solche unbefristete Verpflichtung nicht eingehen konnten, versicherten sie Buffett, dass sie für die nahe Zukunft keine anderen Pläne hätten und ihn niemals im Stich lassen würden.

Der Verkaufspreis wurde nie bekannt gegeben, was die Menschen jedoch nicht davon abhielt, Vermutungen anzustellen. Arthur Lubow vom *Inc Magazine* nannte beispielsweise eine Summe von 225 Millionen Dollar und berief sich dabei auf „eine Insiderquelle".[241] Andrew Kilpatrick stellte fest, dass „führende Möbelhäuser oft für den gleichen Betrag verkauft werden wie ihr Jahresumsatz – in diesem Fall 250 Millionen Dollar".[242] Ronald Chan bezifferte das Angebot auf 225 bis

250 Millionen Dollar.[243] 1999 schrieb das *Boston Business Journal*: „Analysten schätzen den Wert des Geschäfts auf 200 bis 300 Millionen Dollar."[244] Joshua Myerov vom *Boston Globe* erwähnte „angeblich 225 Millionen Dollar".[245]

Die Brüder wussten, dass sie das Unternehmen, hätten sie es behalten und weiter ausgebaut, wahrscheinlich für viel mehr verkauft hätten. Aber sie hielten es für das Beste, nicht zu gierig zu sein:

> „Barry und ich sind uns bewusst, dass wir so ziemlich alles haben können, was wir wollen. Aber irgendwann kommt man an einen Punkt, an dem man sich fragt: ‚Wie viel mehr brauche ich noch und wofür?' Wir machen das, was wir tun, gern; wir mögen die Herausforderung und die Aufregung, aber es geht nicht mehr um das Geld … Der Deal bietet unseren Familien enorme Sicherheit, und das ist uns wirklich wichtig."[246]

In seiner typischen Art verlangte Buffett nicht einmal eine Wirtschaftsprüfung. Wie Barry sagte: „Das ist ein neues Konzept in der Geschäftswelt. Es heißt Vertrauen."[247]

Berkshire gab am 11. Oktober 1999 eine endgültige Vereinbarung bekannt, in der Barry erklärte: „Wir sind sehr begeistert von diesem Vorhaben. Berkshire Hathaway und Jordan's passen perfekt zusammen. Nichts im Unternehmen wird sich ändern … außer der Tatsache, dass unser Wachstumspotenzial mit der finanziellen Unterstützung von Berkshire Hathaway enorm ist." Buffett fügte hinzu:

> „Die Zukunftspläne für weitere Standorte von Jordan's Furniture in ganz New England werden weiter vorangetrieben. Die Zusammenarbeit mit Organisationen wie MA Adoption Resource Exchange und verschiedenen anderen Wohltätigkeitsorganisationen wird auch weiterhin ein wichtiger Bestandteil der Unternehmensphilosophie von Jordan's sein."

Der Deal wurde am 13. November 1999 abgeschlossen. Danach zeigte sich Buffett äußerst beeindruckt von der Großzügigkeit der Brüder gegenüber all jenen, die zum Aufbau des Unternehmens beigetragen hatten. In seinem Brief an die Berkshire-Aktionäre aus dem Jahr 1999 schrieb er:

> „Barry und Eliot sind noble Menschen – genau wie ihre Kollegen bei den drei anderen Möbelgeschäften von Berkshire. Als sie an uns verkauften, beschlossen sie, jedem ihrer Mitarbeiter mindestens 50 Cent für jede Stunde zu zahlen, die er oder sie für Jordan's gearbeitet hatte. Diese Zahlung belief sich auf insgesamt neun Millionen Dollar, die aus der eigenen Tasche der Tatelmans stammten, nicht aus der von Berkshire. Und Barry und Eliot waren begeistert, die Schecks auszustellen."

Weitere Nutznießer der Großzügigkeit von Barry und Eliot waren zu dieser Zeit HIV-infizierte Kinder. So finanzierten die Brüder beispielsweise ein Camp, wo diese Kinder Spaß in der freien Natur haben konnten. Dieses Anliegen lag ihnen sehr am Herzen, da ihr Bruder Milton 1993 im Alter von 50 Jahren an Aids gestorben war. Eliot, seine Frau June,[248] ihre Söhne Josh und Michael sowie verschiedene Cousins und Freunde halfen bei dem jährlichen Camp mit. Die Brüder setzten auch ihre Gewohnheit fort, jede Woche eine andere Highschool zu besuchen, um Vorträge zu halten und die Kinder zu ermutigen, über den Tellerrand hinauszuschauen und Dinge anders anzugehen.

Berkshire Hathaway besaß nun vier Möbel-Einzelhändler, die alle noch von der ursprünglichen Familie geführt wurden, die jeweils in ihrem Gebiet marktbeherrschend waren und mehr Möbel verkauften als alle anderen in Massachusetts und New Hampshire (Jordan's), Texas (Star), Nebraska (Nebraska Furniture Mart) sowie Utah und Idaho (R.C. Willey). In seinem Brief an die Aktionäre von 1999 schwärmte Buffett:

„Es gibt im Möbelhandel kein Unternehmen, das auch nur annähernd mit dem von Berkshire vergleichbar wäre. Das macht mir Spaß und ist für Sie profitabel. W. C. Fields sagte einmal: ‚Es war eine Frau, die mich zum Trinken gebracht hat, aber leider hatte ich nie die Gelegenheit, ihr dafür zu danken.' Ich möchte diesen Fehler nicht machen. Mein Dank gilt Louie, Ron und Irv Blumkin, die mir den Einstieg in das Möbelgeschäft ermöglicht und mich bei der Zusammenstellung der heutigen Unternehmensgruppe unermüdlich begleitet haben."[249]

BUFFETTS STIL NACH DER ÜBERNAHME

Barry und Eliot stellten sich nach dem Deal ein kontinuierliches, stetiges Wachstum vor und erwähnten sogar eine mögliche Vervierfachung des Umsatzes auf mehr als eine Milliarde Dollar. Kurz nach dem Verkauf beriefen sie eine Sitzung mit den anderen Möbelhändlern von Berkshire Hathaway in einem ihrer Geschäfte ein, um zu besprechen, wie die vier zusammenarbeiten könnten. Etwa 75 Personen nahmen daran teil. Im Anschluss sprach Barry über die bemerkenswerten Gemeinsamkeiten, die er entdeckt hatte: Alle hatten als Familienunternehmen begonnen, jedes mit einer langfristigen Ausrichtung; alle hatten sich in ihren Gemeinden Respekt erworben, was zu einem sorgfältig gesteuerten, profitablen Wachstum geführt hatte; und alle hatten gute Mitarbeiter jahrzehntelang gehalten. Barry räumte ein, dass die Brüder zwar jahrelang in ihrem eigenen Kokon gelebt hatten, „aber viele Wege führen nach Rom. Man denkt immer, dass die eigene Vorgehensweise die beste ist ... wir haben herausgefunden, dass andere Menschen zwar anders vorgehen, aber dennoch sehr erfolgreich sein können."[250]

Während sie auch heute noch Ideen für Verbesserungen diskutieren, sind die vier Möbelunternehmen von Berkshire nach wie vor weitgehend unabhängig voneinander, und es gibt keinen Druck aus Omaha, sich zusammenzuschließen oder auch nur zusammenzuarbeiten – das liegt ganz allein in ihrer Hand. Eliot bemerkte dazu:

> „Das Fantastische an Warren ist, dass sich absolut nichts änderte, als wir uns mit ihm zusammentaten. Wir haben ihn am Tag nach Erhalt des Schecks angerufen – wir haben beide mit ihm telefoniert – und gesagt: ‚Okay, Warren, du bist dran. Was erwartest du von uns? Sollten wir dich jeden Tag anrufen? … Was sollen wir tun?' Und seine Antwort lautete: ‚Was wollt ihr? Wenn ihr mich jeden Tag anrufen wollt, ruft mich jeden Tag an. Wenn ihr mich nicht anrufen wollt, ruft mich nicht an. Macht einfach weiter wie bisher.'"[251]

Barry beschrieb Buffetts größte Stärke so: die Fähigkeit, Menschen zu analysieren – ihr Wesen, ihren innersten Kern. Er sei ein großartiger Menschenkenner. Und wenn er Menschen finde, die er schätze und denen er vertraue, zeige er ihnen seine Bewunderung und sein Vertrauen, indem er ihnen die Kontrolle übertrage (mit Ausnahme der Kapitalallokation auf höherer Ebene). Außerdem sagte Barry:

> „Er ist ein großartiger Motivator und ein sehr bodenständiger Mensch. Er hat die Fähigkeit, jedem die Anspannung zu nehmen und das Gefühl zu geben, etwas Besonderes zu sein … niemand hat Angst vor ihm. Wir mögen diesen Mann wirklich sehr. Er ist ein Freund geworden, fast wie eine Vaterfigur … er sagt immer etwas Lustiges, man hat immer etwas zu lachen und immer eine gute Zeit mit ihm … man kann ihn so oft oder so selten anrufen, wie man will, und er hat immer eine Antwort für einen … Er weiß über alles Bescheid."[252]

Barry beobachtete auch, dass Buffett nicht vom Geld *an sich* getrieben ist, sondern einfach Spaß am Spiel, an der Arbeit und an den Menschen hat, mit denen er zusammen ist. Und er hat alles stets einfach gehalten – zum Beispiel fährt er ein sechs Jahre altes Auto und lebt seit Jahrzehnten in demselben bescheidenen Haus – und hält an Werten fest, die ein glückliches und erfülltes Leben gewährleisten.

EIN GEWISSES WACHSTUM IM NÄCHSTEN VIERTELJAHRHUNDERT

Im Jahr 2002 hob Jordan's mit der Einrichtung eines IMAX-3D-Kinos im Geschäft in Natick den Spaß auf die nächste Stufe. Mit 262 Sitzplätzen ist es auch kein kleines Kino. Während er Popcorn mampfte, sagte Buffett bei der Eröffnung: „Diese Leute sind die Könige der Unterhaltung. Ich war vor etwa drei Jahren in diesem Geschäft und war total begeistert. Jetzt haben sie das hier noch hinzugefügt. Niemand wird sie einholen können."[253]

Im Oktober 2004 wurde ein weiteres Geschäft in Reading, 17 Meilen von Waltham entfernt, eröffnet. Auch dieses verfügte über ein IMAX-Kino (500 Plätze) sowie den „größten Hochseilgarten der Welt" mit einer Höhe von circa zehn Metern und einer mehr als 20 Meter langen Seilrutsche. Von den Seilen aus kann man skurrile Skulpturen berühmter Bostoner Sehenswürdigkeiten betrachten, von denen viele aus Millionen von Jellybeans gebaut wurden. Und dazu gibt es noch einen riesigen Springbrunnen.

Zwei weitere bemerkenswerte Ereignisse ereigneten sich im Jahr 2004. Erstens schloss das ursprüngliche Geschäft in Waltham – nicht weil es an Kunden mangelte, wie Barry erklärte, sondern weil „es nicht mehr das Jordan's repräsentiert, das wir heute sind".[254] Zweitens wurde ein mehr als 70.000 Quadratmeter großer Lager- und Bürokomplex in East Taunton, 42 Meilen südlich des alten Geschäfts in Waltham, eröffnet.

Im Jahr 2005 wurde das Lager unterhalb des Geschäfts in Avon in das etwa 4.600 Quadratmeter große Colossal Clearance Center umgewandelt, in dem Auslaufmodelle, Überbestände sowie beschädigte oder verkratzte Artikel verkauft wurden.

Barry verließ das Unternehmen im Dezember 2006, um seine Träume in der Unterhaltungsindustrie zu verwirklichen, half aber weiterhin mit Ideen aus, insbesondere bei Werbeaktionen. Er produzierte am Broadway Shows wie „Dirty Rotten Scoundrels“ und „The Book of Mormon“. Außerdem versuchte er sich in Hollywood als Leiter einer neuen Filmgesellschaft namens Filmshop und arbeitete an einer Fernsehserie. Heute teilt er seine Zeit zwischen seinen Wohnsitzen in Martha's Vineyard und Florida auf. Abseits von Bühne und Leinwand spielt er Golf und engagiert sich für wohltätige Zwecke. Zwar vermisse er die wunderbaren Menschen bei Jordan's, sagt Barry, jedoch befasse er sich inzwischen mit neuen Projekten und sei davon begeistert. „Ich liebe es, kreativ zu sein. Ich arbeite jetzt mit kreativen und großartigen Menschen zusammen.“[255]

Eliot übernahm die Leitung und führt Jordan's nun zusammen mit seinen beiden Söhnen Josh und Michael (beide Co-CEOs) – der vierten Generation der Tatelmans.

Im Laufe der Jahre erregte Jordan's durch seine „Monster-Deals“ viel Aufmerksamkeit. So bot das Unternehmen beispielsweise 2007 an, die Kosten für Möbelkäufe während eines Zeitraums von fünf Wochen zwischen dem 7. März und dem 16. April zu erstatten, falls die Boston Red Sox die World Series gewinnen würden. Über 30.000 Kunden nahmen an der Aktion teil. Die Chancen standen nicht besonders gut, als das Angebot gemacht wurde, denn die Sox hatten in den letzten 88 Jahren nur einmal gewonnen.

Aber am Ende holten sie sich im Oktober den Pokal, sodass Jordan's über 30 Millionen Dollar für Sofas, Betten, Esstische und vieles mehr zurückerstattete. Joe und Jennifer McEachern aus Danvers, Massachusetts, bekamen etwa 12.000 Dollar zurück. Insgesamt erhielten 25.000 Familien Rückerstattungen. Das mag wie ein verrücktes Glücksspiel von Jordan's erscheinen, war aber in Wirklichkeit ein kluger Schachzug: erstens wegen der großen Publicity, die das Unternehmen dadurch erhielt, und zweitens, weil Eliot von einer bestimmten großen

Versicherungsgesellschaft in Omaha wusste, die bereit war, das Unternehmen gegen die Möglichkeit eines Sieges der Red Sox zu versichern. So konnte die Familie während der gesamten Saison weiterhin für die Sox jubeln.

Seitdem hat Jordan's viele ähnliche Werbeaktionen durchgeführt. So erklärte sich das Unternehmen beispielsweise 2008 und 2014 bereit, eine Auszahlung zu leisten, falls die Red Sox erneut die Serie gewinnen sollten (was in beiden Jahren nicht der Fall war). Im Jahr 2021 versprach das Unternehmen, dass alle zwischen dem 14. April und dem 16. Mai gekauften Möbel und Matratzen kostenlos sein würden, wenn die Red Sox zwischen dem 3. August und dem 3. Oktober einen No-Hitter werfen würden. Im Jahr 2023 waren alle Möbelkäufe bei Jordan's Furniture kostenlos, wenn ein Spieler der Red Sox einen Cycle Hit erzielte (also einen Single, einen Double, einen Triple und einen Homerun in einem Spiel).

Im Jahr 2011 eröffnete das J-Team – wie die Tatelmans ihre Mitarbeiter nennen – ein fünftes Geschäft in Warwick im Bundesstaat Rhode Island. Das 10.000 Quadratmeter große Geschäft beherbergt die Splash Experience, ein 15-minütiges Spektakel im Stil von Las Vegas mit tanzenden Fontänen, synchronisierten Laserlichtern und Videos.

Vier Jahre später, im Dezember 2015, öffnete Jordan's die Tore eines sechsten Geschäfts in New Haven, Connecticut, mit einer Fläche von über 16.000 Quadratmetern. Buffett war bei der Eröffnung vor Ort, um das Band durchzuschneiden. Das Geschäft verfügt über den „größten Indoor-Seilgarten der Welt" mit zwei 20 Meter hohen Seilen und einem 15 Meter hohen Freifallsprung sowie einem weniger abenteuerlichen Parcours für Kinder unter 1,22 m. Die Seilrutsche überspannt eine Wassershow mit 1.000 Düsen und modernster Licht-, Ton- und Musiktechnik. Eiscreme und Pizza werden ebenfalls angeboten.

Im Jahr 2020 bekam South Portland in Maine sein eigenes Jordan's-Outlet. Diese siebte Filiale verfügt über eine Ausstellungsfläche von

11.000 Quadratmetern, von denen ein Teil von einem weiteren riesigen Seilgarten eingenommen wird. Und im Jahr 2023 wurde ein achtes Geschäft in Farmington, Connecticut, eröffnet. Die 13.000 Quadratmeter große Filiale verfügt über einen 24 Meter langen LED-Bildschirm, auf dem Szenen aus aller Welt, Sportereignisse, wunderschöne Landschaften und historische Sehenswürdigkeiten gezeigt werden. Die Kunden passieren außerdem einen circa drei Meter langen LED-Tunnel, um die Filiale zu betreten.

EIN LANGER WEG, MIT BEIDEN BEINEN FEST AUF DEM BODEN

Die Familie Tatelman hat einen langen Weg zurückgelegt – von einem Unternehmen mit acht Mitarbeitern im Jahr 1973 zu einem Unternehmen mit einer Gesamtfläche von mehr als 90.000 Quadratmetern und über 1.000 Mitarbeitern. Eliot fasste die Kultur, die dieses Wachstum vorangetrieben hat, so zusammen:

> „Wir wollen die Besten sein, nicht die Größten … Die Herausforderung besteht für uns darin, Dinge anders zu machen als andere und lächelnde Gesichter bei unseren Mitarbeitern und Kunden zu sehen … [Wenn Lächeln] die Motivation ist und nicht nur der Gewinn, dann kommt der Gewinn von selbst. Das ist wirklich so."[256]

Zu der Frage, wie man Erfolg misst, sagte Barry:

> „[N]icht wie viel Geld … sondern Erfolg bedeutet für mich wirklich, wie man ein ausgeglichenes Leben erreicht. Zum Beispiel Zeit mit meiner Familie zu verbringen, im Geschäft erfolgreich zu sein, für wohltätige Zwecke zu spenden, gute Freunde zu haben, kreativ zu bleiben und auch Respekt von der Gemeinschaft zu bekommen. Als mein Vater Edward 1980 starb, kamen alle Ein-

wohner der Stadt zu seiner Beerdigung, um ihm die letzte Ehre zu erweisen. Er starb ohne Feinde. Das kann man mit Geld nicht kaufen. Vielleicht ist die Anzahl der Menschen, die an einer Beerdigung teilnehmen, ein Maßstab für Erfolg."[257]

LEKTIONEN

- **Differenzierung kann viele Formen annehmen.** Möbel zu verkaufen gilt als langweilig. Die meisten Geschäfte präsentieren eine Auswahl an Produkten, die man sich ansehen kann, aber wirklich spannend ist das nicht. Jordan's hat sich im Markt dadurch abgehoben, dass es seine Geschäfte zu Orten gemacht hat, an denen man gern Zeit verbringt – sogar Kinder besuchen sie gern.
- **Beim Investieren geht es um immaterielle Werte.** Viele Menschen denken, beim Investieren gehe es um Zahlen. Aber Zahlen bringen einen nur bis zu einem gewissen Punkt. Für die meisten Unternehmen sind die Zahlen leicht zu verstehen, sodass Tausende von Investoren sie auf dieser Ebene analysieren können. Wirklich erfolgreiche Investoren wissen jedoch, dass die wichtigsten Aspekte eines Unternehmens, die es zu untersuchen gilt, die immateriellen Werte sind: etwa inwieweit das Unternehmen in der Gemeinschaft respektiert wird, einen hohen Bekanntheitsgrad hat, von vertrauenswürdigen Personen geführt wird oder einen guten Ruf hat.
- **Beziehungen sind entscheidend.** Barry und Eliot hatten ursprünglich nicht die Absicht, ihr Unternehmen zu verkaufen, aber die Möglichkeit, mit Buffett zusammenzuarbeiten, weckte zunächst ihr Interesse und überzeugte sie schließlich. Die Beziehung basiert auf einem hohen Maß an Vertrauen, Freiheit, Respekt und Humor. Viele auf eine schnelle Übernahme fixierte Akteure verstehen das einfach nicht.

- **Seien Sie anständig, ehrlich und fair**. Unternehmen, die nach den Grundsätzen handeln, mit ihren Mitarbeitern anständig umzugehen, ehrlich gegenüber ihren Kunden zu sein und Menschen fair zu begegnen, lohnen oft einen genaueren Blick – auch unter dem Gesichtspunkt, ob sie gute Investitionen sein könnten.

Investition 8

BEN BRIDGE JEWELER

Eckpunkte des Geschäfts

Geschäft	**Ben Bridge Jeweler**
Zeit	Juli 2000
Bezahlter Preis	Nicht bekannt
Anteil am Eigenkapital	100%
Status	Noch gehalten

Die Familie, die Ben Bridge Jeweler gründete, verfolgte bei der Expansion einen gelinde gesagt sehr konservativen Ansatz. In den ersten 56 Jahren des Bestehens, die sich über drei Generationen erstreckten, hatten sie nur ein einziges Geschäft. Danach kam es zwar zu einer deutlichen Beschleunigung, aber sie blieben vorsichtig, sodass es im 88. Jahr, als Berkshire Hathaway das Unternehmen übernahm, immer noch lediglich 65 Ben-Bridge-Jeweler-Geschäfte gab.

Die Geschichte beginnt in Polen, zu einer Zeit, als Juden unter der Herrschaft der russischen Zaren unterdrückt wurden, die ihnen vorschrieben, wo sie leben durften, ob ihre Kinder zur Schule gehen und welche Berufe sie ausüben durften. Familien waren oft auf die Güte Fremder angewiesen, um zu überleben. Das jüdische Volk hat eine Tradition der *Tzedakah*: eine Mischung aus Gerechtigkeit und Nächstenliebe, einem Sinn für Fairness und der Pflicht, sich um seine Mitmenschen zu kümmern.

In den folgenden 120 Jahren hielt die Familie Bridge von Generation zu Generation an den *Tzedakah*-Prinzipien ihrer polnischen Vorfahren fest – bis zu dem Zeitpunkt, als die Familie fünf Generationen nach ihrer Ankunft in Amerika beschloss, neun Millionen Dollar der Gelder, die sie nach dem Verkauf an Berkshire Hathaway erhalten hatte, zu verschenken. Sie setzten sich zusammen und überlegten sorgfältig, wie sie diesen Geldsegen fair unter ihren Mitarbeitern aufteilen könnten. In der Region Seattle sind sie auch als großzügige Wohltäter und Förderer des Gemeinwohls bekannt.

DIE ERSTEN 56 JAHRE

In den frühen 1900er-Jahren verließ Joseph Bryczkowski – der später seinen Namen in Joseph Bridge änderte – Polen, um sich seinem Bruder Alex in Amerika anzuschließen. Alex war bereits 1886 in die Vereinigten Staaten gezogen und hatte in Seattle ein Geschäft eröffnet, um Goldgräber auf dem Weg nach Alaska mit der notwendigen Ausrüstung auszustatten. Als Joseph ankam, besaß Alex bereits mehrere Geschäfte und war ein wohlhabender Mann.

Im Jahr 1906 kam Josephs Frau Fannie – eine gebildete Frau, die sechs Sprachen sprach – mit ihren drei Kindern, darunter der 10-jährige Ben, aus Polen nach Amerika. Fannie bestand darauf, dass sie nach ihrer Ankunft in Amerika alle Englisch sprachen.

Mit 18 Jahren, nach dem Abschluss der Highschool, arbeitete Ben bei der Lebensmittelgroßhandlung und Warenhausgruppe Schwabachers in Seattle. Bald wurde er zum Leiter der Süßwaren- und Tabakwarenabteilung ernannt, aber als Amerika 1917 in den Ersten Weltkrieg eintrat, war er aufgrund seiner Liebe zu dem Land, das ihn aufgenommen hatte, einer der ersten, die sich zum Militärdienst meldeten. Als Funker bei der Marine war es seine Aufgabe, nach Motorengeräuschen des Feindes zu lauschen. Er war für die Kommunikation auf einem U-Boot-Jäger zuständig und kämpfte auf der Adria gegen Österreich-

Ungarn. Nach seiner Rückkehr nach Amerika im Jahr 1919 trat er der Marine-Reserve bei und begann wieder bei Schwabachers zu arbeiten.

Dann lernte er Sally Silverman kennen, die er 1922 heiratete – und hier kommt das Juweliergeschäft ins Spiel.

Sallys Eltern, Sam und Fannie Silverman, waren Eigentümer von S. Silverman Jeweller, einem Uhrmacher- und Juweliergeschäft in der Innenstadt von Seattle. Die Silvermans waren um 1905 aus der Ukraine nach Amerika gekommen. Zu dieser Zeit zog Russland jüdische Jungen bereits ab einem Alter von zwölf Jahren in die Armee ein, schickte sie auf die Militärschule und zwang sie dann, 25 Jahre als Soldaten zu dienen. Um ihre Söhne davor zu bewahren, als Kanonenfutter zu enden, flohen viele Familien aus dem Land. Innerhalb von sieben Jahren nach ihrer Ankunft in Amerika hatte Sam S. Silverman Jeweller eröffnet.

Sally überzeugte ihren neuen Ehemann schnell, in das Geschäft ihrer Eltern einzusteigen. Ben wurde also Teilhaber, und der Name des Unternehmens in Silverman & Bridge geändert. Dann, im Jahr 1927, zogen die Silvermans aus gesundheitlichen Gründen nach Kalifornien, und Ben kaufte ihren Anteil am Geschäft in Seattle auf, indem er einige Versicherungspolicen belieh. Das Geschäft wurde erneut umbenannt, diesmal in Ben Bridge Jeweler.[258] Unterdessen eröffneten die Silvermans in Los Angeles ein neues Geschäft – und zwar gleich auf dem Broadway.

Die beiden Söhne von Ben und Sally, Herb und Bob, arbeiteten beide schon als Kinder im Geschäft. Herb, der später Admiral und ein sehr erfolgreicher Einzelhändler wurde, erinnert sich:

> „Ich begann bei Ben Bridge Jeweler zu arbeiten, sobald ich über die Theke sehen konnte. Am Anfang waren meine Aufgaben einfach, zum Beispiel den Boden fegen oder Silber polieren, wovon es reichlich gab. Schließlich erledigte ich Besorgungen und half Kunden bei einfachen Dingen, zum Beispiel beim Kauf einer

Uhr oder der Abgabe einer Uhr zur Reparatur. Ich hatte sogar eine kleine Werkbank, an der ich einfache Reparaturen durchführte."[259]

Ben war zu seinen Söhnen streng, aber liebevoll. Und er gab seine Vorliebe für harte Arbeit an sie weiter. Herb war erst neun Jahre alt, als er beschloss, einen „richtigen" Job außerhalb des Ladens anzunehmen. Er verkaufte Zeitungen an Pendler auf der Kirkland Ferry und stand dafür um fünf Uhr morgens auf. Später übernahm er eine Zeitungsroute, für die er um drei Uhr morgens aufstehen musste, um 100 Zeitungen auszuliefern. All das geschah vor der Schule; nach der Schule erwartete sein Vater von ihm, dass er unentgeltlich im Laden aushalf. Herb arbeitete auch samstags dort: „Ich freute mich darauf, dorthin zu gehen … Der Laden, das Geschehen und die Menschen auf beiden Seiten des Tresens gaben mir Energie … es war schließlich unser Name, der über der Eingangstür stand."[260]

Ben war ein Ehrenmann. Während der Weltwirtschaftskrise hatte er zu kämpfen, aber es war ihm ein großes Anliegen, seine Rechnungen vollständig und pünktlich zu bezahlen, obwohl er beinahe gezwungen war, Konkurs anzumelden. Er rannte die Straße hinunter, um einem Kunden das Wechselgeld zu bringen, das er im Laden vergessen hatte. Und er hielt es für unerlässlich, seinen Verpflichtungen nachzukommen und seine Angelegenheiten ordentlich zu erledigen. Dies war eine weitere Eigenschaft, die über Generationen weitergegeben wurde. „Er lieh Menschen, die vom Pech verfolgt waren, Geld, ohne große Hoffnung, es jemals zurückzubekommen. Er holte Menschen aus dem Gefängnis und half anderen bei der Miete aus."[261] – *Tzedakah* in Aktion.

Bob wurde 1931 geboren und war sechs Jahre jünger als Herb. Die beiden waren ihr Leben lang enge Freunde. Laut seinem älteren Bruder war Bob „sympathisch, liebenswert und charmant".[262] Ihre Mutter Sally ging – ähnlich wie Buffett zu dieser Zeit in Nebraska – regelmäßig zu einem Börsenmakler. Sie liebte es, an der Börse zu spekulieren, und „sie war gut darin"[263], erinnerte sich Herb. Ihr Mann tolerierte ihre Börsenaktivitäten, hielt sich selbst jedoch davon fern, da er sich mit Dingen, die er kontrollieren und vorhersagen konnte, deutlich wohler fühlte.

Die Familie ging selten in die Synagoge. Herb bemerkte später: „Das Dogma der Religion sagt mir nichts. Für mich sind Taten, ein hoher moralischer Charakter und Nächstenliebe der Schlüssel zum Leben. Das ist meine Religion."[264]

Als Herb 16 Jahre alt war, bombardierte Japan Pearl Harbor. Er wollte unbedingt als Marinepilot in den Kampf ziehen, musste aber sechs Monate warten, bis er 17 wurde und die Highschool abgeschlossen hatte, bevor er sich als Fliegerkadett melden konnte. Die Marine wurde von Freiwilligen in ihren Zwanzigern geradezu überrannt, sodass der junge Herb aufgefordert wurde, eine Weile zur Universität zu gehen, bis er einberufen wurde. Nach zwei Semestern an der University of Washington, immer noch voller Tatendrang, in den Kampf zu ziehen, rief er die Einberufungsstelle an und sagte: „Berufen Sie mich ein und schicken Sie mich ins Bootcamp. Es ist mir egal, wo Sie mich einsetzen, aber ich möchte diese Uniform anziehen."[265] So landete er trotz seines offensichtlichen Offizierspotenzials auf einem denkbar niedrigen Posten in der Schreibstube – aber genau das liebte er.

Während Herb im Pazifik an Bord des Zerstörers Doherty diente, erhielt er an seinem 18. Geburtstag per Post ein Geschenk von seinem Vater – einen einfachen Brief, in dem stand: „Lieber Herb, herzlichen Glückwunsch zum Geburtstag. Du bist jetzt zu einem Viertel Eigentümer von Ben Bridge Jeweler. Unterschreibe das Beiliegende und sende es zurück."[266] Es war ein Wechsel über 6.000 Dollar.

Herb hatte es schließlich satt, Decks zu schrubben und alte Farbe abzukratzen, und er hörte von der Möglichkeit, eine Ausbildung zum Offizier zu absolvieren. Nachdem er die Zulassungsprüfung bestanden hatte, wurde er im Herbst 1943 an die University of Washington und anschließend an die Columbia University geschickt, um sich zum Fliegerleitoffizier auf einem Flugzeugträger ausbilden zu lassen, wo er

Piloten beim der Abfangen feindlicher Flugzeuge anleitete. In den vier Monaten vor Kriegsende diente er in der Nähe von Okinawa.

Nach seiner Entlassung aus dem Militärdienst im Jahr 1946 betrat Herb stolz in seiner Offiziersuniform das Juweliergeschäft seiner Familie. Ben, der gerade zwei Matrosen bediente, blickte auf und sagte: „Herb, diese Uniform steht dir wirklich gut. Geh bitte nach hinten, häng diese hübsche Jacke auf und fege hier ein bisschen!“[267] Einer der Matrosen rief aus: „So kann man doch nicht mit einem Offizier reden!“ Ben antwortete: „Mit *diesem* Offizier kann ich so reden – selbst wenn *dieser* Offizier eines Tages Admiral wird!“ Es war als Scherz gemeint, aber Herb wurde schließlich tatsächlich Admiral, indem er in der Marine-Reserve aufstieg – eine Verpflichtung, die er trotz seiner Vollzeitstelle im Juweliergeschäft übernahm.

Nachdem er ein Jahr lang damit verbracht hatte, seinen Studienabschluss zu machen und die Pharmazie-Spitzenabsolventin Shirley zu heiraten, kehrte Herb ins Geschäft zurück. Doch dann brach der Koreakrieg aus, und er ging für ein paar Jahre nach Asien, um dort zu dienen. Im Juni 1952 kehrte er zurück, um die Ernennung seines Bruders Bob zum Marineoffizier nach seinem Abschluss an der University of Washington mitzuerleben. Herb war Trauzeuge bei Bobs Hochzeit am Tag nach der Ernennung.

Bob hatte das Geschäft zusammen mit Ben geführt, während Herb in Korea war. An seinem 18. Geburtstag hatte Bob ebenfalls einen Viertelanteil am Unternehmen erhalten. Herb wollte sichergehen, dass Bob fair behandelt worden war, und sagte daher zu seinem Vater und seiner Mutter:

> „Hört mal, ihr habt mich zu einem Viertel zum Eigentümer des Unternehmens gemacht, und jetzt habt ihr dasselbe für Bob getan. Aber ich habe sechs Jahre lang Eigenkapital aufgebaut, und das verschafft mir in Bezug auf die Eigentumsverhältnisse einen dauerhaften Vorteil. Ich möchte, dass ihr die Dinge so regelt, dass

Bobs Anteil am Geschäft dem meinen entspricht … Ich mag meinen Bruder und möchte eine für uns beide vorteilhafte Partnerschaft mit ihm."[268]

Nachdem Bob Offizier geworden war, ging er in den Militärdienst, und nun war Herb an der Reihe, im Geschäft zu arbeiten. Als der Koreakrieg vorbei war, wurde auch Bob aus dem Dienst entlassen und trat ebenfalls der Marine-Reserve bei, wo er in den nächsten 20 Jahren erneut die Karriereleiter hinaufstieg.

Im Jahr 1954, als Herb 29 und Bob 23 Jahre alt war, geriet das Geschäft in eine schwierige Lage. „Das Problem war mein Vater"[269], erinnerte sich Herb.

„Als typischer Mikromanager konnte er bei der Führung des Geschäfts keinerlei Mitwirkung dulden – ganz gleich wie bedeutend sie war. Wenn ich eine Idee hatte, lächelte mein Vater mich an und sagte, er habe das 1928 schon einmal versucht und es habe nicht funktioniert, oder dass die Zeit noch nicht reif sei oder dass es zu viel koste, oder er gab mir eine andere fadenscheinige Erklärung. Ich versuchte ihn zu überzeugen, und er sagte ruhig, ich würde es einfach nicht verstehen. Dad hatte seine eigene Art, die Dinge zu erledigen, und er gab niemals nach … Bob war damit zufrieden … Zwischen Dad und mir kam es zu einem Zusammenstoß zweier Stiere, weil wir einander zu ähnlich waren. Nicht dass es sehr konfliktreich oder explosiv zugegangen wäre, denn das war es nicht. Dad war geduldig mit mir, wir mochten uns sehr und hatten ein gutes Verhältnis. Es war nur so, dass sich meine Frustration immer mehr aufstaute."[270]

Herb beschloss, sich eine andere Arbeit zu suchen, um zu lernen, wie man ein Unternehmen ausbaut, und dann in das Familienunternehmen zurückzukehren, sobald sein Vater in den Ruhestand gegangen war. Er fand eine solche Stelle in Denver, wo er drei Filialen einer landesweiten Einzelhandelskette leitete. Als er seinem Vater im Herbst 1954 mitteilte, dass er im neuen Jahr nach Denver gehen wolle, sagte Ben – der Herbs Initiative und sein Bedürfnis nach Unabhängigkeit und persönlichem Wachstum schätzte: „Wenn du dich entschieden hast, dann mach es." Also stellten Herb und Shirley ihr Haus zum Verkauf und trafen Vorbereitungen für ihren Umzug – bis Ben eine Familienversammlung einberief und verkündete: „Herb, du gehst nicht weg. Ich bin derjenige, der weggeht."[271]

Alle waren wie vom Blitz getroffen, nicht zuletzt Sally – Ben war erst 58 Jahre alt und hatte eine grenzenlose Energie, und Sally war sich nicht sicher, ob sie ihren Mann den ganzen Tag um sich haben wollte, der ihr in ihre Zeitplanung hineinredete. Sie alle versuchten, ihm „um Mutters willen" davon abzuraten (Ben war ein Mann, der dafür bekannt war, seine Bücher zu nummerieren und Konserven mit dem Datum zu versehen). Aber Ben blieb hartnäckig und sagte, er wolle „nicht derjenige sein, der die Familie auseinanderbringt", erklärte sein Enkel Ed Bridge. „Er wollte, dass das Familienunternehmen ein einiges Projekt blieb."[272]

Als es um die Bewertung seiner Unternehmenshälfte ging, schlug Ben einfach vor: „Setzt euch mit dem Buchhalter zusammen. Ich weiß, dass ihr das Richtige tun werdet."[273] Und so kam es, dass zwei Mittzwanziger Ben Bridge Jeweler übernahmen, nachdem sie die Anteile in Raten bezahlt hatten. Unterdessen war Ben zur Überraschung aller im Ruhestand sofort in seinem Element. Er wurde Leiter des jüdischen Gemeindezentrums und des jüdischen Verbands und widmete sich einer Vielzahl anderer gemeinnütziger Aktivitäten. Es sollte weitere zehn Jahre dauern, bis er wieder einen Fuß in den Laden setzte. Herb und Bob hatten die vollständige Kontrolle und bekamen von ihrem Vater weder Kritik noch Kommentare zu hören.

Herb glaubte, dass sein Vater im Grunde seines Herzens nicht in der Lage war, Aufgaben zu delegieren – und Delegieren war genau das, was das Unternehmen brauchte. Die beiden Marineoffiziere konnten das sehr gut. „Das Problem war, dass wir am Anfang, wenn wir uns umschauten, an wen wir Aufgaben übertragen könnten, nur uns selbst sahen“,[274] sagte Herb mit einem ironischen Lächeln.

HERB UND BOB EXPANDIEREN

Die Rollenverteilung zwischen den beiden war ziemlich einfach: Herb war der Verkäufer, während Bob dank seines Abschlusses in Betriebswirtschaftslehre, seiner Erfahrung als Versorgungsoffizier bei der Marine und seiner Liebe zum Detail mehr Geschäftssinn hatte.

Anfangs waren sie äußerst vorsichtig – schließlich hingen die Renten ihrer Eltern und ihre jungen Familien von den Zahlungen aus dem Unternehmen ab, und vielleicht war die konservative Haltung ihres Vaters durchaus sinnvoll. Doch zunehmend verspürten sie den Drang, zu wachsen. Das bedeutete, dass sie gute Mitarbeiter brauchten, an die sie Aufgaben delegieren konnten – und gute Mitarbeiter würden sich von einem Unternehmen angezogen fühlen, das Aufstiegsmöglichkeiten bot. Das veranlasste sie, über eine Expansion nachzudenken.

Ihr erster Schritt war eher anonym und begrenzt. Zu dieser Zeit wollten die Hersteller die Preise kontrollieren, zu denen Einzelhändler ihre Waren verkauften. Sie drohten Geschäften, die sich nicht an den Mindestpreis hielten, mit Lieferverweigerung. Aber Herb und Bob kannten ihre Kunden und dachten, dass sie viel mehr Geschäft anziehen könnten, wenn sie die Preise in bestimmten Bereichen senken würden.

Ein Discounter namens PriceMart bot in Seattle anderen Einzelhändlern schlicht gehaltene Verkaufsflächen unter einem Dach an. Ben Bridge Jeweler mietete Ende der 1950er-Jahre einen Teil dieser Fläche, verwendete jedoch nicht den Namen des Unternehmens, sodass niemand wusste, dass hinter dem Tresen Mitarbeiter von Ben Bridge standen. Schmuck und andere Waren wurden mit einer reduzierten Gewinnspanne von beispielsweise zehn oder zwölf Prozent verkauft. So konnte eine Uhr mit einem empfohlenen Verkaufspreis von 95 Dollar für 70 Dollar verkauft werden, und aufgrund der höheren Durchlaufmenge waren die Gewinne gut. Und die Brüder lernten dabei viel: Bob entwickelte seine Fähigkeit, große Einkaufsmengen zu verwalten und den Cashflow zu steuern, während Herb sein Wissen über Vertrieb und Marketing durch alternative Kanäle erweiterte und vertiefte.

Ihr nächster Schritt war die Reaktion auf eine Bedrohung. 1950 wurde in Seattle das erste Vorort-Einkaufszentrum Amerikas gebaut. Die Einzelhändler in der Innenstadt sahen darin eine Gefahr und schlossen sich zusammen, um das traditionelle Einkaufsviertel von Seattle zu retten. Sie wandten sich an die großen Einzelhändler – Nordstrom, JC Penney, Bon Marche und Frederick & Nelson – und baten sie um Unterstützung, um die Innenstadt lebendiger zu gestalten. Dafür wurde eine Organisation gegründet. Herb und Bob erlangten als deren Organisatoren Bekanntheit. Als JC Penney Mitte der 1960er-Jahre nach den besten und unternehmerischsten Menschen in der Schmuckbranche suchte, tauchten die Namen der Brüder immer wieder auf.

JC Penney wollte, dass Herb und Bob mehrere Schmuckabteilungen der Marke JC Penney in den Kaufhausfilialen leiteten. Zufällig befand sich die Nummer 1 unter den Filialen in Amerika in Seattle, und Herb und Bob durften diese sowie sechs weitere Filialen leiten. Insgesamt hatte JC Penney schließlich in seinen Filialen im ganzen Land 300 ausgelagerte Schmuckabteilungen. Die Brüder konnten aus erster Hand beobachten, wie JC Penney seine Richtlinien und Praktiken in der gesamten Kette umsetzte. Und sie lernten, wie man in einem Einkaufszentrum arbeitet, wo ein Großteil ihrer späteren Expansion stattfand.

JC Penney veranstaltete einen jährlichen Wettbewerb zwischen den verschiedenen Schmuckverkäufern in seinen Kaufhäusern, und jedes Jahr belegten die Geschäfte von Herb und Bob den ersten, zweiten und dritten Platz, wobei alle sieben Filialen unter den Top 10 vertreten waren. „Wir waren in diesem Geschäft aufgewachsen, wir waren Experten für Edelsteine [eine solche Qualifikation zu erwerben gilt als prestigeträchtig], wir hatten alle möglichen Kontakte und wir wussten, wie man die Dinge richtig macht", schrieb Herb.[275]

Das Delegieren an gute Mitarbeiter war ebenfalls entscheidend: „Für uns drehte sich alles um die Menschen. Wir wollten Mitarbeiter, denen etwas daran lag und die als Ben Bridge oder Sally Bridge ihres Geschäfts fungierten."[276] Dennoch konnten die Brüder in Bezug auf die berufliche Weiterentwicklung nicht viel bieten.

Deshalb beschlossen sie 1968, ein zweites Ben-Bridge-Jeweler-Geschäft zu eröffnen. Es befand sich in der Southcenter Mall im Süden von Seattle und wurde von Bob geleitet. Sie mussten ihre Waren sorgfältig auswählen, da sie in derselben Mall auch eine Schmuckabteilung von JC Penney betrieben. Das Ben-Bridge-Geschäft führte Waren der höheren Preisklasse.

Der neue Laden war ein großer Erfolg, und es dauerte nicht lange, bis sie einen dritten planten – diesmal in der Northgate Mall in Seattle. Der Eigentümer der Mall war bereit, die landesweite Juwelierkette Zales hinauszuwerfen und Ben Bridge Jeweler an derselben Stelle unterzubringen, vor allem weil die Bridge-Brüder „gute Bürger" waren. Diese Vorstellung, gute Bürger zu sein, im Gegensatz zu der Art und Weise, wie viele andere Geschäfte geführt werden, blieb den Brüdern über die Jahre hinweg erhalten: Der Ruf zählt wirklich. Schnell folgten drei weitere Geschäfte – eines in Seattle und die anderen beiden wenige Kilometer entfernt in Tacoma und Olympia im Bundesstaat Washington.

Da sie nun mit sieben Filialen bei JC Penney und sechs eigenständigen Geschäften in größerem Umfang tätig waren, konnten sie sich Einkäufer leisten, die nach Asien reisten, um die besten Waren zu besseren Preisen zu erhalten und so die Großhändler zu umgehen.

Aber die Beziehung zu JC Penney verschlechterte sich aufgrund einer Änderung in der Politik des Kaufhauses in Bezug auf preisreduzierten Schmuck. Zunächst wurden zehn Prozent Rabatt angeboten, aber die Bridge-Brüder erkannten, dass sie sich in eine gefährliche Abwärtsspirale begeben hatten: Im nächsten Jahr musste der Rabatt 15 Prozent betragen, um den Absatz in Schwung zu halten – und so weiter. All dies untergrub die Wertvorstellungen der Kunden.

Zu diesem Zeitpunkt bot JC Penney den Brüdern alle 300 Schmuckabteilungen in seinen Filialen an:

> „Bob und ich fragten uns, ob wir uns den Launen der Führungskräfte [von JC Penney] ausliefern wollten, von denen eine vielleicht eines Tages mit schlechter Laune aufwachen und uns auf die Straße setzen würde. Außerdem wollten wir unseren Kurs selbst bestimmen. Die Entscheidung fiel uns beiden leicht."[277]

Die Brüder reisten nach New York und lehnten das Angebot nicht nur ab, sondern beendeten auch die Beziehung vollständig.

Ihren Mitarbeitern ließen sie die Wahl: bei JC Penney bleiben oder mit ihnen gehen. Die Mitarbeiter aller sieben Filialen entschieden sich für Ben Bridge Jeweler, obwohl zu diesem Zeitpunkt keine Führungspositionen frei waren. Sie alle blieben danach viele Jahre lang im Unternehmen, drei von ihnen stiegen sogar zu Vizepräsidenten auf. Auch wurden Herb und Bob immer geschickter darin, sich aus den Angelegenheiten ihrer Manager herauszuhalten, da sie erkannten:

> „Sie wussten oft besser als wir, was für ihr Geschäft am besten war. Es dauerte ein paar Jahre, aber wir erkannten schließlich, dass es unsere Aufgabe war, die Leute auf Kurs zu halten und sie gleichzeitig anzufeuern – was jede gute Führungskraft tun sollte."[278]

1980 wagten sie den ersten Schritt aus dem Bundesstaat Washington heraus und eröffneten ein Geschäft in Oregon, gefolgt von einem weiteren in Kalifornien im Jahr 1982. Diese Expansion war nicht durch Eigeninteresse motiviert – wie sie selbst sagten: „Wir konnten mit zehn Filialen genauso gut leben wie mit 70."[279] Vielmehr expandierten sie, um ihren Mitarbeitern sagen zu können: „Seht her, wenn ihr eure Arbeit gut macht, könnt ihr in der Firma aufsteigen, hier gibt es Raum für euch, um voranzukommen. Kommt und wachst mit uns."

Herb und Shirley hatten zwei Kinder, Bob und seine Frau Bobbi hatten drei. Zwei der fünf zeigten schon in jungen Jahren Interesse und Begabung für das Geschäft: Jonathan (Jon), Jahrgang 1950, Sohn von Herb und Shirley, und Edward (Ed), Sohn von Bob und Bobbi, Jahrgang 1956.

JON UND ED WERDEN GRÖSSER

Jon und Ed hatten beide schon als Jungen im Unternehmen gearbeitet, den Boden gefegt und Silber poliert. Wie sein Vater trat auch Jonathan in die Marine ein und schloss 1972 sein Studium an der University of Washington mit *magna cum laude* und einem Honours Degree in Wirtschaftswissenschaften ab. Nach seinem Dienst im Vietnamkrieg kehrte er 1973 an die Universität zurück, um Jura zu studieren, während er weiterhin in der Marine diente. Anschließend arbeitete er einige Jahre als militärischer Rechtsberater, bis er den aktiven Dienst verließ und der Navy Reserve beitrat – einer Familientradition folgend –, wo er zum Kapitän aufstieg. 1981 trat er als 31-jähriger Offizier und Anwalt in Vollzeit bei Ben Bridge Jeweler ein. Er begann im Verkauf, war später jedoch auch als Finanzvorstand (CFO) tätig.

Ed war drei Jahre zuvor, 1978, in das Unternehmen eingetreten, nachdem er an der University of Washington einen Abschluss in Betriebswirtschaft erworben hatte (er schloss sein Studium als Mitglied der elitären Studentenvereinigung Phi Beta Kappa ab). Zunächst arbeitete er im Verkauf, aber nachdem der CFO des Unternehmens kurz nach seinem Eintritt in den Ruhestand gegangen war, übernahm Ed diese Position. Später wurde er Leiter der Verkaufsförderung. Sein Onkel Herb sagte über ihn:

> „Ed kam als Geschäftsmann zu uns und trug nicht nur maßgeblich zur Expansion des Unternehmens bei, sondern auch dazu, dass wir profitabel blieben, indem er genau erkannte, wann ein Geschäft geschlossen werden sollte. Es gab Standorte, an denen nichts klappte, egal was man tat – ob man Manager austauschte oder Lagerbestände optimierte. Ed war unser Wachhund und traf seine Entscheidungen auf eine grandiose Art und Weise."[280]

Im Jahr 1980 gab es in elf Bundesstaaten Filialen von Ben Bridge Jeweler, und jedes Jahr kamen zwei bis drei neue Filialen hinzu. Herb erinnert sich:

> „Wenn man uns fragt, wie wir das geschafft haben, antworten wir: Ganz einfach, wir stellen die allerbesten Mitarbeiter ein und geben ihnen dann die Werkzeuge an die Hand, um erfolgreich zu sein. Wir bieten gute Ware, attraktive Auslagen, kontinuierliche Schulungen, aufrichtigen Kundensupport und eine Kultur der Professionalität und des Vertrauens. Wir haben keine Geheimnisse vor unseren Managern. Wir stellen Menschen ein, die Schmuck und die Emotionen lieben, die entstehen, wenn jemand von einem geliebten Menschen ein liebevolles, symbolisches Geschenk erhält."[281]

Als Herb und Bob 1990 den Titel und die Aufgaben des Co-CEOs an Jon und Ed übertrugen, gab es 39 Geschäfte: 20 in Kalifornien, eines in Alaska, eines in Hawaii und die übrigen in den Bundesstaaten Washington und Oregon.

DER DEAL

Während die Familie stolz darauf war, das Unternehmen ausgebaut und neue Möglichkeiten für ihre Mitarbeiter geschaffen zu haben, machten sich Herb und Bob zunehmend Gedanken darüber, was im Fall ihres Todes geschehen würde und wie sie den Übergang zur nächsten Generation am besten gestalten könnten. Dabei standen Fairness, Kontinuität in der Unternehmensführung und Erbschaftsteuern im Mittelpunkt ihrer Überlegungen. Jons Frau Bobbe war Partnerin in einer Anwaltskanzlei, und ihr Kollege schlug vor, an Herb und Bob jeweils eine bestimmte Anzahl von Aktien zu einem Preis von 750 Dollar pro Aktie zu übertragen und diesen Preis von 750 Dollar einzufrieren, sodass er niemals steigen würde. Auf diese Weise könnten alle zukünftigen Gewinne an die übrigen Anteilseigner, ihre Erben, weitergegeben werden.

Diese Idee wurde umgesetzt, und jedes Jahr erhielten die fünf Kinder einen festen Betrag, unabhängig davon, ob sie im Unternehmen arbeiteten oder nicht. Herbs und Bobs Sinn für Fairness und ihr Engagement, die Harmonie in der Familie über alles andere zu stellen, bedeuteten, dass jedes Mitglied der nächsten Generation gleich behandelt wurde.

In den 1990er-Jahren besaßen die Kinder jeweils eine beträchtliche Anzahl von Aktien. Da das Unternehmen jedoch keine Dividenden ausschüttete, erzielten sie keine Einkünfte. Zu diesem Zeitpunkt hatte diese Generation bereits eigene Kinder – die auch die mit der Elternschaft verbundenen Ausgaben mit sich brachten –, während Bob und Herb bereits über 60 Jahre alt waren. „Es schien an der Zeit, Bilanz zu ziehen und zu überlegen, wie man das Vermögen des Unternehmens nutzen könnte“[282], sagte Herb.

Jon und Ed gaben eine Bewertung des Unternehmens in Auftrag. Alle waren von der hohen Bewertung, die sie erhielten, schockiert (die Zahl wurde nicht veröffentlicht, aber der Umsatz belief sich 1998 auf 137 Millionen Dollar). Der nächste Schritt bestand darin, potenzielle Käufer wissen zu lassen, dass die Familie Bridge möglicherweise bereit wäre, zu verkaufen oder eine andere Vereinbarung zu treffen. Zwei landesweit tätige Unternehmen bekundeten Interesse, „aber keines passte wirklich“[283], da sie den Hauptsitz von Seattle weg verlegen wollten. Die Familie war der Ansicht, dass Ben Bridge Jeweler durch und durch ein Unternehmen aus Seattle sei. Noch schlimmer war, dass es keine Garantien für die Sicherheit ihrer treuen Mitarbeiter gab. „Wir hatten Mitarbeiter, die seit 35 oder 40 Jahren bei uns waren, diese Menschen gehörten gewissermaßen zur Familie, und wir wollten sie nicht an den Meistbietenden verkaufen. Wir könnten unsere Leute niemals so verraten“[284], betonte Herb.

Sie erwogen auch einen Börsengang oder eine fremdfinanzierte Übernahme, aber da griff das Schicksal ein. Bob war seit vielen Jahren mit Barnett Helzberg Jr. befreundet, und sie unternahmen oft gemeinsame Skiausflüge. Helzberg hatte seine Schmuckwarenkette Helzberg Diamonds bereits 1995 an Berkshire Hathaway verkauft (siehe Band 3, Investition 5). Bob erfuhr von ihm, dass Buffett ein hervorragender Geschäftspartner war, und kam zu dem Schluss, dass Ben Bridge Jeweler gut zu Berkshire Hathaway passen würde. Die Kultur des umsichtigen Wachstums und der zurückhaltenden Ausgaben, der Ruf der Integrität und die hochkompetenten Manager entsprachen genau Buffetts Vorstellungen. Und Berkshire hatte sich als wunderbares Zuhause für Dutzende anderer Familienunternehmen erwiesen, die mit ähnlichen Dilemmata konfrontiert waren wie die Familie Bridge. Bob bat Helzberg, die Bewertung an Buffett weiterzuleiten.

Buffett war interessiert und rief Ed an. Sie verstanden sich gut, und so schickte Ed ihm ein paar Zahlen. Buffett gefielen die jährlichen Zahlen zum Umsatzwachstum der Filialen: 9 Prozent, 11 Prozent, 13 Prozent, 10 Prozent, 12 Prozent, 21 Prozent und 7 Prozent in den letzten sieben Jahren – „eine wirklich bemerkenswerte Erfolgsbilanz“.[285] Ben Bridge Jeweler hatte mittlerweile 62 Filialen in 18 Bundesstaaten, eine 63. stand kurz vor der Eröffnung. Buffett war auch von dem „außerordentlichen Ruf“[286] der Familie und des Unternehmens beeindruckt. Begeistert sagte er zu Ed: „Ihr seid großartig, großartig, großartig."[287] Buffett konsultierte Jeff Comment, der 1995 die Leitung von Helzberg Diamonds übernommen hatte, als das Unternehmen an Berkshire verkauft wurde. Dieser bestätigte Helzbergs Ansicht, dass „Ben Bridge ein Unternehmen mit Mitarbeitern von hoher Integrität und starkem Charakter war, das eine attraktive Nische im Markt besetzte."[288]

Doch gerade als es so aussah, als würde sich eine Einigung abzeichnen, erhöhte ein strategischer Käufer (also ein Käufer aus derselben oder einer verwandten Branche) sein Angebot. „Ich glaube", sagte Ed, „wir hätten von diesem Käufer wahrscheinlich 20 Prozent mehr bekommen als von Berkshire. Aber ich glaube auch, dass wir das Unternehmen zerstört hätten, wenn wir diesen Weg gegangen wären."[289]

Buffett hatte seinen Preis genannt, halb in bar und halb in Aktien. Beide Seiten vereinbarten außerdem, den Preis nicht öffentlich zu machen. Innerhalb weniger Tage, im Dezember 1999, hatten sie eine Einigung erzielt – „einfach so".[290] Sie hatten sich immer noch nicht getroffen. „Ich kaufe Unternehmen ständig über das Telefon"[291], sagte Buffett zu Bridge.

Der Vertrag wurde am 18. Mai 2000 unterzeichnet und trat am 3. Juli in Kraft. Jon schrieb an die Mitarbeiter:

> „Unser Erfolg besteht in unseren Mitarbeitern, und das wird immer so bleiben. Mit dem Eingehen dieser Allianz setzen wir die Tradition unseres Großvaters und unserer Väter fort, die Geschäftsführung sowie die langfristige Planung des Unternehmens zu überwachen. Diese Vereinbarung wird für einen reibungslosen Übergang von dieser Generation zur nächsten sorgen – ein Anliegen, das im Mittelpunkt dieser Maßnahme stand."[292]

Sie freuten sich darauf, Teil von Berkshire zu werden. Ed bezeichnete es als ...

„… die beste Unternehmensfamilie, die jemals unter einem Firmennamen vereint war. Warren Buffett, der Vorsitzende von Berkshire Hathaway, hat eine legendäre Erfolgsbilanz beim Schutz der einzigartigen Eigenschaften einzelner Unternehmen in einem vielfältigen Unternehmensportfolio vorzuweisen. Wir freuen uns, ein Teil davon zu sein."[293]

Buffett fügte seinerseits hinzu: „Ich kann Ihnen gar nicht sagen, wie sehr wir uns über diese Zusammenarbeit mit Ben Bridge Jeweler freuen. Ben Bridge wird von einem hervorragenden Managementteam geführt und ist eine großartige Bereicherung für die Berkshire-Familie."[294]

Eine Bedingung für den Verkauf war, dass Bob und Herb bis zu ihrem Lebensende in ihren Positionen bleiben würden, und „Warren war damit einverstanden".[295] Buffett sagte auch, dass er das Unternehmen nur kaufen würde, wenn Jon und Ed es weiterhin leiten würden. Er sagte ihnen: „Wir brauchen keine Wettbewerbsverbotsklausel, denn ich weiß, dass Sie niemals etwas tun würden, was dem Unternehmen schaden könnte."[296] Ed war von diesem Maß an Vertrauen sehr beeindruckt: „Wenn jemand so etwas zu dir sagt, musst du zuhören."[297] Buffett bestand auch auf Folgendem: „Ich möchte keinen Vertrag abschließen, denn ich möchte nicht, dass ihr bleibt, wenn ihr nicht glücklich seid."[298]

Dann traf sich Warren schließlich mit der Familie. Ed erinnert sich, dass Buffett, als sie an einem Laden von See's Candies vorbeifuhren, die genauen Verkaufszahlen des Ladens erwähnte. Ed war erstaunt. Buffett antwortete: „Nun, ich liebe Zahlen."[299] Das bestätigte nur die Weisheit einer Warnung, die Ed vom Leiter eines anderen Berkshire-Unternehmens erhalten hatte: Zeigen Sie Buffett niemals eine Zahl, die er nicht sehen soll, denn er wird sich daran erinnern.

Die Auszahlung von Herb und Bob war zwei Jahrzehnte zuvor bei 750 Dollar pro Aktie eingefroren worden, sodass sie keinen sehr hohen Scheck erhielten; aber ihre Kinder „schnitten ziemlich gut ab".[300]

Ed und Jon beschlossen, den Gewinn mit den Menschen zu teilen, die der Familie zum Erfolg verholfen hatten. Sie stellten neun Millionen Dollar zur Verfügung und entwickelten eine Formel, die alle einbezog, wobei diejenigen, die am längsten gearbeitet hatten und in höheren Positionen waren, mehr erhielten. Die Boni wurden in drei Raten ausgezahlt: ein Drittel bei Abschluss des Geschäfts, ein Drittel ein Jahr danach und ein Drittel am zweiten Jahrestag des Verkaufs. Auf diese Weise motivierten sie die Mitarbeiter, während der Zeit der Unsicherheit nach der Übernahme im Unternehmen zu bleiben, und gaben Jon und Ed Zeit, um zu beweisen, dass Ben Bridge Jeweler immer noch ein großartiger Arbeitgeber war.

Ganz offensichtlich hatten Ed und Jon die Familientradition der *Tzedakah* verinnerlicht. Ihr stolzer Vater und Onkel Herb schrieben:

> „Niemand gelangt jemals allein irgendwohin; und wenn doch, ist es ein Erfolg ohne Substanz. Selbst jetzt, ein Jahrzehnt später, kommen mir noch die Tränen, wenn ich darüber spreche, dass Ed und Jon wussten, dass diejenigen, die Wohlstand schaffen, diesen auch mit anderen teilen sollten."[301]

Buffett war ebenfalls beeindruckt:

> „In ihrer typischen noblen Art haben die Bridges einen erheblichen Teil des Verkaufserlöses an die Hunderte von Mitarbeitern verteilt, die zum Erfolg des Unternehmens beigetragen hatten. Wir sind stolz darauf, mit der Familie und dem Unternehmen verbunden zu sein."[302]

WAS GESCHAH DANACH?

Nach dem Verkauf fragten Herb und Bob Buffett, wann er seine Due Diligence, eine Inventur und eine Buchprüfung durchführen wolle.

Buffetts Antwort lautete: „Ich mache keine Due-Diligence-Prüfung. Das brauche ich nicht. Ich hätte euch nicht gekauft, wenn ich euch nicht vertrauen würde."[303] Diese Aussage überraschte die beiden Brüder und gab ihnen zugleich neuen Mut.

Buffett schlug diesen Ton auch in seinem Brief an die Berkshire-Aktionäre aus dem Jahr 2000 an:

> „Niemand wollte, dass eine andere Schmuckkette einsteigt und das Unternehmen mit Ideen über vermeintliche Synergieeffekte und Kosteneinsparungen zerlegt (die zwar niemals funktionieren würden, aber mit Sicherheit ausprobiert würden). Ich sagte Ed und Jon, dass sie das Steuer in der Hand behalten würden, und sie wussten, dass sie mir glauben konnten: Schließlich ist es offensichtlich, dass sich Ihr Vorsitzender bei der tatsächlichen Leitung eines Geschäfts oder dem Verkauf von Schmuck katastrophal schlagen würde (obwohl es Mitglieder seiner Familie gibt, die als Einkäufer den schwarzen Gürtel erworben haben)."

Seitdem hat sich die Beziehung vertieft, und wann immer Buffett nach Seattle fliegt, um mit Bill Gates Bridge zu spielen, verbringt er auch einen Tag bei Ben Bridge Jeweler – alle dortigen Manager kennen ihn. Jon und Ed haben sogar Lieferanten eingeladen, damit sie den legendären Investor kennenlernten.

Ed reflektierte folgendermaßen über seine 18-jährige Erfahrung bei Berkshire Hathaway:

> „Es gab nur sehr wenige Veränderungen, und das ist ein einzigartiges Merkmal von Warren und der Kultur von Berkshire. Es ist eine Kultur, in der die operativen Einheiten in Ruhe gelassen werden, solange sie gute Arbeit leisten. Als ich im Jahr 2000 mit Warren sprach, sagte er: „Wir delegieren nicht, wir geben ab. Wir haben keine Zeit, uns einzumischen."[304]

Buffett förderte jedoch das Delegieren *innerhalb* des Unternehmens, um dessen Wachstum zu ermöglichen. Es stand auch Geld zur Verfügung, wie Ed Bridge bestätigte: „Wir hatten eine große Finanzkraft im Rücken. Wir waren schon vor [Berkshire] finanziell stark, aber zu wissen, dass wir Milliarden im Rücken haben, hilft mir, nachts besser zu schlafen."[305]

Dennoch war das Wachstum eher verhalten. So dauerte es 18 Jahre, bis die Zahl der Filialen von 63 auf 95 stieg. Zu diesem Zeitpunkt wurden fast die Hälfte (46 Filialen) als Pandora Stores, Läden der weltweit größten Schmuckmarke, betrieben. Diese wurden als Franchise-Unternehmen geführt. Ab 2010 wurde Ben Bridge Jeweler zum größten Pandora-Franchisenehmer in Nordamerika.

Im 21. Jahrhundert trat eine weitere Generation in das Unternehmen ein. Wie es in der Familie Tradition ist, begann Lisa (Tochter von Ed und Pam) mit dem Reinigen der Ladentresen, sobald sie groß genug war, um diese zu erreichen. Nach ihrem Abschluss mit Auszeichnung an der Washington University in St. Louis und dem Besuch des Gemological Institute of America begann sie ihre Karriere bei Ben Bridge Jeweler in der Einkaufsabteilung.

Im Jahr 2010 wurde sie Vizepräsidentin für Ausbildung und 2015 brachte sie ihre gleichnamige Schmuckkollektion, die Lisa Bridge Collection, auf den Markt, die zu einer der meistverkauften Linien des Unternehmens wurde. 2017 übernahm sie nach Jons Pensionierung die Rolle der Präsidentin und des Chief Operating Officer (COO). Buffett begrüßte die Übergabe des Staffelstabs an die jüngere Generation: „Angesichts der Herausforderungen, vor denen der Einzelhandel steht, freue ich mich, dass jemand mit Leidenschaft für das Schmuckgeschäft, kreativen Ideen und mit Verständnis für die Verbraucher von heute das Ruder übernimmt. Lisa hat den Einzelhandel im Blut."[306] Buffett erwarb sich den Ruf, gern Frauen in Führungspositionen zu berufen: Beryl Raff war Vorsitzende und CEO bei Helzberg, während Karen Goracke bei Borsheims die Nachfolge von Susan Jacques antrat.

Ed blieb bis 2019 CEO, dann übergab er den Posten an die 33-jährige Lisa. „Es freut mich sehr, dass das Unternehmen in so fähigen Händen sein wird", sagte er. „Lisa wird das Unternehmen sicherlich in die nächste Phase und in eine glänzende Zukunft führen."[307]

Lisas Bruder Marc arbeitete als Jugendlicher ebenfalls im Geschäft und wurde mit 25 Cent pro Stunde dafür bezahlt, alte Umschläge zu durchsuchen, um sicherzustellen, dass keine Metallteile oder Steine darin zurückblieben: „Wenn wir etwas fanden (und das kam nur ein- oder zweimal vor), bekamen wir einen Bonus von 25 Cent."[308] Nach seinem Studium an der Washington University in St. Louis, der London School of Economics und der juristischen Fakultät der University of Washington trat er als Associate General Counsel bei Ben Bridge Jeweler ein und half dabei, das Unternehmen auf das „Internet-Zeug" vorzubereiten.[309]

Seine wahre Leidenschaft galt jedoch der Unterstützung von Kunden bei der Suche nach einem tollen Schmuckstück. Er hatte sich zum Vice President of Marketing hochgearbeitet, als er 2017 seine Absicht bekannt gab, das Familienunternehmen zu verlassen und sein eigenes Juweliergeschäft zu gründen. Dazu erklärte er:

> „Wenn man in einem Familienunternehmen arbeitet, ist es schwer, die eigenen Fähigkeiten einzuschätzen. Man bekommt Chancen, die man anderswo nicht hätte. Man ist … abgeschirmt vor der Realität gewöhnlicher Jobs … Wenn man einmal dabei ist, kann man sich kaum vorstellen, etwas anderes zu tun. Nach der Geburt unseres Sohnes Asa begann ich darüber nachzudenken, welches Vorbild ich ihm sein wollte. Was auch immer seine Träume sein mochten, ich hoffte, dass er den Mut und das Selbstvertrauen haben würde, sie zu verfolgen. Und dann musste ich in den Spiegel schauen. Hatte ich das Selbstvertrauen, meine eigenen Träume zu verfolgen? Hatte ich zu viel Angst vor schwierigen Aufgaben? War ich bereit, auf mich selbst zu setzen?"[310]

Er gründete daraufhin weit entfernt von den Familiengeschäften in Arlington im Bundesstaat Texas ein Juweliergeschäft.

Nach dem „bislang erfolgreichsten Jahr“[311] von Ben Bridge Jeweler, im Jahr 2022, beschloss die Pandora Group, die Franchising-Aktivitäten für ihre Marke und ihre Produkte in den Vereinigten Staaten einzustellen, und kaufte alle von Ben Bridge betriebenen Pandora-Franchise-Geschäfte zurück. Dadurch verringerte sich die Anzahl der Filialen des Unternehmens drastisch auf 37 (in neun Bundesstaaten) mit nur noch 425 Mitarbeitern – deutlich weniger als die rund 700 Mitarbeiter, die das Unternehmen im Jahr 2000 hatte, und nur ein Bruchteil der 1.159 Mitarbeiter im Jahr 2016. Lisa sagte dazu:

> „Der Grundstein unseres Geschäfts ist es, Kunden fürs Leben zu gewinnen, und deshalb haben wir uns damals in Pandora verliebt. Das war ein wichtiges und erfolgreiches Kapitel in unserer Geschichte, und wir wissen, dass unser Team als Teil der größeren Pandora-Organisation in ausgezeichneten Händen sein wird … Wir freuen uns darauf, das Wachstum von Ben Bridge voranzutreiben.“[312]

WAS MIT DEN FÜHRUNGSKRÄFTEN GESCHAH

Jon ging 2017 in den Ruhestand und ist seitdem in vielen gemeinnützigen Organisationen aktiv, von der Alliance for Education und dem Jewelers of America Political Action Committee bis hin zum King County Mental Health Board und dem Center for Children and Youth Justice. Außerdem lehrt er an der University of Washington. Er sagt:

> „Ich glaube, Bildung im Allgemeinen und die Fürsorge für junge Menschen waren für mich immer das Wichtigste. Wie ich bereits in unserem Unternehmen gesagt habe, ist das wichtigste Wort in der englischen Sprache das Wort ‚Empathie‘. Diesbezüglich hat

> sich meine Einstellung im Laufe der Jahre nicht geändert: Mache die Welt zu einem besseren Ort; hinterlasse den Planeten besser, als du ihn vorgefunden hast."[313]

Ed blieb bis 2018 CEO. Jetzt, wo er offiziell im Ruhestand ist, bleibt er eine wichtige Quelle kluger Ratschläge, wenn seine Tochter Lisa ihn anruft. Er engagiert sich auch aktiv in vielen gemeinnützigen Organisationen, darunter Jewelers for Children, das Jewelers Vigilance Committee, die Jewish Federation of Greater Seattle und der Seattle Victims Fund.

Auch mit über 90 Jahren hilft Bob Lisa noch gern, wenn sie ihn braucht. Seit seiner Pensionierung engagiert er sich intensiv für gemeinnützige Projekte. Er hat sich für unzählige Anliegen eingesetzt, darunter die Hilfe für Obdachlose in Seattle durch den Bau von Sozialwohnungen. Die von ihm gegründete Organisation hat Tausende von Wohnungen bereitgestellt. Als er im Jahr 2000 gemeinsam mit seinem Sohn Jon den Vorsitz der King County United Way Campaign innehatte, sammelten sie 93 Millionen Dollar für Projekte in den Bereichen Bildung, Kunst und Hungerhilfe. Buffett und Gates halfen mit einer Präsentation vor den Spendern, die mehr als 25.000 Dollar gespendet hatten. „Warren und Bill lieferten sich einen spontanen, interessanten Schlagabtausch, der allen Spaß machte"[314], kommentierte Herb.

In den folgenden Jahren wurden insgesamt über 100 Millionen Dollar gesammelt. Bob holte Buffett erneut an Bord, um Geld für den City Club zu sammeln, eine weibliche Alternative zum Rotary Club, der zu dieser Zeit Frauen noch die Mitgliedschaft verwehrte.[315] Danach folgten Dutzende weiterer gemeinnütziger Projekte.

Unterdessen ging Herb auch mit über 80 Jahren noch jeden Tag ins Büro:

> „Das Geschäft wird von Jon und Ed geführt … Ich bin das Bindeglied. Ich kannte Großvater Silverman, der den ersten Laden er-

öffnete; ich bin unter den wachsamen Augen von Ben Bridge, einem Mikromanager, aufgewachsen; Bob und ich haben unsere Söhne mit der Mentalität unseres Vaters erzogen; und jetzt sehe ich denselben Charakter bei meinen Enkelkindern und Bobs Enkelkindern … Ich bin ein wichtiger Teil des Inventars."[316]

Einige Jahre bevor er im Jahr 2018 im Alter von 93 Jahren starb, betonte Herb, dass seine Kinder und Enkelkinder seine und Shirleys[317] „ultimative Erfolgsgeschichte" seien: „Es spielt keine Rolle, wie groß deine Erfolge sind, es spielt keine Rolle, welche Auszeichnungen, Ehrungen oder Würdigungen du erhältst; was letztendlich zählt, sind deine Kinder und deine Familie. Kinder zu haben, die sich zu besseren Menschen entwickeln als du selbst."[318] Herb teilte seine Ansichten zum Thema Moral in der Wirtschaft auch mit Studenten der University of Washington:

„Ich finde, dass Moral die Grundlage jeder wirtschaftswissenschaftlichen Ausbildung sein sollte. Ich bin fest davon überzeugt, dass Wirtschaft ein Mittel ist, um die Gemeinschaft und die Welt zu verbessern … Ich glaube, dass unseren zukünftigen Führungskräften in der Wirtschaft ein moralischer Kompass an die Hand gegeben werden sollte, der ihnen zeigt, dass Erfolg nicht darin besteht, Millionen für sich selbst zu verdienen und dabei anderen Leid zuzufügen. Erfolg bedeutet, dass man dazu beiträgt, ein Umfeld zu schaffen, das vielen Menschen ein menschenwürdiges Leben durch lohnende Arbeit ermöglicht, nicht nur einigen wenigen an der Spitze … Von meinem Großvater Bridge habe ich gelernt, anderen zu dienen und nach dem *Tzedakah*-Prinzip zu leben, das Wohltätigkeit, Gerechtigkeit und Fairness vereint. *Tzedakah* ist mein lebenslanger moralischer Kompass, der mich nie in die Irre geführt hat."[319]

LEKTIONEN

- **Freundlichkeit im Geschäftsleben ist keine Schwäche**. Die Familie Bridge wurde nach dem Prinzip der *Tzedakah* erzogen – einer Mischung aus Gerechtigkeit, Nächstenliebe, Fairness und der Pflicht, sich um seine Mitmenschen zu kümmern. Die Menschen in ihrem Umfeld – Mitarbeiter, Lieferanten, Kunden, Warren Buffett – waren Zeugen ihrer Anständigkeit und ihres Mitgefühls. Weil sie eine feste moralische Grundlage, Integrität und Großzügigkeit an den Tag legten, zogen sie gute Menschen an.
- **„Langsam und stetig" ist oft der beste Weg nach vorn**. Es dauerte Jahrzehnte, bis ein zweites Geschäft von Ben Bridge Jeweler eröffnet wurde. Selbst in der Phase der schnellsten Expansion des Unternehmens wurden nur zwei oder drei Geschäfte pro Jahr eröffnet. Es ist wichtig, eine Expansion richtig zu machen und zu große Risiken zu vermeiden. Aber ein gewisses Wachstum wurde angestrebt, um den loyalen und kompetenten Mitarbeitern des Unternehmens die Möglichkeit zu geben, sich beruflich weiterzuentwickeln.
- **Die Einigkeit der Familie ist wichtiger als Geld**. Jede Generation hielt es für entscheidend, alle Familienmitglieder vom Unternehmen profitieren zu lassen, unabhängig davon, ob sie dort arbeiteten oder nicht. Ben Bridge opferte seine Führungsrolle im Unternehmen, um Spannungen in der Familie zu vermeiden.
- **Ein guter Ruf kann viele Türen öffnen**. Das Team von Ben Bridge Jeweler wurde oft bevorzugt behandelt, insbesondere im Bundesstaat Washington, da seine Mitglieder als gute Bürger angesehen wurden. Buffett hätte das Unternehmen nicht gekauft, wenn es keinen ausgezeichneten Ruf gehabt hätte.
- **Die Maximierung des Vermögens ist oft weniger wichtig als das richtige Verhalten gegenüber den Mitarbeitern**. Die

Familie Bridge hätte durch den Verkauf an einen anderen Käufer als Berkshire 20 Prozent mehr Geld erhalten können. Der andere potenzielle neue Eigentümer hätte jedoch wahrscheinlich die Unternehmenskultur, das Leben der Mitarbeiter und den einzigartigen Teamgeist des Unternehmens beschädigt.

- **Ein „gutes Zuhause" für ein Familienunternehmen zu sein ermöglicht es, hervorragende Unternehmen zu fairen Preisen zu kaufen.** Buffetts Politik der Nichteinmischung, sein Engagement für die Aufrechterhaltung der Unternehmenskultur und seine aufrichtige Bewunderung für seine Führungskräfte sorgen für gegenseitigen Respekt und herzliche Beziehungen, sodass es sich Berkshire oft erlauben kann, weniger Geld zu bieten als weniger darauf eingestimmte Käufer.

Investitionen 9 und 10

JUSTIN BOOT UND ACME BRICK

Eckpunkte des Geschäfts

Geschäft	**Justin Brands und Acme Building Brands**
Zeit	Juli 2000
Bezahlter Preis	567,6 Millionen US-Dollar in bar für Justin und Acme zusammen
Anteil am Eigenkapital	100%
Status	Noch gehalten

Es mag seltsam erscheinen, dass Buffett ein Unternehmen gekauft hat, das sowohl Cowboystiefel als auch Ziegelsteine herstellte; die beiden Produkte passen kaum zusammen. Aber sie wurden im Jahr 2000, als Berkshire das Unternehmen kaufte, von derselben Firma hergestellt – und sie hatten viel mehr gemeinsam, als man sich vielleicht vorstellen könnte. Beide hatten ihren Ursprung in den Pionierzeiten in Texas, in der Nähe von Fort Worth.

Im Jahr 1879 tauchte der Gründer von Justin Boots in einer staubigen Stadt mit 200 Einwohnern, vier Saloons und vier Ärzten auf, um die kämpfenden Cowboys zu versorgen, die den Chisholm Trail entlangzogen. Als er ankam, hatte er nur 25 Cent in der Tasche, aber sein neuer Freund, der Barbier, lieh ihm seine gesamten Ersparnisse – insgesamt 35 Dollar –, damit er mit der Herstellung von Stiefeln beginnen konnte. Es war ein so rauer Ort, dass Justin ein seltsames Gefühl des Stolzes verspürte, als er sah, dass zwei gehängte Gesetzlose Stiefel trugen, die er hergestellt hatte.

Ein paar Meilen entfernt und elf Jahre später suchte ein Mann nach dem perfekten Stück Land, auf dem er Tonschiefer für die Ziegelherstellung abbauen konnte. Es musste auch Kohle verfügbar und eine gute Verkehrsanbindung an die wichtigsten Städte entlang der Eisenbahnlinien vorhanden sein. Er zahlte etwas mehr als vier Dollar pro Morgen, baute einen Brennofen und gründete die Acme Brick Company.

Acht Jahrzehnte später waren diese beiden Akteure die größten Namen in ihren jeweiligen Bereichen in ganz Amerika. Sie schlossen sich 1968 mit dem Plan zusammen, die Holdinggesellschaft unter der Führung des Enkels des Gründers der Stiefel-Firma, John Justin Jr., für externe Aktionäre an der Börse zu öffnen. 32 Jahre später, als John Jr. im Alter von 83 Jahren seinen Nachlass regeln wollte, kaufte Berkshire alle Aktien des Unternehmens für 567,6 Millionen Dollar.

Buffett erkannte, dass Acme Brick in einem Umkreis von 250 Meilen um jede Produktionsstätte eine starke Marktposition hatte, da die Kosten für den Transport von Ziegeln aus weiter entfernten Gebieten unerschwinglich waren. Daher war das Ziegelgeschäft hochprofitabel. Das Geschäft mit Cowboystiefeln war schwankungsanfälliger, mit einigen Phasen hoher Nachfrage und guter Gewinne und anderen, in denen hohe Fixkosten und ein rückläufiges Interesse an Stiefeln zu Verlusten führten. Dennoch waren Justin Boots und seine anderen Marken wie Nocona und Tony Lama gestützt auf ihr Erbe aus dem Wilden Westen Marktführer und konnten einen Preisaufschlag verlangen.

JUSTIN BRANDS

In den Jahren nach dem amerikanischen Bürgerkrieg trieben Cowboys ihr Vieh von Südtexas über den Red River, durch das Gebiet der Indianer, bis zu den Bahnhöfen in Kansas entlang des berühmten 1.000

Meilen langen Chisholm Trails. Es war harte Arbeit – und es war hart für ihr Schuhwerk. An einer Biegung des Red River lag die kleine Stadt Spanish Fort (200 Einwohner, 20 Gebäude), die letzte Station vor dem Land der Indianer. Im Jahr 1879 kam der 20-jährige Herman Joseph (HJ) Justin mit nichts als einem Rucksack, in dem sich sein gesamter Besitz befand – darunter sein kostbarer Hammer und seine Schusterahle – in die Stadt. Er hatte eine Lehre bei einem Schuster in Gainesville in Texas absolviert, und dies waren die Werkzeuge, die er für die Bearbeitung von Leder benötigte. In Spanish Fort gab es keinen Schuhmacher, und HJ erkannte eine Chance.

Als er jedoch aus dem holprigen Wagen stieg, hatte er nur 25 Cent in der Tasche. Er brauchte einen Job; daher ging er zum Barbier, der zudem Badehausbesitzer war, und wurde eingestellt, um den Boden zu fegen. Nachdem er einige Wochen lang Wasser für die Longhorn-Treiber erhitzt hatte, damit diese ihr ersehntes Bad nehmen konnten, bemerkte er einen Cowboy auf dem Friseurstuhl, dessen Stiefel bereits auseinanderfielen, und bot ihm an, diese wieder herzurichten. So begann das Stiefelgeschäft in einem klapprigen, aus zusammengeschusterten Brettern bestehenden Holzschuppen hinter dem Friseursalon.

Am nächsten Tag erschien ein weiterer Kunde, der seine Stiefel reparieren lassen wollte. Die Nachricht verbreitete sich schnell in den örtlichen Saloons. HJ verdiente zwar etwas Geld mit Reparaturen und konnte dadurch überleben, aber er kam nicht dazu, Stiefel zu entwerfen und herzustellen, was sein eigentliches Ziel war. Er war schon kurz davor, Spanish Fort aufzugeben, als er seinem neuen Freund, dem Friseur Frank See, mitteilte:

> „Frank, ich muss weggehen. Ich komme hier nicht über die Runden, wenn ich nicht an Geld komme. Hast du Geld? Wenn ich genug bekomme, um ein wenig Vorrat zu kaufen, nur zwei oder drei Häute, werde ich die Welt darauf aufmerksam machen, dass H.J. Justin die besten Stiefel der Welt herstellen kann.[320]

See gab HJ seine gesamten Ersparnisse – insgesamt 35 Dollar. Das erste Paar Stiefel wurde für neun Dollar an Frank See verkauft, der sie bis 1905 beim Reiten auf seiner Ranch trug. Weitere Bestellungen folgten schnell. Anfangs musste HJ oft warten, bis das Wetter gut genug war, um draußen zu arbeiten, weil der Anbau so klein war. Dann stieg er in der Welt auf – in eine 2,40 m x 2,40 m große Hütte, auf die er die Worte „H.J. Justin, Boot Maker“ malte.

HJs Stiefel waren auf Langlebigkeit ausgelegt, eng anliegend, um einen sicheren Halt zu bieten, aber bequem. Der hohe Lederschaft schützte vor Klapperschlangen, Gestrüpp und schlechtem Wetter. Der hohe Absatz sorgte für festen Halt in den Steigbügeln und für Standfestigkeit beim Lassowerfen vom Boden aus. Die meisten waren schlicht schwarz, robust und kosteten 8,50 Dollar pro Paar (für einen Cowboy etwa ein Wochenlohn), aber HJ begann, mit Ziernähten (die die Stiefel zusätzlich verstärkten) und später mit bunten Einlagen zu experimentieren. Justins Ruf für hochwertige Stiefel verbreitete sich entlang des gesamten Chisholm Trails; im ersten Jahr erreichte der Umsatz 1.000 Dollar.

Als er 1887 Annie Allen heiratete, hatte HJ Mühe, mit den Bestellungen Schritt zu halten, obwohl Annie ihm mit langen Arbeitszeiten half. Dann berichtete ein Rancher aus Montana, dass viele Cowboys in seinem Bundesstaat maßgeschneiderte Stiefel wollten, aber nicht nach Texas reisen konnten, um ihre Füße vermessen zu lassen. Daraufhin führten Annie und HJ ein Bestellsystem per Post ein: Sie schickten den Kunden ein Maßband und eine Fußvorlage, mit denen diese ihre Füße und Beine genau ausmessen konnten. Es gingen so viele Bestellungen ein, dass HJ die Hilfe seines Bruders William in Anspruch nahm – später arbeiteten auch seine beiden Söhne Vane und Bill im Unternehmen.

Bis 1889 gingen die großen Viehtriebe zurück, da in ganz Texas Eisenbahnstrecken gebaut wurden. Die Einwohner von Spanish Fort hatten gehofft, dass die Missouri, Kansas & Texas Railway in ihre Stadt kommen würde, aber sie verlief weiter südlich. HJ war auf die Eisenbahn angewiesen, um seine Versandstiefel zu versenden, was es unvermeidlich machte, dass das Unternehmen in eine Eisenbahnstadt umziehen musste. Die Familie entschied sich für das 19 Meilen entfernte Nocona. Tatsächlich zog der größte Teil von Spanish Fort nach Nocona (benannt nach einem Comanche-Häuptling, der 1860 in einer Schlacht mit texanischen Rangern gefallen war).

HJ, Annie und ihr einjähriger Sohn John Sullivan (später John Justin Sr.) zogen in zwei Zimmer im hinteren Teil eines Stiefelgeschäfts. Sie hatten sieben Kinder und zogen später in ein großes Haus, das HJ auf einem Grundstück hinter dem Geschäft gebaut hatte. Nach einigen Jahren Schulbesuch mussten die Kinder ab dem Alter von 13 Jahren sechs Tage die Woche von 6:00 bis 18:00 Uhr im Laden arbeiten, wobei sie samstags manchmal schon um 16:00 Uhr Feierabend hatten – und das alles für 25 Cent pro Tag. Es wurde jedoch nicht nur gearbeitet: Im Hinterhof gab es Schaukeln, Rutschen und andere Spielgeräte. Kinder aus der ganzen Stadt kamen, um dort zu spielen, ebenso wie später ältere Stadtbewohner, um an Tanzveranstaltungen und Partys teilzunehmen, die von HJ, der gern tanzte, veranstaltet wurden.

Das Selbstvermessungssystem von HJ und Annie wurde immer beliebter, und HJ beschloss, Händler und Kaufhäuser in Städten im gesamten Westen anzusprechen und ihnen einen Dollar für jede Bestellung anzubieten, die er unter Verwendung seiner Messvorlagen erhielt. Sie verkauften eine Menge Stiefel. Veranstaltungen wie Viehzüchterkongresse boten ebenfalls clevere Marketingmöglichkeiten. Bis 1908 betrug die Jahresproduktion über 1.000 Paar, die von einem Dutzend Arbeitern hergestellt wurden und einen Umsatz von 12.000 Dollar einbrachten.

John Sr., damals 20 Jahre alt, und sein 18-jähriger Bruder Earl hielten den Betrieb zu Hause am Laufen, während HJ unterwegs war, um mit Händlern zu sprechen. HJ beschloss, seine beiden ältesten Söhne zu gleichberechtigten Partnern im Unternehmen zu machen, und änderte den Namen in H.J. Justin & Sons. Es wurden 25 Maschinen angeschafft, darunter Singer-Nähmaschinen, und weitere Mitarbeiter eingestellt.

1909 verkaufte das Unternehmen seine Produkte in 26 Bundesstaaten, in Kanada, Mexiko und Kuba; 1915 konnten die 25 Schuhmacher täglich 25 Paar Schuhe herstellen und in 36 Bundesstaaten sowie eine Reihe von Ländern weltweit liefern. Zu diesem Zeitpunkt war der Ruf des Unternehmens so gut, dass die Käufer die zwölf Dollar pro Paar im Voraus bezahlten.

Im Jahr 1915 erkrankte HJ an einer mysteriösen Krankheit. Er suchte im ganzen Land nach einer Behandlung, jedoch ohne Erfolg, und starb 1918 – ein Jahr nach der Geburt seines Enkels John Sullivan Justin Jr. (der das Unternehmen später an Buffett verkaufte), dessen Eltern John Sr. und seine Frau Ruby waren. Der Gründer hinterließ ein großartiges Leitbild, das zukünftige Generationen inspirieren sollte:

> „Kein Stiefel darf jemals den Markenamen Justin tragen, wenn er nicht in Bezug auf Material, Stil und Verarbeitung das Beste ist, was hergestellt werden kann ... Es ist mein Wunsch, eine Institution zu hinterlassen, die die Standards und den Geist des wahren Westens hochhält.“[321]

Im Alter von sechs Jahren begann John Jr., in der kürzlich erbauten neuen Fabrik des Unternehmens als unbezahlter Assistent seines Cousins Bill auszuhelfen. Er fädelte Schnürsenkel in wadenlange Stiefel, die hauptsächlich für Ölfeldarbeiter (die mit viel Schlamm zu kämpfen hatten) bestimmt waren – damals eine boomende Branche in Texas.

1922 stellten die 36 Mitarbeiter des Unternehmens bis zu 9.000 Paar Schuhe pro Jahr her, die in der Regel für 16 bis 22 Dollar verkauft wurden. Im folgenden Jahr wurde ein 50-seitiger Katalog herausgebracht, der auf der Innenseite des Deckblatts eine Erklärung von HJ über die Standards und den Geist des Westens sowie sein Foto enthielt. Außerdem wurde eine Gruppe von Handelsreisenden eingestellt, die die Produkte an Geschäfte in kleinen Provinzstädten verkauften.

1925 zog das Unternehmen 90 Meilen weiter südlich nach Fort Worth – eine schnell wachsende Metropole mit über 125.000 Einwohnern, die für ihre Fleischverarbeitung und Ölförderung bekannt war. Dort hatte es Zugang zu besseren Bankdienstleistungen, Frachtverbindungen (die Stadt war ein Eisenbahnknotenpunkt) und einem größeren Pool an Arbeitskräften. Der Umzug wurde großzügig von der Manufacturers and Wholesalers Association of Fort Worth subventioniert, die nicht wollte, dass Dallas, Abilene oder Waco das Geschäft von Justin für sich gewannen. Am Ende zogen 600 Menschen um, darunter 70 Mitarbeiter.

Als seine Schwester Enid verkündete, dass sie in Nocona bleiben würde, um Stiefel herzustellen, sagte John Sr., dass sie jeden Cent verlieren würde, während ihr Bruder Earl traurig hinzufügte: „Schatz, weißt du denn nicht, dass es nicht mehr lange dauern wird, bis niemand mehr Cowboystiefel trägt?“[322] Enid entgegnete: „Aber Earl, wir werden immer Fleisch essen, und die Cowboys werden immer auf der Weide reiten müssen.“[323] Sie gründete die Nocona Boot Company und war viele Jahre lang eine harte und entschlossene Konkurrentin von H.J. Justin & Sons – eine Rivalität, die erst 1981 mit der Fusion der Unternehmen endete; die Marke Nocona ist auch heute noch stark.

JOHN JUSTIN JR.

John Jr. arbeitete gern. Deshalb arbeitete er nach jedem Schultag von 17:30 bis 23:00 Uhr als Lieferjunge für eine Apotheke. Außerdem arbeitete er als Zeitungsausträger und stand dafür um 4:15 Uhr morgens auf, um seine Runde zu machen. Frustriert darüber, dass sein Vater ihn nicht in das Geschäft einsteigen lassen wollte – John Sr. wollte, dass sein Sohn aufs College ging –, suchte er sich mit 16 Jahren einen Job in Washington. Nachdem er dort etwa zwei Jahre lang gearbeitet hatte, wechselte er nach Dallas und ging schließlich an das Oklahoma Agricultural and Mechanical College. Nach einem Jahr wechselte er an die Texas Christian University in Fort Worth.

Abends gingen er und sein Kommilitone Charles D. Tandy – der später die gigantische Tandy Corporation gründete – in eine Garage, um aus Abfällen Ledergürtel herzustellen, oft bis zum Morgengrauen. Sie verdienten mit dem Verkauf der Gürtel an Geschäfte in Fort Worth gutes Geld.

Laut John Jr. war sein Vater pessimistisch, was die Zukunft von Cowboystiefeln anging:

> „Mein Vater ... war der Meinung, dass die Menschen wegen der Autos und der Gehwege keine Stiefel mehr bräuchten. Er hatte einfach das Gefühl, dass die Produktion von Stiefeln von vornherein zum Scheitern verurteilt war. Also begannen sie, den Bereich Cowboystiefel in ihrem Geschäft zurückzufahren und sich auf Arbeitsstiefel und die Herstellung von Schuhen zu konzentrieren."[324]

Sie nahmen auch Militärstiefel, eine Reihe von eleganten Reitstiefeln im englischen Stil und sogar Golfschuhe in ihr Sortiment auf. Viele dieser Diversifizierungen waren nicht rentabel, aber die Cowboystiefel verkauften sich weiterhin gut, erzielten gute Erträge und sorgten dafür, dass die Löhne während der gesamten Weltwirtschaftskrise stabil blieben. Das Unternehmen profitierte von dem neuen Trend, dass auch Frauen Cowboystiefel trugen. Es verkaufte seine Produkte zudem an Lkw-Fahrer, Eisenbahnarbeiter und Piloten im ganzen Land.

John Jr. brach 1937 das College ab, bekam aber einen einfachen Job in der Fabrik der Familie, wo er nur ein Viertel des Mindestlohns verdiente. Nach einem Jahr beschloss er, wieder in das Gürtelgeschäft einzusteigen. Dieser Schritt war ein großer Erfolg – nicht zuletzt, weil sein Vater und seine Onkel zustimmten, dass ihre Verkäufer die Gürtel neben Schuhen verkaufen durften. Als der Krieg ausbrach, trat John Jr. der US-Handelsmarine bei und überredete seine Mutter, die Justin Belt Company zu leiten, während er weg war. Er diente drei Jahre lang auf Versorgungsschiffen im extrem gefährlichen Nordatlantik, die deutschen U-Booten auswichen, um Lebensmittel und Soldaten nach Großbritannien zu bringen.

Die Justin Belt Company florierte und erreichte 1950 einen Umsatz in Höhe von 500.000 Dollar. Auch H.J. Justin & Sons war erfolgreich und stellte Arbeitsschuhe und -stiefel für Arbeiter in wichtigen Industriezweigen sowie Militärstiefel her. 1943 überschritt der Umsatz die Millionengrenze. Der Square-Dance-Boom, der Ende der 1940er-Jahre das Land erfasste, trug ebenfalls zur Steigerung des Absatzes von Cowboystiefeln bei. Auf der Rückseite einer Broschüre, in der die Tanzschritte erklärt wurden, stand: „In den bequemen Justin Boots können Sie die ganze Nacht tanzen und noch ein bisschen länger."[325] Zunächst wurden 10.000 Exemplare gedruckt und an die 2.000 Einzelhändler des Unternehmens im ganzen Land verschickt. Die Nachfrage war jedoch so groß, dass schließlich mehr als 100.000 Exemplare gedruckt wurden.

Der 33-jährige John Jr. feierte 1950 mit seinen rund 30 Mitarbeitern das 12-jährige Jubiläum seines profitablen Gürtelunternehmens. Seine langjährige Sekretärin Dorothy Morell erinnerte sich, dass John Jr., nachdem er einen Scheck mit einem ähnlichen Namen an den falschen Kunden ausgestellt hatte, sagte: „Solange man atmet, macht man Fehler. Aber wir lernen daraus."[326] Sie erinnerte sich:

> „Es war angenehm, für ihn zu arbeiten. Sein Büro stand immer für alle offen. Er war nie sarkastisch und sprach nie hart mit seinen Mitarbeitern. Wenn er jemanden kritisierte, dann nur aus gutem Grund. Wenn er das Gefühl hatte, dass man sein Bestes gab, war das für ihn gut genug."[327]

Obwohl John Jr. mit dem von ihm aufgebauten Gürtelgeschäft zufrieden war, hatte er immer noch den Wunsch, das familieneigene Stiefelgeschäft zu leiten: „Soweit ich mich zurückerinnern kann, war es mein Wunsch, dieses Unternehmen zu leiten."[328]

Im Jahr 1950 befand sich das Stiefelunternehmen an einem kritischen Punkt. HJ hatte nie die Nachfolge geregelt, und es gab jahrelange interne Konflikte zwischen dreien seiner Söhne. Daher gab es keine klare Ausrichtung oder Führung, was gelegentlich zu Chaos führte, Aufträge wurden widerrufen und Marktanteile gingen verloren.

Onkel Earl hatte beobachtet, wie John Jr. sein Gürtelgeschäft aus dem Nichts aufgebaut hatte. Beeindruckt kam er zu dem Schluss, dass John Jr. die Leitung des Stiefelgeschäfts übernehmen sollte. Er sagte: „John, wir brauchen wirklich frisches Blut. Wir brauchen jemanden wie dich, der das Unternehmen übernimmt und führt."[329]

John Jr. ging davon aus, dass er auf ernsthaften Widerstand von Onkel Avis stoßen würde, während die negative Einschätzung seines Vaters hinsichtlich der Zukunft von Cowboystiefeln bedeutete, dass John Sr. ebenfalls nicht besonders begeistert sein würde. Also erklärte er Earl, dass er sich nicht „in einen Familienstreit hineinziehen lassen" wolle ... „Ich bin es gewohnt, mein eigenes Unternehmen zu führen, und wäre nur an dem Job interessiert, wenn mir die vollständige Kontrolle zugesichert würde."[330]

„Genau darum bitte ich dich", lautete die Antwort.

John Jr. schrieb einen Brief an den Vorstand, in dem er erklärte, dass er absolute Autorität benötigen würde, wenn er die Leitung des Stiefelunternehmens übernehmen sollte. Die einzige Ausnahme wäre, wenn die Vorstandsmitglieder einstimmig gegen eine bestimmte Entscheidung wären. In einem Nebenraum des Youngblood's Fried Chicken wurde nach einem guten Essen sein Brief vorgelesen und herumgereicht. Onkel Avis protestierte: „Ich weiß nicht, warum wir das brauchen ... Ich weiß nicht, warum wir hier noch jemanden brauchen."[331] Dies führte zu einem heftigen Streit zwischen den Brüdern.

John Jr. beobachtete das Geschehen und sagte dann zu Earl: „Ich weiß es zu schätzen, dass du mich gefragt hast, aber ich habe dir gesagt, dass ich mich nicht darauf einlassen will. Danke und gute Nacht."[332]

Damit verließ er den Raum.

John Jr. dachte, damit sei die Angelegenheit erledigt, doch wenige Tage später erhielt er einen Anruf von Earl, der ihm mitteilte, dass Avis äußerst verärgert sei und seine Anteile verkaufen wolle. „Bist du interessiert?“[333] John Jr. eilte zu seinem Onkel Avis, um mit ihm zu sprechen: „Ich habe gehört, dass du deine Anteile verkaufen willst.“[334]

„Ja, das möchte ich. Kennst du jemanden, der sie kaufen möchte? Dieses Geschäft bringt mich um. Alles läuft schief.“

„Wie viel willst du dafür haben?“

„150 Dollar pro Aktie.“

Das waren 50.925 Dollar für seine 339,5 Aktien. Avis war der größte Aktionär des Unternehmens. Earl hatte 320 Aktien, John Sr. hatte 183 und John Jr. besaß bereits 104. Zusammen hatten sie die Mehrheit (mehr als 50 Prozent) der Stimmen.

Avis ging zum Tresorraum hinunter und kam mit einer Handvoll Aktienurkunden zurück. Er unterschrieb sie auf der Rückseite, und John Jr. stellte einen Scheck aus (er hatte einen vorab vereinbarten Kredit zur Verfügung). John Jr. ging dann zum Büro seines Vaters, um ihm die Neuigkeit mitzuteilen. John Sr. fiel fast vom Stuhl. Dann umarmte er seinen Sohn und sagte: „Wir brauchen dich.“[335]

John Jr. verließ die Stadt für ein paar Tage, während Tante Enid ihrer Wut Luft machte. Sie war verärgert, dass sie mit dem Weggang von Avis keine Informationsquelle mehr in der Firma hatte.

Als Earl zwei Jahre später starb, kaufte John Jr. seine 320 Aktien sowie einige weitere von Earls Familie.

John Jr. baute das Geschäft rasch aus, insbesondere den Bereich Cowboystiefel: „Die Leute sahen uns einfach nicht als Schuhhersteller. Man baut seinen Ruf auf dem auf, was man am besten kann.“[336] Dies stand in direktem Gegensatz zur Strategie der Brüder – sie hatten mit jedem Paar Schuhe 1,25 Dollar Verlust gemacht.

Als er eines Morgens im Jahr 1951 um fünf Uhr morgens eine Gruppe seiner Männer mit Brecheisen bewaffnet losschickte, um die Maschinen für die Schuhherstellung zu zerstören, kam sein Vater – als er den Lärm hörte – herbeigeeilt und befahl ihnen, aufzuhören. Er war nach wie vor davon überzeugt, dass Schuhe die Zukunft waren und Stiefel im Niedergang begriffen waren. John Jr. hatte Angst, dass sein Vater einen Herzinfarkt bekommen könnte, so aufgeregt war er. Schließlich gelang es ihm, seinen Vater zu überzeugen, mit ihm ins Büro zu gehen, wo sie in aller Ruhe reden konnten. Am Ende akzeptierte John Sr. das Unvermeidliche, insbesondere angesichts der Befugnisse, die der Vorstand John Jr. übertragen hatte; aber er war immer noch nicht einverstanden. Ebenfalls abgeschafft wurden englische Reitstiefel, Kavalleriestiefel und alle Stiefel außer Cowboystiefeln.

Eine weitere Veränderung im Unternehmen war die Einführung von spitzen Stiefeln für „Cowboys, die mit Pick-ups auf ihren Grundstücken herumfuhren“[337] – neben den traditionellen, an der Spitze abgerundeten Stiefeln für Zaun- und Grenzreiter (eine Entwicklung, die John Sr. ebenfalls ablehnte). Auch hielt es John Jr. für klug, sich von den ausschließlich schwarzen Stiefeln zu verabschieden; die Konkurrenz war ihnen einen Schritt voraus, indem sie Stiefel in vielen Farben anbot.

Außerdem musste die Fabrik modernisiert werden. Die Arbeiter litten im Sommer unter der Hitze und froren im Winter, und die Beleuchtung war wirklich schlecht. All dies wurde für die 100 Mitarbeiter des Unternehmens verbessert, und es wurden neue Maschinen installiert, von Stiefelwendern bis hin zu Stiefeltrocknern.

Inzwischen war John Jr. – mittlerweile 36 Jahre alt – ein sehr begehrter, gut aussehender Junggeselle. Eine Boulevardzeitung brachte die Schlagzeile: „Mädels, hier kommt euer Traummann – ein texanischer Millionär, der weder alt noch verheiratet ist und auch nicht nach Vieh oder Öl riecht.“[338] Doch im selben Monat, in dem dieser Artikel erschien, im November 1952, lernte John Jr. auf einem Ball die verwitwete Jane Chilton Scott kennen, Mutter von zwei kleinen Kindern. Sie heirateten im Januar 1953.

Jane war schockiert, dass ihr neuer Ehemann keine Cowboystiefel trug; er wollte den echten Cowboys nicht „überlegen“ sein. „John, du bist der Präsident des weltweit führenden Cowboystiefelherstellers und trägst keine Stiefel."[339] Von da an wurde er zu einer wandelnden Werbung für Justin Boots.

1954 begannen Rodeoreiter, Tennisschuhe zu tragen, damit sie vom Pferd springen, rennen und ein Kalb fangen konnten, um es niederzuwerfen und zu fesseln. Die Rodeo Cowboys Association war der Meinung, dass Tennisschuhe nicht zum Image passten, und beschloss daher, dass alle Teilnehmer Cowboykleidung tragen mussten, einschließlich Hut und Stiefel. Kalb-Lassowerfer („Calf Roper") klopften an John Jr.s Tür, um ihm mitzuteilen, dass sie die traditionellen Stiefel mit hohem Absatz nicht wollten, da diese ein schnelles Absteigen verhinderten. Er und sein Team entwarfen daher einen Stiefel mit flachem Absatz namens „Roper". Dieser wurde nicht nur bei Rodeoreitern, sondern auch bei den allgemeinen Käufern beliebt.

Eine weitere Innovation entstand aufgrund von John Jr.s Verbundenheit zur Texas Christian University. Er entwarf ein spezielles Paar Stiefel, das er trug, wenn er sich die Spiele ansah – in Lila und Weiß, mit einem eingelegten gehörnten Frosch auf der Vorderseite. Bald wurde er mit Anfragen von anderen Fans überschüttet. Dann wurden die Medien darauf aufmerksam und Fans anderer Colleges wollten ihre eigenen Maskottchen in ihre Stiefel einlegen lassen.

Die beiden Unternehmen von John Jr. fusionierten 1955, als H.J. Justin für 100.000 Dollar die Mehrheitsanteile an der Justin Leather Goods Company kaufte.

John Sr. blieb bis zu seinem Tod im November 1959 im Alter von 71 Jahren im Unternehmen aktiv. Zu seinen Lebzeiten war die Stiefelproduktion von 15 Paaren pro Woche auf 1.000 Paare pro Tag gestiegen.

Das Unternehmen war 1960 bereits landesweit tätig, aber drei Viertel seines Umsatzes stammten immer noch aus Texas, Oklahoma, Kalifornien, New Mexico, Arizona, Colorado, Wyoming und Oregon. Dann kam der Cowboy-Boom, und die Menschen verlangten Stiefel aus allen möglichen ausgefallenen Lederarten, von Straußen- über Alligator- bis hin zu Schlangenleder – die hohe Preise erzielten.

Als John Jr. 1967 seinen 50. Geburtstag feierte, hatte er alle anderen Anteilseigner herausgekauft. Er liebte seinen Job und führte ein glückliches Familienleben: „Ich dachte, ich hätte es wirklich geschafft.“[340] Doch dann, im Herbst 1968, erlitt er einen großen Schreck, als er mit einer Blinddarmentzündung ins Krankenhaus eingeliefert wurde: „Ich begann darüber nachzudenken, was mit dem Unternehmen passieren würde, wenn mir etwas zustoßen würde. Alles, was ich hatte, war in diesem Unternehmen gebunden. Ich wollte Jane nicht damit belasten, es weiterführen zu müssen.“[341]

John Jr. besprach die Angelegenheit mit seinem Anwalt Sproesser Wynn, der zufällig auch als Rechtsberater für die First Worth Corporation tätig war. Diese war im August 1968 als Holding für die Acme Brick Company gegründet worden. Wynn schlug eine Fusion als Lösung vor. Die First Worth Corporation stand kurz vor dem Börsengang, wodurch Justins Aktien einen Marktwert erhielten und er sie verkaufen konnte, wenn er dies wünschte. Und sollte er sterben, könnte seine Witwe die Erbschaftsteuer durch den Verkauf von Aktien decken.

DIE ACME BRICK COMPANY

Die Acme Brick Company entwickelte sich zum größten Ziegelhersteller Amerikas und produzierte in dem Jahr vor dem Kauf durch Warren Buffett über eine Milliarde Ziegelsteine. Zu diesem Zeitpunkt war das Unternehmen 109 Jahre alt – und diese 109 Jahre waren eine harte Zeit. Das Unternehmen wurde Ende des 19. Jahrhunderts in Texas gegründet, als sich der Bundesstaat rasant entwickelte. Mit der zunehmenden Urbanisierung stieg auch die Nachfrage nach haltbareren und großartigeren Gebäuden als Blockhütten. Es bestand ein offensichtlicher Bedarf an robusten Baumaterialien.

Der Kaufmann George Bennett aus Dallas wollte diese Nachfrage durch den Bau einer Pressziegelfabrik befriedigen. Dazu musste er eine Quelle für Ton oder Schiefer, Brennstoff, ausreichend Arbeitskräfte und Transportmöglichkeiten zu einem angemessen nahe gelegenen Markt finden – der Transport von Ziegelsteinen ist im Verhältnis zu ihrem Wert teuer, daher sind Ziegelhersteller in der Regel lokal ansässig.

Nach zweijähriger Suche nach einem Standort, der all diese Faktoren erfüllte, stieß Bennett auf ein Grundstück an einem Nebenfluss des Brazos River, fünf Meilen von Millsap entfernt (etwas nördlich und östlich des Mittelpunkts von Texas). Es handelte sich um eine alte Relaisstation an einer Postkutschenroute mit 100 Einwohnern. Entscheidend war, dass das Grundstück an der Eisenbahnstrecke lag, Fort Worth nur 75 Kilometer und Dallas 120 Kilometer entfernt. Die Mineral Wells and Northwestern Railroad konnte Ziegelsteine zu Einzelhandelsgeschäften im Südwesten von Texas transportieren.

Bennett ließ Schieferproben von einem Hersteller von Maschinen für die Ziegelproduktion in Chicago untersuchen – sie waren von guter Qualität und Farbe. In der Gegend wurde auch Kohle gefunden. 1890 kaufte er drei 160 Morgen große Grundstücke für etwas mehr als vier Dollar pro Morgen (64 Hektar zu je knapp zehn Dollar). Es wurden Gebäude für Maschinen, Pferde, Maultiere, Werkzeuge, eine Schmiede und eine Reparaturwerkstatt benötigt.

Die Produktion begann 1891 in der Fabrik, um die herum eine Siedlung entstand, die nach George Bennett benannt wurde. Als Gegenleistung für die bis dahin entstandenen erheblichen Kosten hatte Bennett Anspruch auf den größten Teil der 1891 ausgegebenen 100-Dollar-Aktien; insgesamt wurden 52.000 Dollar eingefordert.

Trotz der Einstellung erfahrener Ziegelbauer hatte das Werk mehr Aufträge, als es erfüllen konnte. Zunächst wurden weitere Brennöfen hinzugefügt, dann wurde ein neues Werk gebaut, um die Produktion auf 75.000 Ziegelsteine pro Woche zu steigern, die von 300 Arbeitern hergestellt wurden.

Bis zur Jahrhundertwende wurden neben Hunderten von Wohnhäusern auch viele markante Gebäude in Dallas mit Acme-Ziegeln („acme" bedeutet „der höchste Punkt") gebaut. Und 1901 erhielt das Unternehmen einen Großauftrag für eine riesige Fleischverarbeitungsanlage in Fort Worth, für die es die Produktion auf zwei Millionen Ziegel pro Monat steigern musste. In der kleinen Siedlung Bennett ist noch heute eine Ziegelei in Betrieb.

Während dieser prägenden Jahre ging Walter Bennett, Georges noch jugendlicher Sohn, in die Fabrik und half bei allen anfallenden Arbeiten mit. Während einer Weltreise im Alter von 15 Jahren sammelte er so viele verschiedene Ziegel aus Europa, Asien und Südamerika, dass er später ein kleines Museum gründete.

Während der Rezession im Jahr 1907, ausgelöst durch die Panik nach dem Erdbeben in San Francisco und die exzessiven Spekulationen und Kreditaufnahmen der Wall Street, starb George im Alter von 54 Jahren auf einer Reise nach Galveston an einer Magenerkrankung. Sein 21-jähriger Sohn Walter wurde für die Rolle des Firmenpräsidenten übergangen. Stattdessen wurde er Vizepräsident und Geschäftsführer unter der „Führung" eines Mannes, der offenbar nur wenig Zeit im Werk verbrachte. Als sich die Rezession verschärfte, wurden Lohnkürzungen verhängt und es kam zu Streiks, was zur Schließung des Werks führte. Von 1908 bis 1909 gab es Phasen, in denen das Werk mit vorübergehend eingestellten lokalen Landwirten betrieben wurde, aber es gab auch viele Zeiten, in denen es stillstand. Die anhaltenden Auswirkungen der Rezession führten 1910 zu der Entscheidung, das Werk vollständig zu schließen.

Die Lage sah düster aus. Doch dann hielt ein Freund von Walter – ein Zugführer der Texas Pacific Railroad – seinen Zug außerplanmäßig in Bennett an. Er überbrachte Neuigkeiten: Die Stadt Midland im Westen von Texas war durch einen Brand fast vollständig zerstört worden und benötigte dringend Ziegelsteine für den Wiederaufbau.

Sie mussten schnell handeln. James Fender, ein alter Schulfreund von Walter und mittlerweile Geschäftsführer von Acme (zuständig für

Arbeitszeiterfassung, Buchhaltung, Vertrieb und Versand), eilte zu einem Bankier in Millsap, um sich genug Geld für die Reise nach Midland zu leihen. Er kehrte mit einem sehr großen Auftrag zurück. Das Unternehmen stellte wieder Mitarbeiter ein und heizte die Brennöfen an – es war wieder im Geschäft.

Zwei Jahre später kaufte Acme die Denton Pressed Brick Company, 60 Kilometer nördlich von Fort Worth. 1916 wurde der Name des Unternehmens in Acme Brick Company geändert und der 29-jährige Walter zum Präsidenten ernannt.

Der Erste Weltkrieg war eine Blütezeit für Ziegelhersteller, da alle Arten von Produktionsunternehmen in ganz Amerika ihre Produktion hochfuhren. Acme eröffnete Vertriebsniederlassungen in San Antonio, Houston und im Westen von Texas.

Die Zeit nach 1918 war sogar noch besser. Mit dem Aufkommen des Autoverkehrs mussten schlammige Straßen durch Straßen mit Pflastersteinen ersetzt werden, die Ölindustrie expandierte und baute repräsentative Büros aus Ziegelsteinen, Abwasserrohre (hergestellt in Denton) wurden verlegt und Familien wollten Backsteinhäuser. Die Expansion setzte sich in den 1920er-Jahren fort, auch in Bundesstaaten außerhalb von Texas, und überall im Südwesten wurden Vertriebsbüros eröffnet.

Die folgenden Werke wurden gebaut oder erworben:

- 1920–1921: Bau einer Fabrik in Perla, Arkansas.
- 1923: Die Fort Smith Brick Company in Arkansas erklärte sich bereit, mit Acme Brick zu fusionieren.
- 1924: Die American Brick and Tile Company in Oklahoma City wurde gekauft. Sie hatte ein Werk in Oklahoma City und eines in Cleveland, Oklahoma.
- 1925: Bau eines Werks in Tulsa, Oklahoma.
- 1926: Die Arkansas Brick and Tile Company mit Werken in Malvern, Pine Bluff und Little Rock wurde gekauft.
- 1927: Kauf der Wichita Falls Brick and Tile Company, Texas.

1928 beschäftigte Acme etwa 900 Mitarbeiter, die jährlich 165 Millionen Ziegelsteine produzierten – ein Höchststand, der in den nächsten zwei Jahrzehnten nicht mehr übertroffen werden sollte. Mit Beginn der Weltwirtschaftskrise im Jahr 1930 sank der Absatz auf nur noch 98 Millionen Ziegelsteine, und das Unternehmen schloss mehrere Werke sowie 16 seiner 28 Vertriebsbüros.

Bis 1934 war der Absatz auf 20 Millionen Ziegelsteine gesunken, und das Unternehmen stand kurz vor dem Zusammenbruch. Aber das Managementteam unter der inspirierenden Führung von Walter schaffte es, das Unternehmen zu retten. Die Belastungen dieser Zeit wirkten sich jedoch nachteilig auf Walters Gesundheit aus und er verstarb 1935.

William Bryce – ein prominenter Geschäftsmann aus Fort Worth und Berater von Acme – übernahm nach dem Tod seines Freundes Walter die Rolle des Präsidenten von Acme. 1941 wechselte Bryce in die Position des Vorsitzenden und ernannte James Ernest Fender zum Präsidenten mit der Verantwortung für das Tagesgeschäft. Fender, ein „extrovertierter Verkäufer“[342], arbeitete seit 1907 für das Unternehmen und war dessen dienstältester Mitarbeiter. Mithilfe der stimulierenden Ausgaben während des Krieges gelang es ihm, den Ziegelverkauf 1942 auf über 100 Millionen zu steigern.

Als Ziegelhersteller die Weltwirtschaftskrise zu überstehen war an sich schon eine bemerkenswerte Leistung. Da nur wenige Unternehmen diese Krise unbeschadet überstanden hatten, befand sich Acme in einer vorteilhaften Position, als Amerika während und nach dem Zweiten Weltkrieg einen Ausgabenboom erlebte. 1944 kaufte Acme ein Werk in Clinton, Oklahoma, um den erwarteten Boom bei Wohnraum und Baumaterialien nach dem Krieg zu bedienen. Es folgten mehrere weitere Akquisitionen:

- 1945: Bishop Brick in Garrison, Texas. Dazu gehörte ein Werk in Houston.

- 1945: Garrison Vitrified in Garrison, Texas.
- 1950: Monroe, Louisiana.
- 1950: Baton Rouge, Louisiana.
- 1954: Buffalo Brick and Tile in Buffalo, Kansas.
- 1954: Alexandria, Louisiana.
- 1954: Waskom, Texas.
- 1958: Kanopolis, Kansas.
- 1958: Great Bend, Kansas.

Von 1945 bis 1950 verdreifachte sich der Umsatz von drei Millionen Dollar auf neun Millionen Dollar. Als Fender 1959 im Alter von 76 Jahren in den Ruhestand ging, verfügte Acme über 19 Produktionsstätten und 32 Vertriebsbüros in fünf Bundesstaaten und war ein Unternehmen, das jährlich 300 Millionen Ziegelsteine herstellte. Die 1960er-Jahre waren ein weiteres großartiges Jahrzehnt des Wachstums und des Wohlstands für das Unternehmen: 1965 wurden mehr als 433 Millionen Ziegelsteine ausgeliefert.

Ende der 1960er-Jahre hatte sich der Wettbewerb durch Backsteine aus Beton, Asbestzement, Aluminium, Stahlkunststoff und Lehmziegeln verschärft. Acme beschloss, sich diesem Trend anzuschließen, anstatt ihn zu bekämpfen. Daher erwarb Acme Unternehmen in Bereichen wie Leichtbausteine, Schlackensteine sowie Fertigteil- und Spannbeton. Eine Akquisition umfasste Patente für „Featherlite"-Blöcke, die bis heute ein sehr erfolgreiches Produkt sind.

DIE JUSTIN-UNTERNEHMEN UND ACME SCHLIESSEN SICH ZUSAMMEN

Die Ausgabe des *Fort Worth Star-Telegram* vom 22. November 1968 berichtete Folgendes: „Zwei der ältesten Produktionsunternehmen von Fort Worth – vielleicht sogar die beiden ältesten – schlossen sich am

Donnerstag unter dem Dach einer drei Monate alten Gesellschaft zusammen, die gute Aussichten hat, zu einem Konglomerat zu werden."

DO Tomlin, damals Präsident und Geschäftsführer von Acme, träumte schon lange davon, die First Worth Corporation zu gründen, die sowohl Acme als auch Justin Industries umfassen sollte. Ende 1968 einigten sich John Jr. und Tomlin auf folgenden Deal:

- First Worth würde 72.225 Aktien gegen alle ausstehenden Aktien von H.J. Justin & Sons tauschen.
- 37.775 Aktien von First Worth würden gegen alle Aktien der Justin Belt Company getauscht.
- Wenn der Kurs der First-Worth-Aktie drei Jahre später unter 23 Dollar pro Aktie liegen sollte, würde John Jr. zusätzliche First-Worth-Aktien erhalten, um die Differenz auszugleichen.

John Jr. wurde zum größten Aktionär des Unternehmens. Die Struktur wurde so gestaltet, dass beide Unternehmen im Wesentlichen autonom blieben, wobei John Jr. weiterhin aktiv für den gesamten Stiefel- und Gürtelbetrieb verantwortlich war. Er war außerdem Direktor und Mitglied des Exekutivkomitees von First Worth.

Doch schon kurz nach Abschluss der Fusion wurde John Jr. zunehmend unzufrieden und begann zu glauben, dass er einen schrecklichen Fehler begangen hatte. Nur zwei Tage nach Abschluss des Geschäfts tauchten drei Männer mit Klemmbrettern und Stoppuhren in seinem Büro in der Stiefelmanufaktur auf. Als er sie fragte, was sie wollten, sagten sie: „Wir sind von First Worth. Wir sind hier, um in Ihrer Fabrik Zeitstudien durchzuführen."[343] John Jr. war empört, weil er mit Tomlin vereinbart hatte: „Sie sind im Ziegelgeschäft tätig. Ich leite das Schuhgeschäft. Ich möchte nicht, dass sich irgendjemand in meine Angelegenheiten einmischt. Wenn Sie etwas wissen möchten, rufen Sie mich an, und ich komme vorbei."[344] Die drei Männer wurden höflich zur Tür begleitet. Tomlin entschuldigte sich zwar, aber John Jr.

begann sich Sorgen zu machen, „worauf ich mich da eingelassen hatte".[345]

Dann wurde ein weiterer Fehler begangen: 1969 fand in New Orleans eine Vorstandssitzung statt, bei der keine Kosten gescheut wurden – ein Privatjet, eine Flotte von Stretchlimousinen, luxuriöse Zimmer, großzügige Geschenke für die anwesenden Ehefrauen der Direktoren, opulente Abendessen. „Ich fragte mich, was das alles das Unternehmen kosten würde", sinnierte John Jr.[346]

Und dann noch eins: Tomlin und Wynn schockierten John Jr., indem sie hinter seinem Rücken beschlossen, den Börsengang zurückzunehmen. Nicht nur, dass John Jr. und seine Familie die Möglichkeit verloren, ihre Aktien einfach zu verkaufen, sondern das Unternehmen verlor auch den Zugang zu den Finanzmitteln, die es zur Finanzierung seiner ehrgeizigen Expansionspläne benötigte, beispielsweise für die Ausweitung der Stiefelproduktion. Noch schlimmer war der Grund für den Rückzug: Der Wirtschaftsprüfer hatte in den Jahresabschlüssen Probleme entdeckt. Und die anderen Direktoren hatten bereits 139.000 Dollar für Beratungs- und andere Gebühren im Zusammenhang mit dem Börsengang ausgegeben.

John Jr. war …

> „… wirklich besorgt. Es passierten so viele rätselhafte Dinge, Sachen kamen ans Licht, von denen ich nichts gewusst hatte … Ich hatte wirklich Angst, dass ich einen schweren Fehler gemacht hatte, der mich alles kosten konnte, wofür ich gearbeitet hatte … Schließlich wurde es so schlimm, dass ich Probleme hatte, normal zu funktionieren."[347]

Mit gesenktem Kopf ging er verzweifelt durch die Innenstadt, als ihn seine Gefühle so überwältigten, dass er sich an ein „Parkverbot"-Schild lehnen musste, aus Angst, ohnmächtig zu werden. Ein Freund aus der Ölbranche sah ihn und fragte, was denn so schlimm sei. Als er Johns

Geschichte hörte, schlug er vor, einen bestimmten aggressiven jungen Anwalt umgehend aufzusuchen. Sie marschierten sofort zu dessen Büro.

Sofort erkannte der Anwalt, dass das Ausmaß der Falschdarstellung, der John Jr. zum Opfer gefallen war, eine Klage zur Aufhebung der Fusion erforderlich machte. Als sie diesen Weg einschlugen, machten die anderen Direktoren ein außergewöhnliches Angebot: Wenn John Jr. die Klage fallen ließ, würde ihm die Leitung des gesamten Unternehmens übertragen – er würde Präsident und CEO der First Worth Corporation werden.

Der Anwalt von John Jr. wies darauf hin, dass Acme Brick kein Geld verdiente, während die Justin Boot Company profitabel war und eine große Zukunft hatte. Warum sollte er nicht die Chance nutzen, sich durch die Aufhebung des Vertrags aus dem Ziegelgeschäft zurückzuziehen?

Aber John Jr. nahm das Angebot an. Schließlich konnte ein solcher Rechtsstreit mit Berufungen und Gegenklagen Jahre dauern, und in der Zwischenzeit wäre das Unternehmen führungslos. Das war nicht gut, da sein gesamtes Vermögen in First-Worth-Aktien gebunden war. „Ich habe lange darüber nachgedacht", sagte er, „und schließlich beschlossen, dass es das Beste wäre, die Leitung des Unternehmens zu übernehmen und zu versuchen, es aus der Krise zu führen."[348] In einer angespannten Vorstandssitzung wurde Tomlin von John Jr. abgelöst, und als größter Aktionär ernannte Justin schnell ein neues Vorstandsgremium.

Die Lage war schlecht. „Johns Timing hätte nicht schlechter sein können", erinnert sich Ed Stout, damals Vizepräsident von Acme in Little Rock und später Präsident von Acme Brick:

> „Acme Brick war schon immer den Konjunkturzyklen im Wohnungsbau unterworfen, und 1969 ging die Zahl der Wohnungsbaubeginne ziemlich dramatisch zurück ... Außerdem gab es eine Reihe von Übernahmen ... wir schienen sie nicht sehr gut zu

managen ... wir hatten Geldsorgen ... wir kauften all diese Unternehmen gegen Barzahlung ... Da war also John, die dritte Generation eines Familienunternehmens, das seit fast einem Jahrhundert bestand. Er hatte Aktien gekauft, die den Bach runtergingen. Ich konnte verstehen, wie er sich fühlte."[349]

Anfang der 1970er-Jahre besaß John Jr. ein umfassendes Verständnis des Ziegelgeschäfts. Er musste schnell lernen, da der Leiter der Ziegelabteilung 1969 zusammen mit Tomlin gekündigt hatte, sodass John Jr. auch dort die Leitung übernahm. Oft trug er alte Jeans und abgetragene Stiefel und fuhr zur örtlichen Ziegelei in Fort Worth, um dort Seite an Seite mit den Tonpressern und Brennofenbeschickern zu arbeiten. „Sie würden sich wundern, wie viele Informationen man auf diese Weise bekommen kann", sagte er. „Es war ein ständiger Lernprozess."[350]

Gegen Ende des Jahres 1970 gingen aufgrund der anhaltenden Immobilienkrise kaum noch Ziegelbestellungen ein. Dennoch entschied sich John Jr. zu einem mutigen Schritt und begann, in Erwartung einer wirtschaftlichen Erholung Lagerbestände aufzubauen – denn es stellte sich heraus, dass es fast genauso viel kostete, den Betrieb auf niedrigem Niveau aufrechtzuerhalten, wie ihn ganz einzustellen, da die Fixkosten weiterhin anfielen. Sein Mut zahlte sich schließlich 1971 aus, als der Wohnungsbau wieder anzog und über zwei Millionen Neubauten in Angriff genommen wurden. Im Jahr 1972 stieg der Umsatz auf 63 Millionen Dollar; im selben Jahr änderte das Unternehmen seinen Namen in Justin Industries Inc. und First Worth wurde zu nichts weiter als einer schlechten Erinnerung.

Als Stout 1973 zum Präsidenten von Acme ernannt wurde, stand er vor einem großen Problem: Die Erdgaspreise waren nach dem Ölembargo des Nahen Ostens in die Höhe geschnellt. Acme war schon vor langer Zeit von Kohle auf Erdgas umgestiegen, um seine Ziegel zu brennen, und die Heizkosten waren nach den Arbeitskosten der größte Kostenfaktor. Unerschrocken machte sich das Team daran, in das Öl- und Gasförderungsgeschäft einzusteigen. Es gelang ihm, erhebliche Mengen an Gas zu fördern. In Verbindung mit Effizienzsteigerungen senkte dies die Kosten für die Ziegelproduktion (in einigen Werken wurde der Gasverbrauch um zwei Drittel reduziert). Bis 1978 waren die vom Markt bestimmten Gaspreise auf das 10-Fache des Niveaus von 1972 gestiegen, sodass die Wettbewerber zu kämpfen hatten, während Acme in diesem Jahr fast 550 Millionen Ziegel verkaufte und das Geschäft sehr profitabel war.

Die Holdinggesellschaft erzielte 1979 einen Nettoumsatz von 184,5 Millionen Dollar – das 4-Fache der 46,5 Millionen Dollar, die 1971 erzielt wurden. John Jr. hatte von Anfang an das Potenzial für eine Risikominderung durch die Kombination des Ziegel- und des Stiefelgeschäfts erkannt:

> „Die Umsätze von Acme schwanken mit dem Markt für Hausbau. Das Stiefelgeschäft ist jedoch anders. Es ist viel stabiler. Das Stiefelunternehmen läuft auch in Zeiten wirtschaftlicher Abschwünge recht gut. In guten Zeiten verdient es viel Geld. Justin und Acme waren also eine gute Kombination.“[351]

Zum 100-jährigen Jubiläum der Gründung von H.J. Justin, Bootmaker, kamen 60 Verkäufer nach Spanish Fort, um an einer 3-tägigen Konferenz genau an dem Ort teilzunehmen, an dem sich einst das erste Geschäft befunden hatte. John Jr. wurde zu diesem Anlass eine Urkunde für das Grundstück überreicht, auf dem sie standen. Im selben Jahr schwärmte ein Artikel in der *Washington Post* von dem neuesten Trend: „Die schnelllebigste Mode im Western-Chic ist landesweit der Cowboystiefel – mit einem Umsatz von 200 Millionen Dollar allein in diesem Jahr. Und Washington bildet dabei keine Ausnahme von diesem Trend ... auch in New York boomt der Verkauf.“[352] Das Unternehmen hatte große Mühe, mit der Nachfrage Schritt zu halten, obwohl es täglich 2.600 Paar Stiefel produzierte. Der 1980 erschienene Film *Urban*

Cowboy mit John Travolta und Debra Winger in den Hauptrollen verstärkte den Trend zu Westernkleidung dann noch weiter.

1980 war Tante Enid – mittlerweile 86 Jahre alt – immer noch für die Nocona Boot Company verantwortlich, die täglich mehr als 1.250 Paar Stiefel herstellte und einen Jahresgewinn von einer Million Dollar erzielte. Eines Tages rief sie John Jr. an und fragte ihn, ob er ihr Unternehmen kaufen wolle. Eine Vereinbarung wurde getroffen, aber die stets launische Tante Enid wollte bald wieder aussteigen. Nach einem Gerichtsverfahren wurde der Deal 1981 für knapp neun Millionen Dollar abgeschlossen.

Trotz des Erfolgs des Stiefelgeschäfts erwies sich das Ziegelgeschäft in den guten Jahren als die eigentliche Cashcow. Selbst 1979 machten Ziegel 82 Prozent des Unternehmensgewinns aus. Als 1982 die Rezession einsetzte, sank die Popularität von Cowboystiefeln und der Geschäftsbereich geriet mit übermäßigen Lagerbeständen und einem Personalüberhang in die Verlustzone. Auch der Wohnungsbau brach ein, sodass große Verluste zu verzeichnen waren. Aber Acme produzierte weiter Ziegelsteine (zwar weniger als normal, aber immer noch viel mehr, als der Markt damals nachfragte) und wartete auf den Aufschwung – schließlich sind Ziegelsteine lange haltbar. Das Risiko zahlte sich erneut aus, als die Zahl der Neubauten im Wohnungsbau 1983 auf 1,7 Millionen stieg und das Unternehmen die Rekordzahl von fast 600 Millionen Ziegelsteinen auslieferte.

Das Jahr 1990 war ein großartiges Jahr mit einem Rekordumsatz von fast 315 Millionen Dollar und einem Nettogewinn von 7,3 Millionen Dollar. Der Erfolg des Unternehmens wurde an den Finanzmärkten wahrgenommen (Justin Industries war an der Nasdaq notiert) und es ging ein Angebot über den Kauf aller Aktien für 157 Millionen Dollar ein. Die Bieter hatten einen Anteil von 11,6 Prozent aufgebaut, waren jedoch für den Kauf der restlichen Anteile auf Kredite angewiesen. Das daraus resultierende Unternehmen hätte eine hohe Verschuldung gehabt.

John Jr. hatte 20 Jahre lang den Hauptkonkurrenten des Unternehmens umworben – den Stiefelhersteller Tony Lama mit Sitz in El Paso. Dies zahlte sich endlich aus, als Justin Industries ein Angebot erhielt. Es wurde bekannt gegeben, dass Tony Lama gegen Barzahlung gekauft würde und Justin Industries dessen Schulden übernehmen würde. Die Banker der Bieter sträubten sich jedoch gegen die Höhe der Schulden, die Justin, Tony Lama und der Käufer zusammen haben würden, und zwangen die Bieter, ihr Angebot zu senken – was natürlich von den Aktionären von Justin Industries abgelehnt wurde.

Als sich die Bieter zurückzogen, sagte der erleichterte John Justin: „Wenn man ein so altes und eng verbundenes Unternehmen wie das unsere hat, hasst man den Gedanken, dass jemand Neues kommt und alles durcheinanderbringt."[353] Er war voller Zuversicht für die Zukunft: „Wir besitzen die Stiefelmarken Justin, Nocona und Tony Lama – die besten Namen in der Branche. Kombiniert man das mit der Marktstärke und Markenbekanntheit von Acme Brick, sind wir in einer sehr guten Position."[354] Die Wall Street war der gleichen Meinung und trieb die Aktienkurse in die Höhe.

1994 wurde bei John Jr., damals 77 Jahre alt, Leukämie diagnostiziert, und ihm wurden noch sechs Monate zu leben gegeben, wenn er sich keiner Behandlung unterziehen würde. Mit seiner zähen, pragmatischen Einstellung unterzog er sich einer strapaziösen Chemotherapie, bei der er seine Haare und rund zehn Kilogramm an Gewicht verlor. Obwohl er sich von dieser Krankheit erholte, führten andere Gesundheitsprobleme dazu, dass er Ende der 1990er-Jahre auf einen Rollstuhl und eine Gehhilfe angewiesen war, um sich im Büro fortzubewegen; dennoch war er entschlossen, weiterzuarbeiten.

Dann kam es zur Katastrophe: 1998 wurde ein neues Computersystem geplant, das alle Schuhabteilungen integrieren, die Effizienz steigern und die Kosten senken sollte. Allerdings verlief die Umsetzung nicht wie geplant. Ziel war es, Buchhaltung und Einkauf, Produktion und Personal zu synchronisieren – doch das Ergebnis war ein Chaos.

Das neue System wurde kurz vor der umsatzstarken Weihnachtssaison eingeführt, versagte jedoch, und dem Unternehmen entgingen viele Umsätze. Es dauerte fast zwei Jahre, das Chaos zu beseitigen, während die Konkurrenz Marktanteile abgriff. Im Juni 1999 beschloss John Jr., das Unternehmen in zwei Geschäftsbereiche umzustrukturieren: Schuhe und Baumaterialien.

Randy Watson – oft als der Inbegriff eines Texaners mit seiner bescheidenen, aber überlebensgroßen Art beschrieben – wurde im Alter von 41 Jahren zum Präsidenten und CEO des Stiefelunternehmens Justin Brands ernannt. In den vorangegangenen sieben Jahren hatte er sich als Vertriebsleiter und später als Vizepräsident für Marketing daran gewöhnt, dass John Jr. auf ihn zukam und ihm scheinbar einfache Fragen stellte, die eine differenzierte und intellektuell anspruchsvolle Antwort erforderten, beispielsweise „Sind alle unsere Kunden zufrieden?“ oder „Werden alle Stiefel richtig hergestellt?“ Er musste gründlich nachdenken, bevor er seinem Mentor antwortete.

Sowohl John Jr. als auch Watson waren entschlossen, die Integrität und den Ruf der Westernmarken, die sie mit Stolz verkauften, zu wahren. In Anlehnung an Buffett sagte Watson: „Es dauert mehr als ein Jahrhundert, eine Marke aufzubauen, aber sie kann in einem Augenblick verloren gehen.“[355] Er spiegelte auch Buffetts Führungsstil wider, indem er zunächst sicherstellte, dass die richtigen Leute am richtigen Platz waren und sie dann „machen ließ“.[356]

Doch 1999 sah sich Watson gezwungen, massiv einzugreifen. In den vorangegangenen fünf Jahren waren die Einnahmen aus dem Schuhgeschäft um 26 Prozent zurückgegangen, und aus einem Betriebsgewinn von 9,2 Millionen Dollar war ein Jahresverlust von 16 Millionen Dollar geworden. Watson beschloss, zwei der fünf Fabriken des Unternehmens zu schließen. Um in diesen schwierigen Zeiten motiviert zu bleiben, bezog sich Watson auf Theodore Roosevelts Rede „The Man in the Arena“, die dieser am 23. April 1910 an der Sorbonne in Paris gehalten hatte:

> „Es sind nicht die Kritiker, die zählen: nicht diejenigen, die darauf hinweisen, wie der Starke strauchelt oder wo der Macher es besser hätte machen können.
>
> Das Verdienst gebührt dem Mann, der tatsächlich in der Arena steht, dessen Gesicht von Staub, Schweiß und Blut gezeichnet ist, der tapfer kämpft, der Fehler macht und immer wieder scheitert – denn es gibt keine Anstrengung ohne Fehler oder Mängel –, aber der den großen Enthusiasmus, die große Hingabe kennt und sich für eine würdige Sache einsetzt; der im besten Fall am Ende den Triumph großer Leistungen erlebt und im schlimmsten Fall, wenn er scheitert, zumindest mit großem Wagemut gescheitert ist, sodass sein Platz niemals bei den kalten und zaghaften Seelen sein wird, die weder Sieg noch Niederlage kannten."

Watson sollte die Szenen in den beiden Fabriken, die er 1999 an einem Tag geschlossen hatte, nie vergessen – etwa 500 Arbeitsplätze gingen verloren. So schmerzhaft dies auch war, er wusste, dass es notwendig war, um das Unternehmen langfristig zu stärken.

Acme Building Brands wurde nun von Harrold Melton geleitet, der seit über 40 Jahren im Unternehmen gearbeitet hatte. Er war hocherfreut, Präsident und CEO des Unternehmensbereichs zu sein, als am letzten Arbeitstag des Jahres 1999 der milliardste Ziegelstein des Unternehmens für dieses Jahr hergestellt wurde (das Unternehmen hatte zu diesem Zeitpunkt 22 Werke). Er war auch stolz darauf, dass 75 Prozent der Texaner, die nach einer Ziegelmarke gefragt wurden, Acme nannten, während nur 16 Prozent die zweitplatzierte Marke nannten.

John Jr. wurde Ehrenvorsitzender des Vorstands von Justin Industries und als Präsident und CEO von Justin Industries von JT Dickenson abgelöst, einem 25-jährigen Urgestein der Holdinggesellschaft. John V. Roach, der in den 1980er- und 1990er-Jahren meistens CEO der Tandy Corporation gewesen war, trat die Nachfolge von John Jr. als Vorstandsvorsitzender von Justin Industries an.

DER DEAL

Angesichts seines schlechten Gesundheitszustands hielt John Jr. es für ratsam, seinen Nachlass zu regeln, und kam zu dem Schluss, dass es am besten wäre, das gesamte Unternehmen zu verkaufen. Daher begannen die Direktoren 1999 mit den Vorbereitungen für den Verkauf. Roach beauftragte die New Yorker Investmentfirma Donaldson, Lufkin and Jenrette mit der Suche nach potenziellen Käufern. Die Nachricht verbreitete sich schnell, und die Direktoren erhielten zahlreiche Anfragen, darunter auch von den drei großen Ziegelherstellern Nordamerikas. Es gab großes Interesse am Kauf entweder des Stiefel- oder des Ziegelgeschäfts, aber niemand war an beiden Geschäften interessiert.

Der Hausanwalt von Acme, Jeff Bodley, kontaktierte einen Freund in New York, der sich an Buffett wandte, um ihn auf Justin Industries aufmerksam zu machen.[357] Buffett erinnert sich:

> „Am 4. Mai erhielt ich ein Fax von Mark Jones, einem mir unbekannten Mann, in dem er vorschlug, dass sich Berkshire einer Gruppe anschließen solle, um ein nicht namentlich genanntes Unternehmen zu erwerben. Ich faxte ihm zurück und erklärte, dass wir mit wenigen Ausnahmen nicht gemeinsam mit anderen investieren, ihm aber gern eine Provision zahlen würden, wenn er uns Details schicke und wir später einen Kauf tätigten. Er antwortete, dass es sich bei dem „mysteriösen Unternehmen" um Justin handele."[358]

Buffett war interessiert und vereinbarte schnell einen Besuch in Fort Worth. Er sprach auch mit der aus Dallas gebürtigen Melinda Gates, die ihm erzählte, dass in Dallas jeder Justin-Stiefel und Acme-Ziegel kenne.

Dann kontaktierte er Roach, der ihn fragte: „Warren, wie wollen wir vorgehen? Möchtest du einige Buchhalter schicken, um die Bücher zu prüfen? Möchtest du Fabrikbesichtigungen machen und den Betrieb überprüfen?“[359] Er antwortete:

> „John, du weißt, dass die Zentrale von Berkshire Hathaway mit nur 12,8 Mitarbeitern arbeitet und ich niemanden habe, den ich zur Überprüfung der Bücher oder zur Besichtigung der Werke schicken könnte. Wenn jemand kommen soll, muss ich schon selbst kommen.“[360]

Und so besuchte Buffett im Juni 2000 Fort Worth, um sich mit John Jr. und Roach zu treffen. Buffett bat John Jr., ihm die wahre Geschichte des Unternehmens zu erzählen, und anschließend beschrieb Buffett eine Dreiviertelstunde lang Berkshire Hathaway. Die beiden waren sichtlich beeindruckt voneinander. Den Rest des Vormittags verbrachte Buffett mit Watson und den Nachmittag mit Melton. Buffett war sehr interessiert an dem, was beide über die Mitarbeiter von Justin Brands und Acme zu sagen hatten, etwa wer welche Aufgaben übernahm, sowie an der Geschäftstätigkeit und den Zukunftsaussichten. Welche Wettbewerbsvorteile hatten sie, wie waren sie positioniert und welchen Marktanteil hatten sie? Wer waren ihre Hauptkonkurrenten?

Als Melton Buffett eine Informationsmappe über Acme überreichte, schaute er sich als Erstes die durchschnittliche Betriebszugehörigkeit der Mitarbeiter an: in der Finanzabteilung 27,2 Jahre, in der Produktion 21,8 Jahre und im Außendienst 14,8 Jahre. „Er wollte Mitarbeiter, die bewiesen hatten, dass sie über einen langen Zeitraum erfolgreich arbeiten konnten“, erklärte Melton.[361]

Buffett fügte hinzu:

> „Als Harrold [Melton] und ich uns zum ersten Mal trafen, sprach er darüber, dass ein Haus für die meisten Familien die größte

> Einzelinvestition darstelle. Ich muss sagen, dass ich, wie die meisten Menschen, die Schönheit und Beständigkeit meines 1958 gekauften Backsteinhauses für selbstverständlich hielt. Dann wurde mir klar, dass meine Gesamtausgaben für die Instandhaltung der Backsteinfassade meines Hauses in 42 Jahren gleich null waren! Wie viele Tausende Dollar hätte ich in diesen vier Jahrzehnten für die Instandhaltung einer anderen Art von Fassade ausgegeben? Zu Beginn meiner beruflichen Laufbahn hätte mir dieses Geld, das ich für die Instandhaltung ausgegeben hätte, nicht für Investitionen in hochwertige Aktien und Unternehmen zur Verfügung gestanden.“[362]

Das Marketingteam von Acme griff diese Aussage später auf und warb zusammen mit Buffetts Bild für die Idee, dass Ziegelsteine eine großartige Investition seien.

Melton wurde sofort zu einem Bewunderer:

> „Ich habe in meinem Leben viele kluge Menschen kennengelernt, aber ich habe noch nie jemanden gesehen, der das Wesen eines Unternehmens so vollkommen versteht wie Warren Buffett. Er braucht nicht lange, um eine Entscheidung zu treffen. Er ist wirklich sehr, sehr schnell.“[363]

Als sich Buffett verabschiedete, sagte er Roach, dass er alles Notwendige gesehen habe und dass er noch nie ein Unternehmen gekauft habe, das saniert werden musste. Der Finanzvorstand Dennis Knautz begleitete Buffett zum Flughafen. „Es war im Wesentlichen ein Handschlag-Deal“, sagte Knautz. „Er entscheidet, was ein Unternehmen wert ist. Und ihm gefiel das Managementteam.“[364]

Es gab jedoch noch andere Interessenten. Daher setzte Roach einen Termin für eine Vorstandssitzung einige Wochen später an, bei der alle Angebote geprüft werden sollten. Innerhalb weniger Stunden nach dem Treffen mit dem Team faxte Buffett sein Angebot: 22 Dollar pro Aktie – ein Aufschlag von 23 Prozent auf den Schlusskurs von 17,88 Dollar am Vortag. Buffett rief an, um zu fragen, ob das Fax angekommen sei, und fügte hinzu: „Ich habe es meinem Anwalt noch nicht gezeigt, aber so sieht der Deal aus."[365] Roach war mit diesem Ablauf zufrieden, da „Anwälte manchmal dazu neigen, Deals zu verzögern und zu verkomplizieren".[366] Der Preis von 22 Dollar pro Aktie war im Vergleich zu den Handelsspannen der letzten drei Jahre recht hoch (siehe Abbildung 9.1).

Abbildung 9.1: Justin Industries, Aktienkursentwicklung 1997 bis 1999 in USD

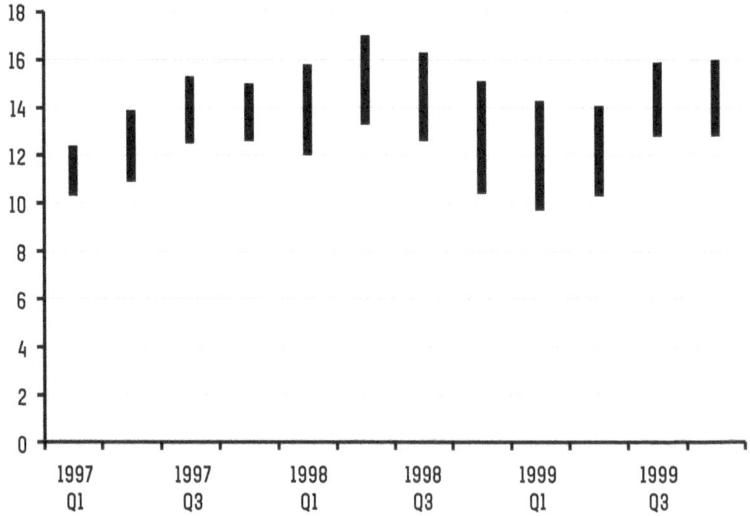

Quelle: Geschäftsbericht 1999 von Justin Industries

Buffett fuhr fort:

> „Der unglaubliche Wert, den Ziegelsteine bieten, hat Acme zu einem bekannten Namen in seinem Hauptmarkt gemacht. Wir

> legen großen Wert darauf, in Unternehmen wie diese zu investieren, die wie Coca-Cola, Gillette, GEICO und American Express eine starke Markenposition in ihren Märkten haben. Wir wissen, dass diese Unternehmen eine starke Markenpräferenz erreichen, indem sie konsequent überlegene Produkte, Dienstleistungen und Werte liefern."[367]

Laut Roach gab Buffett das Tempo der Transaktion vor:

> Wir mussten ihn fast bremsen, so schnell war er ... Immer wenn ich ihn anrief und ihm eine Frage stellte, erhielt ich in der Regel innerhalb einer Minute eine schriftliche Antwort. Er ist der einzige Mitarbeiter von Berkshire Hathaway, mit dem ich während des gesamten Prozesses gesprochen habe."[368]

Als Buffett sein erstes Angebot unterbreitete, wies Roach seine Mitarbeiter an, sich auf einen von Omaha ausgehenden Due-Diligence-Prozess vorzubereiten. Für ihn war es ein Schock, dass dieser nur aus ein paar Fragen zu Steuerverbindlichkeiten und Versicherungsrückstellungen bestand.

Buffett wurde eingeladen, zusammen mit anderen Bietern eine kurze Präsentation auf der Vorstandssitzung von Justin Industries zu halten, aber er konnte den Termin nicht wahrnehmen. Stattdessen hielt Bob Denham von der Anwaltskanzlei von Berkshire (Munger, Tolles & Olson) eine kurze Präsentation. Um 17:00 Uhr teilten die Direktoren von Justin Denham mit, dass sie mit ihm einen endgültigen Kaufvertrag ausarbeiten wollten. Dies dauerte einige Tage und wurde eine Woche später, am 20. Juni, bekannt gegeben. Das Übernahmeangebot von 22 Dollar pro Aktie für den Erwerb aller Aktien, einschließlich der 20-prozentigen Beteiligung von John Jr., wurde am 1. August 2000 abgeschlossen.

Roach erklärte in der Ankündigung:

> „John Justin und ich sind sehr erfreut, dass eines der angesehensten Unternehmen Amerikas Justin Industries übernimmt. Die Geschäftsphilosophie von Warren Buffett und Berkshire wird dem derzeitigen Management die Möglichkeit bieten, auf unserer starken Marktpräsenz und unseren Unternehmenstraditionen aufzubauen. Wir glauben, dass diese Übernahme für unsere Aktionäre, unsere Kunden, unsere Mitarbeiter und unsere Gemeinden eine tolle Sache ist."[369]

Buffett erwiderte darauf:

> „Wir fördern nicht nur eine außergewöhnliche Autonomie in unseren operativen Unternehmen, wir sind sogar darauf angewiesen. Justin passt perfekt in dieses Muster. Es ist ein absolut erstklassiges Unternehmen, das von erstklassigen Leuten geführt wird. Die Manager, die die hervorragenden Ergebnisse von Justin erzielt haben, werden den Betrieb wie bisher von Fort Worth aus weiterführen."[370]

Zur Feier des Tages schenkte John Jr. Buffett ein Paar Cowboystiefel aus Straußenleder.

Eine der wenigen vereinbarten Änderungen war, dass die Holdinggesellschaft verschwinden und die Schuhsparte fortan getrennt von der Ziegelsparte an Berkshire berichten würde. Harrold Melton sagte, dass dieser Schritt „unsere Fixkosten erheblich gesenkt hat".[371]

WAS HAT WARREN BUFFETT GEKAUFT?

Der Gewinn pro Aktie belief sich 1999 auf 1,43 Dollar, sodass Berkshire ein Kurs-Gewinn-Verhältnis (KGV) von 22/1,43 = 15,4 zahlte. Der Multiplikator ist deutlich höher, wenn als Nenner der durchschnittliche Gewinn der letzten Jahre verwendet wird, denn von 1995 bis 1998 waren die Gewinne niedriger (siehe Abbildung 9.2).

Abbildung 9.2: Nettogewinn der Justin Industries Group, 1995 bis 1999 in Millionen USD

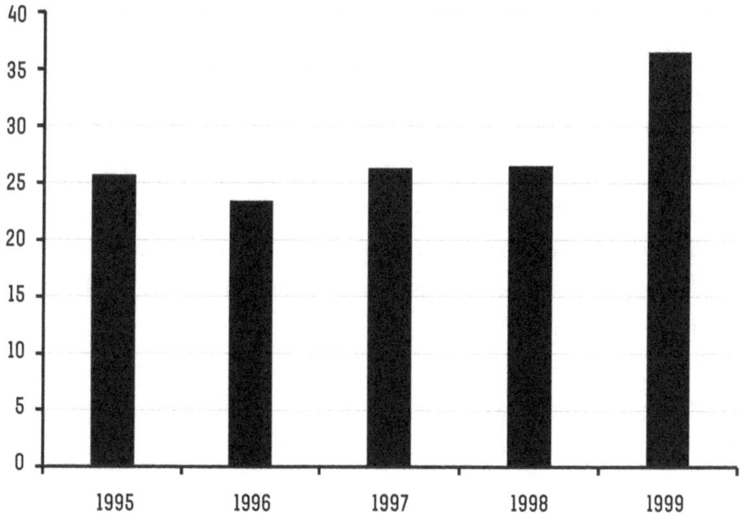

Quelle: Justin Industries Geschäftsbericht 1999

Der natürliche Lieferradius für Ziegelsteine beträgt etwa 250 Meilen – 400 Kilometer – um ein Werk herum, was bedeutet, dass lokale Hersteller oft einen Kostenvorteil haben, der ihnen einen Wettbewerbsvorteil in ihrer Region verschafft. Man könnte sagen, dass Acme Brick in diesen Radien um seine Werke herum eine Reihe von wirtschaftlichen Franchises hatte. Die hohen Summen, die für den Aufbau einer Fabrik und eines Vertriebsnetzes erforderlich waren, stellten eine weitere Eintrittsbarriere dar.

Einen Monat nach der Fusion wurde Roach gefragt, ob er glaube, dass Buffett Justin Industries wegen der Stiefel oder wegen der Ziegelsteine gekauft habe. Die Logik seiner Antwort stimmt mit den Erkenntnissen aus den Abbildungen 9.3 und 9.4 überein:

„Der Wert des Unternehmens liegt eigentlich im Ziegel- und Baustoffgeschäft. Das ist nicht sehr glamourös, aber insgesamt ein großer Cash-Generator ... Von den [22 Dollar pro Aktie] sind wahrscheinlich 18 Dollar auf das Baustoffgeschäft und die restlichen vier Dollar auf das Schuhgeschäft zurückzuführen ... Der eigentliche Grund, warum Warren an Justin interessiert war, lag darin, dass wir eine starke Wettbewerbsposition hatten, einen hohen Marktanteil in jedem unserer Geschäftsbereiche, alte und etablierte Marken, die einen hohen Bekanntheitsgrad hatten, und Managementteams, mit denen er sich wohlfühlte ... ein hohes Maß an Integrität."[372]

Abbildung 9.3: Umsatz von Justin-Boots- und Acme-Building-Produkten 1995 bis 1999 in Millionen USD

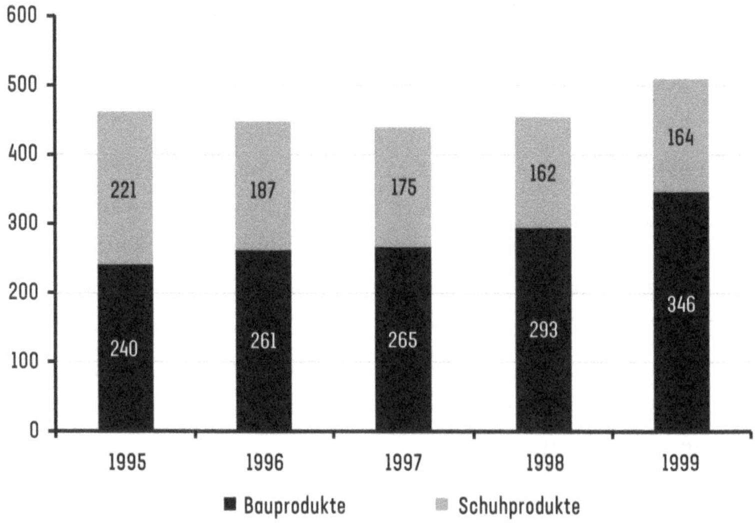

Quelle: Jahresbericht 1999 von Justin Industries

Abbildung 9.4: Operativer Gewinn der Geschäftsbereiche Schuhe und Baumaterialien sowie zentrale Gemeinkosten 1995 bis 1999 in Millionen USD

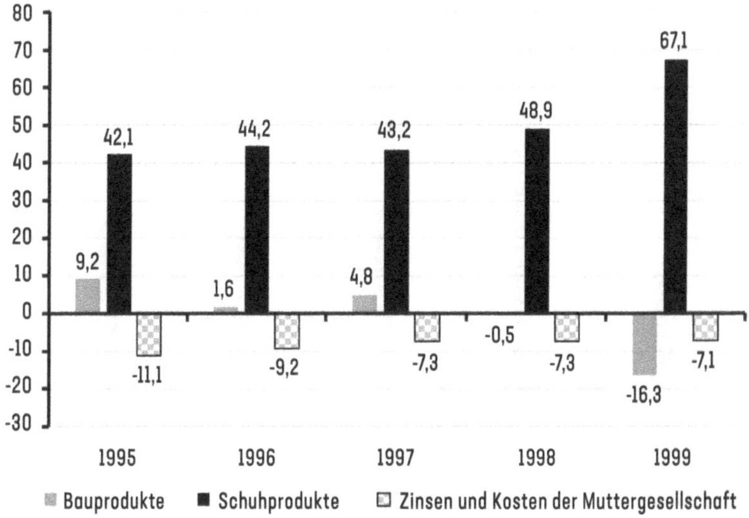

Anmerkung: Die Summe der drei Komponenten entspricht dem Ergebnis vor Steuern.

Quelle: Geschäftsbericht 1999 von Justin Industries

Die Eigenkapitalrendite war in den letzten Jahren mit rund zehn Prozent in Ordnung, aber angesichts der behebbaren Probleme bei Justin Boots bestand ein gewisses Potenzial für einen Anstieg auf das Niveau von 1992 bis 1994 (siehe Abbildung 9.5).

WAS GESCHAH DANACH?

Bei Justin Brands war Watson dankbar, dass Buffett sich von den meisten Käufern unterschied, da er Manager, die mit Leidenschaft bei der Sache waren, einfach weiterarbeiten ließ. Er sagte:

Abbildung 9.5: Eigenkapitalrendite von Justin Industries 1990 bis 1999 in %

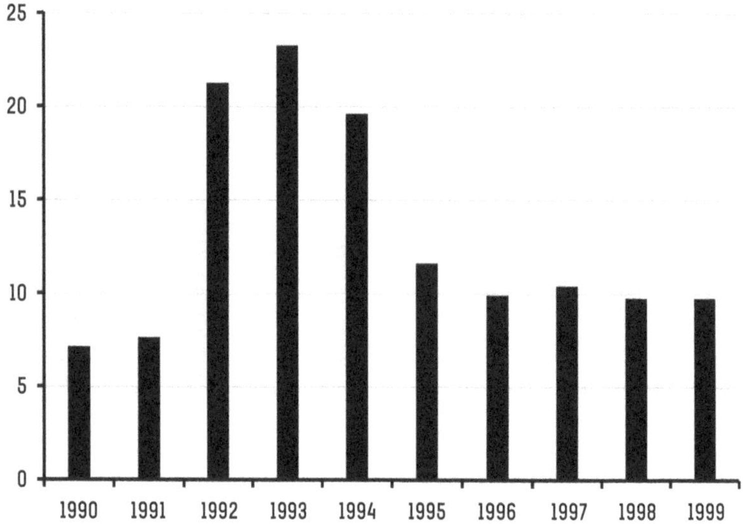

Quelle: Geschäftsbericht 1999 von Justin Industries

> „Im Gegensatz zu Berkshire scheinen viele Finanzhaie gute Unternehmen nie in Ruhe zu lassen. Sie haben das Bedürfnis, Veränderungen vorzunehmen, selbst wenn ein Unternehmen seit Generationen perfekt funktioniert. Es ist schon komisch, dass diese Heuschrecken in kurzer Zeit Ergebnisse sehen wollen, obwohl sie doch wissen müssten, dass es Jahre dauert, bis sich bewährte Unternehmen etabliert haben!“ [373]

Watson meinte, dass eine der großen Stärken von Buffett darin liege, Managern und Eigentümern die Vorteile der Zugehörigkeit zu Berkshire vor Augen zu führen. Die Erfahrungsberichte aktueller Berkshire-Manager ziehen gleichgesinnte Unternehmer zur Berkshire-Familie hin.

Acme-Chef Melton war sehr daran interessiert, seinen Mitarbeitern zu versichern, dass der Beitritt zu Berkshire ein großer Vorteil sei:

> „Die Übernahme wird für die Kunden von Acme, die im Hausbau tätig sind, von großem Vorteil sein. Alles, woran Buffett und Berkshire Hathaway glauben – Kontinuität, solide konservative Geschäftspraktiken und Wachstum mit Stabilität –, passt hervorragend zur jahrhundertealten Philosophie der Acme Brick Company. Dank unserer neuen Eigentümer kann Acme Building Brands weiterhin die notwendigen Investitionen in Produktion und Vertrieb tätigen, um mit den wachsenden Anforderungen unserer Kunden Schritt zu halten."[374]

Melton schätzte Buffett als …

> „… großartigen Chef. Er hat das Wesen unseres Geschäfts sofort verstanden und sich nie in meine Führung von Acme eingemischt. Wenn ich einen Grund hatte, ihn zu kontaktieren, war er in der Regel telefonisch erreichbar, und er war immer freundlich und hilfsbereit."[375]

Buffett unterstützte Melton enthusiastisch bei der Expansion des Ziegelgeschäfts. So wurden weiterhin Ziegelhersteller in Arkansas übernommen, wodurch die Dominanz in diesem Bundesstaat gefestigt wurde, und anschließend kamen Werke in Mississippi, Tennessee und Colorado hinzu.

Wie versprochen, blieb der Hauptsitz in Fort Worth. Knautz beschrieb Buffetts Ansatz als:

> „… einen ziemlich zurückhaltenden Führungsstil. Anfangs wussten wir nicht, wie die Regeln lauteten, insbesondere was die Finanzberichterstattung betraf. Aber wir lernten schnell, die Berichte nach Omaha zu schicken, anstatt sie nach unten zu Herrn Justin zu bringen. Das lief ziemlich autonom. Buffett sagte uns, wir könnten ihn jeden Tag anrufen."[376]

Buffett sieht sich gern die Monatszahlen an und bespricht ein halbes Dutzend Mal im Jahr die allgemeine Geschäftslage, überlässt aber ansonsten seinen Managern die Arbeit. Knautz fügte später hinzu: „Innerhalb der Berkshire-Familie besteht die Möglichkeit, ein großartiges Unternehmen zu führen, ohne sich allzu sehr um kurzfristige Ergebnisse auf Kosten des langfristigen Wertes sorgen zu müssen.“[377]

Leider verstarb John Jr. kurz nach dem Verkauf des Unternehmens am 26. Februar 2001, aber zumindest starb er in dem Wissen, dass es in guten Händen war.

Nach 40 Jahren im Unternehmen ging Melton 2005 in den Ruhestand und wurde von Knautz abgelöst. Dieser übernahm das Ruder in einer Boomphase: Seit 15 Jahren waren mit Ziegeln kontinuierlich Rekordumsätze erzielt worden. Anfang 2006 wurden monatlich über 100 Millionen Ziegelsteine hergestellt. Dies fand jedoch 2008 mit dem Ausbruch der Großen Rezession ein abruptes Ende – gerade als Acme zum größten Ziegelhersteller der Vereinigten Staaten gekürt wurde. Während amerikanische Hersteller 2006 noch 9,5 Milliarden Ziegelsteine produzierten, fiel diese Zahl bis 2010 auf 2,5 Milliarden. Dabei handelt es sich um kapitalintensive Unternehmen mit hohen Fixkosten. Die Produktion wurde gedrosselt und die Zahl der Beschäftigten sank von 2.892 Ende 2006 auf 1.845 im Dezember 2011. Letztendlich wurde die Hälfte der Ziegeleien des Unternehmens geschlossen. Dennoch wurden in jedem Jahr von 2009 bis 2013 operative Verluste verzeichnet.

Im Gegensatz dazu blieben alle Vertriebsbüros des Unternehmens während der Großen Rezession geöffnet. „Wenn man ein Vertriebsbüro schließt, verlässt man den betreffenden Markt. Das ist, als würde man die Hand aus einem Eimer Sand ziehen – sie wieder hineinzustecken ist anstrengender“, erklärte Knautz.[378] Sie hatten längst gelernt, dass die Ziegelbranche zyklisch ist und dass man auf den unvermeidlichen Aufschwung vorbereitet sein muss, auch wenn das bedeutet, Lagerbestände aufzubauen und vorübergehende Verluste hinzunehmen. Das

Unternehmen konnte die Verluste nicht nur tragen, weil es über eine eingebaute Widerstandsfähigkeit und eine „Can do"-Kultur verfügte, sondern auch, weil es die solide finanzielle Unterstützung von Berkshire hatte.

Im Jahr 2012 begann die Nachfrage nach Ziegeln wieder zu steigen, und es bildete sich ein Auftragsrückstand, was das Unternehmen dazu veranlasste, die Produktion hochzufahren. Aber erst 2014 reichten die Mengen aus, um die Gewinnschwelle zu erreichen. Nachdem Acme die Rezession als Amerikas größter und angesehenster Ziegelhersteller mit starken Ressourcen überstanden hatte, war das Unternehmen in der Lage, die Branche weiter zu dominieren, da so viele Wettbewerber geschwächt waren. Es wurden Werke in Alabama gekauft, die die Expansion von 2008 in Minnesota ergänzten.

Bis 2014 verkaufte Justin Brands seine Produkte in 40 Länder und unterhielt große Vertriebszentren in Kanada und Belgien. Watson trat 2019 zurück, entschied jedoch bald, dass der Ruhestand „überbewertet" sei. Stattdessen stieg er mit seiner Familie wieder in das Stiefelgeschäft ein – so entstand R. Watson Boots.

Nachdem er in seiner 40-jährigen Karriere bei dem Unternehmen 32 Milliarden Ziegelsteine geliefert hatte, ging Knautz 2023 in den Ruhestand und der operative Leiter Watson übernahm die Position des Präsidenten und CEO. Acme schätzt loyale und erfahrene Mitarbeiter: Watson war ebenfalls über 40 Jahre lang für das Unternehmen tätig, hauptsächlich in der Produktion.

Gemessen an der Zahl der Beschäftigten (siehe Abbildung 9.6) hat die Ziegelproduktion unter der Eigentümerschaft von Berkshire nicht wesentlich zugenommen – obwohl eine stärkere Automatisierung möglicherweise zu einem Personalabbau bei gleichbleibend hoher Produktion geführt hat.

Abbildung 9.6: Anzahl der Mitarbeiter von Justin und Acme 2003 bis 2023

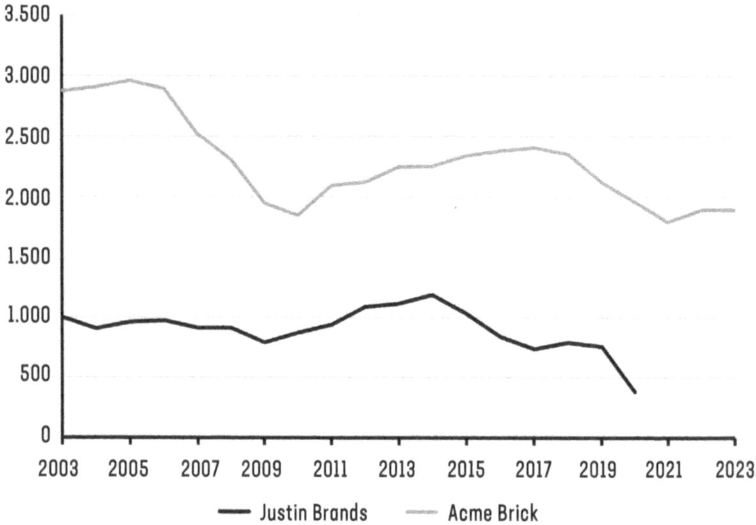

Quelle: Jahresberichte von Berkshire Hathaway

Die Zahl der Mitarbeiter, die Stiefel für Justin Brands herstellen, ist in den letzten Jahren zurückgegangen. Heute ist der Großteil der Produktion nach China und in andere asiatische Länder ausgelagert. Ob dies der Qualität und dem Image geschadet hat, wird von den Käufern von Cowboystiefeln kontrovers diskutiert. Heutzutage werden nur noch ausgewählte Modelle in den Vereinigten Staaten hergestellt, und selbst diese mit „globalen Komponenten".

LEKTIONEN

- **Gute Unternehmen gibt es in vielen Formen, darunter auch solche, die aufgrund ihrer geografischen Lage über Preissetzungsmacht verfügen.** Die Kosten für den Transport von Ziegelsteinen führen dazu, dass lokale Hersteller ihre Preise oft deutlich über den Kosten ansetzen können. Weitere Arten von Preissetzungsmacht sind: starke Markentreue (Share of Mind – zum Beispiel Coca-Cola, See's Candies), kostengünstige Produktion (zum Beispiel GEICO, Shaw Carpets) sowie Duopol-/Oligopolstrukturen (zum Beispiel Moody's).

- **Suchen Sie nach Unternehmen, die besonders gut darin sind, ihre besten Mitarbeiter zu halten.** John Jr. war fleißig, rational und ehrgeizig, zugleich aber auch freundlich, verständnisvoll und offen. Er hatte innerhalb und außerhalb des Unternehmens viele treue Freunde.
- **Es ist besser, sich an einen Geschäftsbereich zu halten, in dem man bekannt ist, sich differenzieren und seine Erfahrung einbringen kann, als sich in scheinbar attraktive Wachstumsbereiche zu wagen.** John Sr. stieg in die Schuhbranche ein, weil er an der Zukunft von Stiefeln zweifelte. Sein Sohn erkannte, dass das Unternehmen im Schuhbereich keinen Wettbewerbsvorteil hatte, da es hier nicht auf seine Tradition, seine Kundenbekanntheit und seine Kompetenzen zurückgreifen konnte. Außerdem ist der Schuhmarkt hart umkämpft.
- **Fusionen können mit erheblichen Problemen behaftet sein.** Nach der Fusion mit Acme stellte John Jr. fest, dass er getäuscht worden war. Hinzu kamen ein extravagantes Führungsteam und eine Managementkultur, die sich eher auf Zahlen als darauf konzentrierte, die Menschen kennenzulernen und ihre Zustimmung zu gewinnen.
- **Unternehmensgründer und langjährige Manager hassen die Vorstellung, dass ein Finanzhai ihr Lebenswerk übernimmt und es in Einzelteile zerlegt.** Diese Angst eröffnet Buffett häufig Chancen – seinem Versprechen, das Team, die Kultur und den Standort des Hauptsitzes zu erhalten, wird vertraut.
- **Deals werden von fähigen Geschäftsleuten abgeschlossen, nicht von Anwälten.** Sowohl Buffett als auch Roach waren sich

über die Grundlagen des Geschäfts mit Justin Industries einig. Anwälte neigen laut Roach dazu, „Deals zu verlängern und zu verkomplizieren".

- **Lassen Sie ein gutes Unternehmen in Ruhe.** Wenn Sie einen Mischkonzern leiten, sollten Sie in der Regel darauf achten, nur Firmen zu kaufen, die gut gemanagt sind – anderenfalls sollten Sie sie gar nicht erst übernehmen – und den bestehenden Managern dann freie Hand lassen. So sichern Sie sich größeres Engagement und mehr Fachkompetenz. Seien Sie hilfreich, aber mischen Sie sich nicht ein.
- **Fordern Sie die Manager auf, sich auf langfristige Werte zu konzentrieren.** Zu viele Unternehmensmanager werden dazu angehalten, die langfristige Wertschöpfung für die Aktionäre zugunsten kurzfristiger Zielvorgaben zu opfern. Das frustriert die Manager enorm, zumal solche Vorgaben sehr irrational und kurzsichtig sind.

Investition 11

BENJAMIN MOORE

Eckpunkte des Geschäfts

Geschäft	**Benjamin Moore**
Zeit	Dezember 2000
Bezahlter Preis	1,01 Milliarden Dollar in bar
Anteil am Eigenkapital	100%
Status	Noch gehalten

Das Interessanteste an der Geschichte von Benjamin Moore ist, dass sie einen seltenen Fall beschreibt, in dem Warren Buffett von der Ausrichtung eines Unternehmens so genervt war, dass er den CEO entließ. Zum Zeitpunkt des Kaufs versprach Buffett, dass die von dem Unternehmen hergestellten Farben, Beizen und Lacke weiterhin über sein Netzwerk unabhängiger Händler verkauft würden, dessen Aufbau Jahrzehnte gedauert hatte. Während andere große Hersteller den Großteil ihrer Farben über Baumärkte wie Lowe's und Home Depot verkauften, hielt Benjamin Moore strikt an Tausenden kleiner Fachgeschäfte in den USA und Kanada fest. Jeder Händler war vom Unternehmen zertifiziert und es gab eine besondere Unternehmenskultur – ein eng verbundenes Ökosystem, das auf Vertrauen basierte.

Benjamin Moore bot ein Premiumprodukt an und verlangte einen Premiumpreis über sachkundige Einzelhändler, die gründlich in der

Benjamin-Moore-Philosophie geschult waren. Diese Menschen hatten viel Geld und Zeit investiert, um Partner des Unternehmens zu werden, daher war es für Buffett wichtig, ihnen zu versichern, dass die Beziehung fortgesetzt würde. Sie waren Benjamin Moore treu, und Buffett erwiderte diese Treue mit einem feierlichen Versprechen.

Doch 2008 ließ sich der neue Geschäftsführer Denis Abrams von den Verlockungen der großen Baumärkte anlocken, denen er Farben, Beizen und Lacke verkaufen wollte. Die Verkaufszahlen würden steigen und damit auch die Gewinne, behaupteten sie. Und kurzfristig traf das auch zu.

Doch in Buffetts Augen war dieser Schritt falsch – nicht nur, weil er die Integrität zerstörte, die Buffett und Benjamin Moore über Jahrzehnte hinweg aufgebaut hatten, sondern auch, weil es in zweierlei Hinsicht eine schlechte Strategie war. Erstens begannen die zertifizierten Händler, sobald sie von dem Plan Wind bekamen und sahen, dass ihre Loyalität mit Füßen getreten wurde, zu rebellieren, suchten nach anderen Einnahmequellen und machten Benjamin Moore schlecht. Zweitens mochten die größten Einzelhändler zwar kurzfristig für Gewinnsteigerungen sorgen, waren aber dafür bekannt, dass sie langfristig die Margen der Lieferanten unter Druck setzten. Buffett hielt es für weitaus besser, sich auf den Verkauf eines Premiumprodukts zu konzentrieren, das von Architekten, industriellen Beschichtungsanwendern und Hausbesitzern gleichermaßen genutzt wurde, und zwar auf überlegene Weise und zu einem konstanten Premiumpreis, auch wenn die Absatzmengen geringer waren.

Noch mehr verärgerte Abrams die Einzelhändler, als er sein Verkaufsteam anwies, diese Händler davon zu überzeugen, nur noch Farben von Benjamin Moore zu verkaufen und andere Marken aus dem Sortiment zu nehmen. Die Vertriebsmitarbeiter wurden sogar ermächtigt, widerspenstigen Einzelhändlern mit der Eröffnung eigener Filialen in ihrer Nähe zu drohen, um ihnen Konkurrenz zu machen. Und es gab noch weitere Ärgernisse, darunter gestiegene Lagerfinanzierungskosten und Rechnungen für Werbung, die nie geschaltet wurde.

Diese Maßnahmen verursachten erheblichen Schaden, aber schließlich riss Buffett das Ruder herum.

DIE URSPRÜNGE VON BENJAMIN MOORE

Benjamin Moore, geboren in der irischen Grafschaft Monaghan, kam 1872 nach New York. Der 17-Jährige fand Arbeit in einer Farbenfabrik und anschließend als Farbenverkäufer. Elf Jahre später gelang es ihm, 2.000 Dollar zusammenzubekommen, um mit seinem älteren Bruder (der das Unternehmen kurz darauf verließ) ein eigenes Geschäft zu gründen.

Die von ihnen hergestellte Farbe in Pulverform enthielt alles, was Maler benötigten, außer dem Wasser, das untergerührt werden musste. Diese (fast) gebrauchsfertige Farbe war ein Segen für alle, die nicht bereit waren, die verschiedenen Zutaten selbst zusammenzusuchen, wie sie es zuvor tun mussten. Das Produkt hieß „Moore's Prepared Calsom Finish" und wurde exklusiv über unabhängige Einzelhändler in neun Farben verkauft. Von Anfang an waren sie entschlossen, sich einen Ruf für hervorragende Fertigungsqualität zu erwerben, auch wenn sie dafür höhere Preise für ihr Produkt verlangen mussten.

Sie mussten nicht lange warten, um in die Gewinnzone zu kommen: Die Gewinne stellten sich bereits 1884 ein und beliefen sich auf beeindruckende 2.000 Dollar. Leider wurde ihre kleine Fabrik im Dachgeschoss eines dreistöckigen Gebäudes in diesem Jahr durch einen Brand zerstört, der in einem der unteren Stockwerke ausgebrochen war. Alle kamen davon, und Moore war der Letzte, der das Gebäude verließ, um zu retten, was zu retten war. Innerhalb von drei Tagen hatte er neue Räumlichkeiten in einem anderen Loft in Brooklyn gefunden und nahm den Betrieb wieder auf.

Im Jahr 1892 brachte Moore eine hochwertige weiße Farbe namens Muresco auf den Markt, die schnell zu einem Bestseller wurde. Diese Variante behielt während eines Großteils des frühen 20. Jahrhunderts ihre Position als Nummer 1 unter den Kalkfarben in den Vereinigten Staaten. Seltsamerweise enthielt diese weiße Farbe neben Pennsylvania-Tonerde auch Irisches Moos. Schließlich wurde sie in 32 verschiedenen Farbtönen hergestellt. Weitere Bestseller im Bereich der Spezialfarben des Unternehmens waren eine Farbe zum Beschichten von Zement und die sogenannte Moore's House Paint.

Von Anfang an war Moore bereit, Marktanteile zu opfern, indem er einen höheren Preis für ein Produkt verlangte, das in Bezug auf Haltbarkeit, Farbspektrum und Pigmente von höherer Qualität war. Außerdem etablierte das Unternehmen von Anfang an eine Vertriebsmethode – den Handel über von Benjamin Moore zertifizierte unabhängige Farbhändler –, die seine Nischenattraktivität für Menschen verstärkte, die sowohl Qualitätsprodukte als auch hochwertigen Service von Einzelhändlern erwarteten, die große Anstrengungen unternahmen, um Kunden über die Unterschiede zwischen den Farben zu informieren.

1911 hielt Moore beim YMCA in Brooklyn einen Vortrag mit dem Titel „Die Grundprinzipien des erfolgreichen Mannes", in dem er sagte:

„Die Hauptmerkmale eines wirklich erfolgreichen Geschäftsmanns sind meiner Meinung nach:

1. **Intelligenz** – die Grundlage für das, was man als gesunden Menschenverstand bezeichnet,
2. **Fleiß** – Intelligenz ohne Fleiß ist genauso nutzlos wie Fleiß ohne Intelligenz.
3. **Integrität**. Wenn die Ergebnisse der Intelligenz und des Fleißes eines Menschen nicht durch aufrichtige Motive, ehrliche Methoden und im Dienst an seinen Mitmenschen – seinen

> Arbeitgebern oder Mitarbeitern, seinem Gewerbe, seiner Gemeinschaft und der Welt im Allgemeinen – erzielt werden, stellen sie keinen echten Erfolg dar.“[379]

Diese Grundsätze sind im Firmenlogo enthalten, das noch heute verwendet wird und aus drei Pyramiden besteht, von denen zwei ein stilisiertes „M“ bilden. Die drei Seiten symbolisieren die Grundwerte Intelligenz, Fleiß und Integrität.

Zum Thema Integrität erklärte Moore:

> „Erstens ... faire Bedingungen für alle. Zweitens ... die Weitergabe des erhaltenen Wertes ohne Bestechung oder Betrug. Drittens ... die Anerkennung des Wertes der Wahrheit in der Darstellung unserer Produkte und das ständige Bemühen, den Standard unserer Waren auf höchstem Niveau zu halten. Und schließlich ... die Praxis strikter Sparsamkeit, ohne geizig zu sein.“[380]

Bis 1897 stieg der Umsatz des Unternehmens so stark an, dass es Fabriken in Chicago und Cleveland errichten musste. Im Jahr 1906 expandierte es dann nach Kanada. 1907 wurde der erste Chemiker eingestellt und die Forschungsabteilung gegründet. Ein wichtiger Fortschritt in diesem Jahr war die Einführung einer bleifreien matten Ölfarbe, die immer wieder abgewaschen werden konnte und den Namen Sani-Flat trug.

1917 trat Moore im Alter von 62 Jahren zurück und ernannte seinen Neffen Livingstone P. Moore zu seinem Nachfolger. Er starb 1925.

Im Rahmen seines Programms zur Kundeninformation über Farben produzierte Benjamin Moore im Laufe der Jahre zahlreiche Prospekte und Broschüren. Es wurde sogar eine Dekorationsabteilung eingerichtet, in der sich die Kunden von Mitarbeitern beraten lassen konnten – begeisterte Heimwerker konnten persönlich vorbeikommen oder einen Brief schicken. Dies führte 1930 zur Schaffung der Marketingfigur „Betty Moore“. Sie wurde von einer Reihe von Schauspielern gespielt und gab von den 1930er- bis 1960er-Jahren jede Woche im Radio Tipps zu Farben und Inneneinrichtung. Diese Gespräche basierten auf echten Fragen, die von Kunden eingesandt wurden. Auch heute noch gibt es auf der Website des Unternehmens einen Chatbot namens Betty, der einem weiterhilft.

Während des Zweiten Weltkriegs arbeitete das Unternehmen an der Weiterentwicklung robuster Industriebeschichtungen in „Militärqualität". Diese Produkte bildeten nach dem Krieg eine hervorragende Grundlage für die Entwicklung ziviler Äquivalente, von Schwimmbadfarben bis hin zu Brückenfarben. Die Abteilung für technische Beschichtungen entwickelte auch Beschichtungen für starre und flexible Verpackungen, Vakuummetallisierung (bei der durch Erhitzen des Metallbeschichtungsmaterials in einer Vakuumkammer eine Metallschicht auf einem Substrat erzeugt wird) und Coil-Stock-Beschichtung (Rollen beispielsweise aus farbigem Aluminium zur Verkleidung von Hausfassaden).

In den 1960er-Jahren begann Benjamin Moore, zertifizierten Händlern, die daran interessiert waren, Farbengeschäfte in ihrer Nachbarschaft zu eröffnen, finanzielle Unterstützung in Höhe von in der Regel etwa 200.000 Dollar anzubieten. Sobald das Geschäft rentabel war, wurde von den Unternehmern erwartet, dass sie ihre Anteile zurückkauften, bis sie das Unternehmen vollständig besaßen.

1982, also lange vor Beginn des digitalen Zeitalters, entwickelte das technische Team von Benjamin Moore eine Maschine, mit der Farbanpassungen im Geschäft vorgenommen werden konnten. Sie enthielt sowohl ein Spektralfotometer (Farbanalysator) als auch einen Minicomputer. Das Gerät fand in den Medien große Beachtung, weil es einerseits eine erstaunliche Innovation war und andererseits Architekten, Designer und ganz normale Familien damit genau die Farben erhalten konnten, die sie wollten.

Diese computergesteuerten Maschinen waren mit 24.900 Dollar pro Stück teuer. Daher führte Benjamin Moore 1985 einen Finanzierungsplan ein: zehn Prozent Anzahlung und der Rest über vier Jahre. Dies war für sich genommen kein gewinnbringendes Unterfangen – die Maschinen wurden angeboten, um den Farbverkauf der Einzelhändler anzukurbeln.

Der Ruf des Unternehmens wurde durch seine umweltfreundlichen Innovationen, die sowohl den Vorschriften als auch den Branchentrends weit voraus waren, weiter gestärkt. Diese reichten von bleifreien Farben bis hin zur Entfernung flüchtiger organischer Verbindungen.

In den 1980er- und frühen 1990er-Jahren verzeichnete Benjamin Moore ein rasantes Wachstum, als das Unternehmen sein Filialnetz in den USA und Kanada ausbaute und seinen Marktanteil erhöhte. Außerdem wurden neue Werke in Alabama, New York und British Columbia eröffnet.

1992 eröffnete Benjamin Moore eine 36 Hektar große Forschungs- und Entwicklungsanlage (F&E) in Flanders im Bundesstaat New Jersey, darunter eine zwei Hektar große Testfarm im Freien mit mehr als 2.500 Testtafeln aus über 70 verschiedenen Substrattypen, die sowohl mit Produkten von Benjamin Moore als auch mit Konkurrenzprodukten beschichtet wurden, um ihre Leistung über viele Jahre hinweg zu beobachten.

Im Jahr 1999 erkannte das Management, dass das Unternehmen über zu viele alte und ineffiziente Standorte verfügte, sodass die Direktoren einen Umstrukturierungsplan umsetzten und die Produktion in acht Werken einstellten, wobei acht weitere in Betrieb blieben.

Am Vorabend seines Eintritts in die Berkshire-Hathaway-Gruppe verfügte Benjamin Moore über 73 firmeneigene Geschäfte, die eine breite Palette von Produkten anboten. Neben der Marke Benjamin Moore führten sie auch Beschichtungen, Wandverkleidungen, Fensterbehandlungen und verwandte Produkte von Wettbewerbern. Das Unternehmen bediente sowohl Heimwerker als auch Bauunternehmer. Der mit Abstand größere Teil des Geschäftsaufkommens entfiel jedoch auf die Belieferung von 3.700 unabhängigen Händlern, die über 4.700

Ladengeschäfte besaßen. Laut dem Jahresbericht 1999 bildete diese Gruppe „den Kern der Marketingstärke des Unternehmens und sorgte für ein hohes Maß an Kundenorientierung, erstklassigem Service und Farbkompetenz, die für die Pflege und Expansion der Marke Benjamin Moore von entscheidender Bedeutung sind". Zu diesem Zeitpunkt war die Forschungs- und Entwicklungsabteilung auf 90 Chemiker und Techniker angewachsen, bei insgesamt 2.750 Mitarbeitern.

DER DEAL

Im Juli 2000 erwogen die Direktoren von Benjamin Moore den Verkauf des Unternehmens. Einer von ihnen, Robert Mundheim, kannte Buffett aus seiner Zeit als Chefsyndikus bei Salomon Brothers nach dem Anleihehandelsskandal (siehe Band 2, Investition 7) und bot an, ihn anzurufen. Er war der Meinung, dass Benjamin Moore perfekt zu Buffetts Kriterien passen würde. Buffett erinnert sich: „Ich kannte Bob von Salomon her, wo er in schwierigen Zeiten als Chefsyndikus tätig war, und schätzte ihn sehr. Meine Antwort lautete daher: ‚Erzählen Sie mir mehr darüber.'"[381]

Ende August trafen sich Charlie Munger und Buffett mit Richard Roob, dem Vorsitzenden von Benjamin Moore, und Yvan Dupuy, dem Präsidenten und CEO. „Wir mochten sie, wir mochten das Geschäft, und wir machten sofort ein Barangebot in Höhe von einer Milliarde Dollar", sagte Buffett.[382] In seinem Brief an die Berkshire-Aktionäre aus dem Jahr 2000 schrieb er: „Achten Sie darauf, dass Sie bei Ihrem nächsten Anstrich unser Produkt verwenden."

Im Oktober traf sich der Vorstand von Benjamin Moore, um die Transaktion zu besprechen. Einige überlegten, ob sie den Preis von 1,01 Milliarden Dollar ablehnen sollten, um Buffett zu einer höheren Zahlung zu bewegen, aber Mundheim erklärte ihnen einfach, dass dies „sinnlos" wäre[383] – Buffett ermittele stets einen fairen Preis und halte daran fest.

In der Ankündigung der Übernahme am 8. November wurde bekannt gegeben, dass ein Preis von 37,82 Dollar pro Aktie für alle Stammaktien vereinbart wurde, insgesamt 26,47 Millionen Aktien. Dies entsprach einem Aufschlag von 51 Prozent gegenüber dem unbeeinflussten Kurs der Aktien, die im Freiverkehr gehandelt wurden. Allerdings lag er nicht wesentlich über dem Preis, der 1998 und 1999 vorherrschte (siehe Abbildung 11.1).

Abbildung 11.1: Aktienkurs von Benjamin Moore, vierteljährliche Höchst- und Tiefststände 1998 und 1999 in USD

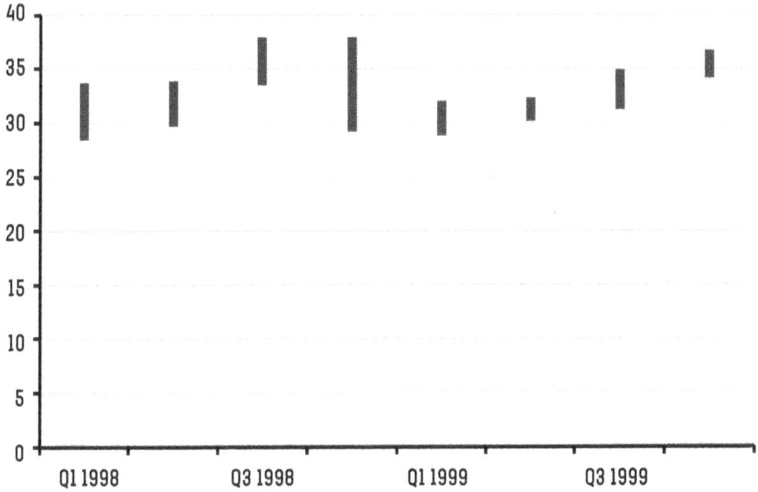

Quelle: Benjamin Moore, 10K-Formular 1999

Richard Roob und Yvan Dupuy schrieben in der Ankündigung:

> „Diese Gelegenheit bietet den doppelten Vorteil, unseren Aktionären einen fairen Wert zu bieten und die Kontinuität des Unternehmens als eigenständige Einheit zu gewährleisten. Alle, die in der Vergangenheit und der Gegenwart am Aufbau dieses

Unternehmens mitgewirkt haben, können stolz darauf sein, dass Warren Buffett und Berkshire Hathaway mit dem Namen Benjamin Moore in Verbindung gebracht werden möchten."

Buffett antwortete: „Wir freuen uns sehr über die Möglichkeit, ein Unternehmen mit einem so hervorragenden Ruf für Qualität und Führungsstärke in seiner Branche in die Berkshire-Gruppe aufzunehmen."

Der Deal wurde am 18. Dezember abgeschlossen.

WAS WURDE GEKAUFT?

Im Jahr 1999 erzielten die 73 firmeneigenen Geschäfte und die 4.700 unabhängigen Verkaufsstellen von Benjamin Moore einen Gesamtumsatz von 780 Millionen Dollar (siehe Abbildung 11.2). 89 Prozent des Umsatzes wurden in den Vereinigten Staaten und zehn Prozent in Kanada erzielt. Das Unternehmen hatte auch eine kleine Niederlassung in Neuseeland.

Abbildung 11.2: Umsatz von Benjamin Moore 1994 bis 1999 in Millionen USD

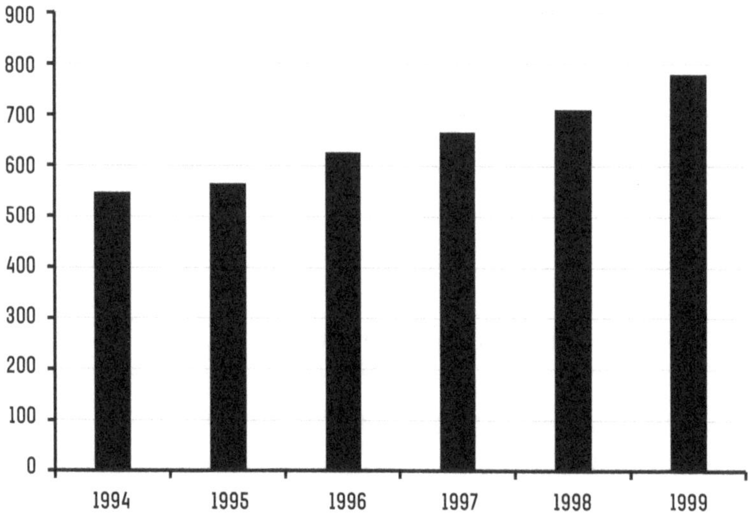

Quelle: Benjamin Moore, 10K-Formular 1998 und 1999

Die Direktoren äußerten sich im Jahresbericht 1999 zum Wettbewerbsumfeld folgendermaßen:

> „Die Beschichtungsindustrie ist hart umkämpft und unterliegt seit jeher einem intensiven Preiswettbewerb. Schätzungen zufolge gibt es in den Vereinigten Staaten etwa 800 Beschichtungshersteller, von denen viele kleine Unternehmen sind, die einen intensiven Wettbewerb auf regionalen und lokalen Märkten führen, insbesondere bei preisgünstigeren Beschichtungen und maßgeschneiderten Spezialprodukten, die kurzfristig geliefert werden müssen."

Das klang nicht gut. Und es gab noch einen weiteren negativen Aspekt: Es gab Unternehmen in dieser Branche, die viel größer waren als Benjamin Moore: „Andere Hersteller sind große, diversifizierte Konzerne, deren Vermögenswerte wesentlich größer sind als die des Unternehmens und die auf nationaler Ebene konkurrieren." (Jahresbericht 1999)

Aber warum war Benjamin Moore dann so profitabel (siehe Abbildung 11.3)? Der Jahresbericht 1999 fasst es so zusammen:

> „Das Netzwerk ... [von] über 4.700 Ladengeschäften ... bildet den Kern der Marketingstärke des Unternehmens und bietet ein hohes Maß an Kundenbetreuung, Service und Farbkompetenz, die für die Pflege und den Ausbau der Marke Benjamin Moore von entscheidender Bedeutung sind. Es war schon immer die Politik des Unternehmens, das kontinuierliche Wachstum und den wirtschaftlichen Erfolg unabhängiger Händler und Einzelhandelsgeschäfte, über die die Beschichtungen für den Fachhandel verkauft werden, aktiv zu unterstützen. Im Jahr 1999 wurde ein neues Farbsystem fertiggestellt, das Benjamin Moore Color Preview™-System, mit dem Farbkunden ihre Farben vor dem Streichen in einer Vorschau ansehen können."

Abbildung 11.3: Gewinn nach Steuern von Benjamin Moore 1994 bis 1999 in Millionen USD

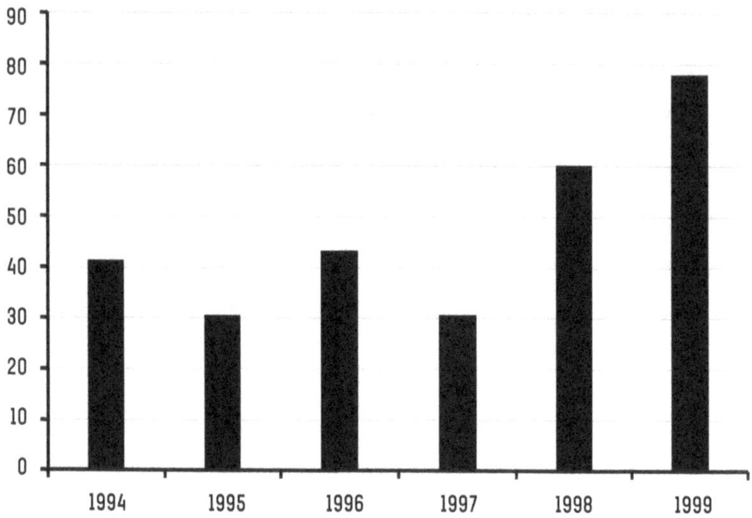

Quelle: Benjamin Moore, 10K-Formular 1998 und 1999

Im Jahr 1999 betrug der Gewinn pro Aktie 2,93 Dollar, sodass Buffett ein KGV von 12,9 zahlte. Wenn man den durchschnittlichen Gewinn pro Aktie über sechs Jahre als Nenner nimmt, beträgt das KGV 37,82 Dollar/1,73 Dollar = 21,9.

Die Bilanz war solide, aber das Eigenkapital betrug weniger als ein Drittel des Kaufpreises (siehe Tabelle 11.1). Immerhin ergab der Gewinn nach Steuern geteilt durch das Eigenkapital eine sehr zufriedenstellende Eigenkapitalrendite von über 22 Prozent. Wenn zusätzliches Kapital zu diesen Renditen in das Unternehmen investiert werden konnte, stärkte dies das Argument, die Aktien zu einem Aufpreis zu kaufen. Außerdem verfügte das Unternehmen über 100 Millionen Dollar an Barmitteln und marktfähigen Wertpapieren. Berkshire Hathaway konnte hohe Dividenden ausschütten – laut gewissen Berichten 150 Millionen Dollar pro Jahr –, aber die Details sind lückenhaft, und wir wissen nicht, wie viele Jahre lang hohe Dividenden gezahlt wurden.

Tabelle 11.1 Die Bilanzposten von Benjamin Moore 1998 und 1999

	1999 (in Mio. USD)	1998 (in Mio. USD)
Umlaufvermögen ohne Barmittel und Wertpapiere	197,6	176,1
Barmittel und handelbare Wertpapiere	100,4	97,2
Kurzfristige Verbindlichkeiten	-87,4	-67,9
Betriebskapital	210,6	205,4
Gesamtvermögen	475,6	392,0
Langfristige Verbindlichkeiten	20,9	20,6
Eigenkapital	326,9	267,5
Buchwert pro umlaufender Stammaktie	12,70 USD	10,67 USD
Gewinn nach Steuern/Eigenkapital	78,0 / 326,9 = 23,9	60,1 / 267,5 = 22,5

Quelle: Benjamin Moore, 10K-Formular 1999

Der Cashflow war verglichen zum für das Unternehmen gezahlten Nettobetrag (nach Abzug der in der Bilanz ausgewiesenen liquiden Mittel und der marktfähigen Wertpapiere) beeindruckend (siehe Tabelle 11.2).

Tabelle 11.2 Die Cashflows von Benjamin Moore

	1999 (in Mio. $)	1998 (in Mio. $)
Nettoerlös (Gewinn nach Steuern)	78,0	60,1
Hinzurechnung materieller und immaterieller Abschreibungen	13,9	8,6
Hinzurechnung von Abschreibungen auf Goodwill, immaterielle Vermögenswerte und andere nicht zahlungswirksame Posten	0,0	6,9
Latente Ertragsteuern	0,6	-1,0
Cashflow nach Hinzurechnung nicht zahlungswirksamer Posten	91,3	74,6

Quelle: Benjamin Moore, 10K-Formular 1999

WAS GESCHAH DANACH?

Kurz nach dem Kauf spielte Buffett in einem Video mit, das an Tausende unabhängige Händler von Benjamin Moore verschickt wurde. Er wollte ihnen versichern, dass das Unternehmen nicht ihren erbitterten Rivalen, den Großhandelsketten Home Depot und Lowe's, hinterherlaufen würde. Später erzählte er dem Magazin *Fortune*[384], er habe in dem Video zwei Punkte angesprochen: „Erstens kaufen wir Unternehmen, um sie zu behalten. Wir verkaufen sie nicht weiter. Berkshire würde für Benjamin Moore ein dauerhaftes Zuhause sein … [Zweitens] habe ich versprochen, dass wir für immer an dem Händlersystem festhalten würden."

Buffett war mit den Zahlen, die Benjamin Moore in den ersten Jahren nach der Übernahme erzielte, sehr zufrieden und schrieb: „Benjamin Moore … hat das erste Jahr mit uns großartig gemeistert. Charlie und ich erkannten zum Zeitpunkt des Kaufs sofort, dass wir bei … Yvan Dupuy in guten Händen waren."[385] Im zweiten Jahr nach dem Verkauf des Unternehmens stieg das Volumen an Farben und Lacken um fünf Prozent, und 2003 wurde ein Rekordbetriebsergebnis erzielt. Im Jahr 2005 erhöhte sich das Verkaufsvolumen um fünf Prozent, und auch die Mitarbeiterzahl stieg an (siehe Abbildung 11.4).

Dann kam die Große Rezession. Buffett räumte ein, dass jedes Berkshire-Unternehmen, das mit dem Wohnungsbau und dem gewerblichen Bau zu tun hatte, im Jahr 2009 „schwer gelitten" habe.[386] Bemerkenswerterweise war Benjamin Moore eines der Berkshire-Unternehmen, bei denen „sich die Gewinne trotz Umsatzrückgängen verbesserten, was immer auf einer außergewöhnlichen Managementleistung basiert".[387]

Diese positive Situation hielt jedoch nicht lange an, da Benjamin Moore in eine Krise geriet, die es sich selbst zuzuschreiben hatte. Der ehemalige COO Abrams war im Juli 2007 zum CEO ernannt worden. Er war 1995 als relativer Neuling im Vergleich zu den meisten Führungskräften in das Unternehmen eingetreten, als sein Familienunternehmen

Abbildung 11.4: Mitarbeiterzahlen von Benjamin Moore 2003 bis 2023

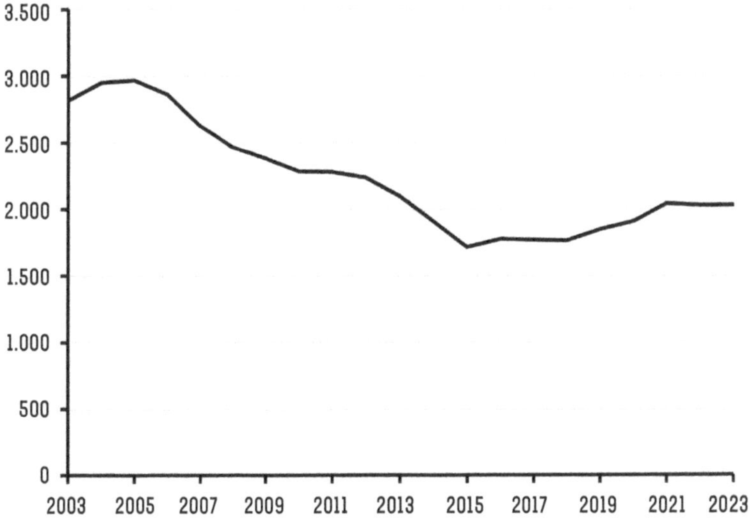

Quelle: Jahresberichte von Berkshire Hathaway

an Benjamin Moore verkauft wurde (Yvan Dupuy gab die Rolle des CEO ab, blieb aber Vorstandsvorsitzender).

Abrams wurde als „ehrgeizig und ungeduldig“ beschrieben[388] und war der Meinung, dass Benjamin Moore durch seinen Vertriebsansatz zu sehr eingeschränkt war, da die größeren Einzelhandelsketten immer mehr Farbe verkauften. Durch den Verkauf an die großen Einzelhandelsketten würde die Marke neuen Kunden bekannt gemacht werden, die sicherlich von der Qualität beeindruckt sein würden und dann direkt bei den Händlern von Moore kaufen würden – so lautete zumindest die Überlegung.

Anfang 2012 schloss Abrams einen Vertrag über die Lieferung der Farben des Unternehmens an die 87 Filialen von Orchard Supply Hardware ab und war damit beschäftigt, einen Vertrag mit dem Baumarkt-Giganten Lowe's auszuhandeln – was den Nebeneffekt gehabt hätte, das unabhängige Einzelhandelsnetzwerk des Unternehmens zu untergraben. Dies frustrierte langjährige Mitarbeiter, die befürchteten, dass die durch bewährte Vertriebswege erzielten Umsätze und Marktanteile sinken würden. Aber Abrams blieb hart: „Er forderte alle [Spitzenmanager] auf, ihm Gründe zu nennen, warum sie den Vertrag mit Lowe's nicht abschließen sollten."[389]

Abrams wurde auch vorgeworfen, Einzelhändler zu exklusiven Vertriebsvereinbarungen gezwungen zu haben. „Das waren Familienunternehmen, viele davon waren meine Freunde",[390] sagte Rod Mangan, ein ehemaliger regionaler Vertriebsleiter in Stuart im Bundesstaat Florida, der nach 31 Jahren im Unternehmen entlassen wurde. „Ich nannte sie immer die ‚Farben-Nazis'", verriet Frank Harrelson, ein Händler aus Charlotte, North Carolina, der eine 32-jährige Geschäftsbeziehung mit Benjamin Moore beendete, nachdem Vertriebsmitarbeiter von ihm verlangt hatten, konkurrierende Marken aus seinem Geschäft zu entfernen. „Man graut sich davor, sie zur Tür hereinkommen zu sehen."[391]

Um den Händlern noch mehr Salz in die Wunden zu streuen, begann das Unternehmen auch, Farbe über seine eigene Website zu verkaufen und sie damit noch weiter zu umgehen. Die darauffolgende Empörung führte zu einer Änderung dahingehend, dass Kunden, die online einkauften, ihre Einkäufe bei einem Benjamin-Moore-Händler abholen mussten.

Eine ehemalige Führungskraft berichtete der *New York Post*, dass sich Abrams selbst regelmäßig als Diktator bezeichnete, weil er Mitarbeitern mit abweichender Meinung mit Entlassung drohte. Ihm wurde vorgeworfen, seine ehrgeizigen Ziele durch den Abbau von Verkaufspersonal und die Kürzung des Werbebudgets zu erreichen, was zu einem weiteren Rückgang der Einnahmen und Marktanteile führe.

Die Verkaufszahlen gingen zurück, da in Zeiten der Rezession Preiserhöhungen vorgenommen wurden, und bis 2012 betrugen die Umsätze (ohne Akquisitionen) nur noch die Hälfte des 2005 erreichten Höchstwerts von 1,1 Milliarden Dollar.[392] Aber die Gewinne schienen

Buffett, der zunächst nichts von den Veränderungen im Unternehmen wusste, immer noch akzeptabel zu sein – schließlich ist er bekannt dafür, sich nicht einzumischen. „Die Zahlen sahen gut aus", so Buffett. „Das war das Problem."[393]

Doch dann begannen Händler, sich bei Berkshire zu beschweren. Als Buffett von dem bevorstehenden Lowe's-Deal erfuhr, war er schockiert. Ein solcher Schritt „wäre ein völliger Vertrauensbruch gegenüber dem gewesen, was ich ihnen versprochen hatte. [Also nahm ich] eine Änderung vor."[394] Am 14. Juni 2012 wurde Abrams während eines Überraschungsbesuchs von einem halben Dutzend Berkshire-Vertretern aus der Zentrale von Benjamin Moore in Montvale im Bundesstaat New Jersey, hinausbegleitet.

Unter den Mitarbeitern und in einem Artikel in der Boulevardpresse kursierten Gerüchte, Abrams sei entlassen worden, weil er Mitte 2012 eine Menge Firmengelder für eine Yachtparty auf den Bermudas ausgegeben hatte, auf der die Führungskräfte den ersten Umsatzanstieg des Unternehmens seit 2007 feierten. Die Reise hatte die Belegschaft verärgert, die fünf Jahre lang unter Entlassungen, gekürzten Provisionen und eingefrorenen Gehältern gelitten hatte.

Am 21. Juni 2012 schrieb Buffett in einem offenen Brief an Abrams: „Der jüngst erschienene Artikel, der eine Versammlung der Führungsspitze auf einem Boot mit der Entscheidung über einen Führungswechsel bei Benjamin Moore in Verbindung bringt, ist völlig falsch." Er betonte, dass er „überhaupt nichts gegen die Party gehabt hätte", wenn man ihn vorher gefragt hätte, und dass es „keinen Grund gab", ihn im Voraus über die Veranstaltung zu informieren. Dann nannte er den wahren Grund für die Entlassung von Abrams: „Unterschiedliche Ansichten über Vertriebskanäle und Markenstrategie ... Es war eine Entscheidung von zentraler Bedeutung, daher eine, die ich treffen musste."[395] In einem Interview mit *Fox Business Network* führte Buffett weiter aus: „Wir sind nicht in den großen Baumärkten vertreten und werden es auch nicht sein ... Wir werden unseren Vertriebspartnern nicht schaden."[396]

Das war ein ziemlicher Rückschlag. Das Magazin *Fortune* berichtete, dass die Einnahmen von Benjamin Moore „von 1999 bis 2013 um insgesamt 40 Prozent gestiegen sind, während die Konkurrenten Sherwin Williams und Valspar ihre Einnahmen um 104 Prozent beziehungsweise 196 Prozent steigern konnten“.[397] Trotz des langsamen Umsatzwachstums erzielte Benjamin Moore 2013 einen Gewinn von 107 Millionen Dollar.

„Wir setzen großes Vertrauen in die Menschen“, sagte Buffett. „Und ich glaube, wenn man Menschen Vertrauen schenkt, bekommt man mehr von ihnen zurück.“[398] Buffetts Erfolg mit so vielen anderen Unternehmen legt nahe, dass diese Strategie im Allgemeinen richtig ist, aber offensichtlich kann die von ihm gewährte Freiheit manchmal auch nach hinten losgehen.

Buffetts damals 29-jährige Finanzassistentin Tracy Britt Cool wurde im Sommer 2012 beauftragt, einen neuen CEO zu rekrutieren. Cool hatte kurz zuvor ihr Studium an der Harvard Business School abgeschlossen, als sie 2009 zu Berkshire kam. Innerhalb von fünf Jahren war sie Vorsitzende von vier Berkshire-Hathaway-Unternehmen geworden (Larson-Juhl, Johns Manville, Oriental Trading Company und Benjamin Moore) und saß im Vorstand von Heinz.

Cool stellte Robert Merritt ein, den ehemaligen CFO von Outback Steakhouse. Er war der Ehemann von Cools ehemaliger Mentorin. Buffett hielt es nicht für notwendig, Merritt zu einem Vorstellungsgespräch einzuladen: „Wir haben uns seinen Hintergrund und alles andere angesehen ... und er scheint mir in Ordnung zu sein.“[399]

Merritt ging rigoros vor und entließ langjährige Mitarbeiter des Unternehmens. Einige empfanden ihn als feindselig und „respektlos gegenüber der Kultur und Geschichte des Unternehmens“[400], aber er bemühte sich auch, die Beziehungen zu den Händlern wiederherzustellen.

Im Jahr 2013 sprang Buffett für Cools verstorbenen Vater ein und führte sie bei ihrer Hochzeit zum Altar. In diesem Jahr berichtete die

New York Post, dass Merritt beschuldigt wurde, weibliche Angestellte mit anzüglichen Witzen belästigt zu haben, was er jedoch bestritt. Dennoch wurde er nach nur 15 Monaten entlassen – eine bei Buffett seltene zweite Entlassung.

Auf der Jahreshauptversammlung von Berkshire Hathaway im Mai 2013 reflektierte Buffett über die Probleme, die er mit dieser Investition hatte:

> „Im Premiumsegment ist es die am höchsten angesehene Farbe. Und in dieser Hinsicht haben wir unsere Position nicht verloren. Aber als wir Benjamin Moore kauften, gab ich ein Versprechen. Es gab ein Händlersystem. Die Menschen hatten ihre Ersparnisse und ihre Altersvorsorge investiert, die Benjamin-Moore-Händlerschaft von Generation zu Generation weitergegeben und darauf vertraut, dass das Unternehmen an dem Händlersystem festhalten würde. Auch wenn man im ersten Jahr einen enormen Umsatzsprung erzielen könnte, wenn man sich für große Ketten entscheiden würde … hätten sie uns als Marke mit dieser Identität in ihren Geschäften nur zu gern gesehen.
>
> Aber … ich glaube nicht, dass das auf Dauer gut funktioniert hätte, und ich weiß, dass ich im Grunde genommen, insbesondere nach meinem Versprechen, das auch das Management gegeben hatte, ein Netzwerk von Händlern hintergangen hätte, die darauf vertraut hatten, dass wir diese Politik fortsetzen würden.
>
> Mit einer erstklassigen Marke wie Benjamin Moore funktioniert die Händlerpolitik. Das Unternehmen wird niemals einen Marktanteil wie Behr haben, das über Home Depot vertrieben wird. Aber es untersuchte tatsächlich Maßnahmen, die wir als drastisch nachteilig für die Händler und als Verstoß gegen das Versprechen empfanden, das ich ihnen beim Kauf gegeben hatte, und machte sich daran, diese umzusetzen."

Am Tag der Hochzeit seines Sohnes erhielt Mike Searles, der ehemalige CEO von Wilson's Leather, einen Anruf mit der Frage, ob er an einem Vorstellungsgespräch für die Position des CEO von Benjamin Moore interessiert sei. Die Aussicht darauf begeisterte ihn so sehr, dass er das Frühstück am nächsten Morgen ausfallen ließ, um nach Omaha zu fliegen und mit Cool und Buffett zu sprechen. Searles erzählte Buffett, dass er ihn seit Jahren bewundere und in jedem Büro, das er jemals hatte, eine gerahmte Version eines Sinnspruchs von Buffett aufgehängt habe: „Ich versuche, Aktien von Unternehmen zu kaufen, die so großartig sind, dass sogar ein Idiot sie leiten könnte. Denn früher oder später wird das auch passieren." Als CEO beschloss Searles, das „Idioten"-Zitat nicht aufzuhängen, weil „mir das zu persönlich vorkommt"[401], sagte er lachend.

Searles wies darauf hin, dass Benjamin Moore zwar Buffetts Versprechen gegenüber den unabhängigen Händlern nicht tatsächlich gebrochen habe, aber kurz davorgestanden habe, und dies zu einem Vertrauensverlust geführt habe. Es dauerte Jahre, bis das Vertrauen der Händler wiederhergestellt war. Während seiner 5-jährigen Tätigkeit im Unternehmen erzielte er gute Fortschritte, erhöhte das Marketingbudget, eröffnete Filialen und warb neue Händler an. „Es ist so, als wenn man sich von seiner Freundin getrennt hat", sagte Buffett. „Es dauert eine Weile, bis man die Beziehung wieder kitten kann."[402]

Aus Searles Sicht war es ein Segen, Teil der Berkshire-Familie zu sein:

> „Die Arbeit für Berkshire und Warren ist schwer zu beschreiben. Ich habe mein ganzes Leben lang in börsennotierten Unternehmen gearbeitet. Die Arbeit für Warren und Berkshire ist insofern einzigartig, als sie sich nicht einmischen. Man konzentriert sich stets auf die Zukunft. Die Geschäftsentscheidungen werden nicht aufgrund eines Tages, eines Monats oder eines Quartals getroffen. Es geht um die langfristige Nachhaltigkeit des Unternehmens."[403]

Buffett trug zur Wiederherstellung des Vertrauens der Einzelhändler bei, indem er ein neues Video drehte, in dem er sich erneut dazu verpflichtete, über das Netzwerk zu operieren: „Wir hätten dieses Versprechen beinahe gebrochen, aber das wird nie wieder vorkommen."[404]

Buffett hatte verstanden, dass sich Benjamin Moore als Hersteller von Premiumprodukten eine Nische im Markt erobert hatte – er bezeichnete die Produkte als „die besten Farben, die es gibt".[405] Er fügte hinzu:

> Es ist nicht die Farbe für jedermann. Wir sind nicht im Niedrigpreissegment tätig und werden es auch nicht sein ... Wir werden niemals den größten Marktanteil haben. Der Massenmarkt wird größer sein als der Premium-Markt. Aber es wird immer einen Premium-Markt geben."[406]

Buffett zog einen Vergleich:

> „Wenn man in die Mitte der 1930er-Jahre zurückblickt, war Packard damals eine erstrebenswerte Automarke. Sie hatte sich sogar oberhalb von Cadillac positioniert. Um 1936 brachte das Unternehmen ein deutlich günstigeres Modell auf den Markt. Das war zwar zunächst ein voller Erfolg, aber mit der Zeit zerstörte es die Marke. Als Premium-Marke kann man immer hohe Umsätze erzielen, indem man die Preise senkt. Ich sage nicht, dass Valspar das so macht; die haben wahrscheinlich eine ganze Reihe verschiedener Marken, die das tun. Aber für Benjamin Moore wäre es ein großer Fehler, zu versuchen, ins Niedrigpreissegment zu wechseln und unter dem Namen Benjamin Moore eine billigere Farbe anzubieten."[407]

Wenn es etwas gibt, das wir als Investoren anerkennen müssen, warnte Buffett, dann sei es die Tatsache, dass wir viele Fehler machen werden: „Ich habe viele Fehler gemacht. Ich mache gerade jetzt welche. Ich werde noch mehr machen. Das liegt in der Natur der Sache. Wir wollen keine Versprechen brechen."

Und wenn diese Verpflichtung das Wachstum von Benjamin Moore einschränkte? „Wir halten uns an das Versprechen", betonte Buffett. „Ob wir mit einem Unternehmen Geld verdienen oder verlieren, liegt nicht unbedingt in unserer Hand, aber für die Einhaltung unserer Versprechen können wir zur Rechenschaft gezogen werden."[408]

In einem Interview mit *CNBC* im Jahr 2013 deutete Buffett an, dass das Schiff wieder auf Kurs gebracht worden sei, und fügte hinzu: „Übrigens verdient Benjamin Moore eine Menge Geld."[409] Die *New York Post* berichtete, Buffett habe „damit geprahlt, dass Benjamin Moore trotz des Zusammenbruchs des Immobilienmarkts in den letzten zehn Jahren 1,5 Milliarden Dollar Gewinn erzielt hat".[410] Um gute Gewinne zu erzielen, ist es nicht immer notwendig, Umsatzwachstum zu erzielen – fragen Sie einmal die Manager von See's Candies, die seit der Übernahme Anfang der 1970er-Jahre die Anzahl der Filialen nicht nennenswert erhöht haben (siehe Band 1, Investition 20). Im Fall von Benjamin Moore waren die Gewinne gut, trotz sinkender Umsätze und einer Verringerung der Mitarbeiterzahl von fast 3.000 im Jahr 2005 auf 1.715 zehn Jahre später – ein Beispiel dafür, dass die Fokussierung eines Unternehmens auf Gewinne zu geringen Arbeitskosten und einer geringeren Fluktuation führt (ein Konzept, das zu begreifen vielen Managern schwerfällt).

Eine Erholung Mitte der 2010er-Jahre führte zu einem leichten Anstieg der Mitarbeiterzahlen, was durch eine Zunahme der Zahl unabhängiger Einzelhändler auf mehr als 5.000 Filialen im Netzwerk unterstützt wurde. Im Jahr 2019 trat Cool als Vorsitzende von Benjamin Moore zurück, um ihre eigene Investmentgruppe zu gründen, die ähnlich wie Berkshire Unternehmen erwerben und aufbauen soll. Ebenfalls im Jahr 2019 ging Searles in den Ruhestand, und der seit 32 Jahren zum Unternehmen gehörende Dan Calkins übernahm die Position des Präsidenten und COO. Er berichtet an den stellvertretenden Vorsitzenden von Berkshire, Greg Abel. „Benjamin Moore & Co. hat sich seit Langem als Branchenführer etabliert, und wir sind überzeugt, dass das Unternehmen unter der Führung von Dan Calkins für einen beschleunigten Wachstumskurs in der Zukunft gerüstet ist", sagte Abel.[411] Calkins war besonders stolz auf den wachsenden, aus Architekten und Designern bestehenden Kundenstamm.

Benjamin Moore erlebte 2019 einen weiteren Aufschwung, als Ace Hardware Stores seine Beziehung zu dem Unternehmen ausbaute und es zum bevorzugten Farblieferanten für rund 3.300 Ace-Filialen ernannte. Die teilnehmenden Filialen führten entweder das gesamte Premiumsortiment von Benjamin Moore oder eine reduzierte Auswahl. Benjamin Moore übernahm auch die Verantwortung für die Herstellung einiger Eigenmarken-Farben von Ace.

Die Beziehung zu Ace hat sich seitdem vertieft, sodass Benjamin Moore nun über 8.000 unabhängig geführte Farb-, Dekorations- und Eisenwarenhändler verfügt, von denen etwa 3.800 Ace-Baumärkte in den Vereinigten Staaten und Kanada sowie in 75 Ländern weltweit sind.

Die Tatsache, dass das Unternehmen heute nur etwas mehr als 2.000 Mitarbeiter beschäftigt, gegenüber 2.968 im Jahr 2005, deutet jedoch darauf hin, dass das Volumenwachstum in den letzten 20 Jahren begrenzt war (oder dass es zu außergewöhnlichen Produktivitätssteigerungen gekommen ist). Nichtsdestotrotz bleibt die Marke stark und nutzt weiterhin ihre wertvolle Nische.

LEKTIONEN

- **Verlieren Sie niemals auch nur ein Quäntchen Integrität**.
  Buffett war verärgert über das Verhalten der Führungskräfte, als diese Maßnahmen ergriffen, um sein Versprechen gegenüber den Einzelhandelspartnern zu brechen. Das Unternehmen hatte

eine verbindliche Zusage gegeben – ob schriftlich oder nicht –, dass es den Markt weiterhin über sein Händlernetz und nicht über Großmärkte beliefern würde.

- **Durch den Verkauf an Großkunden lassen sich zwar kurzfristig Umsatz und Gewinn steigern, aber es muss sorgfältig geprüft werden, ob diese strategische Maßnahme langfristig einen Mehrwert für die Aktionäre bringt**. Großmärkte werden beispielsweise früher oder später die Preise der Lieferanten drücken, es sei denn, sie bieten eine „unverzichtbare" Produktlinie an (und davon gibt es nicht viele).
- **Produktdifferenzierung ist oft wichtiger als Absatzvolumen**. Wenn die Kapitalrendite das Ziel ist, dann ist ein geringes oder gar kein Umsatzwachstum oft der richtige Weg, wenn diese Strategie Preissetzungsmacht in Nischen ermöglicht (zum Beispiel Premiumfarben zu Premiumpreisen).

Investition 12

CTB INTERNATIONAL

Eckpunkte des Geschäfts

Geschäft	**CTB International**
Zeit	Oktober 2002
Bezahlter Preis	140 Millionen US-Dollar
Anteil am Eigenkapital	100%
Status	Noch gehalten

CTB wurde in den 1950er-Jahren gegründet, als der Unternehmer Howard S. Brembeck sich zum Ziel setzte, die Arbeitsbelastung von Hühnerzüchtern zu erleichtern. Seine Produkte vereinfachten die täglichen Arbeiten auf der Farm, weshalb er sein erstes Unternehmen Chore-Time nannte – daher auch die ersten beiden Buchstaben von CTB. Das „B" kam hinzu, als Brembeck ein separates Unternehmen namens Brock gründete, das Vorratsbunker für Getreide herstellte. Die beiden Unternehmen schlossen sich 1976 zusammen.

Brembecks Gründungsmission gilt auch heute noch: Viehzüchtern das Leben zu erleichtern. Der weltweite Jahresumsatz liegt mittlerweile bei über einer Milliarde Dollar. Die Palette der Geräte und Systeme, die das Unternehmen Landwirten anbietet, ist sehr breit und reicht von Schweineställen über Computersoftware bis hin zu Anlagen zur Lebensmittelverarbeitung. Im Kern handelt es sich hier um ein bodenständiges Unternehmen, das alltägliche sperrige Güter herstellt und auf einer kostengünstigen strategischen Positionierung sowie einem gewissen Maß an Innovation und Markenbildung basiert. Das Unternehmen kann den preisbewussten Farmern zwar keine Premiumpreise für differenzierte Produkte berechnen, aber sein „erstklassiges Management", wie Warren Buffett es nannte, erzielt dennoch beeindruckende Gewinne.

Buffett erklärte sich 2002 bereit, 140 Millionen Dollar für CTB zu bezahlen, nachdem das Unternehmen einen Jahresüberschuss von 14,2 Millionen Dollar ausgewiesen hatte. Es dauerte weniger als acht Jahre, bis CTB alles wieder eingebracht hatte, was Berkshire für das Unternehmen gezahlt hatte. Darüber hinaus hatte es bis Ende 2010 160 Millionen Dollar an Dividenden an Berkshire Hathaway ausgeschüttet und seine Schulden in Höhe von 40 Millionen Dollar getilgt. Allein im Jahr 2010 erzielte das Unternehmen einen Gewinn vor Steuern von 106 Millionen Dollar.

Und es wurde immer besser: 2011 schüttete CTB weitere 20 Millionen Dollar aus, nachdem es in diesem Jahr 124 Millionen Dollar vor Steuern verdient hatte. Trotz dieser hohen Ausschüttungen verfügte es zum Jahresende noch über 109 Millionen Dollar in bar. Selbst wenn wir also annehmen würden, dass seit 2011 keine Gewinne mehr erzielt wurden, könnten wir vermuten, dass dies eine der besten Investitionen von Buffett war. Und diese Annahme wäre ohnehin falsch, da Buffett angedeutet hat, dass das Unternehmen gute Gewinne macht – allerdings ohne Zahlen zu nennen.

EIN INNOVATIVER GRÜNDER

1930 studierte Brembeck an der University of Chicago im ersten Jahr Wirtschaftswissenschaften. Das Land litt unter den Folgen des Börsencrashs an der Wall Street, und die ersten Anzeichen der Weltwirtschaftskrise waren bereits zu spüren. Zu Hause in Urbana im Bundesstaat Indiana verloren die Brembecks ihre gesamten Ersparnisse, als die Bank, bei der das Geld angelegt war, zusammenbrach. Die Familie besaß eine Eisenwarenhandlung in Urbana[412], die natürlich unter der Wirtschaftskrise litt. Brembeck brach sein Studium ab und zog zurück nach Hause, um auszuhelfen.

Im Juli 1931 besuchte Brembeck die erste internationale Geflügelausstellung in Detroit. Dort traf er einen Cousin seiner Mutter, der einen in Urbana ansässigen Hersteller von landwirtschaftlichen Streumaschinen besaß – Maschinen, die Saatgut und Dünger ausbringen.[413] Er bot dem 21-jährigen Brembeck eine Lehrstelle für fünf Dollar pro Woche an. Da Arbeitsplätze schwer zu finden waren, nahm Brembeck das Angebot an: „Es war wahrscheinlich das beste Geschäft, das ich je in meinem Leben gemacht habe, denn Mr. Speicher hat mehr für mich getan, als er versprochen hatte. Er hat sein Bestes getan, um mir beizubringen, wie man Hersteller wird", erzählte er 1994 der *Poultry-Times*.[414]

Das Unternehmen Cyclone stellte Segeltuchbeutel mit Handkurbeln her, mit denen Landwirte Futter und Dünger ausstreuen konnten. Das Gerät war zwar einfach, aber durch den Herstellungsprozess lernte Brembeck viel über Lieferkettenmanagement, Produktdesign, Buchhaltung, Vertrieb und Management. Er nahm all dies in sich auf und stieg schließlich zum Geschäftsführer auf.

Brembecks Talent wurde von einem Händler für landwirtschaftliche Geräte in Alliance im Bundesstaat Ohio, 700 Kilometer östlich von Urbana, entdeckt, der ihn umgehend abwarb. So zog er 1944 mit seiner jungen Familie[415] nach Alliance. Er traf sich regelmäßig mit Landwirten, um ihre Probleme zu besprechen, von denen die meisten mit ihrer täglichen Schwerstarbeit zu tun hatten. Lange und intensiv dachte er daher über Innovationen nach, die dazu beitragen könnten, diese Belastung zu verringern.

Mit zunehmendem Selbstbewusstsein verspürte Brembeck den Drang, sich selbstständig zu machen; er hatte bereits überlegt, wie man Hühner effizienter füttern und tränken könnte. Schließlich wachte er eines Tages im Jahr 1952 „in der Dunkelheit des frühen Morgens" auf und verspürte „auf sehr starke und persönliche Weise" den Drang, ein Unternehmen zu gründen: „Ich fühlte mich gezwungen, etwas zu unternehmen ... Es war fast so, als hätte ich keine andere Wahl."[416] Er folgte diesem Ruf und gründete seine eigene Firma.

Der Keller des Hauses der Familie Brembeck in Alliance war in den ersten zwei Jahren der Produktionsstandort dieses Unternehmens. Dort lag überall verzinkter Stahl herum, mit dem hohe runde Futtertröge für Getreide hergestellt wurden. Da es sein Ziel war, die Arbeitsintensität der Hühnerzucht zu reduzieren, nannte er sein Unternehmen Chore-Time Equipment Inc.

1954 verlegte Brembeck sein Unternehmen nach Milford – in seinen Heimatstaat Indiana, etwa 60 Kilometer von seinem Elternhaus entfernt. Heute gibt es in Milford eine weitläufige Chore-Time-Fabrik, die einen Großteil dieser kleinen Stadt einnimmt (950 Einwohner im Jahr 1952, heute 1.600). Seine Produkte fanden schnell Anklang, und im Jahr 1955 überschritt der Umsatz 100.000 Dollar.

Obwohl die von ihm hergestellten Futterautomaten das Leben der Geflügelzüchter erheblich verbesserten, war Brembeck mit dem Design nicht ganz zufrieden. „Ich war immer noch der Meinung, dass es eine effizientere Methode geben musste, Hühner zu füttern", erklärte er in einem Interview mit der Zeitung *Indianapolis Star* im August 2000.[417] In den 1950er-Jahren entwickelte er verschiedene Futterautomaten und brachte sie auf den Markt: solche für Masthähnchen und für Truthähne sowie einen Futterautomaten für eine einzelne Produktlinie. Außerdem entwickelte er weitere Produktlinien, darunter Maschinen zum Waschen von Eiern und Trinkbrunnen für Geflügel.

1957 begann Brembeck mit der Herstellung kleiner Vorratsbunker für die Lagerung von Futtermitteln in großen Mengen. Dieses Geschäft wurde zunächst als eigenständiges Unternehmen in Milford unter dem Namen Brock Manufacturing Inc. gegründet.

Ein echter Durchbruch war die Einführung des Flex-Auger-Futterzufuhrsystems im Jahr 1961. Dabei handelte es sich um eine große Metallspirale in einem flexiblen Schlauch (eine Archimedische Schraube), die, wenn sie von einem Motor gedreht wurde, Getreide aus einem mehrere Meter entfernten Vorratsbehälter transportierte. Sie konnte um Ecken führen und nach oben oder unten fördern. Dadurch mussten die Landwirte das Tierfutter nicht mehr in großen Säcken herumschleppen.

Chore-Time brachte weiterhin Innovationen im Bereich der Futterautomaten und verwandter Produkte hervor – im Laufe der Jahre wurden mehr als 100 Patente angemeldet. Eine wichtige Erweiterung des Sortiments von Brock war die Einführung von Getreidespeichern im Jahr 1964. Diese waren viel größer als die Futterbehälter – oft größer als mehrere Wohnhäuser. Heute sind diese riesigen runden Stahltrommeln überall im ländlichen Raum zu sehen, wo sie in der Sonne glänzen.

Dann folgte die internationale Expansion mit der Gründung der ersten europäischen Niederlassung des Unternehmens in Belgien im Jahr 1967. Brembeck schloss sich zu diesem Zweck mit einem langjährigen Mitarbeiter, Forrest Lee Ramser, zusammen, um die europäische Produktions- und Vertriebsbasis von Chore-Time aufzubauen, die ähnliche Fütterungs- und Lagerungsgeräte wie das Unternehmen in Indiana anbot. Insbesondere brachte sie die ersten Futtertröge für Masthähnchen und „flexible spitzenlose Förderschnecken" nach Europa.

Durch die Fusion von Chore-Time und Brock im Jahr 1976 konnten in einer Reihe von Abteilungen Kosteneinsparungen erzielt werden. Die separaten Markennamen wurden jedoch beibehalten, da sie auf dem Markt einen hohen Stellenwert hatten. Es erschien daher sinnvoll, das Unternehmen in drei Bereiche zu unterteilen, damit sich die Mitarbeiter auf bestimmte Kundensegmente konzentrieren konnten:

- Produkte für Geflügel-/Eierproduzenten
- Getreideprodukte
- Produkte für Schweineproduzenten

Ebenfalls 1976 wurde Brembecks 38-jährige Tochter Caryl Chocola Mitglied des Vorstands. Sie lebte mit ihrer Familie rund 250 Kilometer entfernt in Michigan, wo sie Kunstunterricht gab und einen Kunstladen besaß. Obwohl sie nicht in Vollzeit im Unternehmen tätig war, leistete sie einen wichtigen Beitrag, indem sie Ideen für den Bereich Vinylzäune entwickelte. Chocola war eine begeisterte Reiterin in einer Landesregion mit kaltem Klima. PVC-Zäune eignen sich gut für kalte Klimazonen, da sie langlebiger sind als Holz. Chocola experimentierte mit PVC-Rohren unterschiedlicher Länge, um ihre Pferde auf den Weiden einzuzäunen.

In den 1980er-Jahren entstand in Milford ein bedeutendes Exportunternehmen namens Chore-Time/Brock International. Das Europageschäft wurde an Ramser verkauft, der den Namen in Roxell änderte (eine Kombination aus „Rock" für Solidität und „Excellence" für das Ziel aller Aktivitäten). Roxell kaufte daraufhin eine Reihe europäischer Unternehmen, die sich auf die Herstellung von Vorrichtungen für die Geflügel- und Schweinezucht spezialisiert hatten. Auch dieses Unternehmen expandierte in viele Länder, darunter 1991 in die Vereinigten Staaten und später nach Brasilien. Nach 14 Jahren separater Geschäftstätigkeit wurde Roxell 1999 schließlich wieder in den CTB-Konzern integriert. Allerdings musste die Zentrale in Milford für ihr ehemaliges Tochterunternehmen tief in die Tasche greifen: Der Preis belief sich auf 39 Millionen Dollar in bar (zu diesem Zeitpunkt erzielte Roxell einen Umsatz von 41 Millionen Dollar und einen Nettogewinn von 1,9 Millionen Dollar).

ÜBERNAHME

Anfang der 1990er-Jahre hatte der Jahresumsatz 100 Millionen Dollar erreicht. Neben der Erweiterung der Werke von Chore-Time und Brock in Milford eröffnete CTB eine Produktionsstätte und ein Lager in Uruguay, um die wichtigsten Länder Südamerikas zu beliefern.

Im Juli 1993 wurde Caryls Sohn Chris Chocola zum Executive Vice President von CTB ernannt. Er stieg schnell auf und wurde im März des folgenden Jahres zum CEO befördert. Der studierte Jurist war seit seinem Abschluss 1988 als Syndikus bei CTB tätig.

Brembeck trat Ende 1995 im Alter von 85 Jahren aus dem Unternehmen CTB aus. Auf der International Poultry Exposition in Atlanta versammelten sich in diesem Jahr rund 1.500 Menschen, um ihn zu ehren. Chris Chocola hielt die Festrede, in der er Brembeck für seine „Leistungen und Erfolge" dankte und hinzufügte, dass CTB 1994 das umsatzstärkste Jahr seiner Geschichte verzeichnet und eine fast 5.000 Quadratmeter große Erweiterung des Werks in Milford in Angriff genommen habe. Er sagte:

> „Wir glauben, dass die wichtigste Maßnahme, die wir ergreifen können, darin besteht, das vorrangige Ziel weiter zu verfolgen, das Howard Brembeck bei der Gründung von Chore Time-Brock gesetzt hat. Dieses Ziel lautet: ‚Systeme für Geflügel und Vieh zu entwickeln, die von den Anwendern als die besten der Welt angesehen werden.' Wie andere Innovatoren, die einen großen Einfluss auf ihre jeweiligen Bereiche hatten, haben auch die Innovationen von Howard Brembeck die moderne Geflügelindustrie nachhaltig geprägt ... Unternehmen brauchen ein starkes Fundament, auf dem sie den Stürmen des Wandels standhalten. Für CTB wird das Bekenntnis zur Produktführerschaft mit einem klaren Fokus auf die Kundenbedürfnisse als Anker dienen."[418]

Die Kontrolle der Familie über das Unternehmen wurde einige Monate später verwässert, als im Januar 1996 die in New York ansässige Private-Equity-Gesellschaft American Securities Capital Partners eine Mehrheitsbeteiligung erwarb. Die Familie Brembeck unter der Führung von Caryl und Chris Chocola behielt jedoch eine Minderheitsbeteiligung und Chris blieb Präsident und CEO des Unternehmens.

Um weiteres Wachstum zu ermöglichen, führte CTB im Jahr 1997 einen Börsengang mit Stammaktien an der Nasdaq durch. Fünf Millionen Aktien wurden zum Preis von 14 Dollar pro Stück an Investoren verkauft, wodurch 70 Millionen Dollar eingenommen wurden. Die verkauften Aktien machten knapp 40 Prozent der Gesamtanzahl der Aktien aus, was einer Marktkapitalisierung von etwas weniger als 175 Millionen Dollar entsprach. Damit verblieb American Securities weiterhin eine Kontrollbeteiligung von etwa zwei Fünfteln der Stammaktien. Zu diesem Zeitpunkt belief sich der Umsatz auf mehr als 200 Millionen Dollar und der Nettogewinn auf 13,9 Millionen Dollar.

Die Übernahmen folgten nun Schlag auf Schlag:

- **Butler Manufacturing:** Dieses Unternehmen aus Kansas City – ein Pionier im Getreidesilo-Geschäft – verkaufte 1997 seinen Getreidesilo-Bereich an CTB. Dadurch konnten Butler-Händler CTB-Silos in einem größeren Gebiet verkaufen. Das Hauptgeschäft von CTB mit Getreidesilos war im Osten stärker, während sich Butler auf den westlichen Getreidegürtel konzentrierte. Darüber hinaus erweiterte die Transaktion die Produktpalette und führte zu Verbundvorteilen – die Silos von Butler waren in anderen Formen und Größen erhältlich als die von CTB. Außerdem wurde eine zweite Silofabrik in die Gruppe integriert, wodurch sich das Getreidegeschäft des Unternehmens verdoppelte.
- **Fancom BV:** Dieser Hersteller und Vermarkter von computergesteuerten Klimaregelungen und Software für Geflügel und Vieh war in den Niederlanden ansässig und hatte eine Tochtergesellschaft in Frankreich. Das Unternehmen wurde 1997 übernommen.
- **Rota Industria de Maquinas Agricolas:** 1998 ging dieses brasilianische Produktionsunternehmen ein Joint Venture mit

CTB namens Rota Brock ein, um kommerzielle Getreidesilos, Futterbehälter und Geräte für die Getreide- und Saatgutverarbeitung herzustellen.

- **Sibley Industries:** Sibley wurde 1998 gekauft. Das Unternehmen stellt Brutapparate und Heizgeräte her und hat seinen Sitz in Anderson im Bundesstaat Missouri.
- **STACO:** STACO mit Sitz in Shaefferstown im Bundesstaat Pennsylvania, ein Hersteller von Schweinefutterautomaten, Belüftungsprodukten und anderen Geräten für die Schweinezucht, wurde 1998 übernommen.
- **Roxell, NV:** Wie bereits erwähnt, wurde dieses Unternehmen 1999 wieder in den CTB-Konzern integriert.
- **ABC Industries:** Einige Vermögenswerte von ABC Industries, einem Hersteller von Getreideverarbeitungsgeräten, wurden im Jahr 2000 gekauft. Dazu gehörten Patente, Marken und Handelsnamen für eine Reihe von Produkten, die von ABC Industries hergestellt und vermarktet wurden. Das Unternehmen stellte Anlagen für den Umschlag von Schüttgut und Staubschutzvorrichtungen her, sowie Behälter-Kehrmaschinen für die Entleerung von Getreidesilos, ein Staubschutzprodukt für Getreide- und Industrieannahmestellen sowie eine Reihe von Becherwerken und Förderanlagen für den Transport von Getreide.

ES KOMMT ZU SCHWIERIGKEITEN

Die späten 1990er-Jahre waren eine schwierige Zeit für CTB. Das Unternehmen musste im Jahr 1998 einen starken Einbruch der US-amerikanischen Schweinefleischindustrie verkraften. Da die Preise auf den niedrigsten Stand seit Jahrzehnten gefallen waren, zögerten die Landwirte, in Investitionsgüter zu investieren. Im selben Jahr wirkte sich die asiatische Wirtschaftskrise auf viele Überseemärkte des Unternehmens aus, insbesondere auf Brasilien. Infolgedessen wurde das brasilianische Joint Venture Rota Brock aufgelöst, noch bevor es mit der Produktion begonnen hatte. Dann kam es 1999 zu einer Abschwächung auf dem Eiermarkt.

Diese Kombination aus inländischen und ausländischen Problemen führte zu einem Rückgang des Nettogewinns um 34 Prozent von 13,9 Millionen Dollar im Jahr 1997 auf 9,2 Millionen Dollar im Jahr 1998. Im Jahr 1999 erholten sich die Gewinne leicht auf 10,2 Millionen Dollar bei einem Nettoumsatz von 273 Millionen Dollar.

Chris Chocola, der seit Langem politische Ambitionen hegte, trat im April 1999 als CEO zurück, um Vorstandsvorsitzender zu werden, bevor er 2000 für den Kongress kandidierte. Obwohl er damals gegen den demokratischen Kandidaten verlor, wurde er bei seinem zweiten Versuch im Jahr 2002 zum Repräsentanten für den zweiten Kongressbezirk von Indiana gewählt.

Victor A. Mancinelli trat 1999 als Präsident und CEO in das Unternehmen ein. Mancinelli, der einen Abschluss in Mathematik und einen MBA hat, war bereits ein Veteran der landwirtschaftlichen Fertigungsindustrie, da er zuvor sieben Jahre lang als Executive Vice President und COO der Gehl Company tätig gewesen war, einem Hersteller von Bau- und Landmaschinen für Milch- und Viehzüchter. Im Jahr 2014 wurde er außerdem zum Vorstandsvorsitzenden des Unternehmens ernannt und bekleidet beide Positionen bis heute.

Im Jahr 1999 musste Mancinelli einige schwierigen Entscheidungen treffen. Es wurde ein Rationalisierungsplan zur Verbesserung der Effizienz und zur Kostensenkung aufgestellt. So wurde beispielsweise die Zahl der Mitarbeiter in Milford um zwölf Prozent reduziert (Stellen in den Bereichen Support, Vertrieb und Verwaltung wurden gestrichen), und Fancom baute in den Niederlanden fast 20 Prozent seiner Belegschaft ab. Zudem wurden die Produktionsanlagen optimiert und neue Fertigungstechniken eingeführt. Vielleicht am bedeutendsten war jedoch, dass ein Großteil der Mitarbeiter auf drei Geschäftseinheiten verteilt wurden, die sich jeweils auf bestimmte Kundengruppen konzentrierten:

- die Proteingruppe (Anlagen für die Produktion von Schweinefleisch, Geflügel und Eiern, vor allem in den Vereinigten Staaten und Kanada)
- die Getreidegruppe (Produkte für die Lagerung, Rückgewinnung und Aufbereitung von Getreide, vor allem in den Vereinigten Staaten und Kanada)
- die internationale Gruppe (alle Produktlinien)

Zunächst gingen die Umsätze zurück – nicht zuletzt, weil das Vinylproduktgeschäft verkauft wurde, sondern auch, weil sich das Unternehmen nun darauf konzentrierte, profitable Aktivitäten beizubehalten und gleichzeitig unrentable Umsätze zu reduzieren. Der Konzernumsatz, der 1999 bei 273 Millionen Dollar gelegen hatte, sank 2001 auf 233 Millionen Dollar. Während der Umsatz zurückging, stieg der Gewinn von 10,2 Millionen Dollar nach Steuern im Jahr 1999 auf 14,2 Millionen Dollar im Jahr 2001.

Heute lässt sich die von Mancinelli geleitete Strategie des Unternehmens wie folgt zusammenfassen:

- Positionierung als Hersteller mit den besten Kosten
- Betonung einer produktorientierten Ausrichtung
- Ausbau einer globalen Präsenz
- Stärkung durch Akquisitionen
- Verbesserung der Finanzkraft

Die ersten beiden Punkte bilden den Kern der Strategie, wobei der erste Punkt den Wettbewerbsvorteil für die Produkte sicherstellt, die aus dem zweiten Punkt hervorgehen. Es handelt sich hierbei um eine Niedrigkostenstrategie mit einem gewissen Maß an schrittweiser

Innovation und nicht um eine stark differenzierte Strategie, die große Spielräume zwischen Verkaufspreis und Grenzkosten der Produktion zulassen würde. Landwirte sind anspruchsvolle Kunden – wenn CTB keine guten Produkte zu niedrigen Preisen anbietet, sehen sie sich anderweitig um –, daher ist Effizienz von entscheidender Bedeutung.

DER DEAL

Nach Ansicht der Direktoren von CTB funktionierte der Handel an der Nasdaq für das Unternehmen nicht gut. Mancinelli griff dabei die Beschwerden vieler kleiner Unternehmen auf: „Als börsennotiertes Unternehmen mit geringer Marktkapitalisierung und wenig Analystenberichterstattung wurden wir von den Anlegern am öffentlichen Markt nicht besonders beachtet."[419] Er war frustriert darüber, dass er nur sehr eingeschränkten Zugang zu Kapital hatte, um die langfristige Wachstumsstrategie des Unternehmens zu unterstützen. Michael Fisch, der Präsident von American Securities, dem 42-prozentigen Anteilseigner, erklärte, dass die Aktie aufgrund des sehr geringen Handelsvolumens und des geringen Streubesitzes nur äußerst schwach gehandelt werde. „Wenn ein Investor auch nur einen kleinen Aktienblock kauft oder verkauft – wie es bereits vorgekommen ist –, kann sich der Aktienkurs spürbar bewegen."[420]

In den Jahren 2000 und 2001 wurden die Aktien von CTB in dem enttäuschend niedrigen Bereich von 6,19 bis 11,50 Dollar gehandelt – weit weniger als die 14 Dollar zum Zeitpunkt des Börsengangs 1997. Die ausbleibende Zahlung einer Dividende auf die Stammaktien des Unternehmens und eine Erklärung im Jahresabschluss 2002 waren nicht gerade hilfreich für die Marktstimmung, wonach CTB „in absehbarer Zukunft keine Dividendenzahlungen erwartet und beabsichtigt, alle Gewinne, sofern vorhanden, für allgemeine Unternehmenszwecke einzubehalten ... der Kreditvertrag des Unternehmens enthält bestimmte Beschränkungen bezüglich CTB's Fähigkeit, Dividenden zu zahlen".

Im März 2002 gaben die Direktoren bekannt, dass sie Finanzberater beauftragt hätten, „strategische Alternativen zu entwickeln, um den Shareholder-Value zu steigern. Diese Alternativen können eine Fusion oder den Verkauf des Unternehmens umfassen."[421] In der Erwartung, dass CTB einen Käufer finden könnte, der bereit wäre, einen großzügigen Preis zu zahlen, wurden die Aktien des Unternehmens etwa einen Monat lang in einer Spanne von 15 bis 18,50 Dollar gehandelt. Dann erlitt die Nasdaq jedoch einen erheblichen Einbruch und verlor innerhalb von vier Monaten mehr als 27 Prozent ihres Wertes. Die Aktien von CTB fielen im Juli unter elf Dollar, nachdem das Unternehmen schlechte Zahlen für das zweite Quartal gemeldet hatte.[422]

Buffett sah in CTB „ein starkes Unternehmen mit großartigen amerikanischen Werten. Es verfügt über eine ausgezeichnete Marktstellung, einen starken Marktanteil in einer grundlegenden Branche und ein erstklassiges Management."[423] Mit Mancinelli hatte es einen Manager, der eine „beeindruckende Bilanz" vorweisen konnte.[424] Buffett war sich durchaus bewusst, dass CTB in einer Branche tätig war, die durch „schwierige wirtschaftliche Rahmenbedingungen" gekennzeichnet war, doch besaß es zugleich „wichtige Wettbewerbsvorteile, die es dem Unternehmen ermöglichten, angemessene Kapitalrenditen zu erzielen".[425]

Die im August mit Berkshire Hathaway vereinbarte Transaktion sah vor, dass die CTB-Aktionäre für alle Aktien 12,75 Dollar pro Aktie in bar erhalten sollten. Der Gesamtwert der Transaktion, einschließlich etwa 40 Millionen Dollar übernommener Schulden, belief sich auf rund 180 Millionen Dollar. Der Eigenkapitalanteil betrug 12,75 Dollar × 10,952 Millionen Aktien = 139,6 Millionen Dollar.

Kurz vor Bekanntgabe des Deals, am 19. August 2002, wurden die Aktien zu einem Kurs von bis zu 14,75 Dollar gehandelt, sodass in der Presse die Frage aufkam, warum die Direktoren 12,75 Dollar für fair hielten. „Die Transaktion ermöglicht es uns, eine hervorragende dauerhafte Heimat für dieses Unternehmen zu finden",[426] erklärte

Mancinelli in einer Stellungnahme. „Das ist gut für unsere Kunden, unsere loyalen Mitarbeiter und Führungskräfte sowie für die Gemeinden vor Ort, in denen wir tätig sind, und es bietet unseren Aktionären eine gesicherte Rendite für ihre Investitionen."[427] Er freue sich darauf, das Geschäft unter dem Dach von Berkshire sowohl organisch als auch durch eine Reihe von Akquisitionen auszubauen.

American Securities, die Familie Chocola und bestimmte Mitglieder der Geschäftsleitung hatten sich bereits vor der Bekanntgabe bereiterklärt, das Angebot von Berkshire anzunehmen. Zusammen kontrollierten sie mehr als 55 Prozent der Aktien. Unterdessen zeigte sich Fisch zufrieden mit dem Ergebnis für die Kunden von American Securities: „Bei einem Kaufpreis von 12,75 Dollar werden unsere Partner eine sehr beträchtliche Rendite auf ihre ursprüngliche Investition erzielen."[428] Auch die Private-Equity-Branche hatte unter dem allgemeinen Rückgang der Aktienkurse nach dem Dotcom-Crash im Jahr 2000 gelitten, sodass es als beeindruckend galt, während der Flaute nach dem Platzen der Blase mit Gewinn aus CTB auszusteigen.

Die Übernahme wurde am 31. Oktober 2002 abgeschlossen. Nach der Bekanntgabe bemerkte ein anonymer Witzbold: „Zuerst steigt Charlie in den Markt für Damenunterwäsche ein [ein Verweis auf den Kauf von Fruit of the Loom im Jahr 2002], und jetzt macht sich Warren an ‚heiße Hühnchen' heran."[429]

DIE VERFASSUNG DES GEKAUFTEN UNTERNEHMENS – EINIGE ZAHLEN

Im Jahr 2002 lieferte CTB – mit 1.100 Mitarbeitern – Komplettsysteme für Landwirte, die Hühner und Schweine hielten, von der Getreidelagerung über Förderschnecken für Getreide und Futterautomaten bis hin zur Klimatisierung der Ställe. CTB lieferte auch Tränken, Lüftungsanlagen, mechanische Nester, Rollenförderbänder, Ventilatoren und

Heizungen für die Getreideaufbereitung, Software und Saatgutverarbeitungsanlagen.

Das Unternehmen verkaufte seine Produkte hauptsächlich über ein Netzwerk unabhängiger Vertriebsfirmen/Händler, die eine gezielte geografische Abdeckung in wichtigen Märkten für Geflügel-, Schweine-, Eier- und Getreideproduktion auf der ganzen Welt boten. Die Vertriebsfirmen/Händler leisteten technischen Support und Dienstleistungen für Endverbraucher, und sie unterhielten Lagerhäuser für Systeme und Ersatzteile. CTB stellte durch sein Schulungssystem sicher, dass dieses Netzwerk den Endkunden ein gutes Installationspaket und einen anschließenden hochwertigen Service bieten konnte.

Obwohl das Unternehmen viel Wert auf sein umfangreiches Portfolio an geistigem Eigentum legte, das ihm einen gewissen Schutz vor Wettbewerbern in Bezug auf Design und Markenwahrnehmung bot, blieb es dennoch dabei, dass „der Markt für die Produkte des Unternehmens wettbewerbsintensiv ist“[430]. Der Preis spielte daher eine entscheidende Rolle bei der Gewinnung und Bindung von Kunden. Ungeachtet dessen hatte das Unternehmen in Bereichen wie Reputation und Kundenservice klare Wettbewerbsvorteile. Darüber hinaus verschaffte ihm seine Fähigkeit, integrierte Systeme für Geflügel-, Eier- und Schweineproduzenten anzubieten und damit die Gesamtkosten zu senken, einen weiteren entscheidenden Vorsprung gegenüber der Konkurrenz.

Ein Blick auf die Zahlen von CTB aus dem Jahr 2002 (siehe Abbildungen 12.1 und 12.2) gibt Aufschluss darüber, was Warren Buffett 2002 an dem Unternehmen reizte. Der zuletzt ausgewiesene Jahresüberschuss betrug 14,2 Millionen Dollar, sodass Berkshire das Unternehmen zu einem KGV von etwa 10 erwarb. Aus einer längerfristigen Perspektive könnten wir den durchschnittlichen Gewinn pro Aktie über die letzten fünf Jahre heranziehen, was ein KGV von 12,75 Dollar/1,11 Dollar = 11,5 ergibt. Das ist keineswegs teuer, vorausgesetzt, es besteht eine vernünftige Chance, dass dieses Gewinnniveau zumindest gehalten werden kann.

Abbildung 12.1: Umsatz und Gewinn von CTB 1997 bis 2001 in Millionen USD

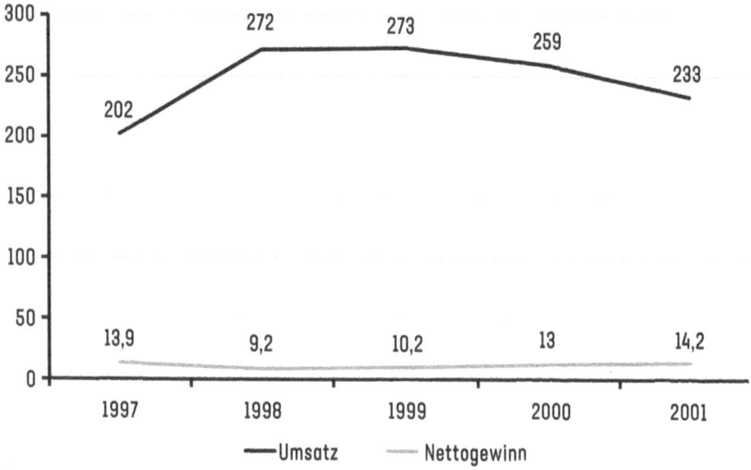

Quelle: CTB International Corporation, 10K-Formular 2001

Abbildung 12.2: Gewinn pro Aktie von CTB in USD

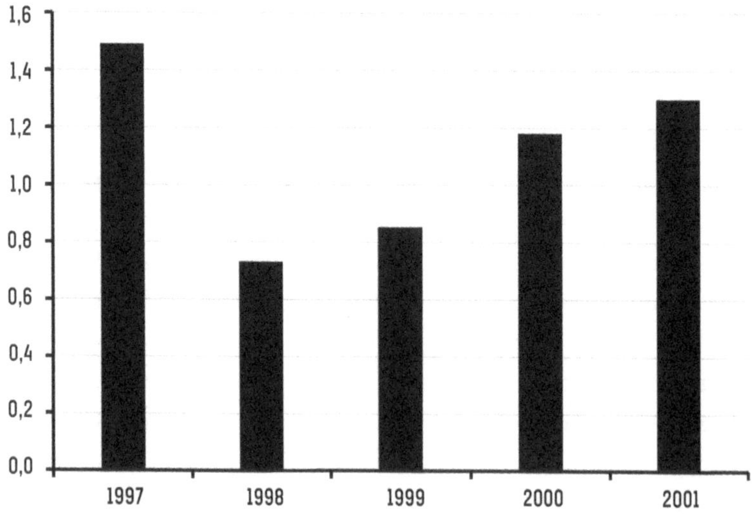

Quelle: CTB International Corporation, 10K-Formular 2001

Die Manager von CTB hielten das in das Unternehmen investierte Kapital auf einem relativ niedrigen Niveau, nämlich bei etwa 100 Millionen Dollar für die Aktionäre und 40 Millionen Dollar für die Kreditgeber (siehe Tabelle 12.1).

Tabelle 12.1 Zusammengefasste Bilanz in Millionen USD

	Juni 2002	**Dez 2001**	**Dez 2000**	**Dez 1999**	**Dez 1998**	**Dez 1997**
Umlaufvermögen	30,8	23,9	28,9	29,8	40,9	26,3
Gesamtvermögen	194	178	195	208	195	167
Schulden	40	38	63	78	71	49
Eigenkapital	103	99	87	81	77	74
Eigenkapital nach Abzug immaterieller Vermögensgegenstände (überwiegend Goodwill)	30	22	5			

Quelle: CTB International Corporation, 10K-Formular 2001 und 10Q-Formular zum Quartalsbericht bis Juni 2002

Die Gewinne in Prozent des Eigenkapitals waren respektabel – im Jahr 2001 beispielsweise 15,3 Prozent (14,2 Millionen Dollar Nettogewinn geteilt durch das durchschnittliche Eigenkapital im Jahr 2001 von (99 + 87)/ 2 = 93).

Wirklich interessant waren jedoch die Renditen, die die Manager mit dem tatsächlich zur Verfügung stehenden Nettovermögen erzielten. Zur Erklärung: Der größte Teil des Eigenkapitals war Goodwill aus Übernahmen – das heißt, wenn ein Unternehmen für beispielsweise 15 Millionen Dollar gekauft wird, aber nur über fünf Millionen Dollar an identifizierbaren (materiellen Vermögenswerten) verfügt, werden die restlichen zehn Millionen Dollar in der Bilanz als „Goodwill" ausgewiesen. Die Manager können allerdings nur mit den materiellen Vermögenswerten arbeiten – die zusätzlichen zehn Millionen

Dollar sind in die Taschen der verkaufenden Aktionäre geflossen. Wenn wir den Goodwill und andere immaterielle Vermögenswerte von den Zahlen zum Eigenkapital abziehen, um eine Vorstellung davon zu bekommen, womit die Manager tatsächlich gearbeitet haben, kommen wir auf sehr niedrige Zahlen – zum Beispiel waren es im Juni 2002 nur 30 Millionen Dollar. Die Renditen auf das Nettosachvermögen waren daher prozentual sehr hoch – zum Beispiel 105 Prozent für 2001 (14,2 Millionen Dollar geteilt durch (22 Millionen Dollar + 5 Millionen Dollar)/2). Andererseits könnte man sagen, dass die Manager das Geld der Aktionäre verwendet haben, um diesen Goodwill zu kaufen, sodass diese Verwendung des Kapitals nicht ignoriert werden sollte.

Der Umsatz von CTB verteilte sich ziemlich gleichmäßig auf die drei Geschäftsbereiche, ebenso wie der operative Gewinn (siehe Abbildung 12.3).

Abbildung 12.3: Umsätze und Gewinne der Sparten von CTB 2001 in Millionen USD

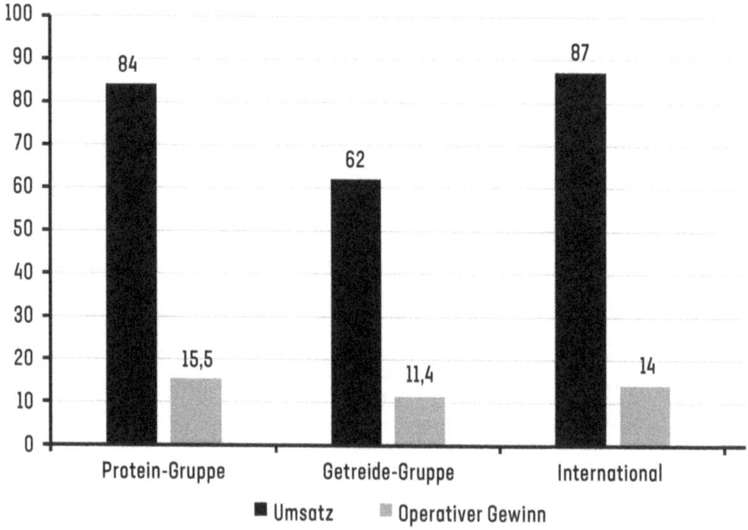

Quelle: CTB International Corporation, 10K-Formular 2001

Der amerikanische Heimatmarkt des Unternehmens blieb bei Weitem der größte Absatzmarkt für seine Produkte (siehe Abbildung 12.4).

Abbildung 12.4: Umsätze nach Absatzmärkten 2001 in Millionen USD

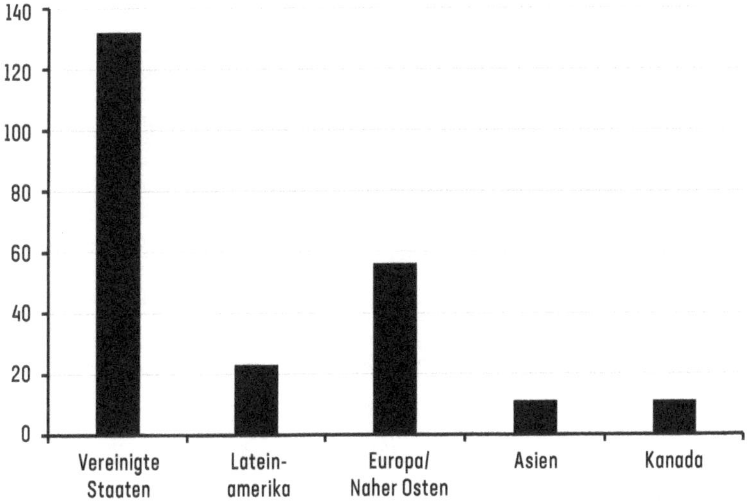

Quelle: CTB International Corporation, 10K-Formular 2001

WAS GESCHAH DANACH?

Mancinelli erklärte gegenüber *Bloomberg News*, dass er sich in der Regel an Buffett wendet, wenn eine Idee für ein Geschäft „an Fahrt gewinnt". Er sagte, dass Buffett in der Regel sofort erkennen kann, ob der Vorschlag vernünftig ist, und dann bei Bedarf schnell handeln kann, um dem CTB-Team zu helfen. „Er ist so schnell und versteht das Geschäft so gut, dass das, was bei anderen Stunden oder Tage dauern kann, nur wenige Minuten dauert", so Mancinelli. „Wenn alles genau richtig zusammenpasst, schlagen wir zu."[431]

Tabelle 12.2 listet die Übernahmen und anderen wichtigen Geschäftsabschlüsse auf, die CTB zwischen 2002 und 2010 getätigt hat.

Tabelle 12.2: Größere Übernahmen und Fortschritte 2002 bis 2010

Jahr	Unternehmen	Gekauft	Produkte	Grund
2002	Europäisches Logistikzentrum **Chore-Time Europe** mit Standorten in den Niederlanden und in Polen errichtet	Kontrollbeteiligung an **Veldmaster BV** gekauft, einem bedeutenden Vertrieb für CTB in den Niederlanden	Vor allem Verkauf von CTB-Produkten zur Geflügelzucht in Europa, dem Nahen Osten und Nordafrika	Die Kunden können schneller bedient werden und kleinere Mengen als eine Containerladung kaufen. Weniger Zölle und Verwendung von mehr europäischen Komponenten.
2002	**Beard Industries** aus Frankfort in Indiana	Im Wesentlichen alle operativen Vermögensgegenstände	Hersteller von Getreidetrocknungsanlagen und elektronischen Steuerungen für die Getreidetrocknung	Circa 7 Millionen USD Jahresumsatz und circa 40 Mitarbeiter. Versorgt Kunden aus der Getreidebranche mit einem vollständigeren Produktsortiment.
2002	**Shenandoah Manufacturing** aus Harrisonburg in Virginia	Im Wesentlichen alle Vermögensgegenstände – Produktionsanlagen, Patente, Handelsmarken und Handelsnamen.	Hersteller von Geflügelheizungen, Nestern, Verbrennungsanlagen und gewerblichen Heizungsprodukten	Die „führende Linie" von Geflügelheizungen, Nestern und Verbrennungsanlagen mit 15 Millionen USD Umsatz übernommen. Operative Synergien durch die Verlegung der Geflügelheizungs- und Nestherstellung von Shenandoah in das CTB-Werk in Missouri, wo bestehende Heizungssystem-Produkte hergestellt werden.

Jahr	Unternehmen	Gekauft	Produkte	Grund
2002	**Jay-Dee Industries** aus Dassel in Minnesota	Minderheitsbeteiligung an Jay-Dee, jedoch auf Geflügelnester bezogene Vermögensgegenstände unmittelbar erworben: Patente, Produktionsanlagen, Handelsmarken und Handelsnamen	Herstellung von Geflügelnestern	Operative Synergien durch die Verlegung der Produktion von Jay-Dee-Nestern in das CTB-Werk in Missouri. Vorteile durch die Herstellung von Jay-Dee. Möglichkeit, die Anlage in Dassel für die Herstellung von Geflügelverbrennungsanlagen und Altölheizungen von Shenandoah zu nutzen.
2004	**Swine Service Specialists** aus Lyons in Nebraska	Im Wesentlichen alle Vermögensgegenstände - Maschinen und Anlagen, Konstruktionen, Handelsmarken und Handelsnamen	Hersteller von Anlagen zur Geflügelfütterung	Synergien durch die Verlegung von Herstellung und Marketing zu CTB in Milford. CTB-Sortiment für die Schweinezucht erweitert.
2006	**Yan Agro Logic** aus Israel	Kontrollbeteiligung von CTB erworben. Die Gründer behielten eine Beteiligung und blieben im Vorstand.	Hersteller von Klimaregelungen, Wiegesystemen für Futter und Geflügel sowie anderen integrierten Systemen. Fast alle Umsätze wurden im Fernen Osten erzielt (fast keine in den USA).	Nutzung der bestehenden weltweiten Vertriebskanäle zusammen mit dem ausgedehnten Vertrieb von CTB, um entscheidende Märkte in aller Welt zu durchdringen. Die kostengünstigen Konstruktionen ergänzen das Produktsortiment von CTB. Die Technologien können anderweitig im Konzern eingesetzt werden.

Jahr	Unternehmen	Gekauft	Produkte	Grund
2007	**Porcon Beheer PV,** Niederlande.	Unternehmen übernommen	Konstruktion, Herstellung und Vermarktung von Anlagen für die Aufzucht und Pflege von Schweinen – unter anderem Stände, Tränken und Ställe –, kombiniert mit diversen anderen Einrichtungen, um den Kunden Komplettlösungen anzubieten.	Herstellung weiterhin mit den Anlagen von Porcon, dabei Nutzung der bestehenden internationalen Vertriebskanäle zur Steigerung der Präsenz von CTB auf dem Weltmarkt für Anlagen für die Schweineproduktion. Erweitertes Produktsortiment. Nutzung von Porcons Kompetenzen.
2007	**Laake GmbH,** Deutschland	Unternehmen übernommen	Konstruktion, Herstellung und Vermarktung von Kastenständen, Ferkelkäfigen, auch mit offenem Zugang. Außerdem Ställe, Koppeltore und Fütterungsanlagen im Pferdebereich.	Nutzung von CTBs bestehenden weltweiten Vertriebskanälen zur Stärkung seiner Präsenz auf dem Weltmarkt für Schweineproduktionsanlagen. Zuvor hatte CTB die Schweineställe von Laake in den USA und Kanada vermarktet.
2008	**B Mannebeck Landtechnik GmbH,** Deutschland (mit einem Standort in Polen)	Unternehmen übernommen	Konstruktion, Herstellung und Vermarktung von Anlagen für die Schweineproduktion (zum Beispiel elektronische Systeme für die Schweinefütterung und andere Fütterungssysteme, tierfreundliche Ställe und Stände, Kunststoffbodenbeläge für Ferkel und Sauen).	Nutzung der Originalkonstruktionen von Mannebeck und seines ständigen Engagements für F&E und zusätzliche Innovationen. Mannebeck konnte das weltweite Vertriebsnetz und andere Ressourcen von CTB nutzen.

Jahr	Unternehmen	Gekauft	Produkte	Grund
2008	**Uniqfill International BV,** Niederlande	Unternehmen übernommen	Konstruktion chemischer und chemisch-biologischer Luftwäscher für die Tierhaltung und andere Anwendungen (zur Beseitigung von Ammoniak, unerwünschten Gerüchen und Partikeln, bevor die Luft aus einem Schweinestall, Geflügelstall oder Ähnlichem ins Freie gelangt).	Das technologische Know-how wurde in die Firma eingebracht, um ihr Angebot zu erweitern. Gelder und Infrastruktur von CTB wurden verwendet, um zusätzliche Vertriebskanäle für Luftwäscher zu erschließen.
2010	**Shore Sales** aus Rantoul in Illinois.	Einzelne Vermögensgegenstände gekauft, nicht das Unternehmen.	Konstruktion und Vermarktung von Feuchtigkeitsprüfanlagen für Getreide, Saatgut, Kaffee, Mahl- und Verarbeitungsbetriebe sowie Farmen. Auch Getreidesortieranlagen.	Ergänzung der Getreidemanagement-Systeme von CTB Shore Sales konnte das Vertriebsnetz von CTB nutzen.
2010	**Ironwood Plastics** aus Ironwood in Michigan.	Unternehmen übernommen.	Hochtechnische, präzisionsgeformte Kunststoffkomponenten für die Industrie, die Automobilbranche, das Militär, die Landwirtschaft und die Elektronik	Zwei Fertigungsanlagen: 5.500 Quadratmeter für Design und Produktion, 2.300 Quadratmeter für Produktion CTB konnte etwas von Ironwoods Kompetenzen in der Kunststoffverarbeitung lernen. Eröffnung von Chancen für die Anwendung von Kunststoffkompetenzen im landwirtschaftlichen Sektor und den Absatz bestehender Produktlinien außerhalb der Vereinigten Staaten und Kanada

Jahr	Unternehmen	Gekauft	Produkte	Grund
2010	Errichtung eines Logistikzentrums namens **CTB Malaysia Sdn Bhd** in Asien.		Logistikzentrum mit einer Fläche von 2.500 Quadratmetern.	So können die Sparten von CTB die Kunden in Südostasien besser bedienen - zunächst Hähnchenproduzenten in Malaysia, Indonesien, Thailand, auf den Philippinen und andernorts. Später Einbeziehung weiterer CTB-Produktlinien und Herstellung vor Ort. Kürzere Lieferzeiten und für Kunden die Möglichkeit, weniger als eine Containerladung zu kaufen sowie die Geschäfte in den örtlichen Sprachen und ohne Verzögerungen durch verschiedene Zeitzonen abzuwickeln.

Das schiere Volumen der Aktivitäten ist beeindruckend. Auch wenn die Manager von CTB manchmal ganze Unternehmen kauften, erwarben sie oft geschickt nur die spezifischen Teile eines Unternehmens, an denen sie interessiert waren. Das bedeutete nicht nur, dass CTB sich nicht mit Bereichen außerhalb seiner Kernstrategie befassen musste, sondern auch, dass es viele offensichtliche oder versteckte Risiken wie rechtliche Verpflichtungen, Leasingverbindlichkeiten und suboptimales Personal vermied.

In den meisten Fällen waren entweder Verbund- oder Skaleneffekte sehr offensichtlich, sodass CTB seinen Kunden ein umfassenderes Paket anbieten oder die Kosten pro Produktionseinheit senken konnte.

Das Unternehmen blieb innerhalb seines Kompetenzbereichs und kaufte sich nur in Produktlinien und Märkte ein, mit denen es vertraut war, oder in benachbarte Sektoren. Die Manager von CTB kannten viele der neu hinzugekommenen Mitarbeiter und konnten daher deren Stärken leichter einschätzen. In vielen Fällen ließen sich die Schlüsselpersonen – oft unternehmerisch denkende Gründer – davon überzeugen, zu bleiben und unter der Eigentümerschaft von CTB weiterzuarbeiten.

Buffett war beeindruckt von dem, was Mancinelli in den neun Jahren bis Ende 2010 erreicht hatte. In seinem Brief an die Aktionäre aus dem Jahr 2010 schwärmte er, dass der CEO von CTB „immer besser wird". Sein Team hatte eine Reihe von Unternehmen erfolgreich in CTB integriert. Dies war an sich schon eine Meisterleistung, die umfangreiche Planung und Fingerspitzengefühl erforderte. Sie hatten geschickt einen Stamm von Managern aufgebaut, die den übernommenen Teams halfen, sich willkommen zu fühlen und das Beste aus ihrem Beitritt zur CTB-Familie herauszuholen, wodurch die talentiertesten Mitarbeiter gehalten werden konnten.

Das vielleicht größte Lob, das Buffett aussprach, fand sich in seinem Brief an die Aktionäre:

> „Vic Mancinelli, der CEO, folgte schon lange vor unserem Eintritt den Geschäftsprinzipien von Berkshire. Er kümmert sich mit großer Disziplin um das Tagesgeschäft, achtet auf die Details und bleibt konsequent auf Kurs. In zehn Jahren wird Vic ein deutlich größeres Unternehmen lenken und dabei vor allem sehr attraktive Renditen auf das investierte Kapital erwirtschaften."

Die Zahlen spiegelten die kaufmännischen Fähigkeiten der Manager von CTB wider. Buffett schrieb in seinem Brief von 2010:

> „Berkshire hat 2002 für CTB 140 Millionen Dollar bezahlt. Seitdem hat uns das Unternehmen Dividenden in Höhe von 160 Millionen Dollar eingebracht und Schulden in Höhe von 40 Millionen Dollar getilgt. Im letzten Jahr erzielte es einen Gewinn vor Steuern von 106 Millionen Dollar. Ein Großteil dieses Anstiegs ist auf Produktivitätssteigerungen zurückzuführen. Als wir CTB kauften, lag der Umsatz pro Mitarbeiter bei 189.365 Dollar; heute liegt er bei 405.878 Dollar."

Während der Umsatz im Jahresvergleich um zweistellige Prozentsätze stieg, wuchs die Zahl der Mitarbeiter trotz der zahlreichen Übernahmen und des organischen Wachstums im Hinblick auf die geografische Abdeckung, die Größe der Fabriken und den Umsatz nur von rund 1.100 im Jahr 2002 auf 1.505 im Jahr 2010.

Im Dezember 2010 verstarb der Gründer Howard Brembeck im Alter von 100 Jahren. Mancinelli sagte über ihn:

> „Howard hat ein Vermächtnis der Innovation geschaffen, das sich in Produkten von hoher Qualität und Langlebigkeit widerspiegelt und weiterlebt. Wir können uns glücklich schätzen, Howard als unseren Gründer gehabt zu haben. Er verband das seltene Talent

> der Personalentwicklung und der Produktqualität mit einer Hingabe an die Innovation, die uns bis heute leitet.“[432]

Leider sind die Gewinne, die CTB für Berkshire Hathaway in den Jahren nach 2010 erzielt hat, nicht öffentlich zugänglich. Das Vertrauen des Managementteams zeigt sich jedoch in einer anhaltenden Reihe von Übernahmen. Wir wissen auch, dass der Jahresumsatz mittlerweile eine Milliarde Dollar übersteigt und die Zahl der Mitarbeiter bei 2.590 liegt.

Wie Tabelle 12.3 zeigt, haben sich die Manager von CTB seitdem auf ihr Kerngeschäft konzentriert, indem sie ihr Engagement in den Bereichen Geflügel- und Schweineproduktion weiter vertieft, ihren Wettbewerbsvorteil durch ein umfassenderes Angebot für Kunden ausgebaut und größere Skaleneffekte und Verbundeffekte erzielt haben. Sie haben aber auch in benachbarte Bereiche investiert, insbesondere in die Fleischverarbeitung.

Einige der erworbenen Unternehmen umfassten Produktions- oder Vertriebsgesellschaften, die weniger mit den Kernproduktmärkten von CTB zu tun hatten. So finden wir heute eine recht bunte Mischung vor, darunter Türen und Fenster, Ölauffangsysteme, Bodenausrüstung für die Luftfahrt wie zum Beispiel Schleppstangen für Jets, Lager und Riemen für Maschinen in vielen Industriezweigen sowie Automobilausrüstung. Trotz dieser wenigen Ausnahmen – die vermutlich gehalten werden, weil sie für sich genommen gute Geschäfte sind – stammt der überwiegende Teil des Konzernumsatzes aus Produkten, die bei der Produktion von Geflügel- und Schweinefleisch, der Fleischverarbeitung, der Getreidelagerung und Ähnlichem zum Einsatz kommen.

Das Team von CTB ist sehr stolz auf das, was es für die Gesellschaft leistet. Dieses Selbstbewusstsein wurde durch die Worte von Buffett im Jahr 2012 noch bestärkt, als 600 aktuelle und ehemalige Mitarbeiter von Milford zusammenkamen, um das 60-jährige Jubiläum des Unternehmens zu feiern: „Sie können stolz auf das sein, was Sie bei CTB

Tabelle 12.3: Größere Übernahmen und Fortschritte 2011 bis 2024

Jahr	Unternehmen	Gekauft	Produkte	Grund
2012	**Martin Industries Corp** aus Des Moines in Iowa	Übernahme der Vermögensgegenstände von fünf Tochtergesellschaften: LeMar Industries Riley Equipment Hall Industries Midwest Bearing & Supply The Grain Reclaim Machine Company	**LeMar Industries:** Konstruktion und Herstellung von Anlagen für die Rückgewinnung von Getreide und verwandten Strukturen, unter anderem Arbeitsbühnen, Türme, Becherwerke, Förderbänder und Riemen **Riley Equipment:** Konstruktion und Herstellung von Becherwerken, Getreide-Förderbändern und sonstigen Anlagen für die Handhabung von Schüttgut **Hall Industries:** Kundenspezifische Konstruktionen, Metallherstellung, Pulverbeschichtung **Midwest Bearing & Supply:** Lager und Antriebe/Kraftübertragung **The Grain Reclaim Machine Company:** Getreiderückgewinnungsservice	Kunden, die Getreide rückgewinnen, lagern, verarbeiten und trocknen, konnte eine breitere Produktpalette angeboten werden, wobei sich ein Komplettpaket zur Erhaltung von Getreide ergab. Zusätzliche technische Kompetenzen und talentierte Mitarbeiter – zwei Tochtergesellschaften belieferten überwiegend Kunden außerhalb der Landwirtschaft. Rund 28.000 Quadratmeter nutzbringende Produktionsflächen.

Jahr	Unternehmen	Gekauft	Produkte	Grund
2012	**Meyn Holding BV** mit Produktionsanlagen in den Niederlanden, den USA und Polen	Unternehmen übernommen	Konstruktion und Herstellung von Anlagen für die Geflügelverarbeitung (Transport, Tötung, Reinigung und Verpackung der Vögel). Verkauf in 90 Länder.	Die vertikale Integration bedeutete, dass CTB an Geflügelproduzenten Ausrüstung sowohl für die Aufzucht als auch für die Verarbeitung des Endprodukts liefern konnte. Die Kompetenzen von Meyn in den Bereichen Innovation und Kundenbetreuung waren für das CTB-Team lehrreich. Meyn hatte rund 1.000 Mitarbeiter und einen Jahresumsatz von 269 Millionen USD.
2016	**Volito Group BV,** Niederlande	Unternehmen übernommen	Konstruktion und Herstellung von Systemen für die Volierenhaltung von Geflügel mit Nestern, Haltungssystemen, Vorrichtungen für das Einsammeln von Eiern, mit Leisten und Sitzstangen.	CTB weitete sich auf zusätzliche Marktbereiche aus. Ergänzung für die von CTB angebotenen Legesysteme, Fütterungssysteme, Tränken, Eiersammler und Belüftungsanlagen. Liefert den Kunden über das weltweite Vertriebsnetz von CTB ein vollständiges Sortiment an Volieren- und Nestsystemen. Die Expertise von Volito ergänzte diejenige von CTB.

Jahr	Unternehmen	Gekauft	Produkte	Grund
2016	**Cabinplant A/S** mit Sitz in Dänemark und Tochtergesellschaften in Polen, Deutschland, Spanien und den USA	Mehrheitsbeteiligung erworben.	Anlagen zum Verarbeiten und Wiegen, die in einem breiten Spektrum von Branchen verwendet werden, insbesondere für Fisch und Krustentiere, Obst und Gemüse, Geflügel und Fertiggerichte Zu den Kompetenzen des Unternehmens gehört das Maßschneidern von Systemen durch enge Zusammenarbeit mit den Kunden.	Die Anlagen zur Geflügelverarbeitung ergänzen die Geflügeverarbeitung von Meyn. Verbreitert die Palette der Geflügelverarbeitungs-Optionen, die CTB seinen Kunden bietet. Expansion auf neue Marktbereiche der Verarbeitung, zum Beispiel Meeresfrüchte und Gemüse. Know-how aus der Lebensmittelbranche. Beschäftigt fast 300 Menschen und ist in 30 Ländern tätig.
2016	**Holding Hamon Développement,** die Muttergesellschaft von **Serupa SAS** und **Mafrel SAS** in Frankreich	Unternehmen übernommen	Serupa entwirft und baut schlüsselfertige Gebäude für die Geflügelzucht sowie Gebäude für die Fleischverarbeitung und andere Branchen. Mafrel liefert Bausätze und Geflügelzucht-Ausrüstung, die von den CTB-Töchtern Roxell und Fancom sowie von den CTB-Sparten stammt.	Erweitert die Angebote von CTB für die Geflügelindustrie. Verbessert insgesamt die Stellung von CTB in französischsprachigen Märkten, in denen Serupa einen soliden Kundenstamm hat. Serupa und Mafrel können auf weitere Märkte expandieren, in denen CTB-Gesellschaften bereits eine starke Präsenz haben.

Jahr	Unternehmen	Gekauft	Produkte	Grund
2018	**Cat Squared (M-Tech International Inc)** aus Conway in Arkansas, hat auch einen Standort in Mexiko.	Kontrollbeteiligung erworben	Weltweiter Anbieter von Softwarelösungen für die Nahrungsmittelverarbeitung Echtzeit-Datenerfassung und Reporting aus der Werkshalle, Planungs-Tools, Nachverfolgbarkeit und maschinelles Lernen.	Die Produktlinie unterstützt die Mission von CTB, seinen Kunden aus der verarbeitenden Industrie eine einzige Lieferquelle zu bieten. Sie verschaffte den Kunden die Möglichkeit, Daten aus Verarbeitungsbetrieben zu erfassen, Berichte und Produktion und Lagerhaltung zu erstellen sowie Zugang zur Informationen über die Nachverfolgbarkeit zu bekommen. 30 der 50 größten amerikanischen Fleisch und Geflügel verarbeitenden Unternehmen Nordamerikas waren bereits Kunden von Cat Squared. Potenzielle Effizienzsteigerungen bei einer breiten Palette von Verarbeitungsanlagen, auch bei für CTB neuen Kunden, etwa aus den Bereichen Schwein und Rind. Bereits auf sechs Kontinenten aktiv.

leisten. Sie helfen dabei, die Welt zu ernähren, und nichts ist wichtiger als das." Buffett schloss mit den Worten: „Ich könnte mir keinen besseren Partner wünsche."

WAS MIT DEN MENSCHEN GESCHAH

Chris Chocola trat 2002 aus dem Vorstand von CTB aus, um sich von 2003 bis 2007 ganz auf seine Tätigkeit als Kongressabgeordneter zu konzentrieren. In dieser Funktion arbeitete er in den Kongressausschüssen für Landwirtschaft, Kleinunternehmen, Verkehr und Infrastruktur sowie im Haushaltsausschuss mit. Von 2009 bis 2014 war er Präsident des Club for Growth, der sich für einen konservativen Finanzkurs einsetzt, darunter niedrige Steuern, eine Reform der Sozialleistungen (staatlich finanzierte Leistungen) und eine Begrenzung der Staatsausgaben. Außerdem ist er Mitglied des Exekutivrats von American Securities, wo er bei der Identifizierung von Investitionskandidaten hilft und Branchenkenntnisse einbringt.

Caryl Chocola trat 2002 aus dem Vorstand von CTB zurück und widmete sich weiterhin ihren zahlreichen Interessen. Sie gab Kunstunterricht, betrieb einen Kunstladen und züchtete und stellte Pferde aus, bevor sie 2019 im Alter von 81 Jahren verstarb.

Mancinelli ist nach wie vor Vorsitzender, CEO und Präsident von CTB, obwohl er bald seinen 82. Geburtstag feiert. Buffett hält gern an erfahrenen und talentierten alten Hasen fest und sagt: „Wir finden es schwierig, einem neuen Hund alte Tricks beizubringen. Wir mögen Menschen, die schon eine Weile dabei sind."[433]

LEKTIONEN

- **Die intensive Konzentration auf ein einziges Marktsegment kann große Vorteile bringen.** Eine solche Zielstrebigkeit kann zu einem tieferen Verständnis der Kundenbedürfnisse, kostengünstigeren Produkten und einer höheren Markenbekanntheit führen. CTB hat sich über sieben Jahrzehnte hinweg auf sein Kerngeschäft konzentriert: Trotz der Expansion in Nebenbereiche und angrenzende Bereiche wie Getreidelagerung und Fleischverarbeitung liegt der Schwerpunkt des Unternehmens weiterhin auf der Herstellung von Anlagen für die Geflügel- und Schweinezucht.

- **Die erfolgreiche Integration übernommener Unternehmen ist eine Herausforderung, kann aber das Gewinnwachstum ankurbeln.** Die meisten Fusionen steigern aus verschiedenen Gründen nicht den Shareholder-Value, beispielsweise weil es nicht gelingt, neu übernommene Mitarbeiter zu motivieren, oder weil die Strategien nicht zusammenpassen und die Unternehmenskulturen zu unterschiedlich sind. Das Führungsteam von CTB hat hart daran gearbeitet, dass die Übernahmen erfolgreich waren.
- **Die Erzielung von Skaleneffekten und Verbundeffekten kann dazu beitragen, die Führungsposition eines Unternehmens zu behaupten.** CTB beschaffte Kapital, um eine Expansion in denselben oder verwandten Bereichen zu ermöglichen, wodurch es seinen Kunden ein umfassenderes Angebot bieten und Stückkostensenkungen erzielen konnte, mit denen kleinere Anbieter nicht mithalten konnten.
- **Nicht alle großartigen Unternehmen bieten hoch differenzierte Produkte mit hohen Margen an, für die Kunden bereit sind, einen Aufpreis zu zahlen.** Manche großartigen Unternehmen, zum Beispiel GEICO und CTB, bieten einfach gute Qualität zu niedrigen Preisen.
- **Investoren sollten nicht versuchen, erfahrenen Managern das kleine Ei(n)maleins beizubringen.** Buffett wusste, dass er bei CTB einen guten Leiter und ein kompetentes Team hatte, daher drängte er ihnen seine Ideen zur Strategie oder anderen

Managemententscheidungen nicht auf. Er schenkte den Menschen, die es verdient hatten, großes Vertrauen. Diese reagierten mit Dankbarkeit, mit Stolz auf ihre Leistung und mit Loyalität gegenüber Berkshire Hathaway.

ENDNOTEN

1. Michael Santioli, „They've Got Class", *Barron's*, 10. September 2007.
2. Warren Buffett und Carol J Loomis, „Mr. Buffett on the Stock Market", *Fortune Magazine*, 22. November 1999. Der Artikel basiert auf einem Vortrag, den Buffett im September 1999 vor einer Gruppe von Freunden (darunter Loomis) hielt, sowie auf einer Videoaufzeichnung einer Rede, die er im Juli bei einer Veranstaltung von Allen & Co. für Führungskräfte aus der Wirtschaft in Sun Valley in Idaho hielt.
3. Ebd.
4. Ebd.
5. Ebd.
6. Ebd.
7. Ebd.
8. Ebd.
9. Ebd.
10. Ebd.
11. Ebd.
12. Ebd.
13. Warren Buffetts Brief an die Aktionäre von Berkshire Hathaway aus dem Jahr 2000.
14. Ebd.
15. Ebd.
16. Ebd.
17. Ebd.
18. Ebd.
19. Ebd.
20. Ebd.
21. Ebd.
22. Ebd.
23. Ebd.
24. Ebd.
25. Im Zeitraum 2000–2006 kaufte Berkshire 86,6 Prozent der Stammaktien für fünf Milliarden Dollar.
26. Andrew Kilpatrick, *Of Permanent Value: The Story of Warren Buffett* (AKPE Publishing 2006), S. 75.

27. Das Gesetz über die Regulierung öffentlicher Versorgungsunternehmen.
28. Das Unternehmen ging 1987 an die Börse.
29. Es versorgte auch das China Lake Weapons Center der US-Marine, wo sich das Geothermiefeld befand, mit seinem gesamten Strombedarf.
30. Maria Shao, „Cal Energy: Out of Hot Water?“, *Bloomberg*, 23. Juni 1991.
31. Ronald W. Chan, *Behind the Berkshire Hathaway Curtain* (John Wiley and Sons Inc 2010), S. 150.
32. Walter Scott Jr. und Perry L. Cochell, *From Point A to Point B, Lessons in Leadership* (Boy Scouts of America 2018).
33. David L. Sokol, *Pleased, But Not Satisfied* (im Eigenverlag 2007), S. 8.
34. Ronald W. Chan, *Behind the Berkshire Hathaway Curtain* (John Wiley and Sons Inc 2010), S. 133.
35. Ebd.
36. Ebd., S. 133–134.
37. David L. Sokol, *Pleased, But Not Satisfied* (im Eigenverlag 2007), S. 10.
38. Ebd., S. 11.
39. Walter Scott in Walter Scott Jr und Perry L Cochell, *From Point A to Point B, Lessons in Leadership* (Boy Scouts of America 2018).
40. Maria Shao, „Cal Energy: Out of Hot Water?“, *Bloomberg*, 23. Juni 1991.
41. Joe Castaldo, „The Oracle of Edmonton: Meet the Canadian Who Might Succeed Warren Buffett“, *The Globe and Mail*, 7. Mai 2019.
42. Ebd.
43. Ronald W. Chan, *Behind the Berkshire Hathaway Curtain* (John Wiley and Sons Inc 2010), S. 134.
44. Ebd, S. 135–136.
45. CalEnergy-Jahresbericht 1993.
46. MidAmerican Energy Jahresbericht 1999.
47. David L. Sokol, *Pleased, But Not Satisfied* (Eigenverlag 2007), S. 12.
48. CalEnergy-Jahresbericht 1996.
49. Ebd.
50. Ebd.
51. Technisch gesehen war der Käufer ein mit Walter Scott Jr. verbundener Trust.
52. MidAmerican Energy, Jahresbericht 1996.
53. David Batstone, „The Private Lives of America's Top Managers“, *Good Faith Media*, 16. März 2006. www.googfaithmedia.org.
54. In Ronald W. Chan, *Behind the Berkshire Hathaway Curtain* (John Wiley and Sons Inc 2010), S. 13
55. Ebd.
56. David Batstone, „The Private Lives of America's Top Managers“, Good Faith Media, 16. März 2006, goodfaithmedia.org
57. David L. Sokol, *„Pleased, But Not Satisfied“* (Eigenverlag 2007), S. 12.

58. Ebd.
59. In Ronald W. Chan, *Behind the Berkshire Hathaway Curtain* (John Wiley and Sons Inc 2010), S. 137.
60. Buffetts Brief an die Aktionäre von Berkshire Hathaway aus dem Jahr 1999.
61. GuruFocus.com „Why Warren Decided to Enter the Utility Business in 1999“, *Yahoo Finance*, 30. Oktober 1999.
62. Buffetts Brief an die Aktionäre von Berkshire Hathaway aus dem Jahr 2009.
63. MidAmerican Energy Holdings, „Berkshire Hathaway, Walter Scott and David Sokol to acquire MidAmerican Energy Holdings; Transaction Priced at 29 % Premium to Market“, Pressemitteilung, 25. Oktober 1999.
64. Andy Serwer, „The Oracle of Everything“, *Fortune Magazine*, 11. November 2002.
65. Ebd.
66. Buffetts Brief an die Aktionäre von Berkshire Hathaway aus dem Jahr 1999.
67. MidAmerican Energy Holdings, „Berkshire Hathaway, Walter Scott and David Sokol to acquire MidAmerican Energy Holdings; Transaction Priced at 29% Premium to Market“, Pressemitteilung, 25. Oktober 1999.
68. Ebd.
69. Buffetts Brief an die Aktionäre von Berkshire Hathaway aus dem Jahr 2007.
70. Berkshire Hathaway, Jahresbericht 2002.
71. Berkshire Hathaway, Jahresbericht 2007.
72. Berkshire Hathaway, Jahresbericht 2000.
73. Annie Leibovitz, „Warren Buffett Speaks Candidly to Vanity Fair About Who Might Succeed Him at Berkshire Hathaway“, *Vanity Fair*, 5. Januar 2011.
74. Ronald W. Chan, *Behind the Berkshire Hathaway Curtain* (John Wiley and Sons Inc 2010), S. 137–138.
75. David L. Sokol, *Pleased, But Not Satisfied* (im Eigenverlag 2007), S. 13.
76. Reuters (2004), 27. Februar.
77. Berkshire Hathaway, Jahresbericht 2005.
78. Berkshire Hathaway, Jahresbericht 2008.
79. Im Jahr 2011 startete das Unternehmen zwei Solarprojekte in Kalifornien mit Baukosten in Höhe von insgesamt drei Milliarden Dollar.
80. Berkshire Hathaway, Jahresbericht 2020.
81. David L. Sokol, *Pleased, But Not Satisfied* (im Eigenverlag 2007), S. 12.
82. David L. Sokol, *Pleased, But Not Satisfied* (im Eigenverlag 2007).
83. Er trat im April 2011 bei BYD zurück.
84. In einem Interview mit *CNBC* (29. März 2011) sagte Sokol, dass er zwar in der Vergangenheit in Unternehmen investiert habe, die er dann zur Übernahme empfohlen habe, aber wenn er noch einmal von vorn anfangen könnte, hätte er selbst in Lubrizol investiert und die Empfehlung nicht an Buffett weitergegeben. Er hätte nicht erwartet, dass Buffett das Unternehmen kaufen wollte, und sei überrascht gewesen, wie schnell er gehandelt habe. Sokol wies auch darauf hin, dass andere Führungskräfte von Berkshire Anteile an Unternehmen gehalten hätten, die sie dann zur Investition oder Übernahme empfohlen hätten, und führte als Beispiel

Munger an, der Anteile an BYD besaß, bevor er Berkshire vorschlug, in das Unternehmen zu investieren. Dennoch verstehe er, wie die Abfolge der Ereignisse ausgesehen habe, auch wenn er der Meinung sei, nichts Falsches getan zu haben.

85. Andrew Bary, „How Berkshire Hathaway's Utility Business Became a $90 Billion Win for Warren Buffett“, *Barron's*, 13. Juli 2023.
86. https://givingpledge.org
87. Ellen D Wernick, *International Directory of Company Histories*, Band 26, hrsg. von Jay P. Pederson (St James Press, 1999), S. 100–103.
88. Jerry Knight, „A stock burst that was a quarter century in the making“, *Washington Post*, 19. Oktober 1997.
89. Ebd.
90. Ebd.
91. CORT, 10K-Formular 1998.
92. Buffetts Brief an die Aktionäre von Berkshire Hathaway aus dem Jahr 2000.
93. Ebd.
94. Zitiert in Wesco, „Wesco Financial Corporation to Acquire CORT Business Services Corporation For 28.00 $ Per Share in Cash“, Pressemitteilung, 14. Januar 2000.
95. Ebd.
96. Wesco-Jahresbericht 1999.
97. Da Wesco das Unternehmen im Jahr 2000 nur zehn Monate lang besaß, erzielte es einen Gewinn von 29 Millionen Dollar.
98. Wesco-Jahresbericht 2000.
99. Ebd.
100. Ebd.
101. Wesco-Jahresbericht 2001.
102. Wesco-Jahresbericht 2003.
103. Wesco-Jahresbericht 2007.
104. Wesco-Jahresbericht 2009.
105. Pederson ging 2024 in den Ruhestand. Der neue CEO, Mike Davis, ist ebenfalls ein Veteran des Unternehmens, dem er 1997 beitrat.
106. Buffetts Brief an die Aktionäre von Berkshire Hathaway aus dem Jahr 2023.
107. Munger, zitiert in *ebd.*
108. Buffetts Brief an die Aktionäre von Berkshire Hathaway aus dem Jahr 1996.
109. Moody's, „Moody's Role in the Global Capital Markets“, www.moodys.com
110. Alice Schroeder, *The Snowball* (Bloomsbury Publishing 2009), S. 149.
111. Buffett in einer Rede vor Studenten der Columbia University im Jahr 1993. Andrew Kilpatrick, *Of Permanent Value: The Story of Warren Buffett* (AKPE Publishing 2006) S. 84.
112. Brent Schlender, „The Bill and Warren Show“, *Fortune*, 20. Juli 1998.
113. Buffett in einer Rede vor Studenten der Columbia University im Jahr 1993. Andrew Kilpatrick, *Of Permanent Value: The Story of Warren Buffett* (AKPE Publishing 2006), S. 84.

114. Ebd., S. 85.
115. Alice Schroeder, *The Snowball* (Bloomsbury Publishing 2009), S. 165.
116. Ebd., S. 173.
117. Andrew Kilpatrick, *Of Permanent Value: The Story of Warren Buffett* (AKPE Publishing 2006), S. 117.
118. Untersuchung zur Finanzkrise, Transkript eines Interviews mit Warren Buffett, 26. Mai 2010, www.fraser.stlouisfed.org
119. Ebd.
120. Ebd.
121. Nach dem Aktiensplit im Verhältnis 2:1 im Jahr 2005 beträgt der effektiv gezahlte Preis 10,40 Dollar.
122. Elroy Dimson, Paul Marsh und Mike Staunton, *Triumph of the Optimists: 101 Years of Global Investment Returns* (Princeton University Press 2002).
123. Untersuchung zur Finanzkrise, Transkript eines Interviews mit Warren Buffett, 26. Mai 2010, www.fraser.stlouisfed.org
124. Ebd.
125. Ebd.
126. Warren Buffett bei seiner Rede auf der Jahreshauptversammlung 2006 der Aktionäre von Berkshire Hathaway.
127. Untersuchung zur Finanzkrise, Transkript eines Interviews mit Warren Buffett, 26. Mai 2010, www.fraser.stlouisfed.org
128. Ebd.
129. Ebd.
130. Ebd.
131. Ebd.
132. Ebd.
133. Ebd.
134. Eine Zusammenfassung von Grahams Methoden findet sich in Glen Arnold, *The Great Investors: Lessons on Investing from Master Traders* (Pearson Education, 2011).
135. Untersuchung zur Finanzkrise, Transkript eines Interviews mit Warren Buffett, 26. Mai 2010, www.fraser.stlouisfed.org
136. Ebd.
137. Ebd.
138. Office of Public Affairs, „Justice Department and State Partners Secure Nearly $864 Million Settlement with Moody's Arising from Conduct in the Lead up to the Financial Crisis", Pressemitteilung, 13. Januar 2017.
139. James Hart, „Before H&R Block: Founder Talks About His Days as a Small Business Owner", *Thinking Bigger*, 13. Mai 2014, www.ithinkbigger.com
140. Ebd.
141. Ebd.
142. Ebd.

143. Website der H&R Block Company, „H&R Block Founders“, https://www. hrblock .com/tax-center/founders/

144. Während der Steuersaison waren die meisten H&R-Block-Büros wochentags von 9 bis 21 Uhr und samstags und sonntags von 9 bis 17 Uhr geöffnet. Ende der 1990er-Jahre wurden Steuererklärungen in Anwesenheit des Kunden am Computer erstellt, in den meisten Fällen in weniger als einer Stunde, auf der Grundlage der vom Kunden bereitgestellten Informationen. Für Kunden mit komplexeren Steuererklärungen gab es auch einen Premiumservice.

145. Das Unternehmen half 1998 13 Prozent der US-Bürger bei der Erstellung ihrer Steuererklärung. Darüber hinaus unterhielt es 1.348 Büros außerhalb der USA – hauptsächlich in Kanada (mit fast zwei Millionen Kunden), aber auch in Australien (0,4 Millionen) und Großbritannien sowie in vier weiteren Ländern (Jahresbericht 1998).

146. Option One vergab in den zehn Monaten nach seiner Übernahme bis zum 30. April 1998 Hypothekendarlehen in Höhe von 1,9 Milliarden Dollar. Im gleichen Zeitraum verkaufte es 1,8 Milliarden Dollar auf den Finanzmärkten. Zum 30. April 1998 erzielte es Einnahmen aus der Verwaltung von 42.800 Darlehen in Höhe von insgesamt mehr als 4,3 Milliarden Dollar.

147. H&R Block, 10K-Formular für 1998.

148. Ebd.

149. Ebd.

150. „Buchhaltungs- und Wirtschaftsprüfungsdienstleistungen, Steuerplanungs- und Berichterstattungsdienstleistungen, Rentabilitätsverbesserung und strategische Planung, Unternehmensbewertung, Unterstützung bei Rechtsstreitigkeiten und Betrugsermittlungen, Dienstleistungen zur Überprüfung der öffentlichen Finanzen für seine Geschäftskunden sowie Dienstleistungen im Bereich der individuellen Steuer-, Nachlass- und Finanzplanung“, *ebd.*

151. H&R Block, Jahresbericht 2000.

152. Ebd.

153. Buffett in einer Rede vor Studenten der Columbia University am 9. Mai 2002, https:// tilsonfunds.com/BuffettColumbiaspeech.pdf

154. *ABC News*, „H&R Block's Wall Street Success“, 4. April 2001, www.abcnews.go.com

155. H&R Block, Jahresbericht 2001.

156. Ebd.

157. Associated Press, „H&R Block unter Beschuss wegen seines lukrativen Vorauskreditprogramms“, *Cape Cod Times*, 30. März 2002.

158. H&R Block, Jahresbericht 2005.

159. Ebd.

160. H&R Block, Jahresbericht 2006.

161. Ebd.

162. Ein Zitat von Claudius aus Shakespeares *Hamlet*.

163. Im Allgemeinen bietet ein IRA eine steuerlich begünstigte Möglichkeit, für den Ruhestand zu sparen, und Anlegern eine Vielzahl von Anlagemöglichkeiten,

darunter Aktien und Investmentfonds. Die IRAs von H&R Block ermöglichten es Kunden jedoch nur, auf verzinslichen Geldmarktkonten zu sparen; die erhaltenen Zinsen deckten häufig nicht die von dem Unternehmen erhobenen Gebühren.

164. Reuters, „H&R Block Flubs Its Own Taxes“, 24. Februar 2006, www.foxnews.com
165. H&R Block, Jahresbericht 2007.
166. Richard Breeden, zitiert in Victoria Kim und Deborah Brewster, „Dissident slate wins H&R Block seats“, *Financial Times*, 6. September 2007.
167. Website der Marion and Henry Bloch Family Foundation, https://blochfamilyfoundation.org/
168. Berkshire Hathaway, Jahresbericht 2010.
169. Steve Feldman, „One on One with ‚Mr.' Shaw“, *Floor Covering News*, 4. August 2022.
170. „JC“ steht für „Julius Clarence“. Er ist das älteste der vier Kinder von Clarence und Essie Evans Shaw und wurde am 18. Dezember 1929 geboren.
171. Später wurde es an der NYSE und der Pacific Stock Exchange notiert.
172. Chandrani Ghosh, „Floored“, *Forbes*, 15. November 1999, S. 174.
173. Ebd.
174. Ebd.
175. Ebd.
176. Shaw Industries, Jahresbericht 1999.
177. Saul zitiert in FCNews Staff, „Rückblick: Julian Saul: Eine Allergie gegen Rayon- und Baumwollteppiche führte zu einer Karriere für die Hall of Fame“, *Floor Covering News*, 10. August 2021.
178. Ebd.
179. Zu diesem Zeitpunkt hatte sich JC Shaw längst aus dem Tagesgeschäft zurückgezogen. Er fungierte als Mentor und Förderer der Shaw-Führungsriege. Bis 1996 war er Vorsitzender, dann trat er zurück und wurde Ehrenvorsitzender. Er starb im Januar 2015 im Alter von 85 Jahren.
180. Buffetts Brief an die Aktionäre von Berkshire Hathaway aus dem Jahr 2000.
181. Ebd.
182. Carrick Mollenkamp und Devon Spurgeon, „Shaw Industries Got Berkshire as Investor Simply by Asking“, *The Wall Street Journal*, 20. November 2000.
183. Zitiert in Malcolm Fleschner, „Pile It On“, *Selling Power*, 2010, www.sellingpower.com
184. 21. Januar 2002.
185. Berkshire Hathaway, Jahresbericht 2004.
186. Der Körperschaftsteuersatz des Bundes für Unternehmen mit einem steuerpflichtigen Einkommen von über zehn Millionen Dollar betrug von 1993 bis 2017 35 Prozent.
187. Wir gehen außerdem davon aus, dass kein zusätzliches Betriebskapital erforderlich war. Dies dürfte in etwa zutreffen, da der Umsatz im letzten Jahr 2009 (4,0 Milliarden Dollar) in etwa dem von 2001 (4,3 Milliarden Dollar) entsprach, sodass Shaw keine zusätzlichen Mittel für Forderungen und Vorräte aufwenden musste.
188. Vance Bell wechselte 2021 in die Position des Vorstandsvorsitzenden und ging 2022 in den Ruhestand; Randy Merritt ging 2017 in den Ruhestand.

189. Floor Daily Staff, „Robert Shaw's Shift of Focus", *Floor Daily*, 28. Juli 2006.
190. Buffetts Brief an die Aktionäre von Berkshire Hathaway aus dem Jahr 2006.
191. Steve Feldman, „One to One with ‚Mr.' Shaw", *Floor Covering News*, 4. August 2022.
192. Buffetts Brief an die Aktionäre von Berkshire Hathaway aus dem Jahr 1997.
193. Robert P. Miles, *The Warren Buffett CEO* (John Wiley and Sons Inc 2002), S. 200.
194. Ebd.
195. Ebd.
196. Ebd., S. 201.
197. Vortrag von Melvyn Wolff an der University of Houston, 8. März 2005 (Distinguished Leaders Series, Bauer College of Business).
198. Robert P. Miles, *The Warren Buffett CEO* (John Wiley and Sons Inc, 2002), S. 204.
199. Buffetts Brief an die Aktionäre von Berkshire Hathaway aus dem Jahr 1997.
200. Andrew Kilpatrick, *Of Permanent Value: The Story of Warren Buffett* (AKPE Press 2006), S. 653.
201. Ebd., S. 564.
202. Robert P. Miles, *The Warren Buffett CEO* (John Wiley and Sons Inc 2002), S. 205.
203. Kimberley Wray, „Buffett's Galaxy Grows: Investor Inks Deal for Star Furniture", *Home Furnishing News*, 30. Juni 1997.
204. Andrew Kilpatrick, *Of Permanent Value: The Story of Warren Buffett* (AKPE Press, 2006), S. 653.
205. Buffetts Brief an die Aktionäre von Berkshire Hathaway aus dem Jahr 1997.
206. Robert P. Miles, *The Warren Buffett CEO* (John Wiley and Sons Inc 2002), S. 206.
207. Ebd., S. 206.
208. Ebd., S. 207.
209. Ebd.
210. Ebd., S. 209–213.
211. Unternehmenseigene Redaktion, „Star Furniture Chairman, Melvyn Wolff, Dies at 86", *Furniture Today*, 26. Mai 2017.
212. Jessica Navarro, „Remembering a Legacy: Bauer College Celebrate Donor and Philanthropist Melvyn Wolff", *Inside Bauer Magazine*, Herbst/Winter 2017.
213. Joshua Myerov, „Jordan's Shutdown Marks Era's End", *Boston Globe*, 24. Oktober 2004.
214. Edwards anderer Sohn war Milton. Edward und Barbara hatten außerdem zwei Töchter, Shyrlie und Mildred.
215. Patti Doten, „A Matched Set", *Boston Globe*, 25. Januar 1999.
216. Robert P. Miles, *The Warren Buffett CEO* (John Wiley and Sons Inc 2002), S. 217.
217. Ronald W. Chan, *Behind the Berkshire Hathaway Curtain: Lessons from Warren Buffett's Top Business Leaders* (John Wiley and Sons Inc 2010), S. 57.
218. Edward Tatelman, in Robert P. Miles, *The Warren Buffett CEO* (John Wiley and Sons Inc 2002), S. 217.
219. Ronald W. Chan, *Behind the Berkshire Hathaway Curtain: Lessons from Warren Buffett's Top Business Leaders* (John Wiley and Sons Inc 2010), S. 59.

220. Barry Tatelman, „Corporate Culture at Jordan's Furniture", *Furniture World Magazine*, 11. Juni 2004.
221. Ronald W. Chan, *Behind the Berkshire Hathaway Curtain: Lessons from Warren Buffett's Top Business Leaders* (John Wiley and Sons Inc 2010), S. 58.
222. Floor Daily, „Jordan's ends long time Massachusetts location", *Floor Daily*, 25. Oktober 2004, www.floordaily.net/flooring-news/jordan39s-ends-longtime-massachusetts-location
223. Ebd.
224. Ebd.
225. Arthur Lubow, „Wowing Warren", *Inc Magazine*, 1. März 2000.
226. Barry Tatelman, in Robert P. Miles, *The Warren Buffett CEO* (John Wiley and Sons Inc 2002), S. 218.
227. Arthur Lubow, „Wowing Warren", *Inc Magazine*, 1. März 2000.
228. Eliot Tatelman, in P. Doten, „A Matched Set", *Boston Globe*, 25. Januar 1999.
229. Ronald W. Chan, *Behind the Berkshire Hathaway Curtain: Lessons from Warren Buffett's Top Business Leaders* (John Wiley and Sons Inc 2010), S. 60.
230. Ebd., S. 62.
231. Perry Eaton, „For the Past 23 Years, This Has Been the Hottest Mom in Massachusetts", *Boston.com*, 7. Mai 2015, www.boston.com/culture/ entertainment
232. Clint Engel, „Jordan's path to success: Entertainment that gets customers all the way through the store", *Furniture Today*, 1. Mai 2017.
233. Ebd.
234. Barry Tatelman, „Corporate Culture at Jordan's Furniture", *Furniture World Magazine*, 6. Juni 2004.
235. Die Gründungsmission der Anti-Defamation League bestand darin, „die Diffamierung des jüdischen Volkes zu beenden und Gerechtigkeit und faire Behandlung für alle zu gewährleisten". Seitdem hat sie ihren Aufgabenbereich erweitert, um alle Formen von Vorurteilen, Extremismus und Fanatismus zu bekämpfen, die Demokratie zu schützen und eine gerechte und integrative Gesellschaft zu gewährleisten, www.adl.org
236. Ronald W. Chan, *Behind the Berkshire Hathaway Curtain: Lessons from Warren Buffett's Top Business Leaders* (John Wiley and Sons Inc 2010), S. 63.
237. Aus der Ankündigung von Berkshire Hathaway vom 11. Oktober 1999 über den Kauf.
238. Barry Tatelman, in Arthur Lubow, „Wowing Warren", *Inc Magazine*, 1. März 2000.
239. Ronald W. Chan, *Behind the Berkshire Hathaway Curtain: Lessons from Warren Buffett's Top Business Leaders* (John Wiley and Sons Inc 2010), S. 63.
240. Kimberley Blanton, „Berkshire Hathaway to acquire Jordan's", *Boston Globe*, 12. Oktober 1999, S. 47.
241. Arthur Lubow, „Wowing Warren", *Inc Magazine*, 1. März 2000.
242. Andrew Kilpatrick, *Of Permanent Value: The Story of Warren Buffett* (AKPE Press 2006), S. 683.
243. Ronald W. Chan, *Behind the Berkshire Hathaway Curtain: Lessons from Warren Buffett's Top Business Leaders* (John Wiley and Sons Inc 2010), S. 55.

244. „Berkshire Hathaway unit to acquire Jordan's Furniture", *Boston Business Journal*, 11. Oktober 1999. www.bizjournals.com/boston/stories/1999/10/11/daily1.html

245. Joshua Myerov, „Jordan's Shutdown Marks Era's End", *Boston Globe*, 24. Oktober 2004.

246. Eliot Tatelman, in Robert P. Miles, *The Warren Buffett CEO* (John Wiley and Sons Inc 2002), S. 221.

247. Eamon Convey und Loretta McLaughlin, „Buffett is sold on Jordan's: Billionaire to Buy Furniture Chain" (Buffett ist von Jordan's überzeugt: Milliardär kauft Möbelkette), *Boston Herald*, 12. Oktober 1999.

248. Nach dem Verkauf arbeitete June Tatelman weiterhin als Lehrerin.

249. Buffetts Brief an die Aktionäre von Berkshire Hathaway aus dem Jahr 1999.

250. Robert P. Miles, *The Warren Buffett CEO* (John Wiley and Sons Inc 2002), S. 223.

251. Ebd., S. 224.

252. Ebd., S. 224.

253. Clint Engel, „Jordan's Takes It to the IMAX", *Furniture Today*, 26. August 2002.

254. Joshua Myerov, „Jordan's Shutdown Marks Era's End", *Boston Globe*, 24. Oktober 2004.

255. Unternehmenseigener Redakteur, „Whatever happened to … Barry Tatelman of Jordan's Furniture?" *WickedLocal.com*, 23. April 2014.

256. Robert P. Miles, *The Warren Buffett CEO* (John Wiley and Sons Inc, 2002), S. 231–232.

257. Ronald W. Chan, *Behind the Berkshire Hathaway Curtain: Lessons from Warren Buffett's Top Business Leaders* (John Wiley and Sons Inc 2010), S. 66.

258. Das Unternehmen zog auch innerhalb der Innenstadt von Seattle um.

259. Herb Bridge, *Building Bridges, as told to Maureen Lander* (Lifetime Legacies 2012), S. 21.

260. Ebd., S. 24.

261. Ebd., S. 26.

262. Ebd., S. 28.

263. Ebd., S. 30.

264. Ebd., S. 38.

265. Ebd., S. 51.

266. Ebd., S. 54.

267. Ebd., S. 62.

268. Ebd., S. 91.

269. Ebd., S. 102.

270. Ebd.

271. Ebd., S. 103.

272. Interview mit dem *Puget Sound Business Journal*, 17. Juli 1992.

273. Herb Bridge, *Building Bridges, as told to Maureen Lander* (Lifetime Legacies 2012), S. 104.

274. Ebd., S. 105.

275. Ebd., S. 113.
276. Ebd., S. 114.
277. Ebd., S. 116.
278. Ebd., S. 117–118.
279. Ebd., S. 118.
280. Ebd., S. 168–170.
281. Ebd., S. 166.
282. Ebd., S. 178.
283. Ebd.
284. Ebd.
285. Buffetts Brief an die Aktionäre von Berkshire Hathaway aus dem Jahr 2000.
286. Ebd.
287. Carol Loomis, „The Value Machine“, *Fortune Magazine*, 19. Februar 2001.
288. Robert P. Miles, *The Warren Buffett CEO* (John Wiley and Sons Inc 2002), S. 308.
289. Carol Loomis, „The Value Machine“, *Fortune Magazine*, 19. Februar 2001.
290. Herb Bridge, *Building Bridges, as told to Maureen Lander* (Lifetime Legacies 2012), S. 178.
291. Carol Loomis, „The Value Machine“, *Fortune Magazine*, 19. Februar 2001.
292. Berkshire Hathaway, „Berkshire Hathaway Inc. Acquires Ben Bridge Jeweler“, 18. Mai 2000.
293. Ebd.
294. Ebd.
295. Herb Bridge, *Building Bridges, as told to Maureen Lander* (Lifetime Legacies 2012), S. 178.
296. Rob Bates, „Interview with Lisa and Ed Bridge, the future and current heads of Ben Bridge“, *JCK Online*, 26. November 2018, www.jckonline.com/editorial-article/interview-ed-lisa-ben-bridge
297. Ebd.
298. Ebd.
299. Carol Loomis, „The Value Machine“, *Fortune Magazine*, 19. Februar 2001.
300. Herb Bridge, *Building Bridges, as told to Maureen Lander* (Lifetime Legacies 2012), S. 179.
301. Ebd., S. 180.
302. Buffetts Brief an die Aktionäre von Berkshire Hathaway aus dem Jahr 2000.
303. Herb Bridge, *Building Bridges, as told to Maureen Lander* (Lifetime Legacies 2012), S. 178.
304. Rob Bates, „Interview with Lisa and Ed Bridge, the future and current heads of Ben Bridge“, *JCK Online*, 26. November 2018, www.jckonline.com/editorial-article/interview-ed-lisa-ben-bridge
305. Ebd.
306. Michelle Graff, „Warren Buffett Picks a Woman to Head Ben Bridge“, *National Jeweler*, 7. November 2017.

307. *The Centurion*, „Lisa Bridge named CEO of Ben Bridge", 14. November 2018.
308. Marc Bridge, „Ben Bridge Stories – Marc Bridge", Ben Bridge Jeweler, 4. November 2009, www.benbridgejeweler.wordpress.com
309. Ebd.
310. *At Present*, „Betting on yourself: Marc Bridge, Founder and CEO", 26. September 2023, https://atpresent.com/
311. Lenore Fedow, „Ben Bridge is selling its Pandora franchise back to the brand", *National Jeweler*, 12. Januar 2022.
312. *Businesswire*, „Ben Bridge Jeweler Signs Letter of Intent to Transfer Pandora Stores to Pandora Group", 10. Januar 2022.
313. Interview von Nancy Blasé, Jewish Archives Committee, 10. März 2020, www.digitalcollections.lib.washington.edu/digital/collection/ohc/id/3333
314. Herb Bridge, *Building Bridges, as told to Maureen Lander* (Lifetime Legacies 2012), S. 152.
315. Frauen wurden 1989 zugelassen.
316. Ebd., S. 197.
317. Shirley war 2008 verstorben.
318. Herb Bridge, *Building Bridges, as told to Maureen Lander* (Lifetime Legacies 2012), S. 184–185.
319. Ebd., S. 195 und 201.
320. Frank See, interviewt im *McAllen Monitor*, in Hidalgo, Texas, am 22. Januar 1932.
321. Irvin Farman, *Standard of the West: The Justin Story* (Texas Christian University Press 1996), S. 30.
322. Enid Justins Memoiren von 1985, zitiert in *ebd.*, S. 51.
323. Ebd.
324. Ebd., S. 68.
325. Ebd., S. 92.
326. Ebd., S. 94.
327. Ebd.
328. Ebd., S. 95.
329. Ebd., S. 96.
330. Ebd.
331. Ebd., S. 97.
332. Ebd., S. 98.
333. Ebd., S. 98.
334. Ebd., S. 99.
335. Ebd., S. 101.
336. Ebd., S. 103–104.
337. Ebd., S. 105.
338. Irvin Farman, „You'll get a boot out of this, girls", *New York Daily News*, 2. November 1952.

339. Irvin Farman, *Standard of the West: The Justin Story* (Texas Christian University Press 1996), S. 133.
340. Ebd., S. 172.
341. Ebd.
342. Bill Beck, *Acme Brick Company: 125 Years across Three Centuries* (The Donning Company Publishers 2016).
343. Irvin Farman, *Standard of the West: The Justin Story* (Texas Christian University Press 1996), S. 177.
344. Ebd., S. 178.
345. Ebd.
346. Ebd.
347. Ebd., S. 179.
348. Ebd., S. 181.
349. Ebd., S. 182–183.
350. Ebd., S. 184.
351. Ebd., S. 192.
352. Nina Hyde, „Wear 'Em, Cowboy", *Washington Post*, 13. Februar 1979.
353. Irvin Farman, *Standard of the West: The Justin Story* (Texas Christian University Press, 1996), S. 241.
354. Ebd.
355. Ronald W. Chan, *Behind the Berkshire Hathaway Curtain: Lessons from Warren Buffett's Top Business Leaders* (John Wiley and Sons Inc 2010), S. 27.
356. Ebd.
357. Nach den Erinnerungen von Harrold Melton, wie sie in Bill Beck, *Acme Brick Company: 125 Years across Three Centuries* (The Donning Company Publishers 2016) wiedergegeben sind.
358. Buffetts Brief an die Aktionäre von Berkshire Hathaway aus dem Jahr 2000.
359. Robert P. Miles, *The Warren Buffett CEO* (John Wiley and Sons Inc, 2002), S. 319.
360. Ebd.
361. Russ Banham, „The Warren Buffett School", *Chief Executive Magazine*, Dezember 2002 (Band 184).
362. Pressemitteilung der Acme Brick Company, „America's Most Successful Investor Discovers Value of Acme Brick", 20. März 2001.
363. Bill Beck, *Acme Brick Company: 125 Years across Three Centuries* (The Donning Company Publishers 2016), S. 117.
364. Ebd.
365. Robert P. Miles, *The Warren Buffett CEO* (John Wiley and Sons Inc, 2002), S. 320.
366. Ebd.
367. Pressemitteilung der Acme Brick Company, „Amerikas erfolgreichster Investor entdeckt den Wert von Acme Brick", 20. März 2001.
368. Andrew Kilpatrick, *Of Permanent Value: The Story of Warren Buffett* (AKPE Publishing, 2006), S. 722–723, zitiert aus *Fort Worth Star-Telegram*, 21. Juni 2000.

369. Bekanntmachung von Berkshire Hathaway, 20. Juni 2000.
370. Ebd.
371. Bill Beck, *Acme Brick Company: 125 Years across Three Centuries* (The Donning Company Publishers 2016), S. 117.
372. Robert P. Miles, *The Warren Buffett CEO* (John Wiley and Sons Inc 2002), S. 321.
373. Ronald W. Chan, *Behind the Berkshire Hathaway Curtain: Lessons from Warren Buffett's Top Business Leaders* (John Wiley and Sons Inc 2010), S. 32.
374. Bill Beck, *Acme Brick Company: 125 Years across Three Centuries* (The Donning Company Publishers 2016), S. 118.
375. Ebd., S. 113.
376. Ebd.
377. Ronald W. Chan, *Behind the Berkshire Hathaway Curtain: Lessons from Warren Buffett's Top Business Leaders* (John Wiley and Sons Inc 2010), S. 79–80.
378. Bill Beck, *Acme Brick Company: 125 Years across Three Centuries* (The Donning Company Publishers 2016), S. 144.
379. Benjamin Moore, „Once Upon a Time in America: The Legendary Benjamin Moore Brand“, www.benjaminmoore.pl/en/once-upon-a-time
380. Jay P. Pederson, *International Directory of Company Histories, Band 38* (St James Press 2001).
381. Buffetts Brief an die Aktionäre von Berkshire Hathaway aus dem Jahr 2000.
382. Ebd.
383. Lawrence A Cunningham, *Berkshire Beyond Buffett: The Enduring Value of Values* (Columbia Business School Press 2014).
384. Colleen Leahey, „The Wrath of Warren Buffett: How Benjamin Moore Almost Broke His Promise“, *Fortune Magazine*, 6. Oktober 2014.
385. Buffetts Brief an die Aktionäre von Berkshire Hathaway aus dem Jahr 2001.
386. Buffetts Brief an die Aktionäre von Berkshire Hathaway aus dem Jahr 2009.
387. Ebd.
388. Colleen Leahey, „The Wrath of Warren Buffett: How Benjamin Moore Almost Broke His Promise“, *Fortune Magazine*, 6. Oktober 2014.
389. James Covert, „Boxed in by Lowe's“, *New York Post*, 29. Juni 2012.
390. James Covert, „Warren Buffett fired Benjamin Moore CEO after Bermuda Cruise“, *New York Post*, 15. Juni 2012.
391. James Covert, „Brooklyn Paint Dealers Say Buffett Rolled All Over Them“, *New York Post*, 14. Oktober 2013.
392. James Covert, „Warren Buffett fired Benjamin Moore CEO after Bermuda Cruise“, *New York Post*, 15. Juni 2012.
393. Colleen Leahey, „The Wrath of Warren Buffett: How Benjamin Moore Almost Broke His Promise“, *Fortune Magazine*, 6. Oktober 2014.
394. Ebd.
395. Alex Crippen, „Warren Buffett to Fired CEO: Board Party Didn't Sink You“, *CNBC*, 27. Juni 2012.

396. James Covert, „Boxed in by Lowe's", *New York Post*, 29. Juni 2012.

397. Colleen Leahey, „The Wrath of Warren Buffett: How Benjamin Moore Almost Broke His Promise", *Fortune Magazine*, 6. Oktober 2014.

398. Ebd.

399. Ebd.

400. Ebd.

401. Ebd.

402. Ebd.

403. Nicole Sinclair, „Benjamin Moore CEO: Warren Buffett is Very Particular About the Promises He Makes", Yahoo Finance, 3. Mai 2016.

404. Colleen Leahey, „The Wrath of Warren Buffett: How Benjamin Moore Almost Broke His Promise", *Fortune Magazine*, 6. Oktober 2014.

405. Ebd.

406. Ebd.

407. Ebd.

408. Ebd.

409. James Covert, „Benjamin Moore Problems Getting Painted Over by Buffett", *New York Post*, 16. Oktober 2013.

410. Ebd.

411. Benjamin Moore, „Benjamin Moore & Co. Appoints Company Veteran Dan Calkins Chairman & Chief Executive Officer", 8. Januar 2019.

412. Brembecks Vater war ebenfalls als Abgeordneter im Parlament von Indiana tätig gewesen.

413. Das Unternehmen namens Cyclone Manufacturing ist auch heute noch erfolgreich.

414. Bob Braley, „Milford business celebrating 50 years of operation", KPC News, 23. Juni 2002, www.kpcnews.com

415. Howard heiratete Myra 1933 und 1938 bekamen sie eine Tochter, Caryl.

416. Zitiert in Howard S. Brembecks Memoiren in „Company Profile: Brock Grain Systems", *Grain Journal*, Mai/Juni 2012, www.grainjournal.com/ profiles/brock-grain-systems-1

417. Encyclopedia.com, „CTB International Corporation", www.encyclopedia. com/books/politics-and-business-magazines/ctb-international-corporation

418. Indiana State Poultry Association, „Reception During Expo Honors Chore Time-Brock Founder", *Wings, Webs, & Wattles*, März 1995.

419. CTB International Corporation, „CTB International Corp. Announces Agreement to be Acquired by Berkshire Hathaway", 19. August 2002.

420. Ebd.

421. CTB International Corporation, „CTB to explore strategic alternatives", 18. März 2002.

422. Der Bericht für das zweite Quartal 2002 wies einen Umsatzrückgang von 5,1 Prozent gegenüber dem Vorjahreszeitraum aus. Dies wurde hauptsächlich auf die „schlechten Bedingungen auf dem US-amerikanischen Eiermarkt" zurückgeführt,

die zu einem Umsatzrückgang von 13,1 Prozent im Bereich Proteine führten. Der Bruttogewinn ging ebenfalls um vier Prozent zurück, aber durch Kostenkontrolle gelang es den Managern, den operativen Gewinn um 1,8 Prozent zu steigern.

423. CTB International Corporation, „CTB International Corp. Announces Agreement to be Acquired by Berkshire Hathaway", 19. August 2002.

424. Buffetts Brief an die Aktionäre von Berkshire Hathaway aus dem Jahr 2002.

425. Ebd.

426. CTB International Corporation, „CTB International Corp. Announces Agreement to be Acquired by Berkshire Hathaway", 19. August 2002.

427. Ebd.

428. Ebd.

429. Andrew Kilpatrick, *Of Permanent Value: The Story of Warren Buffett* (AKPE 2006), S. 798.

430. CTB International Corporation, 10K-Formular 2001.

431. *Bloomberg News*, „Warren Buffett's CEOs are big spenders too", 10. Mai 2013.

432. CTB International Corporation, „CTB Inc. Announces Passing of Its Founder", 7. Dezember 2010.

433. Adam Smith, „It's difficult to teach a new dog old tricks", *Kingswell*, 16. Oktober 1998, www.kingswell.io/p/its-difficult-to-teach-a-new-dog